Norbert Rehrmann, geboren 1951 in Kassel, studierte Hispanistik, Politik und Medienwissenschaften in Göttingen und Salamanca (Spanien); er war Wissenschaftlicher Angestellter an der Universität Kassel und Privatdozent an der Universität Bremen. Seit 2001 ist er Professor für Kulturwissenschaften Spanien/Lateinamerika an der Technischen Universität Dresden.

Wichtigste Veröffentlichungen: Spanien. Kulturgeschichtliches Lesebuch, Frankfurt a.M. 1991; Lateinamerika aus spanischer Sicht. Exilliteratur und Panhispanismus zwischen Realität und Fiktion (1936–1975), Frankfurt a.M. 1996; «Ein sagenhafter Ort der Begegnung»: Lion Feuchtwangers Roman ‹Die Jüdin von Toledo› im Spiegel von Kulturgeschichte und Literaturwissenschaft, Berlin 1996; als Herausgeber (zusammen mit Andreas Koechert): Spanien und die Sepharden. Geschichte, Kultur, Literatur, Tübingen 1999; Das schwierige Erbe von Sefarad. Juden und Mauren in der spanischen Literatur. Von der Romantik bis zur Mitte des 20. Jahrhunderts, Frankfurt a.M. 2002; als Herausgeber: El legado de Sefarad en la historia y la literatura de América Latina, España, Portugal y Alemania. Prólogo de Juan Goytisolo, Salamanca 2003; als Herausgeber (zusammen mit Virginia Gutiérrez): Historia cultural de la Naturaleza, la Técnica y las Ciencias Naturales en España y Latinoamérica, Frankfurt/Madrid 2005 (im Druck).

Norbert Rehrmann

Lateinamerikanische Geschichte

Kultur, Politik, Wirtschaft
im Überblick

rowohlts enzyklopädie
im Rowohlt Taschenbuch Verlag

rowohlts enzyklopädie
Herausgegeben von Burghard König

Für Naki

Originalausgabe
Veröffentlicht im Rowohlt Taschenbuch Verlag,
Reinbek bei Hamburg, Dezember 2005
Copyright © 2005 by Rowohlt Verlag GmbH,
Reinbek bei Hamburg
Umschlaggestaltung any.way, Walter Hellmann
Satz aus der Minion PostScript (InDesign)
bei Pinkuin Satz und Datentechnik, Berlin
Druck und Bindung Clausen & Bosse, Leck
Printed in Germany
ISBN 13: 978 3 499 55676 0
ISBN 10: 3 499 55676 6

Inhalt

Lateinamerika – ein «Traumarsenal geographischer
Märchen»: einführende Bemerkungen 9

1. **Jenseits von Finis Terre:**
   das präkolumbische Amerika 15
1.1 Neue oder Alte Welt? Die Dauerkontroverse
    über die ersten Amerikaner 15
1.2 Von Aztlán nach Tenochtitlán:
    das Reich der Azteken 19
1.3 Blüte und Dekadenz: die Mayas 25
1.4 Andines Tawantinsuyo: die Inkas 30
1.5 Die «Erhaltung der Ordnung»:
    Merkmale des Anderen 32

2. **Von der «Kulturberührung» zum**
   «Kulturzusammenstoß»: Entdeckung und Eroberung 41
2.1 Die erste Globalisierung:
    Kolumbus entdeckt Amerika 41
2.2 Ruinen als Fortschrittssymbole:
    die Eroberung von Azteken, Mayas und Inkas 43
2.3 Der Blitzsieg: Ursachen und Folgen 48
2.4 Die langsame Kolonisierung:
    die Portugiesen in Brasilien 52
2.5 Die Sicht von Siegern und Besiegten:
    Eroberungschroniken und frühe Historias 59

**3. Das transatlantische Commonwealth:
Hispanoamerika und Brasilien 72**

3.1   Die spanische Kolonie der Paragraphen:
      rechtlich-administrative Strukturen 72
3.2   Gold- und Silberströme: das koloniale Geschäft 78
3.3   Eine neue Klasse entsteht:
      die spanischstämmigen Kreolen 80
3.4   «Herrenhaus und Sklavenhütte»:
      koloniale Strukturen in Brasilien 82
3.5   Der iberische Kolonialstil:
      Rassenvermischung und Kolonisierung der Seelen 85

**4. Die renitenten Kreolen:
Gärstoffe der Unabhängigkeit 92**

4.1   Die Negation Spaniens: bourbonische Modernisierung
      und kulturelle Abnabelung vom Mutterland 92
4.2   Das koloniale Rien ne va plus:
      die Unabhängigkeitskämpfe 101
4.3   Der sanfte Bruch:
      Brasiliens Sonderweg zur Unabhängigkeit 107
4.4   Kolonie oder «Verlängerung Spaniens»:
      Kolonialismusformen im Vergleich 109
4.5   Der «inferiore Kontinent»:
      europäische Neue-Welt-Visionen 114

**5. Eine neue Ära beginnt:
Politik, Wirtschaft und kulturelle Identität
Lateinamerikas im 19. Jahrhundert 121**

5.1   Die Stunde der Tyrannen:
      Anarchie, Bürgerkriege und Caudillos 121
5.2   Interner Kolonialismus und «informal imperialism»:
      alte und neue Abhängigkeiten 123
5.3   Die Ausnahme als Regel:
      Besonderheiten im postkolonialen Brasilien 129
5.4   Von der Madre Patria zur Stiefmutter:
      die «Enthispanisierung» Spanisch-Amerikas 132

5.5 Europa als Leitstern:
     Identitätsimporte aus Paris und London 136

**6.   «Barbarei» und «Zivilisation» im Dauerclinch:
       das Beispiel Argentinien im 19. Jahrhundert 141**
6.1 Buenos Aires geht voran: die Porteños als
     Pioniere der lateinamerikanischen Unabhängigkeit 141
6.2 Neue Abhängigkeiten: Argentinien als ökonomischer
     Außenposten des British Empire 146
6.3 «Gobernar es poblar»:
     das Argentinien der Schiffe 148
6.4 Die «Barbaren»: Spanier, Indios und Gauchos 153
6.5 Kulturelles Nationbuilding:
     Europa-Euphorie und die Anfänge der Argentinidad 155

**7.   «Der Hinterhof»: das Beispiel Mexiko
       im 19. Jahrhundert 161**
7.1 Caudillos, Tortenkriege und der Koloss aus dem Norden:
     der mühsame Weg zur Nation 161
7.2 Englisches Kapital und französischer Imperialismus:
     die «Reform-Ära» 165
7.3 «Pan y palo»:
     die Langzeitdiktatur von Porfirio Díaz 170
7.4 Nationalkulturelles Wurzelwerk:
     die lange Genese der Mexicanidad 174
7.5 Frankomanie und «Hunger nach Geschichte»:
     die Erfindung Mexikos 178

**8.   Exzentrische Moderne:
       Politik, Wirtschaft, kulturelle Identität
       Lateinamerikas im 20. Jahrhundert 183**
8.1 Vom «informal imperialism» zum «Big Stick»:
     die Monroe-Doktrin als Handlungsmaxime 183
8.2 Hundert Jahre Einsamkeit: nationale ‹Sonderwege› 190
8.3 Spezialisten fürs Gewinnen und Verlieren:
     die ökonomische Dauermalaise 200

8.4 Die Jahrhundertwende als Zäsur:
kulturelle Weichenstellungen 208
8.5 Das ethnische Kaleidoskop: Lateinamerika im Plural 213

**9. Europa im Cono Sur:
das Beispiel Argentinien im 20. Jahrhundert 223**
9.1 Das Jahrhundert beginnt früh:
nationale Grundsteinlegung 223
9.2 «Gott ist Argentinier»: Politik und Wirtschaft bis
zum Zweiten Weltkrieg 225
9.3 Politische Promiskuität à la argentina: der Peronismus 235
9.4 Vom Terror der Diktatoren zum Terror der Ökonomie:
die unaufhaltsame Lateinamerikanisierung Argentiniens 243
9.5 Das «Freud'sche Paradies»:
argentinische Identitäten im 20. Jahrhundert 254

**10. Die «permanente Revolution»: das Beispiel Mexiko
im 20. Jahrhundert 262**
10.1 Die «Assimilation unserer Geschichte»:
das Revolutionsjahrzehnt 262
10.2 Der Pulverdampf verzieht sich: die 1920er
und 30er Jahre 268
10.3 Der Nepotismus an der Macht:
«Wirtschaftswunder» und Monopolpartei 274
10.4 Stabilität auf tönernen Füßen:
das langsame Ende der PRI-Dominanz 278
10.5 Von der «kosmischen Rasse» zu den «hybriden Kulturen»:
Identitätsdiskurse im 20. Jahrhundert 282

Statt eines Epilogs: «Würfelspiele der Zukunft» –
Entwicklungstendenzen nach der Jahrtausendwende 293

Anhang
Literatur 303
Namenregister 312
Sachregister 316

Lateinamerika –
ein «Traumarsenal geographischer Märchen»:
einführende Bemerkungen

«Südamerika – da werden Bilder wach von Armut und Diktatur, unberührter Natur und Polizeistaat, Folklore und Urwald, Sonne und Slums, Schmutz und Hunger, Karneval und Revolution, schönen Frauen und Analphabeten: exotisches, unterentwickeltes, chaotisches Südamerika.» So beschrieb Hartwig Weber, ein guter Kenner dieses Subkontinents, vor rund 20 Jahren das «Südamerikabild der Deutschen». Die ziemlich grob gerasterten Klischees, ein bunter Mix aus Fakten und Fiktionen, dürften ihre prägende Kraft seither kaum verloren haben – trotz aller Globalisierungsschübe, die jedes Jahr Zigtausende Ferntouristen, Sprachreisende oder sonst wie motivierte «Ortspolygamisten» (U. Beck) über den Atlantik treiben. Das «Traumarsenal geographischer Märchen», das der deutsche Philosoph Ernst Bloch (1885–1977) mit Blick auf die Neue Welt konstatierte, ist also sicher noch immer üppig gefüllt. Auch sein kulturhistorischer Zwillingsbruder, Albtraumszenarien jedweden Kalibers, kam nie zu kurz. Im Großen und Ganzen gesehen hielten sich beide ziemlich genau die Waage. Ob die kulturellen Importprodukte aus Lateinamerika, namentlich Film und Literatur, die seit damals auch hierzulande eine wachsende Klientel fanden, dieses Arsenal realitätsgerechter angereichert haben, lässt sich vermuten – sicher ist es nicht. Hier und da haben die literarischen Traumwelten das hiesige Realismusdefizit womöglich noch vergrößert: Die bunten Riesenschmetterlinge etwa, die durch García Márquez' Roman *Hundert Jahre Einsamkeit* flattern, verliehen der Phantasie zwar Flügel, sie bedienten aber zugleich, wenn auch auf hohem Niveau, das Bedürfnis nach exotischen Märchenwelten. Die «Boom»-Literatur, bis dato das erfolgreichste Exportprodukt der lateinamerikanischen Kultur, basierte zu einem Gutteil auf diesem Gefühlssubstrat.

Als Trost, zumindest vordergründig, mag man dabei die Tatsache empfinden, dass die gängigen Deutschlandbilder vieler Lateinamerikaner aus kaum minder bleischweren Stereotypen bestehen. Alejo Carpentier (1904–1980), Kubas berühmtester Romancier und Vertreter des «magischen Realismus», hat einige davon aufgelistet: Schwarzwald, Orgelspieler, Chormusik, Kathedralen und natürlich «die Bierfeste, die von fröhlichen Leuten mit kräftigen Waden gefeiert werden, die den Jodler und das Akkordeon mit philosophischem Geist vereinten». Im Unterschied zum akademisch gebildeten Durchschnittsdeutschen ist der Wissenspegel seines lateinamerikanischen Gegenstücks vis-à-vis «Europa» jedoch unvergleichbar höher. So verweisen etwa die bibliophilen Präferenzen von Julio Cortázar (1914–1984), einem argentinischen Kollegen Carpentiers, zwar auch auf Probleme besonderer Art; sie illustrieren indessen die gravierende Schlagseite in der beiderseitigen Wahrnehmungs- und Informationsfrequenz: Seine Bibliothek, so Cortázar, enthielt «Werke der französischen, spanischen, angelsächsischen, deutschen, italienischen und russischen Literatur in einem Verhältnis von vermutlich 40:1 zu denen lateinamerikanischer Autoren».

Die besonderen Probleme dieser extrem ungleichen Lektüreproportionen, die im vorliegenden Buch wiederholt zur Sprache kommen, liegen auf der Hand, nämlich die notorische Europa- bzw. USA-Fixiertheit der lateinamerikanischen Eliten. Nicht minder problematisch ist jedoch die Gegenrechnung, wahrscheinlich nur ein Abziehbild obiger Zahlen: Im Bildungskanon eines deutschen Durchschnittsakademikers ist Lateinamerika so marginal wie die geographische ‹Randexistenz›, in der man den Doppelkontinent, hauptsächlich seine südliche Hälfte, aus europäischer Sicht seit jeher situiert. Ein aufschlussreicher Indikator für das informative Aschenputtelsyndrom, unter dem Lateinamerika leidet, ist dabei sicher auch die Dichte des Korrespondentennetzes, das sich deutsche Medien leisten. Sofern sie überhaupt mit eigenen Journalisten vertreten sind, ähnelt deren Arbeitsweise überwiegend der von medialen Reisekadern. Stationiert in Buenos Aires oder Mexiko City, verlassen sie ihre metropolitanen Basiscamps meistens nur zu Stippvisiten ereignisintensiver «Brennpunkte». Ihr durchschnittlicher Informationsradius, meistens Tausende von Kilometern, bestimmt dabei ihren Blickpunkt: die Vogelperspektive. Von den dürftigen Kenntnissen in Geschichte und Kultur, an denen ein Teil des aktualitätssüchtigen Korrespondentenoutputs obendrein krankt, ganz zu schweigen.

Doch daran, so darf man mit einem Schuss Sarkasmus vermuten, ist man in Lateinamerika schon lange gewöhnt. Im Unterschied zu Blochs Traumarsenal geographischer Märchen, das hauptsächlich mit ‹positiven› Utopien europäischer Zivilisationskritiker angefüllt war – beispielsweise Rousseaus «Glückseligkeits»-Phantasien über die «Lebensart der Wilden» –, bestanden die meisten Neue-Welt-Visionen allerdings nicht aus Paradiesprojektionen. Schon die Spekulationen der Griechen verorteten jenseits von Finis Terre allerlei *menschenähnliche* Schreckensgestalten. Als Kolumbus seinen Fuß auf amerikanische Erde setzte, ‹wusste› er deshalb schon, dass ihm Zyklopen, Schwanzmenschen und sonstige Fabelwesen begegnen würden. Später dann, während der Aufklärung, als die Phantastereien der alten *Imago Mundi*-Traditionen von Pierre d'Ailly (1350–1420) einen pseudowissenschaftlichen Anstrich erhielten, wurde die Traumwelt zum Albtraum. Alles in der Neuen Welt – Klima, Pflanzen, Tiere und Menschen –, so namhafte Naturphilosophen der Alten Welt, sei minderwertig, dekadent und allenfalls dazu bestimmt, in einer fernen Zukunft auf europäisches Niveau emporzuwachsen. Die eurozentristische Fieberkurve, von dem italienischen Kulturhistoriker Antonello Gerbi präzise nachgezeichnet, erreichte vor allem hierzulande traurige Rekordmarken: «Von Amerika und seiner Kultur, wie sie namentlich in Mexiko und Peru sich ausgebildet hatte», schrieb zum Beispiel Georg Wilhelm Friedrich Hegel (1770–1831), «haben wir zwar Nachrichten, aber bloß die, dass dieselbe eine ganz natürliche war, die untergehen musste, sowie der Geist sich ihr näherte.» Die Geisterbeschwörungen des deutschen Philosophen, nur ein spätes Echo der verbalen Dauerinjurien, mit denen europäische Gelehrte von Rang Amerika traktierten, machten nur langsam einer wirklichkeitsnahen Auseinandersetzung Platz. Die berühmte Amerikareise Alexander von Humboldts (1769–1859) in den Jahren 1799 bis 1804 spielte dabei eine Schlüsselrolle. Prall gefüllt mit natur- und kulturwissenschaftlichen Kenntnissen aus erster Hand, gilt sein voluminöses Amerika-Œuvre zu Recht als die eigentliche Neuentdeckung des Subkontinents. Obwohl einige Bücher des preußischen Naturforschers, der zugleich ein sensibler Beobachter der gesellschaftlichen Verhältnisse war, zu regelrechten Bestsellern wurden, blieb ihre Wirkung hierzulande doch eher begrenzt. Es waren vor allem Lateinamerikaner, die sein intellektuelles Erbe angetreten haben, bis auf den heutigen Tag: Der Output an Büchern, Artikeln und Fernsehsendungen, der aus Anlass des 200. Jahrestags seines Reisebeginns 1999 jenseits des Atlantiks – unter Einschluss der USA, wo er nur wenige Wochen verbrachte – zu registrieren war, übertraf das publizistische Interesse in Deutschland um Längen.

Die akademisch-wissenschaftlichen Bande zwischen Deutschland und Lateinamerika waren und sind also eigentlich eng, wenn auch vor allem mit Humboldt verknüpft. In späteren Zeiten kamen illustre Namen hinzu, darunter eine Reihe deutschsprachiger Exilautoren, die, auf der Flucht vor den Nazis, in Lateinamerika ein sicheres Refugium fanden. Auch sie, beispielsweise Anna Seghers (1900–1983), Egon Erwin Kisch (1885–1948) oder Ludwig Renn (1889–1979), wussten zwar nicht immer zwischen Fakten und Fiktionen zu unterscheiden, trugen aber dennoch dazu bei, dass die exotisch verzerrte Terra incognita realistischere Konturen erhielt.

Dieser Tradition fühlt sich der Autor dieser kleinen Geschichte Lateinamerikas verpflichtet – selbstredend in der Gewissheit, dass die großen Fußstapfen, die diese Traditionen hinterlassen haben, zur Bescheidenheit ermahnen. Der vorliegende Band enthält insofern nichts eigentlich Neues. Jeder Kenner Lateinamerikas wird deshalb zahlreiche Facetten seiner Geschichte vermissen. Neu ist allenfalls der Versuch oder besser: das kühne Unterfangen, die historischen Hauptkoordinaten in das enge Korsett von 320 Seiten zu zwängen und dabei Kultur, Politik und Gesellschaft einigermaßen wohlproportioniert miteinander zu verbinden. Sicher werden die üppigen Formen, aus denen der historiographische Korpus ansonsten besteht, auf diese Weise drastisch abgeschnürt. Jedoch, so bleibt zu hoffen, gewinnt die argumentative Linienführung dadurch an plastischen Reizen, zumindest für diejenigen Leser, denen die kurvenreichen Labyrinthe dicker Wälzer zu aufwendig sind. Diesem Ziel, einer raschen Grundorientierung im dichten Gestrüpp der Geschichte, soll auch die sonstige Darstellungsform dienen. Auf den üblichen wissenschaftlichen Zierrat, namentlich Literaturhinweise und Fußnoten, wurde deshalb ebenso verzichtet wie auf die bleierne Schwere akademischer Begriffskasernen. Umfang und Stil des Bandes, er enthält die überarbeitete Version einer Vorlesungsreihe an der TU Dresden, entsprechen damit eher einem Essay.

1. Jenseits von Finis Terre:
das präkolumbische Amerika

1.1 Neue oder Alte Welt?
Die Dauerkontroverse über die ersten Amerikaner

In dem *Pyrenäenbuch* von Kurt Tucholsky findet sich die folgende Anekdote über die historischen Wurzeln der Basken, der vielleicht ältesten Europäer: «Ein Graf von Montmorency rühmte einst vor einem Basken das Alter seines Namens, seines Adels, seiner Familie, rühmte, von welch großen Männern er abstammte. Der Baske erwiderte: ‹Wir Basken, Herr Graf, wir stammen überhaupt nicht ab!›» So einfach haben es die Bewohner der Neuen Welt, die 1492 von Christoph Kolumbus ‹entdeckt› wurden, nie gehabt: Ihre Geschichte, wenn sie überhaupt als solche begriffen wurde, ist bis heute höchst umstritten. Während der Philosoph Georg Wilhelm Friedrich Hegel im 19. Jahrhundert noch der Meinung war, Amerika sei vor allem Natur, und Natur habe keine Geschichte – während sich also die europäische Aufklärung als historischer Leitstern auch der Neuen Welt empfand, konkurrierten bereits Dutzende älterer und neuerer Theorien miteinander um das Erklärungsmonopol der Amerika-Genese. Sie reichen von der Annahme, die ersten Amerikaner stammten aus europäischen Breitengraden, über Spekulationen, ihre Ursprünge gingen auf die Kulturen des südöstlichen Mittelmeers zurück, bis hin zu Versionen, denen zufolge die ersten Bewohner des Kontinents ursprünglich aus Afrika, Ozeanien oder von dem sagenumwobenen Atlantis an die Küsten der Neuen Welt gelangten. Zu den für Hispanisten vielleicht interessantesten Kuriositäten der Amerika-Legenden gehört dabei die Theorie von zwei spanischen Autoren des 17. Jahrhunderts. Sie hielten es für ausgemacht, dass es «Spanier» waren, die bereits im Jahre 1658 vor Christus via Atlantis nach Amerika kamen und damit das Basisferment der zukünftigen Bevölkerung bildeten. Ein Grund mehr, so diese Lesart der Geschichte, weshalb Spanien den Ehrentitel «Madre Patria» der Neuen Welt zu Recht für sich beansprucht.

Die bis heute dominante Version firmiert indessen unter der Bezeichnung «Beringstraßen-Theorie». Ihr zufolge waren die ersten Amerikaner eigentlich Asiaten, die die nördliche Meerenge zwischen Sibirien und Alaska überquerten und sich in immer neuen Einwanderungswellen nach Süden ausbreiteten. Unter den Vertretern dieser Theorie ist lediglich umstritten, wann die asiatische Einwanderung begann. Nicht 12 000 Jahre, wie man lange glaubte, sondern deutlich mehr als 30 000 Jahre, so neueste Forschungshypothesen, sei der amerikanische Kontinent bereits bevölkert. Was auf den ersten Blick wie ein Zahlenduell rechthaberischer Archäologenfraktionen anmutet, hat freilich, wie das Beispiel des deutschen Philosophen Hegel illustriert, durchaus Folgen, die den amerikanischen Radius überschreiten: Vielleicht macht man ja eines Tages sogar Funde, die Tucholskys Anekdote über die Abstammung der Basken auf Amerika übertragbar machen … Ebenso sieht es der spanisch-chilenische Kunst- und Kulturhistoriker Leopoldo Castedo, wenn er die «Beringstraßentheorie» und andere Interpretationen zwar nicht verwirft, aber zu bedenken gibt: «Alle diese Theorien sind aus dem europäischen Ethnozentrismus hervorgegangen, der auch in die Vereinigten Staaten gelangte und dort verbreitet wurde.» Deshalb sei es wohl kein Zufall, so Castedo, dass es unter den vielen Ethnologen, Archäologen, Anthropologen und Historikern des 20. Jahrhunderts so gut wie keinen gebe, der mit Blick auf die Ursprungsdebatte die *präkolumbischen* Quellen untersucht habe. Oder will man nicht wissen, «was die alten Amerikaner für Vorstellungen über ihre eigene Herkunft hatten»?

Diese Vorstellungen bestehen, soweit sie bisher bekannt sind, vor allem aus Mythen, die sich, zumindest was die so genannten Hochkulturen – Azteken, Mayas und Inkas – betrifft, überraschenderweise in zentralen Elementen ähneln, obwohl sie, die mesoamerikanischen *und* die andinen, sehr wahrscheinlich keinen nennenswerten Kontakt untereinander hatten. Werfen wir zunächst einen Blick auf die Azteken, die erste der drei Hochkulturen, die von den spanischen Eroberern entdeckt und unterworfen wurden. Eine aztekische Version, die von dem Franziskanermönch Bernardino de Sahagún in dessen berühmter *Historia general de las cosas de la Nueva España* berichtet wird, beschreibt die Entstehung der Welt und gleichzeitig die von Teotihuacán, der «Stadt der Götter», mit einem Mythos:

Als es Nacht war
als es noch keinen Tag gab
als es noch kein Licht gab
versammelten sich
riefen sich zusammen die Götter
dort in Teotihuacán.
Sie sagten,

sie sprachen untereinander:
Kommt her, o Götter!
Wer nimmt es auf sich,
wer sorgt dafür,
dass es Tage gibt
dass es Licht gibt?

Die Götter Tecciztecatl, «Herr der Schnecken», und Nanahuatzin, «der Eiternde», waren bereit, sich in die Sonne zu verwandeln. Dazu mussten sie sich in ein Feuer stürzen. Weil einer von beiden, Tecciztecatl, sich aus Angst zu spät in die Flammen warf, wurde aus ihm nur ein Mond, weshalb er fortan nur nachts schien, die Sonne hingegen am Tag. Schließlich opferten sich die Götter selbst, um Sonne und Mond in Bewegung zu setzen. Dieser Mythos sollte in späteren Zeiten, so der Mainstream der bisherigen Forschung, einen beachtlichen Einfluss auf die indianische Religion ausüben: Die menschlichen Wesen, die durch das Opfer ihr Leben erhielten, verspürten die Notwendigkeit, die Sonne mit ihrem eigenen Blut am Leben zu erhalten – mittels sakraler Menschenopfer.

Die «Stadt der Götter» gilt bis auf den heutigen Tag als das herausragende Symbol der so genannten Klassischen Epoche Mittelamerikas (ca. 200 n. Chr. – 900 n. Chr.) und seiner theokratischen Imperien. Zwischen 350 und 650 n. Chr. erreichte die Stadt ihren kulturellen Zenit. Mit rund 200 000 (!) Einwohnern war sie vermutlich die größte Stadt der Welt jener Epoche und wies bereits klare Züge staatlicher Organisation auf. Der Charakter dieses Staats manifestierte sich anhand zahlreicher Eroberungen und Handelsaktivitäten, die von Oaxaca und Veracruz bis zur guatemaltekischen Hochebene reichten. Die Kaufleute und Handwerker stellten eine ökonomische Elite dar, die sich den erwirtschafteten Überschuss aneignete; repräsentiert wurde diese Machtgruppe von einem Priester. Ähnlich wie in anderen theokratischen Zentren Mittelamerikas zerbrach zwischen dem 7. und 8. Jahrhundert die Macht der «Götterstadt». Vermutlich fiel sie einer feindlichen Invasion zum Opfer, in deren Verlauf sie zerstört wurde.

Die Ruinen von Teotihuacán dienten den Nahuas, einem – wie vermutet wird – nordamerikanischen Stamm, zum Aufbau eines neuen Reichs. Von ihnen und den Otomíes stammen wiederum die Tolteken ab, deren Einfluss auf den späteren Aztekenstaat von besonderer Bedeutung war. Ihr Aktionszentrum lag zwischen dem 10. und 12. Jahrhundert in der Stadt Tula (Hidalgo), wo sich ein großer Pyramiden-Tempel befindet, der dem wohltätigen Gott Quetzalcóatl gewidmet war – einem Gott, der im Kontext der spanischen Konquista eine für die Azteken verhängnisvolle Rolle spielen sollte. Tula wurde von einem König und einem Priester regiert. Die jeweiligen Anhänger des Quetzalcóatl und des Kriegsgottes Tezcatlipoca, die beiden höchsten Götter der Stadt, gerieten gegen Ende des 10. Jahrhunderts in Streit. Die Anhänger des Kriegsgotts trugen den Sieg davon, während die Parteigänger von Quetzalcóatl, dem friedliebenden Gott, in Richtung Yucatán emigrierten. Die Ursache des Konflikts liegt nach Erich Wolf in antagonistischen Positionen: Verteidiger der Traditionen der theokratischen Gesellschaft die einen, Repräsentanten neuer militärischer Tendenzen die anderen. Nach der Niederlage des friedliebenden Gotts begannen nunmehr die für die aztekische Gesellschaft charakteristischen Menschenopfer en masse. In der Tatsache, dass Quetzalcóatl Repräsentant eines humanen Kults war, dessen Opfer in Schlangen, Vögeln und Schmetterlingen bestanden – eine Kultpraxis, die sich deutlich von den sakralen Menschenopfern der aztekischen Periode unterschied –, sieht Günter Lanczkowski einen wesentlichen Grund für den «Geschichtspessimismus» der Azteken, die in zahlreichen unheilvollen Prophezeiungen das Ende der «fünften Sonne», ihres Zeitalters, menetekelt sahen: die Rückkehr des zürnenden Gotts, der die Praxis der sakralen Menschentötung rächen würde.

1.2 Von Aztlán nach Tenochtitlán:
das Reich der Azteken

Die Azteken, die von den Chichimeken abstammten und ebenfalls der Nahua-Kultur angehörten (daher die Bezeichnung der Sprache als Nahuatl), bildeten zusammen mit Mayas und Inkas die so genannten Hochkulturen Amerikas, die aufgrund ihrer komplexen ökonomischen, politischen und sozialen Organisation (wenngleich mit z. T. erheblichen Unterschieden untereinander) als die wichtigsten Kulturen Altamerikas betrachtet werden.

Die Azteken, so erzählt die Legende, brachen im Jahre 1168 von Aztlán im nordwestlichen Mexiko auf und gelangten bis in die Gegend südlich der heutigen Stadt Mexiko. Dort vermischten sie sich mit den Tolteken und gründeten im Jahre 1325 (einige Autoren nennen das Jahr 1370) im Texcoco-See die Stadt Tenochtitlán, eine aztekische Herrschaftsmetropole – «Venedig der Neuen Welt» –, deren Pracht und Reichtum den spanischen Konquistador Hernán Cortés (1485–1547) in Begeisterung versetzte, wie seine Briefe an Karl V. bezeugen. Als die Spanier nach Mexiko gelangten, hatte der Stadtstaat der Azteken die Vorherrschaft über die ihn umgebenden indianischen Staaten erlangt und seine Herrschaft durch einen Dreibund mit den Städten Texcoco und Tlacopán konsolidiert, in dem sie sukzessive die Führung gewannen. Sein Einflussgebiet erstreckte sich vom Golf von Mexiko bis zum Pazifischen Ozean und vom Istmo von Tehuantepec bis zum Fluss Pánuco.

Krieg und Landwirtschaft bildeten die beiden Achsen der aztekischen Ökonomie. Der Krieg diente der Eroberung neuer, tributpflichtiger Gebiete, aber auch der Erlangung von Gefangenen für die sakralen Menschenopfer. Die eroberten Gebiete unterstanden zwar aztekischer Militärkontrolle und waren tributpflichtig, behielten indessen ihre politische und religiöse Autonomie, weshalb das aztekische Imperium eher als fiskalische denn als politische Einheit zu betrachten ist. Von zahlreichen Autoren wird die aztekische Ökonomie daher in Anlehnung an Marx als «asiatische Produktionsweise» bezeichnet. Günther Eich resümiert diesen Terminus in seiner Untersuchung über den Staat der Inkas mit folgenden Worten: «Die ‹asiatische› Produktionsweise meint die Zusammenfassung sonst isoliert und kollektiv produzierender, in sich geschlossener autosuffizienter Dorfgemeinden, in denen Landwirtschaft und Industrie eng miteinander verflochten sind – durch einen mehrproduktaneignenden Staatsapparat.» Andere Autoren ziehen es demgegenüber vor, diese Produktionsweise als «sistema tributario» zu definieren. Nach Samir Amin zeichnet sich dieses System durch die Organisation der Gesellschaft in zwei grundlegende Klassen aus: die in Gemeinschaften organisierten Bauern und die Führungsklasse, die die Funktionen der politischen Organisation der Gesellschaft monopolisierte und den ländlichen Gemeinschaften einen Tribut auferlegte. Im Unterschied zum Feudalismus, wo der Feudalherr das absolute Eigentumsrecht über den Boden besitzt, gehörte in der tributären Produktionsweise das Eigentum der ländlichen Gemeinschaft.

Die Tributverpflichtung der unterworfenen Völker kann denn auch als eine der entscheidenden Ursachen für den schnellen Sieg der spanischen Konquistadoren gelten. Auf die Bedeutung der internen Streitigkeiten der verschiedenen indianischen Völker, die Cortés weidlich zu nutzen verstand, weist auch Tzvetan Todorov in seiner Untersuchung über die Konquista hin: «Die Bewohner der Gebiete, die Cortés zunächst durchquert, lassen sich von den Eroberungsabsichten nicht sonderlich beeindrucken, weil sie bereits erobert und kolonisiert worden sind – von den Azteken.» Diese Völker gegen die Azteken zu mobilisieren, fiel den Spaniern also nicht sonderlich schwer.

Im Unterschied zum inkaischen Imperium war das aztekische Reich in seiner ökonomischen Organisation jedoch weniger komplex und effizient. Der relativ geringe Entwicklungsstand der Landwirtschaft (der sich z.B. in weniger ausgereiften Bewässerungssystemen manifestierte) und der Wissenschaft ist der Hintergrund für die stärkere Orientierung auf die aztekischen Götter. Dies ist wohl auch der Grund, warum die Zahl der sakralen Menschenopfer bei den Azteken erheblich größer war als bei den Inkas: Die Beziehung zwischen Produktion und Ritus war bei ihnen außerordentlich eng. Dennoch brachten Tributleistungen und Fortschritte in der Anbautechnik (wie die Chinampas, künstliche Inseln aus Schlamm, Gräsern und Sträuchern an den Uferrändern der Seen, auf denen – wie später auf dem Festland – Mais, Bohnen, Baumwolle, Kakao etc. geerntet wurde) auch Überschüsse hervor, die auf den zahlreichen Märkten zum Verkauf gelangten. Den Märkten kam in der aztekischen

Gesellschaft eine Schlüsselstellung zu: Sie waren der Ort, wo sich, wie Mariano A. Aguirre formuliert, die Mechanismen der Distribution des sozialen Produkts artikulierten. Diese Märkte waren sowohl zahlreich als auch gewaltig in ihrer Ausdehnung. Der von Tenochtitlán fasste bis zu 60 000 Personen und war damit viel größer als die bekannte Plaza Mayor in Salamanca, wie Cortés erstaunt vermerkte.

Die so genannten Calpullis, von denen bei der Ankunft der Spanier etwa 20 existierten, sind mit dem inkaischen Ayllu vergleichbar: ursprüngliche und unterste gesellschaftliche Organisationseinheiten, die weniger familiär-verwandtschaftlich, eher territorial zu definieren sind und von den Spaniern einigermaßen zutreffend als Barrio (Stadtviertel) übersetzt wurden. Nach Aguirre handelt es sich um ein Territorium, dessen Eigentum unter einer bestimmten Anzahl von Familien geteilt und dessen Nutzung durch Gesetze geregelt wurde, die anfänglich von den Calpulli-Mitgliedern selbst und später von der zentralen Macht diktiert wurden. Trotz dieser Funktionseinbuße betonen zahlreiche Autoren die positiven Merkmale dieser Mikrokosmen: soziale Verantwortlichkeit untereinander und relativ demokratische Strukturen, die auch in der Spätphase des aztekischen Imperiums dessen Machtansprüche milderten. Dem entsprach die herrschende Eigentumsordnung: Privateigentum an Land existierte in den Calpullis nicht; gleichwohl das Recht, es individuell zu bearbeiten. Ebenso wenig konnte das Land vererbt werden; die Erben erhielten lediglich das Recht, es zu bearbeiten. Ein Besitzer, der das ihm zustehende Land drei Jahre nicht bearbeitete, ging all seiner Rechte verlustig.

Die soziale Organisation und die Eigentumsordnung im Calpulli sollten indessen nicht den Blick auf das Gesamtimperium verstellen, dessen Charakter alles andere als egalitär war. Darauf weisen zum einen die verschiedenen Besitzformen außerhalb des Calpulli hin. So besaßen die Zentralregierung, die Regionalregierungen, die Calpulli-Regenten, der Adel, die Militärs und der Klerus spezifische Landbesitzrechte. Auch die damit im Zusammenhang stehende soziale und politische Differenzierung weist kaum Merkmale einer egalitären Gesellschaft auf. An der Spitze stand ein König, der anfänglich von einem aus Adligen, Priestern und Militärs gebildeten Rat gewählt wurde, später indessen sein Amt auf Lebenszeit vererben konnte. An zweiter Stelle rangierte der Adel (entweder durch Geburt oder durch bestimmte Verdienste, zumeist durch kriegerische Leistungen), der sich seinerseits in verschiedene Gruppen unterteilen lässt. Den ‹Mittelstand› bildeten die freien Produzenten und die Tributpflichtigen der Calpullis, außerdem Handwerker und Händler. Eine besondere Bedeutung kommt in diesem Schema den Kaufleuten zu. Die so genannten Pochtomecas oder Oztomecas besaßen große Privilegien und übten wichtige Funktionen in der ökonomischen und politischen Infrastruktur der aztekischen Gesellschaft aus. Durch ihre Reisen in entlegene Territorien wurden sie zu Informanten der aztekischen Heere und durch ihre ökonomischen Aktivitäten letztendlich zu Trägern von – höchstwahrscheinlich – tief greifenden gesellschaftlichen Veränderungen, die durch die Konquista jäh unterbrochen wurden. Schließlich sind die Mayeques – freie Landarbeiter, welche die Ländereien des Adels bearbeiten – und Sklaven zu nennen. Sie bestanden aus aztekischen «Delinquenten» und Kriegsgefangenen, zumeist Frauen und Kindern, während die meisten männlichen Sklaven, so wird angenommen, dem Sonnengott geopfert wurden.

Auch die Rolle der Frau in der aztekischen Gesellschaft bietet wenig Anlass für idealisierende Darstellungen. Die patrilineare und in der Praxis überwiegend monogame Familienstruktur schnürte die Frau ins Korsett häuslicher Obliegenheiten, während dem Mann eine Reihe irdischer Freuden vergönnt war, die von der Polygamie bis zum Besuch von Freudenhäusern reichten.

Bewunderung verdient dagegen das «mexikanische Athen», das die Azteken an den Gestaden des Texcoco-Sees errichteten. Wenn in der griechischen Klassik die Wiege der europäischen Kultur stand, so brauche sich Mexiko der seinen nicht zu schämen: «Unser Griechenland», schrieb der Kubaner José Martí, «ist dem anderen Griechenland – das nicht unser ist – vorzuziehen.» In der Tat, die ökonomische und politische Organisation ‹auf der Höhe der Zeit› korrespondierte mit Wissenschaft und Kunst, deren Niveau bereits von den Spaniern bewundert wurde, was ihre Zerstörungswut indes nicht milderte.

Die Schrift der Azteken bestand zwar noch aus Piktogrammen (Bilderschrift), befand sich zum Zeitpunkt der Konquista allerdings bereits im Übergang zur Ideographie, einer Begriffsschrift, die den ägyptischen Hieroglyphen ähnelt.

Ihr astronomisches Wissen war der Himmelskunde der Mayas zwar unterlegen, aber dennoch beachtlich: Das aztekische Sonnenjahr bestand aus 18 Abschnitten zu je 20 Tagen sowie aus fünf «unnützen» Tagen, die als Unglückstage galten. Neben dem Sonnenjahr existierte die sakrale Zeitrechnung eines 260-tägigen Mond-Kalenders, dessen Grundelemente aus 13 Zeiträumen von je 20 Tagen bestanden, die sich im Laufe des sakralen Jahrs dreizehnmal wiederholten. Die Namen der Monate bezeichneten dabei wichtige Feste. Die Azteken besaßen ein vigesimales, auf der Zahl 20 basierendes Zählsystem und verfügten über beachtliche Kenntnisse der Himmelskörper, deren Verlauf sie durch regelmäßige Beobachtungen und Berechnungen studierten.

Ihre architektonischen Leistungen wurden bereits angedeutet: Tenochtitlán, das «Venedig der Neuen Welt», beherbergte im Jahre 1521 etwa 80 000 Bewohner. Die monumentalen Bauten, besonders das zentrale Tempelgebäude, die Symmetrie der vier Stadtteile und die Technik der zahlreichen Wasserstraßen verraten architektonisches Können, das den Vergleich mit Europa nicht zu scheuen braucht. Ebenso wenig die Arbeit der aztekischen Kunsthandwerker, die Äxte und Messer aus Kupfer und Obsidian fertigten. Die Keramiker ornamentierten ihre Arbeiten mit kunstvollen Götterfiguren und Mosaiken aus Türkis, Muscheln und Perlen. Die Arbeit der Gold- und Silberschmiede war, wie die der Weber und Steinmetze, gleichfalls hoch entwickelt. Im Bereich der Musik waren die Azteken wahre Virtuosen: Mit rund 30 verschiedenen Instrumenten huldigten sie ihren Göttern, denn Musik, so ihr Credo, war göttlichen Ursprungs, besaß einen magisch-rituellen Charakter und wurde in die religiösen Kulte integriert. Eduardo Galeano weist darauf hin, dass auch der Musik im Prozess der Aneignung verschütteter Geschichte ein hoher Stellenwert zukommt: «Als man ihre kleinen Häuser aus Papier verbrennt, findet die Erinnerung ihr Refugium in den Mündern, die den Ruhm der Menschen und Götter besingen, Gesänge, die in den Körpern, die zum Rhythmus der hohlen Baumstämme, der Panzer der Schildkröte und den Schilfflöten tanzen, Generationen überdauern.»

Schließlich illustriert die medizinische Praxis das kulturelle Niveau der aztekischen Gesellschaft: Wunden wurden genäht, Brüche geschient und selbst künstliche Nasen angefertigt. Die Mediziner praktizierten Akupunktur, Dampfbäder und Inhalationen waren Bestandteil medizinischer Therapie. Natürlich besaßen sie auch gründliche Kenntnisse der menschlichen Anatomie – sicher nicht zuletzt aufgrund der massenhaften Menschenopfer.

Der mexikanische und der toltekische Einfluss äußerten sich in politischen Veränderungen und in neuen Riten. Die neuen Götter, deren Namen noch von ihrem mexikanischen Ursprung zeugen, galten als durstig nach Menschenblut. Die Sonne wollte erst ihre Bahn antreten, wenn sie regelmäßig mit dem menschlichen Lebenssaft versorgt werde.

Den sakralen Menschenopfern gingen gewöhnlich asketische Handlungen voraus: Fasten, Buße, Enthaltsamkeit und Beichte waren Bestandteile religiöser Zeremonien. Die ausgewählten Opfer, so die Überlieferungen, wurden von den Priestern an Armen und Beinen gehalten und über einen Opferstein vor den Tempel gelegt. Der Nacom-Priester schnitt mit einem scharfen Obsidianmesser die Brust des Opfers auf, riss das Herz heraus und hielt es der Sonne entgegen. Der leblose Körper wurde die steilen Pyramidentreppen hinuntergeworfen und später teilweise begraben, möglicherweise zum Teil auch rituell verspeist – Belege dafür gibt es nicht. Was mit den Leichenteilen geschah, ist nicht bekannt. Als sicher gilt indessen, dass die Version kannibalistischer Gourmets, die besonders von der spanischen Historiographie kolportiert wurde, eine Legende darstellt – eine Legende indessen, die den nationalen Interessen höchst dienlich war: Sie sollte, mit den Worten von Tzvetan Todorov, die spanische «Massakergesellschaft» gegenüber der aztekischen «Opfergesellschaft» historisch legitimieren.

Noch weiter geht der Schweizer Altamerikanist Peter Hassler in einer neueren «quellen- und ideologiekritischen Untersuchung» über die – so seine zentrale These: *angeblichen* – Menschenopfer bei den Azteken. Er hält die häufig zitierten «Augenzeugenberichte» der spanischen Eroberer für interessengeleitete Phantasmagorien, etwa den berühmten Bericht von Bernal Díaz, des Chronisten des Mexikoeroberers Cortés, in dem es u. a. heißt: «Wir sahen deutlich die Plattform, auf der die Kapellen mit den verfluchten Götzen standen, wir sahen, wie sie einigen der Spanier die Köpfe mit Federn schmückten, wir sahen, wie sie vor dem Kriegsgott tanzen mussten, wir sahen, wie sie auf einen großen Stein gelegt wurden, wie man ihnen mit Obsidianmessern die Brust aufschlitzte, die noch zuckenden Herzen herausriss und sie den Göttern opferte. Das alles mussten wir mit ansehen.» Nach Ansicht von Hassler handelt es sich bei diesen «Augenzeugenberichten» um bloße «Lügengeschichten», die die angeblichen Augenzeugen aufgrund des vom Autor rekonstruierten Standorts gar nicht hätten sehen können. Die entsprechenden Berichte basierten ferner, so Hassler, auf Geständnissen, die von der Inquisition abgepresst wurden, und seien im Übrigen kulturellen Projektionen und krassen Fehldeutungen geschuldet. Denn laut Hassler handelte es sich bei den als Menschenopfer interpretierten Praktiken lediglich um «Metaphern», «Allegorien» und «Symbole». Das gehe schließlich auch aus der Tatsache hervor, dass «keine Massendeponien all der Menschenopfer, welche den Azteken nachgesagt werden, gefunden worden sind».

Während die Kontroverse über die aztekischen Menschenopfer wohl auch in Zukunft weitergehen dürfte, herrscht, was die kulturellen Leistungen der präkolumbischen Mesoamerikaner betrifft, in der Forschung weitgehend Einigkeit – vor allem mit Blick auf die Mayas.

1.3 Blüte und Dekadenz:
die Mayas

Jene Ethnien, die unter der Bezeichnung «Mayas» zusammengefasst werden, besaßen zwar eine Reihe sprachlich-kultureller Gemeinsamkeiten und unterhielten vielfältige ökonomische Beziehungen, sie waren indessen keineswegs identisch. Auch ihre begrenzte geographische Extension – die gegenwärtigen mexikanischen Bundesstaaten Yucatán, Campeche, Tabasco, Teile von Chiapas und Quintana Roo sowie das Departement Petén in Guatemala, Teile von Honduras und angrenzende Gebiete – darf nicht darüber hinwegtäuschen, dass es ein «Mayareich» nie gegeben hat. Stattdessen existierten zahlreiche, politisch voneinander unabhängige Stadtstaaten mit zeremoniellem Charakter.

Von der Forschung wird die Entwicklung der Maya-Kultur in drei Epochen eingeteilt: in die präklassische, die klassische und in die postklassische Periode. Die berühmten Gedenkmonumente, die Stelen, haben ihre Wurzeln in jener Zeit, die von den meisten Forschern von etwa 3000 v. Chr. bis etwa 300 n. Chr. datiert wird. Auch für die «klassische Epoche», die bis ca. 900 n. Chr. dauerte, war charakteristisch, dass kein

omnipotentes staatliches Zentrum existierte, sondern zahlreiche Stadtstaaten, die durch mannigfaltige kulturelle und wirtschaftliche Verbindungen untereinander kommunizierten und sich auch eifrig bekriegten.
Die folgenden Gemeinsamkeiten gaben den Stadtstaaten der klassischen
Epoche ihre besondere Prägung: eine hoch entwickelte Hieroglyphenschrift, das falsche Gewölbe in der Architektur, die spezielle Bildhauerei
des Stelen-Kults und ein eigener Stil in der Keramik. Etwa im 9. Jahrhundert n. Chr., so wird geschätzt, ging die Blütezeit der Maya-Kultur
abrupt zu Ende – die Gründe sind bis heute nicht völlig geklärt. Neueste
archäologische Forschungen führen den kulturellen Kollaps auf klimati-
sche Veränderungen zurück, vor allem auf eine lange Dürreperiode und
dramatische Bodenerosionen. Dieses Ereignis markiert den Beginn der
«postklassischen Epoche».

Bereits im 5. Jahrhundert hatten sich auf der Halbinsel die zur
Maya-Familie zählenden Itzaes niedergelassen, die stark von den Tolteken beeinflusst waren. Das ist offensichtlich auch der Grund, weshalb
die Bedeutung von Quetzalcóatl-Kululcán (die zweite Bezeichnung ist
lediglich die Maya-Version der ersten) steigt und auch die Zahl der
sakralen Menschenopfer zunimmt. Ähnlich wie im aztekischen Herrschaftsgebiet kam es im 11. Jahrhundert zur Bildung einer Konföderation von drei einflussreichen Stadtstaaten – Mayapán, Chichén-Itzá
und Uxmal –, der so genannten Liga von Mayapán, der jedoch kein
dauerhafter Bestand beschieden war. Im Jahre 1194 unterwarf Mayapán
den ehemaligen Verbündeten Chichén-Itzá und machte seine Bewohner zu Sklaven. Bis zum Jahre 1441 dominierte Mayapán den Norden
von Yucatán, bis in diesem Jahr seine Diktatur durch eine Rebellion der
unterdrückten Stadtstaaten beendet wurde. Diese Ereignisse markieren
zugleich den Beginn einer unaufhaltsamen Dekadenz der Maya-Kultur,
die sich bis zur Ankunft der Spanier im Jahre 1520 durch interne Kriege verzehrte und obendrein durch Naturkatastrophen und Epidemien
erschüttert wurde. Als die Spanier nach Yucatán kamen, stießen sie auf
eine desorganisierte Bevölkerung, die sich kaum noch an ihre eigene
Geschichte erinnerte.

Wie für die aztekische war auch für die Maya-Kultur eine deutliche
soziale Differenzierung charakteristisch, wenngleich auf dem Lande kollektive Eigentumsformen bestanden. Im Unterschied zum aztekischen

Calpulli, das eher als territoriale Einheit definiert werden kann, existierte bei den Mayas eine Art Clan-Herrschaft. Die sozialen Beziehungen des Clans waren verwandtschaftlicher Natur und gründeten sich auf die Anerkennung eines gemeinsamen Vorfahren. Der Grad der direkten Abstammung von diesem Vorfahren war das entscheidende Kriterium für die Verteilung kultivierbarer Ländereien und den unterschiedlichen Zugang zu bestimmten Gütern. Die soziale Differenzierung sicherte die Existenz herrschender Eliten, die sich das Mehrprodukt der primär bäuerlichen Bevölkerung aneigneten und ihre Sonderstellung durch ein genealogisch definiertes Geflecht von Beziehungen fortsetzten. Eheschließungsstrategien sorgten überdies dafür, dass die Macht der herrschenden Eliten die Grenzen des jeweiligen Stadtstaates gelegentlich überschritt.

Die Achse der Maya-Ökonomie bildete die Landwirtschaft. In ihr erwirtschafteten die bäuerlichen Massen den Überschuss, der die Errichtung der religiösen Bauten und der Paläste in den zahlreichen Stadtstaaten ermöglichte. Charakteristisch für die Landwirtschaft war das Milpa-System. Auf quadratischen Parzellen, die vier bis fünf Hektar umfassten, bauten die einzelnen Kernfamilien das Hauptnahrungsmittel der Mayas – Mais – an und bedienten sich dabei einer spezifischen Anbaumethode. Nach der Regenzeit wurden die feuchten Bäume gefällt; nachdem sie getrocknet waren, wurden sie verbrannt, um mit der Asche einen natürlichen Dünger für die Saat zu haben – ein ökologisches System par excellence. Die Milpa – das Maisfeld – wurde alle drei Jahre an einem anderen Ort angelegt, wodurch neue Anbauzonen in den Wäldern geschaffen wurden.

Der von den Milpa-Bauern erwirtschaftete Überschuss ermöglichte auch die Herausbildung von Handwerkern, Staatsbeamten, Tempeldienern und Kaufleuten. Letztere genossen – ähnlich wie bei den Azteken – eine Reihe wirtschaftlicher Privilegien, und ihre Existenz deutet darauf hin, dass offensichtlich auch im Schoß der Maya-Gesellschaft tief greifende soziale Veränderungen heranreiften. Darauf weisen auch die bedeutende Rolle der Märkte, die weitläufigen Handelsbeziehungen und nicht zuletzt die Tatsache hin, dass die Mayas als einzige der drei Hochkulturen ein komplexes und effizientes Wassertransportsystem entwickelt hatten.

Den ökonomischen Strukturen entsprach ein hoher Grad hierarchischer Differenzierung. An der Spitze einer jeden Maya-Polis befand sich der Halach unic, «großer wirklicher Herr», der auch Ahau, «König», genannt wurde und vermutlich weltlicher und religiöser Herrscher in Personalunion war. Er wurde von den adligen Eliten der einzelnen Clans gewählt und konnte sein Amt vererben. Der Halach unic traf die wichtigsten innen- und außenpolitischen Entscheidungen und ernannte die Batab, Lokalgewalten, die umfangreiche judikative, exekutive und administrative Befugnisse besaßen. Die gesamte Führungselite bis hin zum Hol pop – einer Art Bürgermeister kleiner Dörfer – gehörte zum Adel und konnte ihre Privilegien an ihre Kinder vererben.

In der zutiefst religiösen Kultur der Mayas spielten die Priester eine herausragende Rolle. Neben der religiösen und häufig zugleich säkularen Führerfigur des Halach unic bestand eine differenzierte Priesterhierarchie. An der Spitze befand sich der Ahaucón, der entweder auch weltlicher Führer war oder, in einigen Fällen, zusammen mit dem Halach unic das höchste religiöse Amt innehatte. Der Haucán war der Verantwortliche für die Hieroglyphenschrift, den Kalender, die Rituale, die Prophezeiungen und die Wahl der neuen Priester. Den mittleren Bereich der Priester-Hierarchie bildeten die Ah kin, die religiösen Oberhäupter der Dörfer und Siedlungen, die Ah kines nacom, zuständig für die sakralen Menschenopfer, und die Chilanes, die Propheten und Übermittler der göttlichen Stimme. Die Forschung sieht in den Maya-Priestern daher zu Recht «sakrale Intellektuelle», denen in der Gesellschaft eine Schlüsselrolle zukam: Sie vermittelten die Beziehungen der Massen mit ihren Göttern, sie beherrschten die Schrift sowie den Kalender und interpretierten aufgrund ihrer astronomischen Kenntnisse die Zeichen des Himmels. Mit den Azteken vereint die Mayas daher die tragische Prophezeiung über die Rückkehr des Kukulcán (Quetzalcóatl). Mit der Ankunft der Spanier wurde die göttliche Prophezeiung furchtbare Realität.

In der dualen Konzeption der Maya-Religion ist jedes hoch geschätzte Objekt – die Erde, die Bäume, der Mais, der Himmel etc. – ein Gott, ein guter oder ein böser. Thompson hat insgesamt 13 Charakteristika der Maya-Götter ermittelt: Sie weisen u. a. nur selten menschliche Formen auf, eher anthropomorphe und zoomorphe Züge; jeder Gott entspricht einer Himmelsrichtung und einer Farbe; die Götter sind in sich kontradiktorisch; sie können gleichzeitig gut und böse sein, Leben und Tod, Alter und Jugend verkörpern. Einer der wichtigsten Götter ist Itzam na,

Schöpfer der Welt, Erhalter des Lebens, Regengott, höchste Instanz der guten Götter und zugleich sichtbarstes Zeichen für die Tatsache, dass die soziale Differenzierung des irdischen Lebens sich auch im Pantheon reflektierte: Itzam na war der Gott des Adels, Chac derjenige der Volksmassen – beide hatten die gleiche Bedeutung. In der Vorstellungswelt der Mayas teilte sich das Universum in 13 obere und neun untere Welten. Jede dieser Welten bestand aus einer Schicht, auf der ein Gott residierte. Die Götter der oberen Welten waren den Menschen wohlgesinnt, die der unteren waren gefürchtet.

Der Kalender, die Hieroglyphenschrift und künstlerische Tätigkeiten erreichten bei den Mayas einen noch höheren Entwicklungsstand als bei den Azteken. Ihr Kalender bestand aus einem komplexen chronologischen System, innerhalb dessen das Sonnenjahr Haab 365 Tage und das sakrale Jahr (Tzolkin, der Mondkalender) 260 Tage zählten. Hinzu kommt eine ununterbrochene Zählung – die so genannte lange Zählung – von einem bestimmten Nullpunkt der Geschichte an (der 10. August 3114 v. Chr. nach unserer Zeitrechnung), der vermutlich kein historisches Ereignis, sondern einen nachträglich errechneten, mythischen Ausgangspunkt der Zeit markiert. Die Maya-Forschung hebt auch die Bedeutung der spezifischen Zeitintervalle – der Katune – hervor, in denen die Erinnerung wiederum als Prophezeiung erscheint. Für die Mayas war der Katun, die Zeiteinheit von 20 Jahren zu 360 Tagen, von eminenter Bedeutung. Ein Katun erhielt seinen Namen nicht von dem Tag, an dem er begann, sondern von dem Tag, an dem er endete. Da sich innerhalb dieses Systems etwa alle 265 unserer Jahre ein Katun gleichen Namens wiederholte, schlossen die Mayas aus den Ereignissen vergangener Katune des gleichen Namens auf das zu erwartende Schicksal.

Die Hieroglyphenschrift der Mayas ist mit keiner anderen Schriftkultur des amerikanischen Kontinents vergleichbar. Ihr ideographischer Charakter, die etwa 1000 Schriftzeichen, die wiederum aus Hauptzeichen und Affixen bestanden, erlaubte den Ausdruck abstrakter Ideen. Schriftzeichen wurden in den Stelen der Mayas, an Schmuckfriesen, auf Jade, Knochen und Obsidian gefunden. Kalligraphen malten mit Pinsel und Farbe Hieroglyphentexte in so genannte Codices, von denen indes nur ganze drei die Autodafés der spanischen Mönche überstanden haben. Diese drei alten Maya-Codices werden heute nach ihren jeweiligen Standorten – Dresden, Paris und Madrid – benannt. Eine vollständige Entzifferung dieser Dokumente ist der Forschung bis heute nicht gelungen.

Als Beispiele für die im engeren Sinn künstlerische Raffinesse der Maya-Kultur gelten das «teamworking» von Skulptoren, Malern und Architekten, die Harmonie ihrer Ornamente, die Proportionen ihrer Figuren, die beeindruckende Stilisierung von Licht- und Schattenspielen und das falsche Gewölbe. Von – im Wortsinn – herausragender Bedeutung sind schließlich die Stelen, gewaltige Steinmonumente, die im Abstand von 20 Jahren, also einem Katun, errichtet wurden und deren eingemeißelte Daten Aufschluss über die Abfolge der in der klassischen Epoche erfolgten Gründungen zeremonieller Zentren geben. All diese Errungenschaften auf dem Terrain der Kultur waren freilich auf die städtischen Zentren beschränkt: «Die Wunder der präkolumbischen Zivilisationen», schreibt Bartolomé Bennassar, «waren städtische Wunder».

1.4 Andines Tawantinsuyo:
die Inkas

Das gilt auch für die Inkas, die dritte der zitierten Hochkulturen und die letzte, die von den Spaniern unterworfen wurde. Ihr riesiges Imperium, das so genannte Tawantinsuyo = vier Himmelsrichtungen, erstreckte sich im Norden bis nach Quito, der Hauptstadt des heutigen Ekuador, im Westen bis nach Arequipa und Lima an der Küste, im Süden bis zum Maule-Fluss und endete an den östlichen Hängen der Anden. Cuzco, «das neue Rom», wie die spanischen Eroberer unter Führung von Francisco Pizarro (1478–1541) die Hauptstadt des Inka-Reichs mit Bewunderung tauften, beherbergte den obersten Herrscher, der sich, ähnlich wie bei den Azteken, als direkter Abkömmling des Inti, des Sonnengotts verstand. Im Unterschied zu dem mittelamerikanischen Imperium verlangte das religiöse Credo des Andenreiches jedoch keine Menschenopfer – statt sakraler Vernichtung menschlicher Arbeitskraft dominierte im Reich des Inti Arbeit en masse. Die bekannteste Form, die sich später die Spanier zunutze machten, war die so genannte Mita, eine Art unbezahlter Gemeinschaftsarbeit für den Sonnenkönig: Bau von Straßen, Tempeln und öffentlichen Gebäuden, Teilnahme an Kriegszügen etc. Im Unterschied zur *kolonialen* Mita, vor allem in den berühmt-berüchtigten Silberminen von Potosí, wurde die präkolumbische Mita wohl kaum als ausbeuterische Sklavenarbeit empfunden. Sicher nicht zuletzt deshalb, weil dieses System öffentlicher Gemeinschaftsarbeit bereits aus vorinkaischer Zeit datierte und weil es von anderen Subsistenzformen begleitet wurde, die dem aztekischen Calpulli ähnlich waren. Im Reich des andinen Sonnenherrschers hießen diese Mikrogemeinschaften Ayllus, Lebens- und Arbeitsgemeinschaften, die durch verwandtschaftliche (patrilineare) Bande zusammengehalten wurden – auch sie gingen der Bildung des Inkareichs bereits voraus.

Es war vor allem die Existenz dieser Mikrogemeinschaften und deren Mischung aus individueller und kollektiver Aufteilung und Bewirtschaftung des Landes, die einige Autoren zu der Annahme verführte, das Inkareich wäre eine Art frühkommunistischer Gesellschaft gewesen. Dazu trug auch die Tatsache bei, dass das Ayllu-System auf dem Prinzip der Gegenseitigkeit («Reziprozität») beruhte – dem gemeinschaftlichen Austausch von Produkten, Arbeit und Dienstleistungen, der individuellen Bereicherungsambitionen enge Grenzen setzte. Zur Verklärung der Inkas als historische «Frühform einer sozialistischen Gesellschaft» dürfte schließlich auch der Umstand beigetragen haben, dass – zumindest theoretisch – kein Untertan des Sonnenherrschers durch das soziale Netz fallen konnte: Für die so genannten Armen, für Witwen, Waisen und Kranke, wurde gesorgt. Über den Mikrokosmos von Ayllu, Reziprozität und sozialer Grundsicherung wölbte sich gleichwohl ein hierarchischer Makrokosmos, der die egalitären Strukturen im Kleinen dominierte. Die soziale Pyramide reichte vom Inka und einer breit gefächerten Aristokratie, den so genannen Orejones, über die zahlreichen Yanas, eine Art ziviler, religiöser und militärischer Funktionselite, bis hin zu den lokalen Führern, den Curacas, die über eine Reihe sozialer und politischer Privilegien verfügten.

Steht die Vorstellung eines quasi-sozialistischen Inkareichs damit auch auf ziemlich wackligen Füßen, so sollte indessen nicht vergessen werden: Im Unterschied zu den Spaniern respektierten die Inkaherrscher (wie die Azteken) eine Reihe lokaler Traditionen, die ihre Herrschaft über die von ihnen unterworfenen Völker zumindest kulturell abmilderten. Als die spanischen Eroberer in ihre Reiche einfielen, hatte diese Einsicht freilich kaum Gewicht. Zur Tragik der präkolumbischen Reiche gehörte, dass viele der unterworfenen Völker die Spanier zunächst als Befreier empfanden und sie militärisch unterstützten.

1.5 Die «Erhaltung der Ordnung»:
Merkmale des Anderen

So sinnvoll es sein mag, Technik, Wissenschaft und Kunst als Maßstab einer entwickelten Kultur – in Relation zur europäischen – zu nehmen, so problematisch ist der Vergleich, wenn er den Blick auf «das Andere» versperrt: «Die Azteken kannten zwar die Schrift, hatten astronomische Kenntnisse», schreibt Georges Bataille, «aber an wichtigen Werken haben sie nur ‹unnütze› hinterlassen: ihre Kenntnis der Architektur diente nur zum Bau von Pyramiden, auf deren Höhe sie Menschen opferten.» Ihr Weltbild, so Bataille, stehe damit «in diametralem Gegensatz zu dem, was uns bei unseren Aktivitäten leitet. Die Verzehrung spielte in ihrem Denken keine geringere Rolle als in unserem Denken die Produktion. Sie waren ebenso bestrebt zu *opfern*, wie wir bestrebt sind, zu *arbeiten*».

Die wirtschaftliche «Nutzlosigkeit» der aztekischen Ökonomie, die «Verschwendung» potenzieller menschlicher Arbeitskraft durch die sakralen Menschenopfer en masse, resultierte – wie bereits erwähnt – aus dem Glauben, dass sich die Sonne auf ihrem nächtlichen Weg verzehre, zum Skelett abmagere und daher neuer Nahrung bedürfe. Und das Kostbarste, was die Azteken der Sonne darbringen konnten, war die «Speise der Götter» – Menschenblut. Dieser Vorstellung entspricht die privilegierte Stellung des Sonnengotts im aztekischen Pantheon, das von Hunderten göttlicher Mächte gebildet wurde. Im Unterschied zum alten Griechenland basierte die Genealogie der Götter allerdings nicht auf menschlichem Vorbild, sie orientierte sich an Erscheinungen aus der Natur. Quetzalcóatl, «die grüne Federschlange», dessen Rückkehr die Azteken erwarteten und dessen Verwechslung mit den spanischen Konquistadoren so unheilvolle Folgen haben sollte, ist hierfür ein Beispiel. Der Sonne Opfer zu bringen – darin bestand folglich auch die primäre Funktion der aztekischen Kriege. Ihre Bedeutung in der mexikanischen Gesellschaft, so Bataille, dürfe uns nicht täuschen: «Es war keine *militä-*

rische Gesellschaft. Die Religion blieb der eigentliche Schlüssel zu ihren Spielen. Die Azteken gehören vielmehr zu den Kriegergesellschaften, in denen die reine unberechenbare Gewalt und die ostentativen Formen des Kampfes herrschten. Die geplante Organisation von Krieg und Eroberung war ihnen unbekannt.» Das ist auch der Grund, so Todorov, weshalb die Azteken den totalen Assimilationskrieg der Spanier nicht verstanden. Für sie musste der Krieg mit einem Vertrag beendet werden, in dem festgelegt wurde, in welcher Höhe der Besiegte dem Sieger Tribut zu zahlen hatte.

Der «verschwenderischen Ökonomie», die Hekatomben von Sklaven opferte, statt sie arbeiten zu lassen, und die ritualisierten Kriegsformen, die eher turnierartigen Kriegsspielen ähnelten, entsprach schließlich der aztekische Zeitbegriff. Die früheren Sonnen fanden ihr Ende, so auch die aktuelle; wenn sich die Zeit wiederholte, führte die Kenntnis der Vergangenheit auch zur Kenntnis der Zukunft: «Die Azteken sind davon überzeugt», schreibt Todorov, «dass alle Formen der Zukunftsvorhersage auch Wirklichkeit werden, und sie versuchen nur ganz selten einmal, gegen das ihnen verkündete Los aufzubegehren; in der Sprache der Maya bedeutet dasselbe Wort zugleich ‹Prophezeiung› und ‹Gesetz›». Im aztekischen Weltbild ist Zeit mithin nicht linear, sie ist allein Erfüllung vorausgegangener Ereignisse. Die Prophetie über die erwartete Rückkehr von Quetzalcóatl, dem göttlichen Priesterfürsten von Tula und damit über das Ende der fünften Sonne, ist Erinnerung. Cortés und seine Schergen verstanden sie zu nutzen.

Ein auf Wiederholung basierendes Zeitverständnis, im Unterschied zum linearen Zeitbegriff der Moderne, ist nach Todorov eine Folge der oralen Kultur. Keine der drei Hochkulturen kannte die phonetische Schrift (die Mayas verfügten lediglich über deren Rudimente), und die Piktogramme der Azteken zeichneten Erfahrung auf, nicht Sprache. Das ist Todorov zufolge der wichtigste Grund für die – machtpolitische! – Unterlegenheit der indigenen Völker Lateinamerikas während der Konquista: «Als Meister in der Kunst der rituellen Rede sind die Indianer dementsprechend wenig erfolgreich, wenn es gilt zu improvisieren; und gerade dies erfordert die Situation der Konquista. Ihre sprachliche Erziehung favorisiert das Paradigma auf Kosten des Syntagmas, den Code auf Kosten des Kontextes, betont eher die Erhaltung der Ordnung als die Effizienz des Augenblicks, eher die Vergangenheit als die Gegenwart.» Dem entspricht die Einteilung in narrative und interpretative Kulturen.

Die «Erhaltung der Ordnung»: Sie verweist dabei auf das eigentliche Herzstück ihrer Kosmologie, die sich als Dialektik von Leben und Tod, Schöpfung und Zerstörung, «Gut und Böse» begreifen lässt. Diese Gegensätze und Widersprüche sind nicht, wie der Deutsch-Mexikaner Paul Westheim, einer der besten Kenner der mesoamerikanischen Kunst und Kultur, schrieb, der Schwäche oder der Erbsünde des Menschen geschuldet. Sie sind, ganz im Gegenteil, Grundbausteine der Welt, der irdischen wie der himmlischen. Die Götter, durchaus ein getreuer Spiegel der Menschen, bekämpfen sich untereinander – übermenschliche Wesen der Schöpfung *und* der Zerstörung, die, so das Basiscredo der alten Amerikaner, den ewigen Kreislauf der Natur bestimmen. Es ist dieser Dualismus, in dem Westheim die Essenz der präkolumbischen Welt verortet. Im ewigen Kampf von Quetzalcóatl und Tezcatlipoca, den beiden prominentesten Dauerkontrahenten der Schöpfungs- und Zerstörungskräfte, fand er seinen göttlichen Ausdruck.

Dieser religiöse Dualismus hatte weitreichende Konsequenzen. Als oberste Dirigenten der Naturprozesse, ja als das Sinnbild der Natur schlechthin, waren die Herrscher des altamerikanischen Pantheons keine außerirdischen Belohnungs- oder Strafinstanzen, die den Menschen, je nach Lebenswandel, gute oder schlechte Noten gaben. In ihrer Eigenschaft als quasi urwüchsige Kräfte der Natur waren sie nur deren mächtigste Repräsentanten, verkörpert in der zyklischen Wiederkehr der Jahreszeiten oder in den Kreisbewegungen der Gestirne. Der Mensch, nur ein Teil dieses kosmischen Getriebes, ebenso wie Flora und Fauna, konnte sein Leben nicht «autonom» bestimmen, er wurde vielmehr, schreibt Westheim, «von jenen sakralen Kräften gelebt». Deshalb wäre es den präkolumbischen Amerikanern auch nicht eingefallen, sich als die Krone der Schöpfung zu betrachten. Ihnen kam es lediglich darauf an, die Abläufe des natürlichen Kosmos zu erkennen und, so weit das in ihrer Macht stand, am Leben zu erhalten.

Und dessen innerste Antriebskräfte bestanden eben aus einer ewigen Wiederkehr von Schöpfung und Zerstörung, den beiden Hauptpolen des Weltgeschehens. Was uns Europäern dabei bekannt vorkommt – auch wir sprechen von Entstehen und Vergehen –, war für die alten Mexikaner, denen die Bekanntschaft mit den spanischen Eroberern noch bevorstand, freilich etwas völlig anderes. In ihrem Weltbild «starben» auch die Götter. Der kosmische Schöpfungsprozess als Ganzes kannte Anfang und Ende. Ja, die Zerstörung ging der Schöpfung zwingend voraus. So war es schon immer gewesen: Vor dem Ende der fünften Sonne, von den alten Prophezeiungen auf das Jahr 1492 datiert, hatte es bereits vier Apokalypsen gegeben. Und so würde es immer weitergehen. Für die Menschen war dabei nur zweierlei wichtig: die göttlichen Gesetze der Natur zu erkunden, um für den Tag X gewappnet zu sein, und – mit ihren bescheidenen Mitteln – dazu beizutragen, den natürlichen Kreislauf der Natur in Gang zu halten.

Das hohe wissenschaftliche Niveau, das vor allem Mayas und Azteken erreichten, ihre oft bewunderten Kenntnisse in Astronomie und «Ciencias naturales», standen damit in direkter Verbindung. Dennoch waren sie keine Wissenschaftler im Sinne der Renaissance. Die erkenntnisleitende Neugier eines Leonardo da Vinci hätten sie nicht verstanden: «Sie glaubten», schreibt Westheim, «dass es nicht möglich sei, das irdische Regiment zu erhalten, ohne dessen himmlisches Pendant genauestens zu kennen.» Im Gegensatz zu Europa, wo Religion und Wissenschaft schon über Kreuz lagen, standen die avanciertesten Kenntnisse der Naturwissenschaften jenseits des Atlantiks also von Anfang an im Dienst der Religion. Einen irdischen Nutzen hatte dieses Wissen aber allemal: Mit Hilfe magischer Praktiken, davon waren die indigenen Völker überzeugt, ließen sich die Götter, also die obersten Kräfte der Natur, beeinflussen – nicht pro domo, sondern im Sinne des Ganzen, der natürlichen Abläufe des Weltgeschehens.

Aus der skizzierten Zentraldifferenz, dem Dauerdualismus von Schöpfung und Zerstörung, ergeben sich fast zwangsläufig weitere Unterschiede zu ‹westlichen› Ideenwelten. Dazu zählen vor allem die präkolumbischen Todesvorstellungen, die sich von jüdisch-christlichen Versionen deutlich unterscheiden. Nach der altamerikanischen Sonnenlegende (Leyenda de los Soles) wurden schon die ersten Menschen aus Totenknochen geformt. In diesem rätselhaften Wiederauferstehungsmythos figuriert der Tod mithin als ursprünglicher Lebensspender, Zerstörung als Beginn der Schöpfung. Der alte Brauch mexikanischer Urvölker, die Gräber mit Wasser zu begießen, ist dafür ebenso ein Indiz wie besonders prominente Götterfiguren: Coatlicue ist nicht nur die Göttin der Erde, die große Gebärerin, aus deren Schoß alles Lebendige hervorgeht, sie ist auch die Göttin des Todes, «die Allesvernichterin», so Westheim, «die am Ende alles wieder verschlingt». Eine religiöse Kontrastharmonie, die europäischen Denktraditionen einiges abverlangt.

Die Grundüberzeugung eines fruchtbaren Todes bringt es mit sich, dass auch andere Bereiche des religiösen Subsystems keine Entsprechung in abendländischen Traditionen finden, etwa die Opposition von Paradies und Hölle. Die alten Amerikaner hätten nicht nur den wissenschaftlichen Impetus eines Leonardo da Vinci nicht verstanden, auch die Höllenkreise in Dantes Göttlicher Komödie wären ihnen höchst rätselhaft erschienen. Denn für sie war Mictlán, das Reich der Toten, eine quasi klassenlose Gesellschaft, in der sich die «Sünder» (ein Wort, das sie nicht kannten) Seite an Seite mit jenen befanden, die ein vorbildliches Leben geführt hatten. Dort kamen alle hin, völlig unabhängig vom Soll und Haben ihres irdischen Kontostandes. Das Reich der Toten war also kein religiöses Apartheidsystem, in dem die einen zu Engelsschalmeien den himmlischen Frieden genossen, während die anderen noch unter dem Regiment des Teufels im Fegefeuer schmorten. Zwar gab es auch im Pantheon des alten Mexiko einen «wahren Teufel», wie Westheim schreibt, der mit dem «Herrn der Hölle», dem «Widersacher» des alttestamentarischen Christengotts jedoch nicht identisch ist: Tezcatlipoca, der prominenteste «Unheilbringer» der präkolumbischen Götterriege, wütet ohne Grund, auch ohne moralische Begründung, zerstört und vernichtet wie der Jaguar, der ihn verkörpert: «Seine Tücke ist im kosmischen Plan vorbedacht und vorgesehen.»

Ganz anders die monotheistischen Religionen der Alten Welt, in denen die Erfüllung ethischer Ideale die Richtschnur eines gottgefälligen Lebens bildet. Während die Juden, so Westheims Vergleich, ihre Transzendenz in den Nachkommen suchen und die göttliche Drohung der Namensauslöschung deshalb besonders gravierend ist, erstreben die Christen, als Belohnung für ein gerechtes und frommes Leben, die Wiederauferstehung in einem paradiesischen Jenseits. Dagegen war es den Erdenbürgern in der Neuen Welt verwehrt, sich um einen Logenplatz im Himmel zu bewerben. Dennoch verfügten auch sie über einen ethischen Verhaltenskodex, dessen Befolgung im Jenseits von Vorteil war. Für sie kam es vor allem darauf an, den «richtigen Tod» zu sterben: Krieger, die im Kampf ihr Leben verloren, oder Frauen, die im Wochenbett starben – ihnen blieb ein privilegierter Platz im Reich der Toten reserviert, zumindest ein nicht so mühsamer Weg, um dorthin zu gelangen. Insofern, aber nur insofern kannten auch die alten Mexikaner, vor allem die hierarchischen «Imperien» von Mayas und Azteken, pointiert Westheim, eine Art «Klassentod».

Markante Unterschiede zur Alten Welt gab es auch im Bereich der Kunst, selbst zum polytheistischen Götterhimmel der Antike, dem das mexikanische Pantheon noch am ehesten gleicht. Dem aztekischen Künstler ging es nicht um raffinierte Formen, nicht um Ornament oder wohlgefälliges Dekor. Schönheit an sich, gar als «künstlerische Autonomie», war ihm völlig unbekannt. Der mexikanische «Künstler», ein für ihn unverständlicher Terminus, war trotz seiner avancierten Techniken ein Interpret der göttlichen Naturgewalten. Der Unterschied zu Europa, resümiert Westheim, könnte deshalb größer kaum sein: erinnerungswürdige Ereignisse, heroische Taten, olympische Siegergestalten, römische Cäsaren und Generäle, die Martyriumsszenen des Mittelalters, das Naturgefühl der Renaissance, die galanten Abenteuer des Rokoko – all diese Sujets hätten den aztekischen Künstler nicht interessiert: «Sein Blick richtet sich auf etwas Höheres. Würdige Objekte des künstlerischen Schaffens sind der Mythos, die Götter, das Gesetz.»

Die eigentliche Raison d'être des altamerikanischen Architekten oder Bildhauers, nämlich bestimmten Ideen, Begriffen und übersinnlichen Vorstellungen Ausdruck zu verleihen, schlagen auch hier, auf dem Gebiet der Kunst, in einer Reihe weiterer Idiosynkrasien zu Buche, die es diesseits des Atlantiks so nicht gegeben hat. Etwa den Nimbus der Künstlerpersönlichkeit, gar den eines ruhmverwöhnten Genius: «Die Person des Schöpfers», schreibt Westheim, «verschwindet hinter seiner Schöpfung. Diese Künstler waren anonym [...] und das, was sie schufen, waren keine Beweise ihres persönlichen Talentes, sondern Symbole.» Fast überflüssig zu sagen, dass es fast durchweg Kollektivkunst war, in der diese Symbole Gestalt annahmen. Individuelle, persönlichkeitsbildende Motive, wie sie in Schillers ästhetischer Erziehung des Menschen oder in dessen Selbstverwirklichung durch kreatives Schaffen in Erscheinung treten, spielten, wenn überhaupt, nur eine Nebenrolle. Auch andere tragende Säulen des europäischen Musentempels, etwa das Gebot des Immerneuen, gehörten nicht zum Kanon der alten Mexikaner. Deshalb hatten sie «kein Interesse an Evolution», schreibt Westheim, man könne sogar von einem «ausgeprägten Beharrungswillen» sprechen. Die Orientierung an der traditionellen Form hält er folglich für einen inhärenten Charakterzug der altamerikanischen Kunst – schließlich sei auch Gott nicht neu, sondern alt und ewig. Denn für die indigene Kunst waren Schaffen und Ordnen gleichbedeutend; ihr Gestaltungswille manifestierte sich in «geometrisch-kubischer Einheit, Blockmasse, scharf umrissener Kontur, axialer Orientierung, Symmetrie, Rhythmus». Ein in Stein gehauener Mythos.

In seinem *Versuch einer Ästhetik der Pyramide* ist der deutsch-mexikanische Kunstethnologe Paul Westheim diesem Mythos auf die Spur gekommen. Aufschlussreich auch hier ein Vergleich: Die ägyptische und die präcortesianische Pyramide hätten nur eines gemeinsam, nämlich die Bezeichnung. Steinernes Kolossalgrab die eine, monumentale Kultstätte die andere, Höhlenarchitektur auf der einen, Freiraumarchitektur auf der anderen Seite, geometrisch zugespitzte Linienführung hier, ins Horizontale umgebogene Baumasse dort. Auch die Ultima Ratio, die dem altamerikanischen Künstler die Hand führte, erläutert Westheim mit Hilfe von Vergleichen, etwa mit Blick auf die griechischen Tempel oder den Medici-Palast in Florenz: «Der Grieche, der Renaissance-Mensch, glaubten durch die Erkenntnis der Natur und der Naturkräfte die Welt enträtselt zu haben und damit zu Herren der Welt geworden zu sein.» Ganz anders die Motive der mexikanischen Pyramidenbauer. Sie standen einer Natur gegenüber, die sie in ihren Auswirkungen als chaotisch, blindwütig, unfassbar und gestaltlos empfanden. Dieser Unfassbarkeit eine klar und groß geformte Welt, eine menschliche und geistige Ordnung, eine mathematische Ordnung, kristallisiert in elementaren Urformen, entgegensetzen zu können – darin sieht Westheim die innersten Antriebskräfte einer Kunst, in der sich das religiöse Credo formgerecht entfaltete.

Dabei erschöpfen sich die Indizien, die seine Interpretation plausibel machen, nicht allein in den Verweisen auf den kulturellen Kosmos in toto. Denn die kultischen Monumentalbauten, etwa die berühmte Sonnenpyramide von Teotihuacán, besitzen eine geometrisch-astronomische Grundorientierung, die keinen Zweifel erlaubt: In ihrer Stufenordnung, so die archäologische Forschung, spiegelt sich das präcortesianische Weltall präzise wider. Ebenso in der Maya-Pyramide von Chichén Itzá: Ihre neun Terrassen sind architektonisches Sinnbild der neun Himmel, ihre 366 Treppenstufen symbolisieren die Tage des Maya-Jahrs. Auch die «Freiraumarchitektur», wie Westheim das Gesamtensemble der pyramidalen Kult- und Zeremonienstätten nennt, findet in der Alten Welt keine Entsprechung. Während das Christentum seine Gläubigen im geschlossenen Raum versammelt und dafür die Basilika oder die Kathedrale gestaltet, vollzieht sich der mexikanische Kult im Freien. Diese Art des «Gottesdienstes» war nicht nur den klimatischen Bedingungen geschuldet. Die «Raumsinnlichkeit» dieser kultischen Freiraumanlagen stand in direkter Verbindung zur «Naturreligion» dieser Völker. Sie manifestierte ihren Willen, «der Regellosigkeit der Natur geistige Gesetzhaftigkeit entgegenzustellen». Vielleicht liege hier, im mangelnden Verständnis für die enge Wechselwirkung zwischen Religion und Kunst, die Ursache dafür, «warum der Beschauer, dem die aristotelische Ästhetik traditioneller Maßstab ist, zunächst so ratlos vor diesen Schöpfungen steht.»

Zu den kulturellen Differenzen zwischen Alter und Neuer Welt lässt sich schließlich auch das rechnen, was Bartolomé Bennassar als «Paradoxie» bezeichnete – jener Abgrund zwischen der ökonomischen und sozialen Organisation, der monumentalen Architektur, den Erkenntnissen in Mathematik und Philosophie auf der einen Seite und der augenscheinlichen Ignoranz in technischen Dingen auf der anderen. Wie lässt sich der Bau immenser Straßen und Wege, vor allem bei den Inkas, mit der erstaunlichen Tatsache vereinbaren, dass das Rad als Fortbewegungsmittel nicht existierte? War es etwa, wie Arnold Gehlen vermutete, ein allzu «abstraktes» Artefakt, das mit dem Weltbild der präkolumbischen Kulturen kollidierte? Wie läßt sich die Tatsache erklären, dass die Mayas eine unbestrittene Meisterschaft in der Himmelsbeobachtung ausgebildet hatten, aber in Navigation und Kartographie den Spaniern hoffnungslos unterlegen waren? Und wie schließlich der Umstand, dass trotz aller Ähnlichkeiten der drei Hochkulturen nur rudimentäre oder überhaupt keine Kommunikationskanäle zwischen ihnen bestanden? Als verblüffend und tragisch kann deshalb gelten, dass Mayas und Azteken von der spanischen Landung in der Karibik 1492 nichts wussten. Ebenso überrascht waren die Inkas – 40 Jahre nach der Landung von Kolumbus!

Vor dem Hintergrund des hohen Kulturniveaus auf anderen Gebieten muten diese Phänomene in der Tat paradox an, insbesondere die fehlenden Kommunikationskanäle. Versierte Kommunikatoren waren Azteken, Mayas und Inkas nur in der religiösen Sphäre – ihre Prophezeiungen über das bevorstehende Ende der indigenen Imperien sollten sich auf tragische Weise erfüllen: «Über die Welt verstreut werden die Frauen, die singen und die Männer, die singen und alle, die singen», heißt es im *Chilam Balam*, im Maya-Buch der Götter, «Niemand wird sich befreien, niemand wird sich retten. Viel Elend wird es in den Jahren des Imperiums der Gier geben. Die Menschen werden zu Sklaven. Traurig wird das Gesicht der Sonne sein …»

2. Von der «Kulturberührung» zum «Kulturzusammenstoß»: *Entdeckung und Eroberung*

2.1 Die erste Globalisierung: *Kolumbus entdeckt Amerika*

Am 12. Oktober 1492 sollte sich diese Prophezeiung erfüllen, wenngleich es noch rund drei Jahrzehnte dauerte, bis die aztekischen Herrscher von Tenochtitlán ihre ersten Auswirkungen erlitten. An jenem denkwürdigen Tag, der in späteren Jahrhunderten als «Día de la Raza» verklärt wurde, landete der Genueser Seefahrer Christoph Kolumbus (1451–1506) mit seinen drei Karavellen und 87 Mann Besatzung auf den Bahamas. Eine lange, von Schwierigkeiten, Spott und Demütigungen gesäumte Odyssee von Italien über Portugal nach Spanien an den Hof der katholischen Könige schien damit ihr triumphales Ende erreicht zu haben. Ausgestattet mit pompösen Titeln und Vollmachten des spanischen Herrscherpaars, nahm Kolumbus die Neue Welt, auf die der Sucher eines westlichen Seewegs nach Indien eher zufällig gestoßen war, für Spanien in Besitz.

Der zumindest aus heutiger Sicht groteske Akt der Inbesitznahme geht zurück auf den christlichen Herrschaftsanspruch über den gesamten Erdenkreis und die darin lebenden «Heidenvölker», wie er um die Wende vom 13. zum 14. Jahrhundert von den Kirchenrechtlern Aegidius Romanus und Heinrich von Segurio postuliert worden war. Eine Art vormoderner Globalisierung auf dem Gebiet der Religion, die nun um ihre weltlich-politische Seite ergänzt wurde. Die auf diese Weise zu Untertanen der spanischen Krone dekretierten Inselbewohner verstanden von den Dokumenten, die ihnen vorgelesen wurden, selbstverständlich kein Wort. Natürlich wurden sie auch nicht gefragt, ob sie die spanische «Staatsbürger»-Offerte akzeptierten. Im christlichen Sendungsbewusstsein, von dem auch Kolumbus tief durchdrungen war, gab es keinen Platz für solche Überlegungen. Noch weniger für den Akt der «Entdeckung»: Weder Kolumbus, der als Entdecker Amerikas in die Annalen Eingang fand, noch seinen spanischen Nachfolgegenerationen kam es in den Sinn, den Bewohnern der Neuen Welt das Entdeckungspatent zu belassen. Dafür spricht vor allem, dass speziell der Entdecker von einer regelrechten «Benennungswut» befallen war, wie Tzvetan Todorov schreibt. Kolumbus wusste zwar genau, dass die von ihm entdeckten Inseln bereits Namen hatten. Das interessierte ihn indessen nicht: Sein Bestreben war es, so Todorov, ihnen «richtige» Namen zu geben. Benennen und Besitzen gingen deshalb Hand in Hand. Dafür spricht auch das selbstverständliche «Recht», eine repräsentative Sammlung der karibischen Flora und Fauna – unter Einschluss der Menschen – zusammenzustellen, um sie als Exponate nach Spanien zu verfrachten. Wahrscheinlich hat es nie wieder ein so exotisch anmutendes Spektakel gegeben wie jene Kolonne von Entdeckern, bunten Papageien und Indios, die Kolumbus nach der Rückkehr von seiner ersten Reise von Sevilla nach Barcelona anführte, wo die spanischen Könige gerade residierten.

War die erste Kolumbus-Tour für die Bewohner der neu entdeckten Welt alles in allem dennoch recht glimpflich verlaufen – man kann sie mit den Worten Urs Bitterlis als «Kulturberührung» bezeichen –, so standen die drei weiteren Expeditionen, die der Genueser in den folgenden Jahren unternahm, immer weniger im Zeichen des «Entdeckens»: Die *descubridores* wurden zu *conquistadores*, die anfängliche «Kulturberührung» verwandelte sich, so die Bezeichnung Bitterlis, in einen «Kulturzusammenstoß». Und der war unvermeidlich, allein schon wegen der Zahl der Expeditionäre, die sich gen Westen auf den Weg machten. So verließen im September 1493, mit Beginn der zweiten Reise von Kolumbus, bereits 17 Schiffe mit mehr als 1200 Besatzungsmitgliedern den andalusischen Heimathafen. Es war jedoch nicht nur die numerische Stärke dieser Expedition, die den Übergang von der Entdeckung zur Eroberung markierte. Denn auf seiner zweiten Reise wurde Kolumbus von drei Männern begleitet, schreibt Fernando Mires, deren Anwesenheit «nicht ohne symbolische Bedeutung war. Die drei Männer waren der Händler Pedro de las Casas, der Soldat Pedro Margarit und schließlich, als geistlicher Vertreter des Papstes, Pater Bernel». Bevor Händler und Missionare in Aktion treten konnten, schlug die Stunde der Soldaten. Ihre enge Dreier-Allianz, die für die überraschend schnelle Eroberung und Kolonialisierung des größten Teils des Subkontinents – unter Einschluss weiter Gebiete der heutigen USA – strategisch den Ausschlag gab, war indessen bereits vor den großen Eroberungszügen auf dem Festland unübersehbar. Auf Santo Domingo, Puerto Rico und Kuba, den karibischen Pionierposten der ersten Entdeckungsfahrten, waren die Eroberungs- und Ausbeutungsphasen fast Hand in Hand verlaufen. Der *exploración* und *conquista* folgte nahezu zeitgleich die *explotación*, die gnadenlose Ausbeutung der indianischen Bevölkerung, die hauptsächlich der Geldgier der Eroberer zum Opfer fiel. Bereits Anfang des 16. Jahrhunderts war die Arawak-Bevölkerung von Santo Domingo überwiegend ausgelöscht. Bartolomé Bennassar spricht deshalb wohl zu Recht vom ersten Genozid Lateinamerikas.

2.2 Ruinen als Fortschrittssymbole:
die Eroberung von Azteken, Mayas und Inkas

Ein ähnliches Schicksal war nun den Völkern des Festlandes beschieden, als Erstes den Azteken. Ihr Entdecker, der sich im Handumdrehen in einen Eroberer verwandelte, war Hernán Cortés (1485–1547), der im Februar 1519 an der Spitze von rund 600 (!) Soldaten an der mexikanischen Westküste landete. Dieser «charming spanish gentleman of Extremadura», wie ihn der englische Historiker George Pendle titulierte, setzte alles auf eine Karte: Nachdem er eine Rebellion seiner Truppe im Hafen von Veracruz niedergeschlagen hatte, ließ er die Schiffe versenken und setzte seinen Marsch auf die sagenumwobene Aztekenmetropole Tenochtitlán in Gang. Bereits während einer Zwischenstation auf der südlich gelegenen Halbinsel von Yucatán war er auf Mitglieder einer Maya-Gemeinschaft gestoßen, die ihn reichlich beschenkt hatten. Zu den Präsenten zählten rund 20 Frauen, die der rein maskulinen Truppe der spanischen Eroberer nicht nur als Lustobjekt höchst willkommen waren. Eine von ihnen, die als «Malinche» berühmt werden sollte, fungierte fortan als Geliebte von Cortés und als seine Dolmetscherin, die den Eroberer obendrein mit wichtigen politischen und kulturellen Informationen versorgte – strategisch überaus wichtigen Informationen, die Cortés weidlich zu nutzen verstand. Ob diese Informationen nicht immer korrekt waren oder vom Anführer des Konquistadorentrupps falsch verstanden wurden – in Cholula jedenfalls, einer Stadt auf dem Weg in die Aztekenmetropole, führten sie dazu, dass Cortés den ersten Befehl zu einem Massaker an den Bewohnern des damaligen Markt- und Handelszentrums gab: Rund 3000 Indios, Männer, Frauen und Kinder, fielen in dieser «Bartholomäusnacht der Überseegeschichte» (Bitterli) dem Blutrausch der Spanier zum Opfer. Das als «Notwehr» deklarierte Gemetzel, der militärische Einstand in der Neuen Welt, hat die Siegeszuversicht von Cortés sicher verstärkt. Als ihm im August 1519 mit seinem eher verloren wirkenden Haufen von Infanteristen und ganzen 16 Kavalleristen Tenochtitlán im ausgedehnten Tal von Anáhuac zu Füßen lag, dürften ihn dennoch Zweifel über den Erfolg seiner Militärexpedition beschlichen haben. Das imposante Panorama der Stadt, im 20. Jahrhundert von dem mexikanischen Muralisten Diego Rivera malerisch rekonstruiert, ließ darauf schließen, dass man es mit einem weit überlegenen Gegner zu tun haben würde. Die wahrscheinliche Furcht, von den aztekischen Armeen, in kriegstechnischen Dingen im Übrigen hocherfahren, im Handumdrehen ausgelöscht zu werden, mischte sich mit grenzenloser Bewunderung: «Niemals zuvor hat jemand etwas Vergleichbares gesehen, gehört oder geträumt», schrieb Cortés an seinen König, «wie jener Anblick, der sich vor unseren Augen auftat.»

Nur zwei Jahre später hatte sich die glanzvolle Strenge der aztekischen Metropolenarchitektur bereits in eine Ruinenlandschaft verwandelt – die zahlreichen Steinrelikte aus jener Epoche, denen der Besucher der mexikanischen Hauptstadt noch heute auf Schritt und Tritt begegnet, verraten kaum noch etwas von der urbanen Pracht, die Cortés und seine Soldaten in Verzückung versetzte. Dabei waren sie von Moctezuma, dem amtierenden Aztekenherrscher, freundlich empfangen worden. Gleichsam als gefürchtete und bewunderte «Staatsgäste», von den Prophezeiungen über das Ende der fünften Sonne mit einer göttlichen Aureole umgeben, konnten sie sich frei in der Riesenstadt bewegen. Die scheinbar friedliche Idylle des Kulturkontakts verwandelte sich jedoch schon bald in einen Kulturzusammenstoß. Nachdem Cortés wegen innerspanischer Rivalitäten mit einem Teil seiner Truppe nach Veracruz aufgebrochen war, richteten die zurückgebliebenen Soldaten unter dem aztekischen Adel ein Massaker an. Von der Küste zurückgekehrt, trat Cortés die Flucht nach vorn an. Im Juni 1520 endete seine tollkühne Attacke gegen die riesigen Streitkräfte der Azteken in einem Debakel. Während der berühmten *Noche Triste* verlor er die Hälfte seiner Soldaten. Dennoch gab er nicht auf: Nach weniger als einem Jahr hatte er seine Streitkräfte, knapp tausend Mann, reorganisiert. Mit breiter Unterstützung indianischer Truppen, die den Azteken feindlich gesinnt waren, und auf wendigen Booten, die man aus den versunkenen Schiffen rasch zusammengezimmert hatte, blies Cortés zum erneuten Angriff auf die Lagunenstadt. Am 13. August 1521 musste sich Cuauhtémoc, der Nachfolger des inzwischen getöteten Aztekenherrschers Moctezuma, geschlagen geben. Als Gefangener der spanischen Sieger musste er mit ansehen, wie die Hauptstadt seines Reichs in Schutt und Asche gelegt wurde. Bernal Díaz del Castillo, der Chronist des Geschehens, schrieb in seinem Bericht: «Am Ende des Gemetzels konnten wir uns nur zwischen Körpern und Köpfen getöteter Indianer bewegen.» Schon bald sollten auch Mayas, Inkas und andere Indio-Völker ein ähnliches Schicksal erleiden.

Während sich Cortés in der Trümmerlandschaft von Tenochtitlán als Gouverneur und Generalkapitän von «Neu-Spanien» – so die fortan verwendete Bezeichnung für die mittelamerikanische Kolonie – etablierte, rollte die Eroberungswelle weiter in Richtung Süden. Bereits 1525 kontrollierten die Spanier unter der Führung von Pedro de Alvarado den nördlichen Teil des Maya-Reichs, in etwa das heutige Grenzgebiet zwischen Mexiko und Guatemala. Nur ein Jahr später bemächtigte sich Cristóbal de Olid der südlichen Maya-Territorien, also des heutigen Honduras. Die definitive Eroberung des Kerngebiets der Mayas, der Halbinsel von Yucatán, zog sich indessen in die Länge. Erst Anfang der vierziger Jahre gelang es den spanischen Eroberertruppen, die renitente Hochkultur zu unterwerfen. Mérida, eine der ersten kolonialen Städte auf dem Kontinent, ist die steingewordene Erinnerung an den zweiten siegreichen Feldzug in Mittelamerika.

Bereits ein gutes Jahrzehnt vor dem definitiven Ende des Maya-Reichs hatte der dritte und im Grunde letzte Zyklus der Eroberung begonnen: die Niederwerfung des ausgedehnten Andenreichs der Inkas. Ende 1550 stachen, von Panama aus, drei Brigantinen mit ganzen 180

Mann und 47 Pferden mit Kurs auf die Küste des heutigen Ekuador in See. Die Expedition wurde von Francisco Pizarro (1478–1541) angeführt, einem Analphabeten aus der Estremadura, der die fünfzig bereits überschritten hatte. Die numerische Stärke dieser Truppe, die noch um zwei Drittel kleiner war als die Streitmacht von Cortés, stand damit in einem zahlenmäßigen Missverhältnis zu ihren Gegnern, das geradezu grotesk anmutet: Die Eroberer hatten es mit einem Reich von etwa neun Millionen Menschen zu tun, das über eine gut trainierte Armee von mehr als 100 000 Soldaten verfügte – unter ‹normalen› Bedingungen ein reines Selbstmordkommando. Wie im Fall der Azteken konnte indessen auch Pizarro auf massive Hilfe aus den Reihen der andinen Indianerkulturen rechnen, die die Inkas unterworfen hatten. Außerdem herrschte gerade ein blutiger Bürgerkrieg zwischen den beiden Inkaherrschern und Halbbrüdern Huáscar und Atahualpa – interne Zwistigkeiten, die Pizarro bei seiner Ankunft an der nördlichen Küste Perus animierten, trotz ausbleibender Verstärkung die tollkühne Attacke zu wagen. Am 15. November 1532 traf seine Truppe im Mündungsgebiet von Cajamarca auf eine riesige Streitmacht Atahualpas, schätzungsweise 30 000 bis 50 000 Soldaten. Spätestens jetzt dürften den Spross einer armen Bauernfamilie Zweifel über den nachgerade phantastisch anmutenden Charakter seines Feldzugs beschlichen haben. Und in der Tat wirkt es phantastisch, was sich nun zutrug. Felsenfest davon überzeugt, dass ein Frontalangriff ihren sicheren Tod bedeuten würde, suchten die Spanier Zuflucht zu einer plumpen, aber dennoch erfolgreichen List: Sie luden Atahualpa zu einem Treffen mit Pizarro ein und lockten ihn und sein stattliches Gefolge dann in einen Hinterhalt. Sie nahmen den Inka-Herrscher gefangen und richteten unter seinen Begleitern, der politisch-religiösen Elite des Reichs, ein Massaker an. Mindestens 2000 Begleiter des Inka, andere Quellen sprechen von 7000, fielen dem Gemetzel zum Opfer – ohne die geringste Gegenwehr! Die Chronisten Pizarros beschreiben die Inkas wie eine Miniatur-Armee lebloser Zinnsoldaten. Selbst die Palastgarde junger, gut bewaffneter Soldaten, die die Sänfte Atahualpas bewachte, ließ sich ohne den geringsten Widerstand erschlagen, erstechen oder verstümmeln. Am Ende dieses unfassbaren Massakers, als die Spanier aus ihrem Blutrausch erwachten und ihre Reihen zählten, konnten sie befriedigt konstatieren, dass sie nicht einen einzigen Soldaten verloren hatten. Ihre taktische

Rechnung aus Überraschung, Schnelligkeit und Terror war augenscheinlich aufgegangen. Das Ende des riesigen Inkareichs, des sich über Tausende von Kilometern erstreckenden «Tawantinsuyo», war damit im Grunde besiegelt, obwohl es noch bis 1572 dauern sollte, bis Tupac Amarú, der letzte Vertreter der Inkadynastie, seine Waffen streckte und in der alten Inka-Metropole Cuzco hingerichtet wurde. Auch von dem spanischen Sieg über die Inkas zeugt ein steinernes Erbe: 1535 gründete Pizarro «die Stadt der Könige», das heutige Lima.

Statt nutzloser Monumente aus Marmor und Beton, mit denen sich andere Eroberer ein Denkmal setzten, hinterließen die spanischen Konquistadoren damit wenigstens die Grundsteine urbaner Zentren, wenn auch häufig auf den Ruinen indigener Städte, die es wert gewesen wären, der Nachwelt erhalten zu bleiben. Nur wenige Jahre später kam einige tausend Kilometer südlich von Lima ein weiterer Meilenstein auf der Landkarte urbaner Geographie hinzu. Einer der Eroberer Chiles, Pedro de Valdivia, gründete 1541 Santiago, noch immer die Hauptstadt des 4000 km langen Pazifik-Landes, das die Spanier freilich nie vollständig zu unterwerfen vermochten. Die indianischen Völker dieser Gegend, die Araukaner, verharrten nicht, wie Inkas, Mayas und Azteken, in einer rätselhaften Duldungsstarre. Sie nahmen den Gründer Santiagos gefangen und richteten ihn hin – ihr hartnäckiger und couragierter Widerstand hielt noch Jahrhunderte an. An Kampfesgeist und Überlebenswillen standen ihnen die Nomadenbewohner der Pampa, ihre Nachbarn auf der östlichen Seite der Anden, um nichts nach. Auch sie wurden erst in der zweiten Hälfte des 19. Jahrhunderts ‹pazifiziert›, dann allerdings von ihren ‹eigenen Landsleuten›, von argentinischen Truppen, die zu Beginn des 19. Jahrhunderts die Nachfahren der einstigen Erobererriege definitiv aus ihren neu gezogenen Grenzen vertrieben hatten. Im Großen und Ganzen war die Eroberung des Subkontinents allerdings Mitte des 16. Jahrhunderts bereits abgeschlossen – zumindest aus militärstrategischer Sicht eine gewaltige Leistung. Wie liest sich dagegen die Bilanz aus der Sicht der Verlierer? Und nicht zuletzt: Wie lässt sich der dramatische Untergang ihrer Reiche, vor allem der gut organisierten und militärisch gerüsteten Hochkulturen, eigentlich erklären?

2.3 Der Blitzsieg:
Ursachen und Folgen

Was die erste Frage betrifft, so schrieb der bereits mehrfach zitierte Tzvetan Todorov, dass es nie mehr eine «Begegnung» von derartiger Intensität geben sollte – wenn man ein solches Wort hier überhaupt verwenden könne. Denn das 16. Jahrhundert sollte Zeuge «des größten Völkermordes in der Geschichte der Menschheit werden».

An der *quantitativen* Seite dieser Aussage, die auch von anderen Untersuchungen bestätigt wird, ist kaum zu rütteln: Mehr als 70 Millionen Menschen, das entspricht einer Größenordnung von rund 90 Prozent der indianischen Gesamtbevölkerung am Vorabend der spanischen Eroberung, sind dabei umgekommen. Das Schwarze der so genannten Schwarzen Legende sei deshalb nicht zu negieren, so Todorov, «auch wenn von einer Legende nicht die Rede sein kann». Die Spanier seien zwar nicht etwa schlimmer gewesen als die anderen Kolonisatoren, «aber es ist nun einmal so, dass sie es waren, die damals Amerika besetzten, und dass kein anderer Kolonisator vor und nach ihnen Gelegenheit gehabt hat, so viele Menschen auf einmal in den Tod zu treiben». Es ist sicher nicht besonders überraschend, dass es vor allem spanische Autoren waren, die den wenig schmeichelhaften Titel eines numerischen Völkermord-Rekords just als spätes Echo jener Schwarzen Legende empfanden, die seit dem 16. Jahrhundert das europäische Spanienbild trübte und nicht selten auf groteske Weise verzerrte. Dabei waren es auch und gerade spanische Autoren gewesen, die als Zeit-, häufig auch als Augenzeugen die Gräueltaten ihrer Landsleute minuziös beschrieben. Einer der bekanntesten von ihnen, der, wenn auch ungewollt, die Schwarze Legende nachhaltig gefördert hat, war Bartolomé de Las Casas (1474–1566), Dominikaner und späterer Bischof von Chiapas – jene Gegend im Süden Mexikos, die durch den Aufstand der dortigen Indios unlängst auf die Titelseiten der Weltpresse gelangte –, dessen *Kurzgefaßter Bericht von der Verwüstung der Westindischen Länder* die siegreiche Eroberernation auf die historische Anklagebank setzte. Eine der Episoden, die Las Casas schildert, handelt von einem kubanischen Indio-Kaziken, den die Spanier gefangen genommen hatten und den sie zur Abschreckung öffentlich hinrichten wollten. Um ihm, dem Ungläubigen, ewige Höllenqualen zu ersparen, versuchte ihn ein Geistlicher zu überreden, noch vor seinem bevorstehenden Tod den «rechten Glauben» anzunehmen. Der Kazike, berichtet Las Casas, «dachte hierüber ein wenig nach, und fragte sodann den Geistlichen, ob denn auch Christen in den Himmel kämen. Allerdings, sagte der Geistliche, kommen alle guten Christen hinein! Sogleich, und ohne weiteres Bedenken, erwiderte der Kazike, dort wolle er nicht hin, sondern lieber in die Hölle, damit er nur dergleichen grausame Leute nicht mehr sehe, noch da sich aufhalten dürfe, wo sie zugegen wären. So beförderten die Spanier, welche sich nach Indien begaben», beschließt Las Casas seinen Bericht über diese Episode, «die Ehre Gottes und unserer Religion!»

Was wir heute mit einem Schmunzeln lesen, war für den kubanischen Kaziken und Millionen seiner Leidensgenossen freilich eine todernste Angelegenheit. Sie dürften die «Begegnung» mit den Spaniern – noch 1992, aus Anlass des V. Centenario der Entdeckung Amerikas, war offiziellerseits von «Begegnung zweier Welten» (encuentro de dos mundos) die Rede – eher als jene biblischen Plagen empfunden haben, die der Franziskanerpriester Motolina in seiner *Historia* der mexikanischen Eroberung aufgelistet hat. Diese Plagen, die der spanische Autor als «gerechte Strafe» für die aztekischen «Götzendiener» interpretierte, beschränkten sich indessen nicht auf die Dimension von Massakern, Exekutionen und den systematischen Einsatz von Bluthunden. Die historische Forschung hat vor allem drei Faktoren benannt, die den amerikanischen Genozid bewirkten. Die geringste Zahl der schätzungsweise 70 Millionen Menschen, die in der Folge der Eroberung ihr Leben verloren, geht dabei auf das Konto direkter Tötung. Ein erheblich größerer Teil fiel der unmenschlichen Behandlung zum Opfer, vor allem den brutalen Arbeitsbedingungen in den Gold- und Silberminen: Die durchschnittliche Lebenserwartung eines Bergarbeiters jener Zeit lag bei 25 Jahren. Hinzu kommen die Auflösung des traditionellen Sozialgefüges der indianischen Gemeinschaften – man denke nur an die aztekischen Calpullis und die inkaischen Ayllus – und der drastische Rückgang der Geburtenrate. Die Sklaverei, die vielerorts unter der euphemistischen Bezeichnung der präkolumbischen Mita firmierte, führte zu langen Trennungsphasen für die indianischen Familien, nicht selten bis zu einem Jahr. Und wenn Männer und Frauen dann nach so langer Zeit zusammenkamen, berichtet Las Casas, «waren beide durch den Hunger und die Arbeit so ermattet und ausgelaugt, so zerschlagen und kraftlos, dass ihnen wenig daran lag, ehelichen Umgang zu pflegen». Auch die Kinder, die das Licht der kolonialen Welt erblickten, erwartete eine Zukunft, die kaum eine war: «Die Neugeborenen starben früh», so Las Casas, «denn die Mütter hatten wegen des Hungers und der Arbeit keine Milch in den Brüsten. Aus diesem Grunde starben in Kuba, als ich dort war, innerhalb von drei Monaten siebentausend Kinder. Manche Mütter ertränkten ihre Kinder vor Verzweiflung, andere nahmen, wenn sie fühlten, dass sie schwanger waren, bestimmte Kräuter ein, sodass sie die Kinder tot zur Welt brachten.» Der dritte Faktor der dramatischen Dezimierung der altamerikanischen Bevölkerung, der mit Abstand wichtigste, geht auf die von den Spaniern eingeschleppten Krankheiten – den «Mikrobenschock» (Todorov) – zurück, gegen die ihr Immunsystem so wehrlos war wie die mit Blasrohren bewaffneten Indio-Krieger gegen die spanischen Kanonen. Selbst wenn man davon ausgehen kann, dass eine «bakteriologische Kriegsführung» nicht zum strategischen Kalkül der Eroberer zählte, so haben sie die verheerenden Epidemien, wie Todorov schreibt, «durchaus als eine ihrer Waffen» betrachtet. Dafür spricht nicht nur die unübersehbare Tatsache, dass die unterworfenen Indianer wie Fliegen starben und aus den oben erwähnten Gründen nachgerade anfällig sein *mussten* für «psychosomatische», besser: psychosoziale Massenerkrankungen. Dafür spricht auch, dass die führenden Strategen der Eroberung, etwa Cortés und Pizarro, im Handumdrehen lernten, die religiösen und kulturellen Missverständnisse auf Seiten der Indianer kriegsstrategisch auszunutzen. Es blieb ihnen deshalb kaum verborgen, dass häufig der bloße Kontakt todbringende Epidemien unter den Indianern auslöste.

Zumindest zwei Ursachen, die den spektakulären Sieg der Spanier – deren Zahl, was Mittelamerika betrifft, sich um 1545 auf ganze 1345 Personen belief! – erklärbar machen, sind damit bereits benannt: die immense waffentechnische Überlegenheit und die unverhofften Verbündeten in Gestalt der europäischen Killerbakterien. Obwohl die Bedeutung des spanischen Kriegsgeräts nicht überschätzt werden darf, da die Frühphase der Eroberung hauptsächlich mit Schwertern und Lanzen erfolgte, so kamen jedoch von Anfang an auch «Feuerwaffen» zum Einsatz, deren (vor allem psychologische) Wirkung wahrscheinlich kaum geringer war als die Attacken mit Pferden und Bluthunden – für den Kampf gedrillte Tiere, die den Indianern unbekannt waren und denen sie nichts Vergleichbares entgegensetzen konnten. So dauerte es zum Beispiel einige Zeit, bis sie begriffen, dass Pferd und Reiter nicht identisch waren. Dass sie deshalb im Kampf häufig die Pferde statt ihre Reiter attackierten, mutet uns heute ebenso paradox an wie die Tatsache, dass sie den spanischen Schusswaffen am Anfang häufig nicht auswichen, weil ihnen unbekannt war, dass die Geschosse nur in gerader Bahn ihr Ziel erreichten.

Kaum weniger bekannt war ihnen die spanische Kriegsführung als solche. Wie am Beispiel der aztekischen Militäroperationen in präkolumbinen Zeiten bereits angedeutet wurde, besaßen die indianischen Kriege eine streng religiös-zeremonielle Dimension, die mit den Worten John Lynchs darauf abzielten, «eher Gefangene als Leichen» zu produzieren. Das galt mutatis mutandis nicht nur für die Azteken und ihre vermutlich große ‹Dauer-Nachfrage› nach potenziellen Menschenopfern. Das galt auch für den Kriegsadel der Inkas, der vor allem an neuen, tributpflichtigen Untertanen interessiert war. Am Ende einer jeden Militäroperation stand deshalb ein obligatorischer Vertrag mit den unterworfenen Völkern. Der ungeregelte Vernichtungskrieg der Spanier, der Hekatomben von Toten und riesige Trümmerlandschaften hinterließ, war ihnen unbekannt. Im Unterschied zu den Araukanern in Chile, die sich vergleichsweise schnell auf die brutalen Kampftechniken der Spanier einstellten und dadurch jahrhundertelang überlebten, waren die nördlichen Hochkulturen kaum imstande, ihre kulturell bedingte Lähmung zu überwinden. Als besonders lähmend wirkte sich aus, dass die Spanier als Götter eingestuft wurden. Die fatale Prophezeiung, die – vom aztekischen Tenochtitlán bis zum inkaischen Cuzco – die Wiederkehr der Vergangenheit zum unausweichlichen Gesetz erklärte, dürfte die rätselhaft erscheinende Passivität von Moctezuma oder Atahualpa zu einem Gutteil erklären. Als die Indianer den folgenschweren Irrtum bemerkten, war es bereits zu spät.

Lässt sich daraus eine generelle Überlegenheit der spanisch-europäischen Kultur ableiten? Hatte Hegel also vielleicht doch Recht, als er schrieb, dass «die ganz natürliche Kultur» Amerikas untergehen musste, «sowie der Geist sich ihr näherte»? Nur Ignoranten können heute noch behaupten, die präkolumbischen Kulturen hätten keinen «Geist» gehabt. Schließlich war das zivilisatorische Niveau von Azteken, Mayas und Inkas in vielen Bereichen Europa sogar überlegen – von den maurisch-jüdischen Traditionen, die man in Spanien just im Jahr der Entdeckung Amerikas definitiv eliminiert hatte, einmal abgesehen. Deshalb war es wohl kein Zufall, dass die ‹islamerfahrenen› Eroberer die indianischen Tempelgebäude zunächst als «Moscheen» bezeichneten. Zumindest eine Eigenschaft, die den europäischen Menschen der Renaissance charakterisierte, fehlte den Indianern indessen: jene kulturelle Flexibilität, die für die «Begegnung mit dem Anderen» überlebenswichtig war und die die Cortés, bereits durch und durch ein *moderner* Stratege, im Überfluss besaß; selbst Pizarro, der Analphabet aus der Extremadura, war insofern schon ein *moderner* Mensch. Atahualpa, sein prominentester Gefangener, war dagegen ebenso ein Opfer seines «inneren Gefängnisses» wie Moctezuma: «Seine Kerkermeister», schrieb der mexikanische Schriftsteller Carlos Fuentes, «waren Götter.» Weniger bildhaft bringt Tzvetan Todorov den fundamentalen Unterschied zwischen Eroberten und Eroberern auf den Begriff: «Es gibt offenbar narrative und interpretative Kulturen […].» Während die zentrale Frage in der «narrativen» Kultur der Indianer lautete: «Wie erfahren?», ging es in der «praxeologisch» fundierten Weltansicht der Spanier um die Frage: «Was tun?»

Insofern, aber nur *insofern*, repräsentierten die Spanier eine fortgeschrittene Kultur. Vor allem ihre kommunikative Kompetenz, wie wir heute sagen würden, nämlich ihre Fähigkeit, den kulturellen Kosmos der Indianer zu ‹verstehen›, hat zu deren schneller Niederlage wohl entscheidend beigetragen. Sicher nicht unwichtig war auch die ‹interkulturelle Kompetenz› der Spanier, die – womöglich noch *in persona* – durch eine jahrhundertelange *convivencia* mit Mauren und Juden kulturelle Fremderfahrungen besaßen, deren Ausmaß diesseits der Pyrenäen ohne Vergleich dasteht. Über solche Erfahrungen verfügten die Kulturen Altamerikas bekanntlich nicht.

2.4 Die langsame Kolonisierung:
die Portugiesen in Brasilien

Ganz anders dagegen die Entdeckung und Eroberung jener Territorien, die im Vertrag von Tordesillas (1494), der die (zukünftig noch) entdeckten Gebiete zwischen den beiden iberischen Ländern aufteilte, dem westlichen Nachbarland Spaniens vorbehalten blieben. Im Unterschied zu den kühnen Militäroperationen eines Cortés oder Pizarro, die, gewissermaßen Schlag auf Schlag, indianische Riesenreiche zum Einsturz brachten und gewaltige Territorialgewinne verbuchten, nahm sich die portugiesische Eroberung und Kolonisierung des heutigen Brasilien eher langsam und bescheiden aus. Dabei war die erste portugiesische Flotte, sie stand unter dem Kommando von Pedro Álvares Cabral (1467?–1520?), nur acht Jahre nach der ersten Entdeckungsreise von Kolumbus an der brasilianischen Nordküste gelandet. Das Interesse der berühmten Seefahrernation, die erst kurz zuvor die Schiffspassage nach Indien entdeckt hatte, an der zukünftigen Großkolonie war jedoch gering. Dafür sprach bereits die Entdeckung als solche: Wahrscheinlich hat Cabral, eigentlich auf dem Weg zum Kap der Guten Hoffnung, den nordöstlichen Küstenvorsprung Brasiliens nur zufällig entdeckt. Selbst der Entdeckerlorbeer gebührt einem anderen: Schon 1499, so wird vermutet, war der Florentiner Amerigo Vespucci (1451–1512), noch dazu unter spanischer Flagge, bis an die brasilianische Küste gesegelt. Ihm folgte, ebenfalls noch vor Cabral, der Spanier Vicente Yáñez, der auf Kolumbus' erster Reise die «Niña» befehligt hatte. Der Dauerrivale aus dem iberischen Nachbarland, vertraglich gebunden, lichtete indessen wieder die Anker. Brasilien blieb unter portugiesischem Zepter, wenn auch zunächst nur auf dem Papier.

Das Hauptinteresse der Portugiesen galt weiterhin jenen Schätzen – Stoffen, Juwelen, Gewürzen –, die Vasco da Gama (1469–1524) im Fernen Osten gerade erst gehoben hatte. Dagegen nahmen sich die neu entdeckten Gebiete im Südatlantik ziemlich bescheiden, wenn nicht ärmlich aus. Kein Gold, keine Edelsteine, keine Gewürze, so die vor Enttäuschung triefende Botschaft an den portugiesischen König, nur ein paar bunte Papageien, Holz («Brasilholz», der spätere Namensgeber) und nackte Menschen, deren armselige Habe nicht einmal die Glasperlen wert war, die Kolumbus in der Karibik als Zahlungsmittel verwendete. Der Enthusiasmus der Portugiesen, der Krone inklusive, die neuen Gestade näher zu erkunden, geschweige denn zu kolonisieren, hielt sich deshalb in äußerst engen Grenzen. Außer gestrandeten Seeleuten, Abenteurern, Deserteuren und Kriminellen war kaum ein Untertan des Königs in Lissabon bereit, sein Heimatland zu verlassen. Freiwillig kamen eigentlich nur die *cristãos novos*, frisch getaufte Juden, die zu Recht daran zweifelten, ob ihr Heimatrecht in Portugal von Dauer sein würde. Dem geringen Interesse an der De-jure-Kolonie entsprach das geringe Echo, das die Entdeckung zu Hause auslöste: Noch in den berühmten *Lusiaden* von Luís Vaz de Camões (1524/25–1580) spielt die Entdeckung Brasiliens nur eine Nebenrolle.

Erst 1530, drei Jahrzehnte nach der Pionierreise von Cabral, entschloss sich die Krone, eine kleine Flotte auszurüsten und das verbriefte Besitzrecht de facto in Anspruch zu nehmen. Es war tatsächlich höchste Zeit: Kaum angekommen, traf der königliche Kommandant auf Schiffe der Franzosen, die die verwaiste Kolonie peu à peu okkupierten. Ohne rasche Besiedlung, das war den Portugiesen klar, würden die Territorien schon bald zu Frankreich gehören. Doch erst knapp 20 Jahre später entschloss sich König João III., den heimatlichen Nachschub zu verstärken. Als erster Gouverneur des riesigen Gebiets, fast die Hälfte des Subkontinents, landete 1549 Tomé de Sousa an der Küste des heutigen Bahia. Er brachte, neben Beamten und einer Schar siedlungswilliger *degredados* (Verbannte), auch eine Miniarmee von einigen hundert Soldaten mit, die, wie sich schon bald zeigen sollte, dringend gebraucht wurde. Noch wichtiger, zumindest auf lange Sicht, erwiesen sich jene «sechs Männer in schlichten dunklen Kutten» (Stefan Zweig), die ebenfalls zur Besatzung gehörten: Jesuiten-Missionare, die der Kolonisierung der Köpfe noch mehr ihren Stempel aufdrücken sollten als in den spanischen Nachbarkolonien. Die Schaffung erster Verwaltungsstrukturen, u. a. die Einteilung des noch überwiegend unbekannten Territoriums in *Capitanias* und die Gründung einer Hauptstadt, waren zwar ein Fortschritt, änderten aber kaum etwas an der fragilen Situation. Während die Spanier bereits damit beschäftigt waren, auf den Trümmern der besiegten Indianerreiche ihr koloniales Imperium zu errichten, hatten die Portugiesen erst ein kleines Stück ihrer Kolonie sondiert.

Dabei waren die brasilianischen Indios im Vergleich zu den militarisierten Hochkulturen von Azteken und Inkas scheinbar leichte Gegner. Überwiegend noch auf dem «tiefsten Tiefstand der nomadischen Epoche», so das Verdikt des Brasilienverehrers Stefan Zweig (1881–1942), waren sie außerdem eine «gutmütige und sanfte Rasse», zumindest in den Anfangsjahren. Der gute Wilde verwandelte sich jedoch auch in Brasilien rasch in sein negatives Abziehbild. Jene anderthalb bis zwei Millionen Ureinwohner, die damals dort lebten, hatten zwar, wie der Chronist

Pero Vaz de Caminha schrieb, «schöne Gesichter und schöne Nasen», leisteten der Eroberungs- und Missionierungsoffensive der Portugiesen aber wachsenden Widerstand. Dem Schicksal ihrer Leidensgenossen in Hispanoamerika entgingen sie dadurch freilich nicht. Selbst eine päpstliche Bulle, die ihnen schon 1537 eine Seele attestiert hatte, änderte nichts daran, dass auch sie versklavt und überwiegend ausgerottet wurden. Die ersten *entradas*, vom spanischen Goldrausch beflügelte Beute- und Erkundungszüge des Binnenlandes, fanden bereits vor der Ankunft des ersten Generalgouverneurs statt – mit dramatischen Folgen für die Indios. Daher nimmt es nicht wunder, dass sie jede Gelegenheit nutzen, die Feinde der portugiesischen Eindringlinge zu unterstützen. Und zu denen gehörten nach wie vor hauptsächlich die Franzosen. Die waren zwar schon Anfang der dreißiger Jahre von ihrem Stützpunkt in Pernambuco (Recife) vertrieben worden, kamen aber im August 1555 unter Führung des Chevalier Durand de Villegaignon wieder zurück. Diesmal setzte sich die bunte Schar von Soldaten und Kolonisten auf einer Insel in der Bucht von Rio de Janeiro fest. Ihr Traum von einem «France Antarctique» dauerte rund zehn Jahre. Dann wurden sie, mit Verstärkung aus Lissabon, 1566 auch von dort vertrieben. Vielleicht fiel damals tatsächlich «die welthistorische Entscheidung», wie Stefan Zweig schreiben sollte, «ob diese Stadt in Hinkunft Rio de Janeiro oder Henriville heißen wird, ob Brasilien der portugiesischen oder französischen Sprachwelt verbleibt».

Lange konnten sich die Portugiesen über ihren Sieg allerdings nicht freuen. Sie bauten ihre Stützpunkte, nicht zuletzt mit Hilfe importierter Sklaven aus Afrika – seit 1559 mit dem offiziellen Plazet der Krone –, zwar weiter aus. Ein politisches Erdbeben auf der Halbinsel schien indessen auch ihre kolonialen Träume zu erschüttern: 1580 verleibte sich Spanien ihr Heimatland ein. Damit gehörte auch Brasilien, zumindest de jure, zum spanischen Commonwealth. De facto blieb indessen so gut wie alles beim Alten. Die Gouverneure kamen auch weiterhin fast durchweg aus Portugal, der Zustrom portugiesischer Kolonisten schwoll, verursacht durch die wirtschaftliche Malaise in ihrem zwangshispanisierten Heimatland, sogar noch an. Zu ihnen zählten auch ganze Schiffsladungen lusitanischer «Waisenmädchen», die den endemischen Mangel an weißen Frauen wettmachen sollten. Dass man es dabei nicht allzu genau nahm, illustriert ein Brief des Jesuiten-Padre Manuel da Nóbrega, der bereits 1549 an den König geschrieben hatte: Auch «gefallene Frauen» seien willkommen, alle würden einen Ehemann finden, denn Brasilien sei «lang und groß». In einem Punkt erwies sich die spanische Annexion Portugals sogar als Vorteil. Mit einem Habsburger auf dem Lissaboner Thron nahm man es in Madrid mit den Grenzen, die der Vertrag von Tordesillas gezogen hatte, nicht sehr eng – für Brasilien ein territorialer Gewinn mit Langzeitwirkung.

Auch außenpolitisch schien das gemeinsame Dach unter der spanischen Krone einen besseren Schutz vor den Attacken europäischer Neider zu bieten. Schließlich befanden sich die Habsburger Herrscher auf dem Zenit ihrer imperialen Machtentfaltung. Umso überraschter dürften die portugiesischen Neubrasilianer gewesen sein, als 1624 eine holländische Flotte vor der Nordküste auftauchte und im Handstreich Bahia eroberte. Ihr legendärer Anführer Piet Hein, bis heute ein Nationalheld in der politischen Folklore Hollands, kam damit just aus jenem Land, das selber, wenn auch höchst widerwillig, noch immer unter dem Zepter der spanischen Habsburger stand. Sein Eroberungsfeldzug an der brasilianischen Nordküste erlitt zwar einige Rückschläge – die Spanier, um die Sicherheit ihrer Gold- und Silberminen in Peru besorgt, schickten ihrerseits eine starke Flotte –, die Holländer setzten sich indessen fest. Nur sieben Jahre später sorgten rund 50 Schiffe mit mehr als 7000 Mann Besatzung, die Hälfte davon Soldaten, für zivilen und militärischen Nachschub. Als dann noch, Anfang 1637, Johann Moritz von Nassau (1604–1679) als neuer Generalgouverneur in Pernambuco landete, war klar: Die Holländer wollten bleiben.

Dafür sprach auch, dass der spätere Fürst von Nassau-Siegen nicht nur als Eroberer kam. Er baute Paläste in Recife, legte einen Botanischen Garten an, förderte Künste und Wissenschaften und gab der Erforschung der einheimischen Flora und Fauna erste Impulse. Kurz, der holländische Generalgouverneur erteilte, wenn auch sicher ungewollt, den Portugiesen eine Lektion in avancierter Kolonisierung, die den Grundstein für den späteren «Mythos Niederlande» (Besselaar) legte. Der Unterschied zu der «Minderwertigkeit des kulturellen Materials» aus Portugal, den noch Stefan Zweig beklagte, betraf dabei nicht nur den zivilisatorischen Impetus des holländischen Edelmanns. Das protestantische Interregnum im Nordosten Brasiliens markierte zugleich eine religiöse Zäsur: Erstmals in der Geschichte des eroberten Kontinents war es Juden offiziell gestattet, ihren Fuß auf amerikanischen Boden zu setzen. Die erste und bis ins 19. Jahrhundert einzige Gemeinde der Neuen Welt bestand aus brasilianischen Konvertiten und sephardischen Juden aus Amsterdam. Dabei hatte sich die religiöse Verfolgungsspirale in Brasilien, im Vergleich zu Hispanoamerika, erst zwei Jahrzehnte später (1591) in Gang gesetzt. Außerdem bestand die brasilianische Religionspolizei nur aus entsandten Inquisitoren – religiösen Reisekadern, die nach erfolgreicher Mission ins Mutterland zurückkehrten. Das dichte Netz katholischer Häscher, das sich über die spanischen Kolonien legte, war deshalb in Brasilien wesentlich großmaschiger. Dennoch empfanden die Juden und viele zwangskonvertierte «Neuchristen» das holländische Intermezzo als Befreiung. In seinem historischen Roman *Das seltsame Volk des Rafael Mendes* hat der jüdisch-brasilianische Schriftsteller Moacyr Scliar auch diese Station der jüdischen Geschichte Brasiliens nachgezeichnet.

Der «Mythos Niederlande», er wurde noch im 19. Jahrhundert durch publizistische Elogen genährt, beschränkte sich freilich nicht allein auf religiöse Freiheiten und blühende Wissenschaften. Es war auch die merkantile Mentalität der kleinen Seefahrernation, der spätere Autoren, hauptsächlich liberaler Couleur, nachtrauern sollten. Statt einer Kolonisierung im Zeichen der Gegenreformation, wenn auch in gemäßigter Version, hätte ein enger Schulterschluss mit den europäischen Handelsmetropolen, so ihr Lamento, Brasilien womöglich in einen amerikanischen Außenposten der Alten Welt verwandelt. Nach gut 30 Jahren, Anfang 1654, gaben sich die Holländer indessen geschlagen. Ein Friedensvertrag zwischen Portugal und den Niederlanden, 1661 unterzeichnet, besiegelte ihr Interregnum in dem größten Land Südamerikas: «Versäumtes Brasilien!», schrieb der Dichter Onno Zwier van Haren (1713–1779) und brachte damit sicher den Common Sense seines Landes zum Ausdruck, das soeben (1648) die Unabhängigkeit von Spanien errungen hatte. Zumindest diese Freude teilten die Niederländer mit den Portugiesen: Just im selben Jahrzehnt (1640) erlangte die Gründernation Brasiliens wieder ihre nationale Souveränität. Auch der koloniale Status quo ante war damit wiederhergestellt.

Doch dieser Eindruck täuschte. Mit dem Sieg über die niederländische Kolonialenklave konnte Brasilien nur «scheinbar» für das Mutterland zurückgewonnen werden, «in Wirklichkeit», schreibt Stefan Zweig, aber bereits schon für «sich selbst». Tatsächlich war die militärische Hauptoffensive gegen die Holländer von den Kreolen ausgegangen, den portugiesischen Neubrasilianern. Deren Interessen, zunächst das lukrative Zuckergeschäft, später auch Gold und Diamanten, gerieten mehr und mehr in Widerspruch zur kolonialen Metropole. Im Übrigen beschränkten sich die territorialen Dimensionen, die sie beherrschten, schon längst nicht mehr auf den schmalen Küstenstreifen im Norden, wo die Kolonisierung einst begonnen hatte. Schon Mitte des 15. Jahrhunderts hatten die Jesuiten, stets auf Unabhängigkeit von König und Kolonisten bedacht, den Grundstein des späteren São Paulo gelegt. Auch von dort waren die *bandeirantes*, mit der Fahne *(bandeira)* voran, weit ins Innere des riesigen Landes vorgestoßen, hatten Jagd auf Indios gemacht, Zuckerrohrplantagen errichtet oder nach Gold und Diamanten gesucht. Wiewohl nur ein ephemeres Phänomen, setzte vor allem der Goldrausch ganze Völkerwanderungen in Gang. Immer neue Gebiete, noch im frühen 17. Jahrhundert eine Terra incognita, wurden der kolonialen Wirtschaft angeschlossen: Der einstige Küstenstreifen verwandelte sich in ein ausgedehntes Reich.

Inzwischen war auch die «infame Institution», der Massenimport afrikanischer Sklaven, zu einer tragenden Säule der Ökonomie geworden. Wie viele Sudanesen, Angolaner oder Kongolesen nach Brasilien verschifft wurden, ist zwar unbekannt – 1888, als die Institution abgeschafft wurde, ließ der damalige Finanzminister aus Angst vor Schadensersatzansprüchen der Sklavenhalter die Akten vernichten; die Schätzungen bewegen sich jedoch zwischen drei und zehn Millionen. Damit steht wohl fest, dass die brasilianische Sklavenquote deutlich höher war als in den hispanoamerikanischen Nachbarkolonien. Und noch eine Besonderheit der Menschenimporte aus Afrika, die auch für die ethnische Identität des Landes von zentraler Bedeutung werden sollte, weist das koloniale Brasilien auf: Geflohene Sklaven, so genannte *quilombos*, gründeten im Nordosten eine Art Freistaat, der immerhin 70 Jahre (1630–1697) existierte. Die «República de Palmares», die in ihrer Blütezeit zwischen 20 000 und 30 000 Quilombos als Refugium diente, wurde in späteren Zeiten zum Inbegriff des schwarzen, widerständigen Brasilien. Der vergleichsweise langsame und im Unterschied zu Hispanoamerika eher fragil-kleinräumige Eroberungs- und Kolonisierungsverlauf kommt in diesem Freistaat exemplarisch zum Ausdruck. In den spanischen Nachbarkolonien, rasch und straff organisiert, wäre eine solche Enklave kaum denkbar gewesen.

2.5 Die Sicht von Siegern und Besiegten:
Eroberungschroniken und frühe Historias

Im Umgang mit den Indios waren die Unterschiede zwischen Portugiesen und Spaniern allerdings weniger groß. Das ‹Verständnis› fremder Kulturen, das beide Völker nicht daran gehindert hatte, Juden und Mauren zu verfolgen und schließlich zu vertreiben, diente den spanischen und portugiesischen Amerika-Eroberern ebenso wenig dazu, einen ‹interkulturellen Dialog› in Gang zu setzen. Mehr noch: Es war vor allem die intellektuelle Unterabteilung der Eroberertruppen, die zahlreichen Chronisten und *Historia*-Verfasser, etliche davon im Sold des katholischen Klerus, die der Nachwelt ein (Zerr-)Bild der altamerikanischen Kulturen hinterließen, dessen zuweilen grob gerasterte Stereotype auch die gesamteuropäischen Amerika-Bilder mitprägen sollten. Wie sehen diese Bilder, die mit den spanischen und portugiesischen Karavellen die Druckereien von Sevilla, Salamanca oder Lissabon erreichten und von dort die Pyrenäen überquerten, von nahem betrachtet aus? Ihre Grundierung bestand aus einem buntscheckigen Repertoire phantastischer Versatzstücke der *Imago Mundi*, die, wie der mexikanische Kulturphilosoph Leopoldo Zea nachgezeichnet hat, bereits antike Ursprünge hatten. So ‹wusste› etwa Kolumbus, dass er mit ziemlicher Sicherheit auf Zyklopen, Schwanzmenschen, Amazonen und sonstige Fabelwesen stoßen würde, die seit den Griechen die europäische Vorstellungswelt über die Bewohner jenseits von «Finis Terre» bevölkerten. Obwohl sich mit der *Imago Mundi* auch phantastische Spekulationen über das irdische Paradies verbanden, das der französische Autor des gleichnamigen Buchs in einer gemäßigten Region jenseits des Äquators verortete – übrigens ein Buch, das Kolumbus kannte –, so stand in Griechenland vermutlich auch die Wiege des «Barbaren»-Begriffs, der über Rom und das spätmittelalterliche Europa schließlich in die Neue Welt gelangte.

Im kulturellen Reisegepäck von Spaniern und Portugiesen befand sich also ein Sammelsurium eurozentristischer Klischees, die, angereichert mit spezifisch spanisch-katholischen Prägungen, die Wahrnehmung des Anderen und das Verhalten ihm gegenüber von Anfang an steuerten. Im Übrigen, das illustrieren die folgenden Beispiele zur Genüge, kommt in den Chroniken und *Historias* hauptsächlich die Sicht der Sieger zum Ausdruck – eine Sicht, der es im Unterschied zu den wenigen und zumeist erst Jahrhunderte später publizierten Darstellungen der Besiegten vor allem um eines ging: um die Rechtfertigung und Glorifizierung des kolonialen Feldzugs.

Beispiel eins: die *Wahre Geschichte der Eroberung Neuspaniens* (Historia verdadera de la conquista de la Nueva España) von Bernal Díaz del Castillo (1496–1584). Der einfache Soldat aus Medina del Campo, der nur über eine rudimentäre Bildung verfügte – dafür aber, so seine eigenen Angaben, über Kampferfahrungen in über hundert Schlachten gegen die Indianer –, schloss sich 1519 der Expedition von Cortés an und war Augenzeuge der Eroberung der Azteken-Metropole Tenochtitlán. Seine *Historia verdadera* schrieb er jedoch erst rund 30 Jahre später. Der Wahrheitsgehalt seiner *Geschichte* dürfte durch die späte Abfassung kaum größer geworden sein, zumindest mit Blick auf die Azteken, deren Kultur, wie sein bereits zitierter «Augenzeugenbericht» über die angeblich beobachteten Menschenopfer illustriert, Bernal Díaz del Castillo nichts Gutes abgewinnen konnte. Der schließliche Untergang der mesoamerikanischen Theokratie, so der Tenor seiner *Historia*, war deshalb zwar hart, aber gerecht. Viel interessanter, zumindest aus heutiger Sicht, ist dagegen die Binnenperspektive des Autors: Im Mittelpunkt seines Buchs steht nicht die Heldenpose seines obersten Feldherrn, des «glücklichen und guten Hauptmannes Hernando Cortés», wie er ihn titulierte, sondern die einfachen Soldaten, jenes namenlose Heer zerlumpter Infanteristen, zu denen er selber gehörte. Seine ‹Geschichte von unten› ist insofern zwar auch ein historisches Dokument der Klassengegensätze, die hinter der aufpolierten Fassade historischer Ruhmestaten meistens übersehen wurden. Sein sozialer Standpunkt, der eines Parias der Eroberung, hat seine betont negative Sicht auf die Azteken freilich um keinen Deut verändert. Eher im Gegenteil: Da die Feldzüge nicht vom Staat, sondern von privaten Geldgebern finanziert wurden, war das Gros der unteren Ränge noch mehr darauf angewiesen, den kargen oder überhaupt nicht ausgezahlten

Sold durch möglichst ertragreiche Beutezüge zu erhöhen. Die Brutalisierungsspirale der Eroberung und damit das Bedürfnis des Chronisten Bernal Díaz del Castillo, der zeit seines Lebens in prekären Verhältnissen lebte, sein Tun zu legitimieren, dürfte das Verhältnis zum Anderen deshalb zusätzlich beeinflusst haben.

Beispiel zwei: die *Peru-Chronik* (Crónica del Perú) von Pedro de Cieza de León (1520 oder 1522–1554). Im Unterschied zu dem Mexiko-Chronisten Bernal Díaz del Castillo besaß der Autor der *Peru-Chronik*, der es vom einfachen Soldaten zum *Encomendero* (Landeigentümer mit einer zumeist stattlichen Anzahl «anvertrauter» *de facto*-Sklaven aus den Reihen der unterworfenen Völker) brachte, einen gediegenen Grundstock humanistischer Bildung. Diese Tatsache dürfte dazu beigetragen haben, dass er die kulturellen Leistungen der Inkas durchaus zu würdigen wusste und sogar harsche Worte für das brutale Vorgehen «einzelner» («verrückter») Spanier und deren «Habsucht» fand. Pedro de Cieza de Leóns *Crónica del Perú*, die um 1550 abgeschlossen war und bis ins 19. Jahrhundert hinein die Hauptquelle zur Erforschung des inkaischen «Tawantinsuyo» darstellte – allerdings nur ein Teil, andere Passagen fielen der Zensur zum Opfer und wurden erst Jahrhunderte später publiziert –, gehört trotz aller Meriten letztes Endes auch zum Siegergenre. Dafür spricht nicht nur das Bemühen des Autors, die brutalen Seiten der Eroberung – als hätte es andere gegeben! – als Ausnahmeerscheinung zu bagatellisieren. Dafür spricht vor allem seine Grundprämisse: Die Eroberung der Neuen Welt ist ein gottgefälliges Werk, somit integraler Teil der christlichen Heilsgeschichte. Deren Erfolge zu verkünden – darin sah der Autor denn auch eines seiner zentralen Schreibmotive.

Beispiel drei: Fray Bernardino de Sahagún (1499–1590). Der Franziskaner aus León, der an der Universität von Salamanca studiert hatte, kam 1529 nach Mexiko, also in die schon verwüstete Heimat der Azteken, die, vermutlich hochgradig traumatisiert, bereits ein knappes Jahrzehnt unter spanischer Herrschaft gelebt hatten. Sahagúns religiös-theologische Prägung lässt vermuten, dass er als Missionar, nicht als Ethnograph seine Reise angetreten hatte. Und in der Tat ist seine berühmte *Historia general de las cosas de la Nueva España*, die er, auf der Basis von Notizen, erst in hohem Alter verfasste, von missionarischen, hier und da sogar von inquisitorischen Interessen gefärbt: «Sahagún lässt keinen Zweifel darüber bestehen», schreiben Dieter Janik und Wolf Lustig, «dass er den religiösen Wurzeln der altamerikanischen Kultur keinerlei positiven Eigenwert beimisst.» Und doch gilt seine *Historia general*, und das völlig zu Recht, als ein «Pionierwerk der modernen Ethnographie». Denn in deutlichem Kontrast zu allen anderen Konquista-Chronisten und *Historia*-Verfassern war die Arbeitsweise von Sahagún bereits ausgesprochen modern. Er ließ nämlich seine indianischen Informanten selber zu Wort kommen. Die in aztekischer Bilderschrift aufgezeichneten Informationen wurden zwar anschließend in Lateinschrift übertragen; die Texttreue blieb indessen weitgehend gewährleistet, weil Sahagún seinen Reproduktionen, wie Tzvetan Todorov hervorhebt, «die Übersetzung *hinzufügt*, anstatt sie durch diese zu *ersetzen*». Der kulturelle Filter, durch den andere Autoren ihre Informationen zwängten, wurde dadurch auf ein Minimum reduziert. Selbst ‹schlüpfrige› Textpassagen, die bei den Herausgebern der *Historia general* noch in späteren Jahrhunderten verbale Distanzierungsreflexe provozierten, präsentiert der Autor im Duktus neutraler Sachlichkeit. Das gilt im Übrigen auch für jene Kapitel des Buchs, die er selber verfasste: Sahagún verzichtete – wir dürfen vermuten, ganz bewusst – auf jene Batterie (ab-)wertender Adjektive («grausam», «niederträchtig», «grässlich»), mit der die meisten seiner Zeitgenossen bestimmte kulturelle Praktiken der Altamerikaner semantisch traktierten, vor allem die sexuelle «Zügellosigkeit» und die sakralen Menschenopfer. Dennoch war Sahagún, wie gesagt, kein Verteidiger, geschweige denn ein Sympathisant der mittelamerikanischen Kultur. Seinem Bestreben, den Anderen zu verstehen, lagen durchaus ähnliche Motive zugrunde wie der ‹kommunikativen Kompetenz› eines Cortés: Seine gründlichen Kenntnisse der Nahuatl-Sprache und seine ethnographische Sachlichkeit zielten letzten Endes auf die Zerstörung des religiösen Kosmos der physisch bereits unterworfenen Kultur. Sahagún selbst formulierte sein Leitmotiv so: «Der Arzt ist nicht imstande, dem Kranken eine wirksame Medizin zu verabreichen, wenn er nicht zuvor untersucht, aus welchen Gründen die Krankheit entsteht […].»

Beispiel vier: die *Allgemeine und natürliche Geschichte Indiens* (Historia general y natural de las Indias) von Gonzalo Fernández de Oviedo (1478–1557). Im Unterschied zu den bislang skizzierten Autoren war Oviedo der erste offizielle Chronist der Konquista, der eine umfassende

Inventur der Neuen Welt vornahm, vor allem der natürlichen Beschaffenheit des Kontinents. Sein Status als Beauftragter der spanischen Krone dürfte auch seinen Blickwinkel nicht unwesentlich beeinflusst haben. So kritisierte er zwar die Gewaltorgien und die Bereicherungsgier *einzelner* Konquistadoren, nicht aber die Eroberung als solche. Im Übrigen besaß auch Oviedo, obwohl kein professioneller Kleriker, eine katholisch-gegenreformatorische Gesinnung. So verwundert es nicht, wenn bereits im ersten Kapitel seiner *Historia* von «Bildern des Teufels» und allerlei «Idolatrien» die Rede ist – semantische Geschütze, die ins Herz der indianischen Kulturen zielten. Sein besonderes Augenmerk galt indessen, der Titel seines Buchs deutet es bereits an, der Natur der Neuen Welt, Flora und Fauna. Als eine Art geistiger Urahn Alexander von Humboldts, der rund 300 Jahre später zum eigentlichen «wissenschaftlichen Entdecker» Amerikas werden sollte, markiert die *Historia general* Oviedos den Beginn der «deskriptiven Eroberung» der Neuen Welt. Und dabei springt ein Aspekt – übrigens auch bei den meisten anderen Amerika-Autoren – besonders ins Auge: die präzisen Naturbeschreibungen. Sein empirischer Blick registrierte die amerikanische Flora und Fauna mit einer verblüffend vorurteilslosen Objektivität, die man bei namhaften Naturhistorikern der Aufklärung vergeblich suchen sollte (vgl. Kapitel 4.5). Dabei zögerte der exzellente Kenner der Tier- und Planzenwelt auch nicht, antike Autoritäten wie Platon oder Aristoteles, deren ‹Amerika›-Spekulationen besonders krude Zerrbilder von der transatlantischen Natur entworfen hatten, hier und da vom Sockel zu stoßen. Humboldts Lob, die Spanier hätten «keckere Fragen an die Natur gestellt», ist deshalb vollauf berechtigt.

Beispiel fünf: Bartolomé de Las Casas (1474–1566). Der aus Sevilla stammende Dominikaner, dessen Vater den Genueser Entdecker Kolumbus auf seiner zweiten Reise begleitete, gehört zu den mit Abstand bekanntesten Autoren der spanischen Eroberung. Vor allem sein *Kurzgefaßter Bericht von der Verwüstung der Westindischen Länder*, sicher eines der meistgelesenen, zumindest meistzitierten Bücher der letzten 500 Jahre, machte ihn zum Kronzeugen der europäischen Anti-Spanien-Propaganda im Kontext der Schwarzen Legende und jenseits der Pyrenäen zu einem der meistgehassten ‹Nestbeschmutzer›, die Spanien hervorgebracht hat. Neben anderen Schriften war es hauptsächlich sein *Kurzgefaßter Bericht*, der die Gewaltorgien der spanischen Soldaten in einer Sprache geißelte, deren schonungslose Offenheit noch namhafte Nationalhistoriker des 19. und 20. Jahrhunderts, etwa Menéndez Pelayo und Menéndez Pidal, in Rage versetzte. Die weiter oben zitierten Stellen über das Massensterben auf Kuba illustrieren, dass die Wut der national-katholischen Historikerzunft durchaus verständlich war. Dennoch war auch der berühmte «Verteidiger der Indianer», so sein posthumer Ehrentitel, der ihm seit dem 19. Jahrhundert, vor allem in Lateinamerika, zugesprochen wurde, nur bedingt ein solcher. Denn auch Las Casas wollte die Vereinnahmung der Indianer nicht unterbinden, wie Todorov pointiert, «er will nur, dass sie eher von Mönchen als von Soldaten bewerkstelligt wird». Außerdem fallen die Hauptargumente seiner Verteidigungsrede für die Verteidigten recht zwiespältig aus. Im Unterschied zur übergroßen Mehrheit seiner schreibenden Zeitgenossen in Hispanoamerika findet man in den Schriften des Dominikanerautors zwar nicht die üblichen Schmähvokabeln. Ganz im Gegenteil: Las Casas scheint die altamerikanischen Kulturen geradezu maßlos zu bewundern: «Ich glaubte in ihm», schrieb er zum Beispiel über einen Indianer, «unseren Stammvater Adam zu sehen, als dieser noch im Stande der Unschuld war.» Fast alles an diesem «dienstfertigen, demütigen, sanften und friedliebenden Menschen», wie er immer wieder formuliert, scheint ihn an eine Art indianisches Arkadien zu erinnern – ungeschliffene Diamanten, die ein versierter Kunsthandwerker, sprich: ein professioneller Missionar, in strahlende Edelsteine verwandeln kann. Zwiespältig ist diese Verteidigungsrede für die Verteidigten vor allem deshalb, weil die Idealisierung der Indios, die Las Casas' Schriften durchzieht, deren Andersartigkeit fast durchweg eliminiert, wenn auch in guter Absicht. Der berühmte Dominikaner legte mit seinen Verteidigungsschriften daher einen historischen Grundstein des idealistischen, mit kulturellen Projektionen errichteten Gebäudes, in dem die «guten Wilden» im Grunde ebenso eingeschlossen wurden wie deren «böses» Pendant – Kannibalen, Götzendiener und wollüstige Amazonen …

Man würde Las Casas indessen nicht gerecht, wenn man sich darauf beschränkte, sein jahrzehntelanges Engagement nur als den idealistischen Gegenpol der kolonialen Publizistik einzustufen. Denn trotz aller Projektionen und Evangelisierungsambitionen verbindet sich gerade mit seinem Namen eine positive Besonderheit des spanischen Kolonialismus, die Carlos Fuentes völlig zu Recht als erste «moderne Menschenrechtsdebatte» bezeichnet hat. Dabei stand Las Casas im Übrigen nie allein. Schon vor seiner Zeit als «Anwalt der Indios» hatten mutige Prediger, allen voran sein Dominikanerbruder Antonio de Montesinos, ihre Stimme erhoben: «Mit welchem Recht und im Namen welcher Gerechtigkeit», hatte dieser die Encomenderos, die sich am Elend der Indios bereicherten, in scharfem Ton gefragt, «haltet ihr diese Indios in einer so grausamen und schrecklichen Sklaverei?» Diese «Kriegserklärung» (Fernando Mires) an die Adresse einer Sklavenhalterkaste, die ihre ausbeuterische Tätigkeit mit christlich-zivilisatorischen Motiven bemäntelte, war nicht nur der Startschuss für ähnlich gesinnte Theologen, u. a. Las Casas; sie traf auch in Spanien auf starken Widerhall, selbst in allerhöchsten Kreisen: Kein Geringerer als der König rief 1512 die so genannte Junta von Burgos zusammen. Der erlauchte Kreis von Akademikern und Theologen beließ es nicht dabei, die dramatische Situation der lateinamerikanischen Indianer bloß zu diskutieren. Das gelehrte Kollegium formulierte zugleich einen detaillierten Verhaltenskodex, der seine Adressaten trotz der moderaten Forderungen in Unruhe versetzte. So stipulierte dieser Kodex, der unter dem Namen Gesetze von Burgos bekannt wurde, lediglich solche Reformen, die der *Über*ausbeutung der Indios einen Riegel vorschieben sollten, etwa Erholungszeiten, Regeln für Kinderarbeit, Freistellung von schwangeren Frauen etc. Damit konnten die Encomenderos allemal leben, denn die Ausbeutung der Indios als solche verboten die «Gesetze von Burgos» schließlich nicht. Als akademische Spitzfindigkeiten, die keinerlei praktischen Wert besaßen, dürften ihnen darüber hinaus zwei Feststellungen erschienen sein, die zur Präambel des Paragraphenwerks gehörten: Die Indios wurden als Menschen anerkannt und als legitime Untertanen des Königs.

Was uns heute als pure Selbstverständlichkeit erscheint, war damals indessen heftig umstritten, auch und gerade außerhalb Spaniens: Noch führende Köpfe der Aufklärung sollten diese Selbstverständlichkeit bezweifeln. Ein Teil der spanischen Theologen, mit Las Casas an der Spitze, ging bereits damals weiter. Sie gaben sich nicht mit den moderaten oder rein dekorativen Paragraphen der «Gesetze von Burgos» zufrieden. Genau 30 Jahre später – 1542 – folgte ihnen ein juristisches Regelwerk, das sich nicht darauf beschränkte, lediglich die brutalsten Auswüchse der Encomienda abzumildern. Das koloniale System der De-facto-Versklavung selbst geriet nun ins Visier des Gesetzgebers. Und der war letzten Endes kein anderer als der spanische König. Saß also in Spanien ein Humanist auf dem kargen Thron des El Escorial, der sein riesiges Weltreich nach Prinzipien regierte, die erst 200 Jahre später die französischen Humanisten beflügeln sollten? Selbstverständlich ging es der spanischen Monarchie weniger um Menschenrechte – ihre Hauptmotive waren durchaus eigennützig: Das Encomienda-System, so ihre realistische Befürchtung, unterminierte die Macht der peninsularen Autoritäten. Die reichen und mächtigen Encomenderos bildeten jedoch bereits den Status Nascendi einer neuen Klasse, die immer mehr nach der alten Devise verfuhr: «Se obedece, pero no se cumple» (etwa: Man gehorcht, handelt aber nicht entsprechend). So waren auch die «Neuen Gesetze» kaum das Papier wert, auf dem sie standen. Nachdem die Encomenderos einen erfolgreichen Aufstand angezettelt hatten, machte die Krone einen Rückzieher. Die berühmten Gesetze, das mit Abstand fortschrittlichste Paragraphenwerk der frühen Neuzeit, wurden von Karl V. widerrufen und verstaubten in den riesigen *Archivos de Indias*; die Encomenderos hatten den Status quo ante wieder hergestellt.

Umso sympathischer wirkt eine weitere ‹Donquichotterie› von Las Casas und seinen Mitstreitern aus dem Dominikanerorden: die berühmte Kontroverse von Valladolid, in der sich im Jahre 1550 der Gelehrte und Philosoph Ginés de Sepúlveda (1490–1573) mit dem Bischof von Chiapas öffentlich darüber stritt, ob die Indios gleichberechtigte Menschen seien und wie man sie zu behandeln habe. Während Sepúlveda die Inferiorität der Indios für eine ausgemachte Sache hielt und ihre Unterwerfung für gerecht – übrigens unter Berufung auf die Sklaventheorie von Aristoteles –, argumentierte Las Casas als überzeugter Humanist. Die Indianer, so der Tenor seines Plädoyers, sind vollberechtigte Menschen, die Unterschiede im Vergleich mit den Christen sind minimal, ihre brutale Behandlung widerspricht den Grundgeboten Gottes. Auch wenn die Version des guten Wilden, die in dem Gleichheitsverdikt erneut anklingt, die Differenz zum Anderen nivelliert und ihn damit seiner kulturellen Identität beraubt, streitet Las Casas doch für ein edelmütiges Ziel: die menschliche Behandlung der Indios und damit für ihre physische Existenz. Obwohl sich vermutlich weder der berühmte Dominikaner noch der spanische König, unter dessen Auspizium die Debatte stattfand, über deren praktische Konsequenzen Illusionen machten, markiert das verbale Duell zwischen Las Casas und Sepúlveda doch eine Zäsur. Schließlich handelt es sich um die erste staatlich organisierte Menschenrechtsdebatte Europas, noch dazu in einem Land, das vielen Beobachtern diesseits der Pyrenäen als Synonym der Antimoderne gegolten hat.

Trotz aller Meriten, die die spanische Auseinandersetzung über die Indianerpolitik der ersten Hälfte des 16. Jahrhunderts besaß, sollte nicht übersehen werden, dass auch ihr Höhepunkt, die Kontroverse von Valladolid, eine Debatte *über* die Indios war. Konnte man zum Beispiel noch die berüchtigten «Disputationen» früherer Jahrhunderte, auf denen sich Christen und Juden über den rechten Glauben stritten, zumindest der Form nach als Dialoge bezeichnen, waren die Indios in Valladolid nicht einmal als stumme Statisten präsent. Wie beurteilten *sie* die spanische Eroberung? Wie erklärten sie den rapiden Untergang ihrer Reiche und Kulturen? Haben sie überhaupt Dokumente hinterlassen, die eine «Sicht der Besiegten» erkennen lassen? Da es zumeist die Sieger sind, die ihre Version der Geschichte an die Nachwelt weitergeben, verwundert es nicht, dass es bis weit ins 20. Jahrhundert dauern sollte, bis die indianischen Chronisten der Eroberung ein größeres Lesepublikum fanden. Es ist vor allem dem Mexikaner Miguel León-Portilla zu danken, dass wir über die Chroniken, Gesänge und Codices von Azteken, Mayas und Inkas mittlerweile gut informiert sind. Dabei sind es hauptsächlich zwei Aspekte, durch die sich diese Dokumente von den spanischen Darstellungen unterscheiden: Ihre Beschreibung (und Bewertung) der untergegangenen Kulturen erfolgt aus der Binnenperspektive, sie ist damit wesentlich differenzierter und authentischer, wenn auch nicht immer objektiver. Darüber hinaus verkehrt sich die dominante Beobachterperspektive: Auch die Eroberer werden zum Gegenstand der Betrachtung. Deshalb ist es nicht verwunderlich, wenn sich das Heldenepos, wie es spanische Autoren inszenierten, in ein Massaker verwandelt, wenn indianische Autoren dasselbe Ereignis rekonstruierten. Besonders gut sind wir übrigens über die Eroberung der Inkas informiert, auch aus der Feder von Chronisten, deren Namen erhalten blieben. Etwa die *Primer Nueva Crónica y Buen Gobierno* von Felipe Huamán Poma de Ayala (1534?–1619?), deren über 1000 Manuskriptblätter nicht nur schriftliche Informationen enthalten, die der Verfasser höchstpersönlich – auf Spanisch – niederschrieb. Das

Manuskript besteht außerdem aus 400 ganzseitigen Zeichnungen, die hauptsächlich die brutale Seite der Eroberung in den Blick rückten: In der Bilderwelt des inkaischen Chronisten nahmen zahlreiche Fabelwesen der indianischen Kosmologie, vor allem solche, die Furcht und Schrecken erregen, die Gestalt der spanischen Eroberer an.

Einen einzigartigen Einblick in die Welt der Inkas am Vorabend, besser: im Moment ihres Untergangs, vermittelt darüber hinaus der Bericht des Inkakönigs Titu Kusi Yupanqui (1530–1571), eines Bruders des letzten Inka-Herrschers Tupac Amarú, den die Spanier 1572 öffentlich hinrichteten. Der Bericht beginnt mit den Worten: «In der Zeit, als die Spanier in diesem Land Peru vor Anker gingen …» Man wird verstehen, dass die im Folgenden geschilderten Ereignisse, die übrigens nicht aus einer kapitulatorischen, eher aus einer kämpferischen Perspektive berichtet werden, die Invasoren nicht in Heldenposen zeigen. Wie in den Zeichnungen von Huamán Poma de Ayala figurieren die Spanier als blutrünstige Mordbrenner, goldgierige Materialisten – «Isst du dieses Gold?», fragt ein verdutzter Inka einen spanischen ‹Goldsucher› – und als wortbrecherische Gesellen: «Erstes Gebot», schärft Titu Kusi Yupanqui deshalb seinen Gefolgsleuten ein, «diesen Bärtigen […] keinen Glauben zu schenken, was sie auch sagen mögen, denn sie lügen viel.»

Der dritte und letzte Bericht eines indianischen Autors, der hier zitiert werden soll, stammt aus der Feder von Garcilaso de la Vega, «El Inca» (1539–1616), unehelicher Sohn eines spanischen Encomendero und einer Inka-Prinzessin. Die berühmten *Comentarios Reales* (1609), die der halbadelige Mischling verfasste, gelten als erstes Zeugnis der hispanoamerikanischen Mestizenkultur. Und ein Mischprodukt ist das Werk des Inka gleich in mehrfacher Hinsicht. Sein Autor repräsentierte die beiden Kulturen nicht nur durch seine Geburt: Der Sprössling der «Vierzonen»-Dynastie war außerdem zweisprachig, beherrschte also das Quechua seiner Mutter ebenso gut wie das Spanische seines Vaters und verbrachte den größten Teil seines Lebens in Spanien. Dort war er 1570 sogar daran beteiligt, den Aufstand der Morisken blutig niederzuschlagen – jener hispanoarabischen Kultur, die im Entdeckungsjahr 1492 ihre letzte Bastion auf der Iberischen Halbinsel verloren hatte und deren Tage nun auch als zwangskonvertierte Minderheit gezählt waren. Die bittere Ironie der Geschichte, die sich in dieser Episode manifestiert, ist Garcilaso de la Vega aber vermutlich nie bewusst geworden. Denn der Autor der *Comentarios Reales* war, als er das Manuskript verfasste, längst das Produkt eines rigiden Akkulturationsprozesses, den er nicht nur persönlich, sondern auch und gerade mit Blick auf den Status quo seiner «Mutter-Kultur» als Gewinn deklarierte – als «das Beste», wie er schrieb, was seinen Vorfahren mütterlicherseits passieren konnte. Deshalb fällt es schwer, Garcilaso de la Vega als Prototypen einer «Kulturverschmelzung» (des berühmt-berüchtigten «mestizaje americano») zu begreifen, die, wie die semantische Neutralität suggeriert, als Akt des freien Willens einzustufen wäre. Mehr im Einklang mit der historischen Wirklichkeit ist dagegen die begriffliche Option Eduardo Galeanos: «Wie Amerika», schreibt der uruguayische Schriftsteller, «so ist auch der Inka Garcilaso de la Vega aus einer Vergewaltigung hervorgegangen. Und wie Amerika, so lebt auch er im Zustand der Zerrissenheit.» Und noch eine bittere Ironie der Geschichte enthalten die *Comentarios Reales:* Dem Sohn einer Inka-Prinzessin galten sämtliche Völker, die seine Vorfahren im «Reich der vier Zonen» zwangsvereinigt hatten, als barbarische Kulturen. Sie bestanden, so die Begriffe, mit denen er sie traktierte, aus «wilden Bestien», die sich sogar «wie Tiere» ernährten, u. a. von «Menschenfleisch». Freitag, das illustrieren diese Sätze, hatte die Lektionen von Robinson gründlich gelernt.

Solche Lernprozesse dürfte es zwar auch unter den brasilianischen Ureinwohnern gegeben haben; aufgrund ihres «barbarischen» Niveaus, das sich, wie Stefan Zweig zu sehen vermeinte, «noch völlig jenseits jeder kulturellen oder moralischen Erkenntnis bewegte», besitzen wir indessen keine schriftlichen Zeugnisse, die mit den *Comentarios Reales* vergleichbar wären. Im Fall Brasiliens stammen die frühen Berichte über das «Papageienland» durchweg aus der Feder europäischer Autoren. Im Unterschied zu Spanisch-Amerika gehörten zu den Chronisten der Pionierzeit allerdings auch zwei Franzosen, ein – besonders namhafter – Italiener und sogar ein Deutscher. Die beiden Franzosen, André Thevet (1502–1590) und Jean de Léry (1534–1613?), nutzten die kurze Zeit, die der «France Antarctique» beschieden war, um Land und Leute zu erkunden – wie kaum anders zu erwarten, durch eine europäische Brille. Besonders Thevets *Les singularités de la France antarctique* von 1558. Lérys *Histoire d'un voyage fait en la terre du Brésil*, 1578 erschienen, kreierte dagegen eher den Prototyp des guten Wilden: «Nach meiner Erfahrung zu urteilen», schrieb er, «würde ich mich diesem Volk, das wir als die Wilden bezeichnen, mehr anvertrauen und bei ihm sicherer fühlen als unter den [...] entarteten Bewohnern mancher Gegenden Frankreichs [...].» Sätze, die Michel de Montaigne (1533–1592) dazu inspirierten, den «Kannibalen» einen seiner berühmten Essays zu widmen. So unterschiedlich beide Berichte waren, sie wurden zu Bestsellern ihrer Zeit. Noch Claude Lévi-Strauss, der wohl bekannteste Brasilienreisende des 20. Jahrhunderts, lobte seine Landsleute aus dem 16. Jahrhundert als «große Autoren». Zu denen gehörte ohne Zweifel auch Amerigo Vespucci (1451–1512), dessen Brasilien-Briefe sogar noch größere Wirkungen hatten: Seine ‹paradiesische› Beschreibung der Tupinambá-Indianer, Lérys Version durchaus verwandt, diente Thomas Morus' (1478–1535) *Utopia* als Inspirationsquelle, noch Jean-Jacques Rousseau (1712–1778) griff auf die Briefe Vespuccis zurück.

Im Unterschied zu dem berühmten Italiener, dessen Name auf den ganzen Kontinent überging, ist der deutsche Brasilien-Pionier, der hier, zusammen mit einem Portugiesen, exemplarisch vorgestellt wird, in seinem Heimatland eher unbekannt: Hans Staden (1525?–1576) aus dem mittelhessischen Homberg. Der wagemutige Fernreisende in portugiesischen Diensten, der zum gebildeten Honoratioren-Milieu seiner Heimatstadt gehörte, geriet um die Jahreswende 1553/54 in die Gefangenschaft von Tupinambá-Indianern. Seine 1557 erschienene *Warhaftige Historia und Beschreibung einer Landschaft der wilden, nackten, grimmigen Menschenfresserleute, in der Neuen Welt Amerika gelegen* räumt schon im Titel, hier nur in Kurzform zitiert, jeden Zweifel über die Optik ihres Autors aus. Tatsächlich wurde Staden zu einer Art Kronzeuge der Anthropophagie-These, deren Stichhaltigkeit freilich auch im vorliegenden Fall heftig umstritten ist. Eine der Schlüsselpassagen seiner *Geschichte*, sie ist Teil eines Dialogs mit dem Häuptling jener Indios, die ihn gefangen hielten, lautet: «Ich sagte, ein unvernünftiges Tier frisst kaum das Andere, sollte da ein Mensch den Anderen fressen?» Der Tupinambá antwortete mit einer höhnischen Geste: «Er biß darein [in das Bein des Opfers] und sagte: ‹Jau wara sche, ich bin ein Tiger-Tier, es schmeckt gut›.» Staden, dem nach eigenem Bekunden ein ähnliches Schicksal gedroht hätte, wäre er Portugiese gewesen, wurde schließlich freigekauft. Seinen Lesern schrieb er ins Stammbuch: «Was für ein armes, verblendetes Volk ist das.»

Dagegen gehört die *Carta* von Pero Vaz de Caminha (1450–1500), er war der Chronist der Entdeckungsexpedition von 1500, eher zu jenen frühen Schriften, die Amerika, vor allem seine Natur, weniger seine Bewohner mit einer paradiesischen Aura versehen. Ähnlich wie Kolumbus verfiel auch der Pionier unter den Brasilien-Chronisten in regelrechte Verzückung, wenn er die «herrlichen Strände» oder die «herrlichen Lüfte» des Landes beschrieb. Die Amerika-Verächter der Aufklärung, die allenthalben ungesunde Sümpfe oder faulige Dämpfe lokalisierten, haben Caminha augenscheinlich nicht gelesen. Weniger enthusiastisch, aber durchaus noch mit Sympathie beschrieb der «erste Ethnograph» Brasiliens, der damit einen Markierungsstein für spätere Identitätsdiskurse setzte, die Brasilianer. Wie später üblich, registrierte er vor allem die «Nacktheit» der Indianer, aber auch, mit aller Ambivalenz, ihre «Freundlichkeit», «Unterwürfigkeit» oder «Unschuld». Ein besonderes Auge warf der Chronist auf die Frauen, die ihm fast durchweg gefielen («bem moças»). Caminhas Mischung aus üppiger Natur plus Sinnlichkeit, Lebensfreude und Herzlichkeit ihrer Bewohner gehört noch heute zum Selbstbild vieler Brasilianer.

3. Das transatlantische Commonwealth:
Hispanoamerika und Brasilien

3.1 Die spanische Kolonie der Paragraphen:
rechtlich-administrative Strukturen

Es liegt auf der Hand, dass die Version einer spanisch-amerikanischen Kulturvermischung, wie sie Garcilaso de la Vega repräsentiert, den neuen Herrschern durchaus ins Konzept passte, trotz aller Wertschätzung, die er der Kultur seiner Mutter entgegenbrachte: Hier bestätigte ein prominenter Vertreter der Neuen Welt, dass ihre Bewohner das spanische Regiment akzeptierten, ja sogar zu schätzen wussten. Konnte dieses Regiment tatsächlich so abgrundtief despotisch sein, wie die Propagandisten der Schwarzen Legende – die berühmt-berüchtigte Kritik an der «spanischen Grausamkeit», vor allem aus Italien, Holland und Frankreich, stützte sich u. a. auf die Eroberung Amerikas – nicht müde wurden zu behaupten? War der Vorwurf einer brutalen Fremdherrschaft nicht allein schon deshalb unbegründet, weil das «Mutterland» seine überseeischen «Söhne und Töchter» nie als minderwertige Bastarde behandelt hatte? Hatten Cortés und Pizarro, nachdem sie die «Götzentempel» von Azteken und Inkas niedergerissen hatten, nicht neue, blühende Städte errichtet? Und vor allem: Hatten sich die Kolonisatoren nicht auch von Anfang an als Legislatoren erwiesen, eifrig darum bemüht, Neu-Spanien, Neu-Granada und den späteren Vizekönigreichen einen rechtlichen Rahmen zu geben, innerhalb dessen Spanien nur als Primus inter Pares figurierte?

Tatsächlich hat es wohl keinen anderen Kolonisator gegeben – von Rom einmal abgesehen –, der die unterworfenen Territorien mit einem derart dichten Netz von Paragraphen überzog wie Spanien die Neue Welt. Zu den weiter oben genannten Archetypen, die während der zweiten Reise von Kolumbus dabei waren – Soldaten, Priester und Kaufleute –, gesellten sich folglich die Juristen. Auch sie leisteten ganze Arbeit: Bereits 1681, lange vor dem Ende des spanischen Empires, umfasste die offizielle *Recopilación de leyes de los reynos de las Indias* sage und schreibe 400 000 königliche Anordnungen, die zu 6400 Gesetzen verarbeitet wurden. Hatte der Mainstream der spanischen Intellektuellen und Politiker deshalb nicht doch Recht, wenn er beharrlich darauf hinwies, die Neue Welt wäre keine Kolonie gewesen? Zumindest hat keine andere Kolonialmacht Europas ihre überseeischen Territorien an eine derart kurze Leine von Paragraphen gelegt wie das spanische Mutterland seine Sprösslinge jenseits des Atlantiks.

Ebenso imposant mutet das dichte Gewebe administrativer Strukturen an, mit dem die spanische Krone ihre amerikanischen Vizekönigreiche und Statthalterschaften überzog und deren Funktionsweise die Flut königlicher Gesetze regeln sollte. Auch die Grundstruktur dieses Gewebes wurde in Spanien geknüpft. Bereits 1503, rund zehn Jahre nach der ersten Entdeckungsreise, wurde die *Casa de Contratación* gegründet, eine Art staatlicher Handelskammer, der die Organisation und Kontrolle des gesamten Schriftverkehrs zwischen Spanien und Amerika oblag. Außerdem war die Sevillaner *Casa*, die im 17. Jahrhundert nach Cádiz übersiedelte, damit beauftragt, sämtliche Einnahmen der Krone aus dem Amerikahandel einzutreiben und zu verwalten – Summen in schwindelerregender Höhe, die von Andalusien aus in die Schatztruhen der kastilischen Könige flossen. Auf die *Casa de Contratación*, die bis 1790 existierte, folgte 1524 der *Consejo de Indias*, das oberste Gesetzgebungsorgan für die Neue Welt, dem auch die *Casa* unterstand. Die kleine Gruppe von Juristen, aus denen der *Indienrat* bestand, traf ihre Entscheidungen mit einfacher Mehrheit, leitete sie dann dem König zu, der ihnen schließlich als königliche Anordnungen Gesetzeskraft verlieh. Dem *Consejo*, der erst 1812 aufgelöst wurde, stand ab Mitte des 16. Jahrhunderts noch eine *Junta de Guerra de Indias* zur Seite, eine Art Spezialkommission für Kriegsangelegenheiten in Übersee, deren vier hochrangige Mitglieder stets ausreichend beschäftigt waren.

Da die Grundfesten Spanisch-Amerikas in den folgenden 300 Jahren jedoch intakt blieben, war es vor allem der Stab der königlichen Juristen im *Consejo de Indias*, der besonders viel zu tun hatte. Konzentrierte sich seine Arbeit am Anfang noch darauf, die Gesetze Kastiliens, die auch jenseits des Atlantiks galten, an die dortigen Verhältnisse anzupassen, bestand die Hauptarbeit in der Folgezeit darin, neue Gesetze zu formulieren. Der Bedarf dafür war stets sehr groß. Zuerst ging es darum, den ‹wilden› Charakter der ersten Eroberungsjahrzehnte zu zügeln, also an die rechtliche, und das hieß vor allem: an die staatliche, Leine zu legen. Die ersten Opfer waren die ‹Helden› der Entdeckung und Eroberung, die, wie Kolumbus und Cortés, ihrer bombastischen Titel und verbrieften Privilegien überwiegend verlustig gingen oder mitansehen mussten, wie die Krone ihre Ansprüche auf ein Minimum zurechtstutzte. In die gleiche Richtung zielten die bereits erwähnten Indianergesetze von 1512 und 1542, wenn auch mit einem weitaus kläglicheren Ergebnis in praxi.

Schließlich – und mit Abstand am wichtigsten – ging es den Legislatoren des *Consejo* darum, das weitverzweigte Geflecht der politisch-administrativen Kolonialstrukturen zu schaffen bzw. durch einen stetigen Paragrapheninput am Leben zu erhalten. Die Spitze dieser Strukturen bestand aus Vizekönigreichen, von denen es im Laufe des 16. und 17. Jahrhunderts allerdings nur zwei gab: Neu-Spanien, 1535 gegründet, das sich über ganz Mittelamerika erstreckte (allerdings außer Panama), und das Vizekönigreich Peru, das 1543 entstand und dessen Zepter ganz Südamerika regierte, von Brasilien und der Küste Venezuelas einmal abgesehen. Das dritte Vizekönigreich, Neu-Granada, kam erst 1717 hinzu, es ging aus dem nördlichen Teil des alten Vizekönigreichs Peru hervor. Das vierte und zugleich größte folgte 1776 mit der Gründung des Virreinato del Río de la Plata, des heutigen Argentinien plus Uruguay, Paraguay und Bolivien – insgesamt nur vier Vizekönigreiche, deren territoriale Ausdehnung die Größe Europas allerdings um das Doppelte übertraf.

Dementsprechend residierten die königlichen Statthalter. Alles war eine getreue Kopie des peninsularen Hofzeremoniells – nur die Kulisse war anders. Wenn zum Beispiel ein neuer Vizekönig für Neu-Spanien an der mexikanischen Westküste vor Anker ging, dann verwandelte sich sein Weg bis in die Hauptstadt, immerhin mehrere hundert Kilometer, in eine wochenlange Parade: Die Straßen waren von unendlichen Reihen organisierter ‹Jubelindianer› gesäumt, deren Kaziken küssten der königlichen Majestät die Hand und gelobten ihr öffentlich die Treue. In den Städten, die das Prunkdefilee passierte, gab es Volksfeste, Bankette und Stierkämpfe, ihre Ein- und Ausgangsportale zierten Triumphbögen, Blumengirlanden und indigene Schönheiten. Derselbe Weg, den Cortés und seine Truppen noch mit gemischten Gefühlen gegangen sein dürften, hatte sich längst in eine koloniale Siegesallee verwandelt.

Weniger pompös residierten dagegen die *Gobernadores*, die an der Spitze der so genannten *Capitanías Generales* standen. Diese politisch-administrativen Gebilde, namentlich die *Capitanías Generales* von Guatemala, Kuba, Chile und Venezuela, waren aus den jeweiligen Eroberungsfeldzügen hervorgegangen. Indem die Krone nach Abschluss der einzelnen Konquista-Phasen einen *Gobernador* einsetzte und ihn für drei bis acht Jahre mit administrativen, juristischen und häufig auch mit militärischen Befugnissen ausstattete, wollte sie nicht nur den immer wieder aufflackernden Widerstand der unterworfenen Völker im Keim ersticken. Es ging ihr vor allem darum, die machtgierigen Konquistadoren in Zaum zu halten. Der zügige und breitflächige Aufbau staatlicher Strukturen sorgte dafür, dass separatistische Abenteurer wie Lope de Aguirre – wir kennen ihn in der Gestalt von Klaus Kinski in Werner Herzogs Verfilmung «Aguirre oder der Zorn Gottes» – die Ausnahme blieben. Dass die Eroberung nicht nur im Zeichen von Schwert und Kreuz, sondern stets auch im Zeichen von Paragraphen stand, illustriert aber selbst noch das Beispiel Aguirres. Sogar er hielt es für nötig, den König in juristisch wohlgesetzten Worten davon zu unterrichten, dass er sich fortan nicht mehr als dessen Untertan betrachtete – auch er war also noch ein gesetzestreuer Rebell!

Eine dritte Instanz, die es der spanischen Krone erlaubte, ihre überseeischen Vasallen bei der Stange zu halten, waren die so genannten *Audiencias* – oberste Gerichtshöfe, die dafür sorgten oder zumindest dafür sorgen sollten, dass die Flut der Gesetze, die den Atlantik überquerten, auch im Sinne ihrer Autoren angewendet wurden. Obendrein besaßen sie administrative und politische Kompetenzen, etwa die Kontrolle kommunaler Budgets. Die *Audiencias*, die sich auf praktisch alle Städte des Subkontinents verteilten, verhandelten im Wesentlichen Zivilstreitigkeiten, konnten aber auch gegen die *Gobernadores* und Vizekönige angerufen werden. Wie ihre Geschichte zeigt, waren sie alles andere als paragraphenverzierte Papiertiger.

Die genannten drei Instanzen – Virreinatos, Capitanías Generales und Audiencias – waren der lange Arm der spanischen Monarchie, der sich, sollte es nötig sein, schnell und wirksam in eine Faust verwandeln ließ. Deshalb kam alles darauf an, dass an diesen Schaltstellen der kolonialen Macht zuverlässige Männer standen. Und das hieß, neben allen sonstigen Meriten, sie mussten Spanier sein, also keine unsicheren Kantonisten, als welche die Kreolen, die in Lateinamerika geborenen ‹Zweite-Klasse-Spanier›, aus peninsularer Sicht empfunden wurden. Das juristisch-administrative Rotationssystem, dessen Spielregeln ausschließlich in Spanien festgelegt wurden, war damit zwar ein ausgezeichnetes Instrument politischer Fernbedienung, aber gerade deshalb auch sehr störanfällig: Die von den Schaltstellen, auch von den Pfründen der Macht ausgeschlossenen Kreolen hegten wachsenden Groll gegen eine Madre Patria, die ihren eigenen Sprösslingen offenkundig tief misstraute, zumindest wenig zutraute. Während sie von den beiden obersten Etagen des kolonialen Machtgebäudes völlig ausgeschlossen blieben, konnten sie sich den Zutritt in die *Audiencias* immerhin, wenn auch spät, erkaufen. Ab 1687, die notorische Ebbe in der spanischen Staatskasse machte es möglich, standen die Tore des obersten Gerichtshofs für reiche Kreolen offen.

Relativ freien Zutritt hatten sie dagegen zu den unteren Etagen der kolonialen Hierarchie. Die lokalen Verwaltungsstrukturen, sie bestehen im Grunde bis in die Gegenwart fort, waren, bildhaft gesprochen, von den Stadtmauern der urbanen Zentren eingerahmt. Die städtischen Gemeinden Hispanoamerikas, und es gab praktisch nur solche, besaßen seit 1507 das Recht, ihren *Alcalde*, eine Mischung aus Friedensrichter und Bürgermeister, selber zu wählen. Zusammen mit mehreren *Regidores* (Gemeinderäten) und dem *Alguacil Mayor* (Polizeichef) bildete der *Alcalde* den so genannten *Cabildo*, den Gemeinde- oder Stadtrat. Hinter diesem Terminus, den wir heute mit der Keimzelle demokratischer Strukturen assoziieren, verbarg sich jedoch eine vielschichtige und schillernde Realität, die häufig nur dem Namen nach mit modernen Vorstellungen von demokratischem Gemeindeleben übereinstimmte. Doch gerade die *Cabildos*, besser: die so genannten offenen Cabildos, spielten eine Schlüsselrolle für die Unabhängigkeit im frühen 19. Jahrhundert. Sie wurden zu politischen Foren, auf denen die Kreolen der in die Jahre gekommenen Kolonialmacht den Prozess machten.

Während die politisch-administrativen Makrostrukturen nach der Unabhängigkeit weitgehend zerfielen – an ihre Stelle traten die heutigen Nationalstaaten –, erwiesen sich die Mikrostrukturen der *Cabildos* als resistenter: Selbst viele Indianergemeinschaften übernahmen sie. Als kaum weniger resistent sollte sich eine weitere, quasistaatliche Struktur des kolonialen Amerika erweisen, nämlich das dichte Netz religiös-klerikaler Strukturen, dessen enge Maschen dafür sorgten, dass der militante Katholizismus spanischer Fasson auch die Neue Welt dominierte. Übrigens mit päpstlichem Segen: Bereits 1493 hatte Papst Alexander VI. den spanischen Entdeckern einen territorialen Blankoscheck ausgestellt – als Gegenleistung für zu erwartende Evangelisierungsgewinne – und den Anstoß dazu gegeben, die künftigen Einflusssphären der beiden iberischen Entdeckernationen abzustecken. Der Vertrag von Tordesillas, den Spanien und Portugal ein Jahr später unterzeichneten, ist quasi die Geburtsstunde von Brasilien. Die prophylaktische Vermeidung von Konflikten zwischen den beiden rivalisierenden Kolonisatoren erwies sich nicht nur für die beiden Unterzeichnernationen als Vorteil mit Langzeitwirkung; auch die bevorstehende Evangelisierungsoffensive konnte von dem politisch-territorialen Kompromiss nur profitieren: Reibungsverluste wurden vermieden, und die Autorität des Papstes als geistlicher «dominus orbis» wurde von beiden Kontrahenten anerkannt.

Im Übrigen hielten sich auch die Konflikte zwischen Schwert und Kreuz, später zwischen Thron und Altar, trotz der oben skizzierten Kontroversen um die Behandlung der Indianer in Grenzen: Man war schließlich aufeinander angewiesen. In der kolonialen Architektur, die wir noch heute in vielen Städten Lateinamerikas bewundern können, hat sich die damalige Arbeitsteilung zwischen Staat und Klerus verewigt. Auf keiner der vielen *Plazas Mayores*, die die Spanier als urbane Herzstücke errichteten, fehlten eine Kirche oder eine wuchtige Kathedrale – Symbole der klerikalen Machtentfaltung, die meistens zuerst, noch vor den Gebäuden der weltlichen Macht, errichtet wurden. Zu den prächtigen Barocktempeln gesellten sich schon bald die dunklen Verliese der Inquisition. Ins Visier der berüchtigten Religionspolizei gerieten vor allem Juden und *Conversos*, denen die Einwanderung in die Neue Welt zwar verboten war, die auf der Flucht vor dem christlichen Fundamentalismus in der Alten Welt die Überfahrt aber dennoch häufig wagten. Wie die spektakulären Autodafés des 16. und 17. Jahrhunderts illustrieren, erreichte sie der lange Arm Torquemadas häufig indes auch jenseits des Atlantiks.

3.2 Gold- und Silberströme:
das koloniale Geschäft

Ökonomisch gesehen war die imposante Kulisse des spanischen Koloni-albarock indessen trügerisch. Denn trotz des immensen Reichtums, zu dem es eine dünne Schicht von Spaniern und Kreolen brachte, war Amerika, waren die enormen Gold- und Silbermengen, die die Indianer und die aus Afrika importierten Sklaven aus der Erde holten, ein europäisches Geschäft. Vordergründig betrachtet, schienen die Ströme amerikanischer Edelmetalle, die schon bald hauptsächlich aus Silber bestanden, die Schatzkammern der spanischen Könige zu füllen. In Wirklichkeit muss-ten die Buchhalter der Sevillaner *Casa de Contratación*, die das spanische Handelsmonopol über die Neue Welt kontrollierten, hilflos mit ansehen, wie ein immer größerer Teil des amerikanischen Reichtums in anderen Ländern landete. Schätzungen zufolge war die heimliche Silberausfuhr, unter anderem von englischen, französischen und holländischen Kontra-bandisten organisiert, zwischen 1650 und 1750 größer als die legale. Ein französisches Memorandum jener Jahre kommt sogar zu dem Schluss, dass Spanien gegen Ende des 17. Jahrhunderts nur ganze fünf Prozent des Handels mit seinen Kolonien kontrollierte. Auch der Rest, immer noch riesige Mengen, bescherte dem Mutterland Amerikas keinen dauerhaften Wohlstand. Statt die Gold- und Silberströme zukunftsträchtig zu inves-tieren, flossen sie in die barocke Prachtarchitektur von Adel und Klerus, versickerten in den kostspieligen Religionskriegen der Gegenreformati-on oder wurden zum Kauf von luxuriösen Importprodukten verprasst – eine ökonomische Kurzsichtigkeit, die der stets kränkelnden Binnen-wirtschaft schließlich den Todesstoß versetzte: Die Spanier besaßen die Kuh, schreibt Eduardo Galeano, aber andere tranken die Milch.

Die anderen – das war vor allem der westeuropäische Kapitalismus, dessen embryonaler Organismus durch den Input aus Amerika nach-haltig zu Kräften kam. Ein bekannter Autor aus Trier beschrieb diesen Transferprozess als «ursprüngliche Kapitalanhäufung», ohne die Europa heute anders aussähe: «Die Entdeckung der Gold- und Silberländer in Amerika, die […] Versklavung und Vergrabung der eingeborenen Bevöl-kerung in die Bergwerke [und] die Verwandlung Afrikas in ein Gehege zur Handelsjagd auf Schwarzhäute», so Karl Marx im ersten Band seines *Ka-*

pitals, «bezeichnen die Morgenröte der kapitalistischen Produktionsära. Diese idyllischen Prozesse sind Hauptmomente der ursprünglichen Akkumulation.» Wenngleich Marx (und Engels stand ihm hier nicht nach) die Ausbeutung der Neuen Welt als «historische Gesetzmäßigkeit» und damit letzten Endes als «Fortschritt» begriff – selbst für die derart Ausgebeuteten! –, ist seine ökonomische Bilanz der Kolonisierung Amerikas vermutlich recht solide. So hat rund hundert Jahre später ein Ökonom, der Belgier Ernest Mandel, ausgerechnet, dass der Wert des Amerika bis 1660 entrissenen Goldes und Silbers, zusammen mit den Gewinnen, die die Holländisch-Westindische Kompanie von 1650 bis 1780 in Indonesien, das französische Kapital durch den Sklavenhandel des 18. Jahrhunderts und die Engländer durch die Sklavenarbeit auf den britischen Antillen und durch die Ausplünderung Indiens erwirtschafteten, tatsächlich ins Gigantische ging: Dieser Wert überstieg, so Mandel, die Summe des gesamten Kapitals, das in allen europäischen Industrien bis 1800 investiert wurde.

Gleichzeitig sorgte die internationale Arbeitsteilung, deren Spielregeln in Europa, später auch in den USA festgelegt wurden, dafür, dass die Märkte der kolonialen Welt, auch die des postkolonialen Amerikas, als bloße Anhängsel der aufstrebenden Industrie- und Handelszentren fungierten. Die Unterentwicklung Lateinamerikas, die schweren, fast schon endemischen Krisen, die seine nationalen Volkswirtschaften immer wieder zerrütten, lassen sich zwar nicht über einen monokausalen Leisten schlagen. Die wenig erbauliche Geschichte vom Hasen und vom Igel, die in der Kolonialzeit ihren Anfang nahm, ist dennoch geeignet, die Misere des Subkontinents zu einem Gutteil zu erklären.

Besonders drastisch lässt sich die Ausplünderung der amerikanischen Reichtümer am Beispiel von Potosí illustrieren, den berühmten Silberminen im heutigen Bolivien, die Mitte des 16. Jahrhunderts entdeckt wurden. Während der Glanzzeit des «Cerro Rico», des «reichen Hügels», förderte jeweils ein Heer von 4500 Indianern ein Jahr lang das begehrte Edelmetall zutage. Nach der jeweils einwöchigen Schicht, die die Spanier in Anlehnung an inkaische Zeiten *Mita* nannten, wurden ihnen zwei Wochen Erholung gewährt. In der zweiten und dritten Woche sorgten gleich starke Rotationsschichten dafür, dass der Förderbetrieb in Gang blieb – insgesamt also 13 500 *Mitayos*, die dem «Hügel», lange Zeit der ökonomische Mittelpunkt der Kolonialwirtschaft, seine Reichtümer entrissen. Die *Mita* von Potosí – ein makabrer Terminus, der mit seinem sprachlichen Zwillingsbruder aus dem alten Peru nicht mehr viel gemeinsam hatte – wurde von den Indios derart gefürchtet, dass sie am Tag ihres Beginns eine Totenmesse zelebrierten. Selbst ein zeitgenössischer Beobachter aus Spanien schrieb 1585 in einem Bericht: «[...] normalerweise werden sie tot heruntergebracht, andere haben schwere Wunden am Kopf und an den Beinen, und jeden Tag gibt es Verluste in den Mühlen ... Man könnte sagen, dass es mehr Blut gibt als Metall.» Im Lauf von drei Jahrhunderten soll der «Cerro Rico» von Potosí, schreibt Josiah Conder, auf diese Weise acht Millionen Menschenleben verschlungen haben. Auch wenn diese Blutbilanz übertrieben erscheint: Nirgendwo sonst im kolonialen Amerika sind mehr Menschen an ein und demselben Ort ums Leben gekommen als in Potosí. Und nirgendwo sonst war der Kontrast zwischen dem Reichtum von wenigen und dem Elend von vielen härter als am Fuße des berühmten «Hügels», der vom Glanz prunkvoller Gotteshäuser und Paläste umsäumt war. Selbst die Hufeisen der Pferde, berichtet Miguel León-Portilla, sollen in der Blütezeit von Potosí aus Silber gewesen sein. Direkte Nutznießer der Tausende von Tonnen schweren Edelmetallmengen, die dort gefördert wurden, waren übrigens auch die spanischen Könige: Ihnen stand ein Fünftel ihres Werts zu. Später wurde «die spanische Kuh» dann von den Augsburger oder Genueser Bankiers kräftig gemolken ...

3.3 Eine neue Klasse entsteht:
die spanischstämmigen Kreolen

Während die Gold- und Silberströme aus Amerika also paradoxerweise dazu beitrugen, das koloniale Mutterland Schritt für Schritt in den Ruin zu treiben, bildeten sie in Übersee das ökonomische Unterfutter für eine neue soziale Klasse, die das politische Monopol der kolonialen Metropole in Frage stellte: die Kreolen. Die in Amerika geborenen Nachfahren der ersten Konquistadorengenerationen, die auch in anderen Wirtschaftszweigen – vor allem auf den Kakao- und Tabakplantagen, am Río de la Plata hauptsächlich in der Viehwirtschaft – erfolgreich waren, blieben trotzdem Spanier zweiter Klasse. Ihr Groll auf die Madre Patria, der sich bereits Mitte des 16. Jahrhunderts in den zitierten *Encomendero*-Aufständen gegen die Indianergesetze Luft verschafft hatte, war jedoch nicht allein der Tatsache geschuldet, dass ihnen lukrative Ämter in der Kolonialverwaltung lange Zeit verschlossen blieben. Auch das ökonomische Monopol der peninsularen *Casa de Contratación* empfanden sie als lästige Gängelei, obwohl es in praxi, wie weiter oben angedeutet, so durchlöchert war wie ein Schweizer Käse. Der gesunde Menschenverstand, auf den es freilich nicht ankam, gab ihnen Recht. So mussten zum Beispiel die europäischen Importprodukte, die der kreolischen Upperclass von Buenos Aires das Leben versüßten, eine wahre Odyssee zurücklegen, bevor sie die Río-de-la-Plata-Metropole erreichten: von Spanien aus an die Nordost-Küste des Subkontinents, von dort aus über Land nach Panama; an der Westküste des schmalen Landstreifens wurde die Ladung erneut in einen Schiffsrumpf verstaut und im peruanischen Callao, über tausend Meilen südlich, wieder entladen; von dort aus überquerten die begehrten Handelswaren – von Brüsseler Spitze bis zu Edelstahlschwertern aus Toledo – dann auf Eselsrücken die Anden; wenn sie die schneebedeckten Pässe des Hochgebirges überstanden hatten, blieb ihnen zu guter Letzt der lange Weg nach Süden: Tausende von Kilometern durch den Gran Chaco und die zentralargentinische Pampa, zumeist auf den Carretas, den typischen Ochsenkarren, bevor sie schließlich ihren Bestimmungsort erreichten. Man kann verstehen, dass die einheimische Oberschicht von Buenos Aires einen kürzeren Weg bevorzugt hätte ...

Dennoch prosperierten die Kreolen rapide, ökonomisch und numerisch. Gegen Ende des 18. Jahrhunderts rekrutierte sich die große Mehrheit der überwiegend weißen, spanischstämmigen Bevölkerung Hispanoamerikas aus ihren Reihen. In Mexiko belief sich ihr Anteil sogar auf satte 95 Prozent. Nach Schätzungen Alexander von Humboldts, der 1799 zu seiner berühmten Südamerika-Reise – der «zweiten Entdeckung» der Neuen Welt – aufbrach, sollen am Vorabend der Unabhängigkeit knapp 3,5 Millionen Kreolen den Subkontinent bevölkert haben. Diese vergleichsweise stattliche Zahl ist in erster Linie das Ergebnis einer hohen Geburtenrate, weit weniger die Folge des peninsularen Nachschubs. Dessen genaue Zahl ist übrigens nicht bekannt, trotz der peniblen Kontrolle, der die Einwanderung nach Hispanoamerika unterlag. Das Gros der

Immigranten, die in den überseeischen Kolonien ihr Glück versuchten, dürfte im Laufe des 16. Jahrhunderts die amerikanischen Küsten erreicht haben: etwa 200 000 bis 300 000 Spanier, überwiegend Männer. Die meisten, ein gutes Drittel, kamen übrigens aus Andalusien, rund ein Viertel war in den beiden Kastilien beheimatet, knapp 15 Prozent rekrutierten sich aus den armen Landstrichen der Extremadura – Basken und Katalanen, also die Bewohner der wirtschaftlich prosperierendsten Regionen des Mutterlandes, in denen bereits eine Art protobürgerlicher Klasse existierte, waren dagegen kaum vertreten. Die erdrückende Präponderanz jener Einwanderergruppen, in denen der traditionalistische Geist der Gegenreformation besonders ausgeprägt war, drückte der spanischen Kolonisierung damit ihren Stempel auf.

3.4 «Herrenhaus und Sklavenhütte»:
koloniale Strukturen in Brasilien

Vordergründig betrachtet, war die koloniale Architektur Brasiliens durchaus mit Hispanoamerika vergleichbar. Und auch in der portugiesischen Großkolonie empfanden die aus dem Mutterland eingewanderten Neubrasilianer die engen Bande mit der heimischen Krone mehr und mehr als Gängelband. Schließlich waren es vor allem die Kreolen gewesen, die die fiktiven Grenzen, im Vertrag von Tordesillas nur vage festgelegt, mit realen Territorien ausgefüllt hatten. Mitte des 18. Jahrhunderts hatten die *entradas* oder *bandeiras* den Umfang des heutigen Brasilien in Grunde abgesteckt. In einem neuen Vertrag mit Madrid, 1750 unterzeichnet, ließ sich das portugiesische Mutterland seinen De-facto-Besitz urkundlich bestätigen. Nur zwei Jahrzehnte später (1763) wurde die Hauptstadt von Bahia nach Rio de Janeiro und damit mehr ins Zentrum des langen Küstensaums verlegt. Vor allem näher an jene Gebiete, die der ökonomischen Entwicklung fortan die Hauptimpulse gaben, nämlich Rio de Janeiro, São Paulo und der Süden.

Von den Schalthebeln der politischen Macht blieb die Upperclass der neuen Kapitale indessen ebenso ausgeschlossen wie ihre sozialen Verwandten in Buenos Aires oder Mexiko-Stadt. Vergleichbar auch das ökonomische Korsett, in das sie vom Mutterland gesteckt wurden – häufig ebenso eng und grotesk wie in den Nachbarkolonien. Noch 1775 erging ein königliches Dekret, das den Brasilianern verbot, ihre eigene Seife zu erzeugen oder heimischen Wein zu keltern. Ein Fünftel des Goldes, das die *bandeirantes* von Minas Gerais und anderen Eldorados im frühen 18. Jahrhundert nach Hause schafften, ging an die portugiesische Krone. Dort diente das begehrte Edelmetall, wenn es nicht direkt nach England, der portugiesischen Schutzmacht, weiterverschifft wurde, der Errichtung pompöser Kirchen und Paläste oder dem Wiederaufbau des erdbebenzerstörten Lissabon (1755). Die Brasilianer, im Laufe des 18. Jahrhunderts von rund 400 000 auf drei Millionen angewachsen, durften keinen eigenen Reis anbauen und keine Zeitungen oder Bücher drucken. Kontakte zu Ausländern standen unter Generalverdacht: Auf Humboldt, hätte er brasilianischen Boden betreten, wartete ein Haftbefehl. Wollte ein Untertan zu einer Audienz bei seinem Gouverneur vorgelassen werden, war es ratsam, sich in portugiesische Stoffe zu kleiden: «Brasilien wird abgesperrt», so ein Beobachter, «wie der Privatgarten des Königs von Portugal.»

Insoweit waren sich die beiden Kolonien, die der Vertrag von Tordesillas für immer voneinander trennte, durchaus sehr ähnlich. Dennoch springen die Unterschiede, deren Folgen bis heute andauern, allenthalben ins Auge. Da ist zum einen der vergleichsweise langsame, partielle und immer wieder von außen bedrohte Eroberungs- und Kolonisierungsverlauf. Dem entsprach, zum anderen, ein langsamer und im Vergleich mit der hispanoamerikanischen «Kolonie der Paragraphen» ein fragiler Verwaltungsapparat, der im Übrigen lange in zwei administrative Teilstaaten – in den mittleren und südlichen Estado do Brasil und in den nordöstlichen Staat von Pará und Maranhão – untergliedert war. Zwar gab es auch in Brasilien spezifische Gesetzeswerke, die, wie die so genannten *Regimentos*, zur Grundlage des kolonialen Verwaltungsrechts wurden. Außerdem existierte, de jure seit 1640, das Amt des Vizekönigs (Vice-Rei), das aber erst Anfang des 18. Jahrhunderts, die Unabhängigkeit stand schon vor der Tür, praktische Konsequenzen hatte. In aller Regel war das Mutterland indes bestrebt, seinem heimatlichen Paragraphenkorpus Geltung zu verschaffen. Im Unterschied zu Spanien, das bereits 1524 einen *Indienrat* ins Leben rief, zog Portugal erst 1604 mit einem *Conselho da India* nach, dessen administrative und rechtliche Zuständigkeiten allerdings auch Afrika und Ostindien einschlossen. In den ausgedehnten Weiten des brasilianischen Hinterlandes blieben aber selbst die eher spärlichen Importe Lissaboner Juristen reine Makulatur. Dort dominierten, und zwar bis in die Zeit der Unabhängigkeit hinein, die Großgrundbesitzer die koloniale Verwaltung, die Rechtsprechung inklusive. Das typische Nebeneinander von «Herrenhaus und Sklavenhütte», wie Gilberto Freyre die patriarchalischen Machtstrukturen beschrieb, ersetzte den langen Arm der Metropole.

Die faktische Macht, die sich die kolonialen Eliten Brasiliens dadurch sichern konnten, markiert einen weiteren Unterschied zu den spanischsprachigen Kreolen. Die territoriale Inbesitznahme erfolgte zwar auch dort auf Initiative privat finanzierter Konquistadoren. Eine «zweite Eroberung» (Halperin Donghi), mit der die spanische Krone einen Cortés, Pizarro oder andere Konquistapioniere an die königliche Kandare legte, hat es in der portugiesischen Kolonie aber nicht gegeben. Auch keine «zweite Eroberung», wie sie die Madrider Bourbonen im 18. Jahrhundert lancierten. Die Modernisierungspolitik des portugiesischen Marquis de Pombal (1699–1782) ist, was Brasilien betrifft, nicht mit der Rehispanisierungsoffensive von Carlos III. vergleichbar. Die ökonomische, auch die politische Macht der kolonialen Eliten war von Anfang an größer, obwohl sie sich nur selten in die Ämter der kolonialen Verwaltung einkauften. Anders als ihre spanischstämmigen Nachbarn konnten die Herren der zwölf Capitanias, in die das koloniale Territorium schon im 16. Jahrhundert eingeteilt worden war, ihre Ländereien – der Größe mittlerer Staaten vergleichbar – immerhin vererben (wenn auch nicht veräußern). Das brasilianische Landschenkungssystem, durch das die *donatários*, Angehörige des niederen Adels und gut betuchte Bürger, zu Herrschern über Land und Leute wurden, schuf eine mächtige Klasse von Großgrundbesitzern, an der sich die Krone, sofern sie es versuchte, die Zähne ausbiss.

Ein weiterer Unterschied zu Hispanoamerika steht damit in enger Beziehung: die religiöse Dimension der portugiesischen Kolonisierung. Zwar dominierte auch dort, wenngleich mit einiger Verspätung und einigen, eher graduellen Unterschieden, jener Geist der Gegenreformation, der sich im peninsularen Zusammenleben von Mauren, Juden und Christen herauskristallisiert hatte. In Portugal war die so genannte Reconquista, die Vertreibung der islamischen Minderheit, sogar schon früher beendet gewesen als im östlichen Nachbarland. Der Klerus, weit davon entfernt, eine Art Staat im Staate zu bilden, war indessen fast durchweg ein integraler Bestandteil der lokalen Machteliten. Die Missionare, in Peru oder Mexiko einflussreiche Verbündete und Rivalen der Konquistadoren, waren in Brasilien eher weltlich orientiert. Die Folgen: Weder der militante Geist eines Torquemada noch die indiophile Gesinnung eines Las Casas waren tonangebend. Diese Bilanz gilt, genau genommen, auch für die Jesuiten. Die Jünger von Loyola, wiewohl von Anfang an dabei und, zumindest zahlenmäßig, einflussreicher als in den spanischen Kolonien, trafen stets auf die geballte Opposition der Großgrundbesitzer, was ihren Aktionsradius drastisch reduzierte. Während ihre Vertreibung aus Spanisch-Amerika viel Staub aufwirbelte und noch im 19. Jahrhundert die kreolischen Spanienattacken munitionierte, wurde ihre Ausweisung aus Brasilien, bereits 1759 dekretiert, fast durchweg mit «Indifferenz» (Halperin Donghi) quittiert. Die jahrhundertelange Präsenz der Jesus-Kompanie, angeblich, so Stefan Zweig, «ein Glücksfall für Brasilien» – die künftigen Herrscher des Landes waren offensichtlich anderer Meinung.

3.5 Der iberische Kolonialstil:
Rassenvermischung und Kolonisierung der Seelen

Die Indios des Subkontinents, in Hispanoamerika ebenso wie in Brasilien, dürften das Ende der asketisch-gottergebenen Papstvasallen dagegen mit gemischten Gefühlen betrachtet haben. Wenn sie die weiter oben genannten Plagen überlebt hatten, wurden sie in Kompaniestärke zum Taufbecken geführt und waren damit, zumindest theoretisch, vollwertige Mitglieder der *societas christiana*, legitime Schäflein in der weltweiten Herde des Herrn. Vielleicht hatten sie, wenn es die Gnade der geographischen Geburt erlaubte, sogar das Glück, unter den herrschenden Verhältnissen nicht einmal ein besonders zweifelhaftes, zu den Bürgern der «Jesuitenrepublik von Paraguay» zu gehören. Die berühmten Ordensbrüder hatten dort – das nicht mit dem heutigen Paraguay identische Gebiet zwischen den Flüssen Paraguay, Parná und Uruguay umfasste damals große Teile Argentiniens, Uruguay und Süd-Brasilien – Ende des 16. Jahrhunderts damit begonnen, so genannte *Reducciónes* einzurichten, einen Verbund christlicher Missionsstationen, die insgesamt bis zu hunderttausend Guaraní-Indianern Lebens- und Arbeitsräume boten. Die einzelnen Gemeinschaften, die jeweils einige hundert Menschen umfassten, waren im Prinzip autark und erwirtschafteten sogar Überschüsse. Die Jesuiten brachten ihren Schützlingen, die sie in deren eigener Sprache christianisierten, eine Reihe nützlicher Berufe und Fertigkeiten bei. Zum Schutz vor Überfällen raffgieriger Kolonisatoren, die in den Indios der *Reducciónes* ein Heer von potenziellen Arbeitssklaven witterten, wurden sie sogar im Gebrauch von Waffen unterrichtet. Das jesuitische Modell zahlte sich aus, auch für die Indios: Erstmals in der Geschichte der Eroberung nahm ihre Geburtenrate wieder deutlich zu.

Was sich wie ein Netzwerk quasi-egalitärer Großkommunen ausnimmt, die an die sozialen Mikrokosmen von Azteken und Inkas erinnern, war freilich straff, ja durchaus militärisch organisiert und besaß äußerst klare Hierarchien – Hierarchien, die im Unterschied zum Calpulli und Ayllu präkolumbischer Zeiten nicht nur sozialer und politischer Natur waren. Der Paternalismus, der die Beziehung zwischen den Ordensbrüdern und ihren Schützlingen prägte, war auch und gerade kultureller Art, und zwar auf doppelte Weise. Zum einen durch einen rigiden Dekulturationsprozess: Die jesuitischen Erziehungsstrategien zielten darauf ab, die indianische Identität zu zerstören. Die Erfahrungen des ‹antierotischen Feldzuges›, die ihre Vorfahren im Kampf gegen den maurisch-jüdischen ‹Sündenpfuhl› auf der Halbinsel gesammelt hatten, kamen den Gotteskriegern dabei durchaus zupass: «Die Kolonialisierung der Indios», schreibt Fernando Mires, «begann mit der Zerstörung der polygamen indianischen Familie – also die Zerstörung des vitalen Kerns der Indiogemeinschaft – sowie mit ihrer Ersetzung durch die monogame, patriarchalisch ausgerichtete christliche Familie.»

Die auf diese Weise kulturell entkernten Indianer, Tabula-rasa-Existenzen gleich, wurden sodann einem ebenso rigiden Akkulturationsprozess unterworfen, der sie zu neuen – besseren – Menschen machen sollte. Doch dieses Ziel, wenn es denn erstrebenswert war, konnten sie eigentlich nie erreichen. Die Jesuitenpater, schreibt der englische Historiker Charles Boxer, behandelten die Indianer, selbst die gelehrigsten unter ihnen, stets wie ein Vater seinen geistig zurückgebliebenen Sohn. Die paternalistische Pädagogik der Jesuiten war insofern keine Hilfe zur Selbsthilfe. Das zeigte sich spätestens dann, als der Orden der konservativen Revolutionäre, dessen Macht den Kolonialbehörden und dem spanischen Monarchen gleichermaßen ein Dorn im Auge war, 1767 aus Spanisch-Amerika vertrieben wurde: Die Indios wurden zur leichten Beute von Encomenderos, Minenbaronen, Plantagenbesitzern und sonstigen Granden des Geldes, die sich auf Kosten der amerikanischen Urbevölkerung bereicherten.

Neben der zwiespältigen Kolonisierung der Seelen: Wie fällt demgegenüber die Bilanz der amerikanischen Rassenvermischung aus, der zweiten Hauptfacette des iberischen Kolonialstils? Dabei wirkte sich zunächst der Umstand aus, dass die übergroße Mehrheit der Eroberer aus Männern bestand. Der berühmte, für viele auch der berüchtigte «mestizaje americano», hauptsächlich die Vermischung von Spaniern/Portugiesen und Indios, war somit eigentlich vorprogrammiert. Obwohl die spanische Krone (ähnlich die portugiesische) in späteren Jahren, etwa ab Mitte des 16. Jahrhunderts, die Einreise von Frauen, sogar die von weißen Prostituierten, besonders förderte, blieb der Subkontinent ein primär maskulines Einwanderungsziel. Die Eroberung Amerikas – für den schwedischen Historiker Magnus Morner war sie deshalb vor allem die «Eroberung der [amerikanischen] Frauen». Dieser Interpretation der spanisch-amerikanischen «Begegnung», wie es im Untertitel des *V. Centenario* von 1992 hieß, ist, was kaum verwundert, von den meisten spanischen Historikern heftig widersprochen worden. Zwar schrieben sogar einige Spanier, etwa der bekannte Schriftsteller Rafael Sánchez Ferlosio, die amerikanische Rassenvermischung sei letzten Endes einer kollektiven Vergewaltigung gleichgekommen. Die große Mehrheit sah in dem «mestizaje americano» hingegen ein historisches Unikat: Kein anderer Kolonist, so der Tenor der spanischen Geschichtsschreibung, habe sich derart unbekümmert mit den Eingeborenen vermischt wie die Untertanen der spanischen Könige. So sahen es auch namhafte Historiker diesseits der Pyrenäen. Die Konquistadoren hätten es im Allgemeinen nicht nötig gehabt, meint zum Beispiel Bartolomé Bennassar, die indianischen Frauen zu vergewaltigen. Denn häufig hätten sie von den indianischen Würdenträgern zahlreiche Frauen als Geschenk bekommen, etwa Hernán Cortés, der auf seinem Weg in die Aztekenmetropole zahlreiche Frauen erhielt, unter ihnen die berühmte «Malinche», die – wie bereits gesagt – seine Geliebte und Dolmetscherin wurde.

Auch der Inkaprinz Garcilaso de la Vega, selbst ein Produkt des «mestizaje americano», schrieb in seinen *Comentarios Reales*: «Wenn die Indios merkten, dass eine Frau von einem Spanier schwanger war, überhäuften sie ihn mit Lobpreisungen [...] und betrachteten sich als seine Verwandten.» Die Krone war indessen bestrebt, dem ‹sündhaften› Charakter solcher Konkubinate, die sich nicht selten zur Promiskuität von De-facto-Harems auswuchsen, einen legalen Anstrich zu geben: Sexuelle Beziehungen zwischen Indianerinnen und Spaniern – ja, so in einem königlichen Dekret von 1514, aber nur in den geordneten Bahnen der Ehe.

Während der «mestizaje americano» damit, was den indigenen Anteil betrifft, sogar den Segen von Thron und Altar erhielt, betrachteten die weltlichen und religiösen Hierarchien andere Formen des erotischen Mestizaje dagegen äußerst reserviert. Vor allem die Beziehungen zwischen Spaniern und afrikanischen Frauen, die zusammen mit ihren männlichen Leidensgenossen als Sklaven importiert wurden, erregten den Argwohn der Kolonialbehörden. Obwohl dieses Problem, wenn es denn eines war, vor allem in Brasilien in Erscheinung trat, hatten auch die rassistischen Sittenwächter Hispanoamerikas viel zu tun. Immerhin waren vom 16. bis zum 19. Jahrhundert, so Schätzungen, rund zehn Millionen Afrikaner, Männer und Frauen, als begehrte Handelsobjekte – «piezas de Indias» (indianisches Stückgut), wie sie im zynischen Jargon der Sklavenhändler hießen – nach Amerika verfrachtet worden. Obwohl viele bereits auf der Überfahrt starben oder an den elenden Verhältnissen, die sie in den spanischen und portugiesischen Kolonien erwarteten, zugrunde gingen, wuchs die schwarze Bevölkerung Lateinamerikas, Brasiliens inklusive, bis zum Ende der Kolonialzeit auf knapp 2,5 Millionen Menschen an. Carlos Fuentes, in dessen mexikanischer Heimat allerdings kaum Spuren der afroamerikanischen Kultur erhalten blieben, hat ihr Vermächtnis als «rhythmisches Verhalten, Körperbewegungen, physische Ästhetik», als «die Grammatik von Musik und Tanz» beschrieben. Die Hommage an die afrikanische Sinnlichkeit, die in Fuentes' Worten anklingt, verschweigt indessen, dass Spanier und Kreolen, die sich an ihr delektierten, die afroamerikanischen Lustobjekte nur als eben solche benutzten. Zwar war es *de facto* fast normal, dass Kaufleute und Staatsfunktionäre, ja selbst Priester und Bischöfe dunkelhäutige Konkubinen hatten; ihren Status als soziale und ethnische Parias verloren sie indessen nie. Eduardo Galeano hat die erotischen und sozialen Präferenzen der kolonialen Herrenklassen, die meistens nicht deckungsgleich waren, so beschrieben: «Die Mulattin als Geliebte verspricht ein sexuelles Fest, die weiße Ehefrau soziales Prestige.»

Das rigide Kasten-Gebäude, mit den Worten des chilenischen Soziologen Alejandro Lipschitz eine rassistische «Pigmentokratie», geriet durch die interethnischen Sexualbeziehungen also mitnichten aus den Fugen: An der Spitze der sozialen Pyramide standen die peninsularen Spanier, ein Stockwerk tiefer rangierten die Kreolen, gefolgt von Mestizen, die es geschafft hatten, ihren «rassischen» Zwischenstatus sozial und gesetzlich zu legitimieren; die unteren Ränge der kolonialen «Pigmentokratie» bevölkerten Mulatten, Zambos (Mischlinge aus Afrikanern und Indios), Schwarze und Indios.

In einigen Gebieten Hispanoamerikas, vor allem im venezolanischen Teil Neu-Granadas, wies das ethnische Kaleidoskop noch weitere Schattierungen auf. In dem nördlichen Vizekönigreich stellten nicht nur Mulatten und Schwarze das Gros der Bevölkerung, von der sich die winzige Oberschicht aus peninsularen Spaniern und reichen Kreolen in rassistischer Pose distanzierte; dort lebten auch viele Kanaren, etwa ein Viertel der gesamten Bevölkerung, die jedoch trotz ihrer eigentlich ‹makellosen› Herkunft von den peninsularen und kreolischen Eliten geschnitten wurden. Vermutlich war der rassistische Kastenstolz, der sich stets mit sozialen Privilegien vermischte, nirgendwo größer als in dieser Karibikregion: Die Genealogie, das gilt, *mutatis mutandis*, in Venezuela bis auf den heutigen Tag, war eine soziale Waffe – ähnlich wie im spätmittelalterlichen Spanien, wo das berühmt-berüchtigte «Statut zur Reinheit des Blutes» dafür sorgte, dass jüdischstämmige «Neuchristen» zu Bürgern zweiter Klasse degradiert wurden.

Im Unterschied zum damaligen Mutterland, wo man die religiöskulturellen Minderheiten drakonisch verfolgte und schließlich vertrieb, lagen die realen Machtverhältnisse in Spanisch-Amerika völlig anders. De jure besaßen zwar die spanischen Vizekönige und die sonstigen Ränge der kolonialen Administration die alleinige Macht, de facto dominierte indessen, wenn auch fast nur auf lokaler Ebene, ein «consenso colonial». Mit anderen Worten: In der gesellschaftspolitischen Wirklichkeit mischten die Kreolen kräftig mit. Seit 1622 war den ‹Neuamerikanern› sogar gestattet, sich in die Posten der Kolonialverwaltung einzukaufen – für beide Seiten, die notorisch leeren Kassen der Monarchie und die Machtambitionen der kreolischen Eliten, ein gutes Geschäft. Langfristig gesehen waren es jedoch vor allem Letztere, die von dem kolonialen Konsens profitierten. Denn nach und nach okkupierten sie sogar die höheren Schaltstellen der kolonialen Administration. So belief sich ihr Anteil an den einflussreichen Posten der *Audiencia*, in der juristische, politische und administrative Funktionen gebündelt waren, zwischen 1678 und 1750 auf knapp die Hälfte aller Ämter – eine gefährliche Aushöhlung der peninsularen Machtstrukturen, wie sich schon bald zeigen sollte.

Wie sah die amerikanische Rassenvermischung demgegenüber in Brasilien aus? War sie dort weniger violent, womöglich sogar ein Vorbild multiethnischer Harmonie? Tatsächlich sind einige Autoren der Meinung, dass die portugiesische Kolonie, so etwa Urs Bitterli, einen «hochinteressanten Sonderfall der Kulturentwicklung» darstelle. Der Schweizer Historiker beruft sich dabei auf die Arbeiten des Brasilianers Gilberto Freyre, der das ethnische Kaleidoskop des kolonialen Brasiliens als «luso-tropische Kultur» bezeichnete – und damit ziemlich verklärte. Sicher hat es in der portugiesischen Kolonie nie sonderlich hohe sexuelle Barrieren gegeben. Schwarze und indianische Konkubinen gehörten zum Alltag, der Klerus drückte beide Augen zu. Besonders deutlich wurden die kulturellen Differenzen während des holländischen Interregnums im Norden: Statt Rassenvermischung sexuelle Apartheid. Ehen zwischen indianischen Frauen und den protestantischen Neuankömmlingen waren verboten, selbst in den Bordellen von Recife arbeiteten importierte Freudenmädchen aus dem Mutterland. Im Vergleich zu den holländischen Protestanten errichteten die portugiesischen Katholiken tatsächlich niedrigere Rassen- und Klassenschranken.

Niedriger waren auch jene Barrieren, mit denen man in Portugal die «Kasten» voneinander trennte: Juden, Mauren und Christen. Den vor allem damit verbundenen – extremen – Ehrenkodex, der zum sozialen Überich des ‹altchristlich›-spanischen Edelmannes, nicht selten sogar des einfachen Dörflers wurde, hat es im portugiesischen Nachbarland so nicht gegeben. Dementsprechend lax war der Umgang mit dem ethnisch-religiösen Anderen, auch dessen weiblicher Version. Die sexuelle Verfügbarkeit indianischer und afrikanischer Frauen als simple «Liebesbereitschaft der Eingeborenen» zu deuten, wie das Bitterli und Freyre tun, verharmlost indessen den Gewaltcharakter der «luso-tropischen» Kulturverschmelzung. Zweifelhaft ist deshalb auch das apodiktische Gesamtresümee der beiden Autoren, «kein anderes kolonisierendes Volk» sei in dieser Hinsicht «mit den Portugiesen [zu] vergleichen». Denn die «Ambiance der sexuellen Intoxikation» hat es ebenso in Spanisch-Amerika gegeben. Den Portugiesen, weniger von Klerus und Inquisition kujoniert, darf man wohl allenfalls konzedieren, diese «Ambiance» mehr genossen zu haben. Ansonsten waren sich die Eroberer wohl ziemlich ähnlich: Nichts spreche dafür, schrieb der Brasilianer Sergio Buarque de Holanda (1902–1982) in seiner berühmten *Visão do Paraíso*, dass die Portugiesen weniger grausam gewesen wären als ihre iberischen Nachbarn – selbst wenn das einige Zeitgenossen so sähen.

4. Die renitenten Kreolen:
Gärstoffe der Unabhängigkeit

4.1 Die Negation Spaniens:
bourbonische Modernisierung und kulturelle
Abnabelung vom Mutterland

Waren die Unterschiede, die Spanier und Portugiesen im Umgang mit indianischen und afrikanischen Frauen voneinander trennten, eher klein, so waren sie, was das Schlusskapitel ihrer kolonialen Präsenz in Amerika betrifft, ausgesprochen groß. Die Bourbonen, Anfang des 18. Jahrhunderts siegreich aus dem spanischen Erbfolgekrieg mit den Habsburgern hervorgegangen, waren bestrebt, frischen (französischen) Wind über die Pyrenäen zu leiten – ein ökonomisches und politisches Reformprogramm, das die Monarchie zwar nicht in Frage stellte, dessen moderat-aufklärerischer Impetus die archaischen Strukturen des Landes aber dennoch modernisierte, zumindest veränderte. Eines der Reformziele im spanischen «Jahrhundert der Lichter», vor allem während der Ägide von Karl III. (1759–1788), bestand in einer straffen Organisation des staatlichen Verwaltungsapparats. Dadurch gerieten nicht nur die peninsularen Regionen, stets auf Eigenständigkeit bedacht, mehr und mehr unter die politische Kuratel Kastiliens. Der bourbonische Zentralismus war auch darauf aus, die amerikanischen Kolonien wieder stärker an die Madrider Kandare zu legen. Für die kreolischen Eliten, die sich durch Ämterkauf erst in den zurückliegenden Jahrzehnten in der Kolonialverwaltung breit gemacht hatten, verhieß der Zentralisierungseifer des Mutterlandes nichts Gutes: Er zielte unübersehbar darauf ab, den Kauf von einflussreichen Posten zu erschweren, die Ernennung von Kreolen für Spitzenpositionen in Staat und Kirche zu reduzieren und die engen Verbindungen zwischen der kolonialen Bürokratie und den lokalen kreolischen Machteliten zu blockieren. Kurz, der bourbonische Zentralismus war der Versuch, die politischen Entscheidungsstrukturen Hispanoamerikas zu «entamerikanisieren» (John Lynch) und damit den «consenso colonial» zwischen Spaniern und Kreolen aufzukündigen. Es verwundert nicht, dass die Betroffenen diese Politik, nämlich die koloniale Uhr zurückzustellen, als Affront empfanden.

Vordergründig betrachtet, schienen die wachsenden Animositäten der Kreolen jedoch ins Leere zu laufen, denn politisch und ökonomisch konnten die Bourbonen ihr Reformprojekt durchaus als Erfolgsmodell verkaufen. Politisch, weil eine tief greifende Gebietsreform, die die massive Zurückdrängung der Kreolen aus den kolonialen Ämtern begleitete, den bleiernen Schlendrian und die omnipräsente Korruption der habsburgischen Administration bekämpfte. Das amerikanische Empire wurde, nach französischem Vorbild, in Provinzen aufgeteilt, die ein spanischer *Intendante* deutlich effektiver als früher regierte. Ökonomisch, weil gleichzeitig das rigide Handelsmonopol des Mutterlandes gelockert wurde. Nun war es den Provinzen zumindest gestattet, innerhalb Amerikas und mit mehreren Häfen in Spanien Handel zu treiben – und zwar direkt, also nicht mehr über die grotesken Umwege, wie sie die weiter oben beschriebenen Bestimmungen der *Casa de Contratación* verlangt hatten. Die Folge: In nur zehn Jahren, von 1778 bis 1788, nahm der Schiffsverkehr zwischen dem Mutterland und seinen Kolonien um 700 Prozent zu. War es nicht genau das, nämlich die Beseitigung der ökonomischen Gängelung durch die Kolonialherren, was sich die kreolischen Eliten so sehnlichst gewünscht hatten? Es waren vor allem die reichen Porteños, die geschäftstüchtigen Kaufleute von Buenos Aires, die von der Lockerung der rigiden Handelsbeschränkungen profitierten. Ihnen bescherten die bourbonischen Reformen sogar ein eigenes Vizekönigreich, das Virreinato del Río de la Plata, das 1776 vom Vizekönigreich Peru abgetrennt wurde. Fortan waren die Porteños nicht mehr gezwungen, ihre aus Spanien importierten Produkte auf Eseln oder Ochsenkarren von Peru an den Río de la Plata zu transportieren – geradezu eine verkehrstechnische Revolution.

Die politische Revolution, die Hispanoamerika bevorstand, konnten die bourbonischen Innovationen dennoch nicht aufhalten, sie haben sie paradoxerweise sogar kräftig gefördert. Denn trotz aller Modernisierung der archaischen Kolonialstrukturen, die Karl III. und seine Minister in Gang gebracht hatten, und trotz der erweiterten Handelsmöglichkeiten durch die Lockerung des Handelsmonopols, nahm der Groll der amerikanischen Eliten auf das spanische Mutterland, das seine überseeischen Söhne und Töchter politisch wieder entmündigt hatte, weiter zu. Die Funken, die das revolutionäre Feuer schließlich entfachten, kamen indessen von außen, zunächst aus Großbritannien. Als Spanien 1796 mit seinem alten Rivalen England, dessen Flotte bereits zwei Jahrhunderte zuvor (1588) die «unbesiegbare» Armada der Habsburger versenkt hatte, erneut in einen Krieg geriet, blockierten englische Schiffe, den spanischen bereits weit überlegen, den Amerikahandel. Die Folge: Der ökonomische Frühling, der gerade erst begonnen hatte, schien wieder dahin. Die neuen Herren der Weltmeere, die, etwa in der Karibik (Jamaica), längst einen Fuß im kolonialen Geschäft mit Amerika hatten, sprangen indes in die Bresche. Die englische Blockade versetzte dem – erweiterten – Handelsmonopol Spaniens nicht nur den Todesstoß; die englischen Produkte, die nun ungehindert nach Amerika gelangten, enthielten auch eine kulturelle Botschaft: die haushohe Überlegenheit eines ökonomischen Modells, dem selbst das bourbonisch modernisierte Mutterland Hispanoamerikas nicht das Wasser reichen konnte. Der zweite – entscheidende – Funke, wiewohl erst ein gutes Jahrzehnt später, kam aus der kolonialen Metropole selber. Als die Truppen Napoleons 1808 in Madrid einmarschierten und einen franzosentreuen Statthalter auf dem spanischen Thron platzierten, entstand ein politisches Machtvakuum, das den kreolischen Eliten wie gerufen kam: Sie nutzten die Gunst des historischen Augenblicks.

Die Wurzeln der lateinamerikanischen Emanzipation, die in den folgenden Jahren blutig erkämpft wurde, lagen freilich tiefer, als die politischen und ökonomischen Auslöser um die Jahrhundertwende suggerieren. De facto gehörte (Süd-)Amerika, wie die berühmt-berüchtigte Monroe-Doktrin von 1823 proklamierte, längst den Amerikanern – und die fühlten sich auch mehr und mehr als solche. Das zeigt bereits ein Blick auf die Bevölkerungsstruktur. Trotz der Rehispanisierungsoffensive der Bourbonen hatte sich die Schere zwischen peninsularen Spaniern und Kreolen immer weiter geöffnet. Von den etwa 13,5 Millionen Menschen, die um 1800 in den spanischen Kolonien lebten, waren rund drei Millionen Kreolen, aber nur 30 000 gebürtige Spanier, also weniger als ein Prozent der weißen Bevölkerung! Das berühmte Diktum von Thomas Paine traf damit auch auf die spanische Halbinsel zu: «Es liegt etwas Absurdes in der Annahme», hatte der englische Philosoph geschrieben, «dass ein Kontinent auf Dauer von einer Insel regiert werden kann.» Aus der Masse entstand nun gewissermaßen Klasse: Lange bevor sich die Kreolen wieder *ante portas* befanden, wo sie die bourbonische Amerikapolitik erneut hin verfrachtete, hatte sich ihr kulturelles Selbstverständnis von den rein spanischen Identitätsmustern unterschieden. Zwar waren die amerikanischen Eliten noch weit davon entfernt, sich mit den indigenen, gar mit den afrikanischen Traditionen Amerikas zu identifizieren. Das Diktum Simón Bolívars (1783–1830), des bekanntesten Repräsentanten der Unabhängigkeitsbewegung, gab die Richtung des zukünftigen Identitätsdiskurses aber bereits an: Die kulturelle Identität der Lateinamerikaner, schrieb Bolívar, setze sich aus europäischen *und* indigenen Elementen zusammen.

Auch die europäischen Elemente, daran ließ der mit dem kulturellen Zeitgeist der Alten Welt bestens vertraute «Befreier Amerikas» keinen Zweifel, ließen sich mitnichten auf die spanischen Anteile reduzieren. Im Gegenteil: Obwohl einige führende Köpfe der Unabhängigkeitsbewegung sogar durch enge Verwandtschaftsbeziehungen mit dem Mutterland verbunden waren, verkörperte Spanien, verkörperten seine Kultur und sein politisch-ökonomisches System die dunkle Seite Europas – die «Barbarei», wie der argentinische Schriftsteller und Präsident Domingo Faustino Sarmiento Mitte des 19. Jahrhunderts schreiben sollte. Denn längst hatte sich unter den Kreolen das Gefühl verbreitet, wenn auch noch reichlich vage, dass sie keine Spanier waren. Zwar lässt sich noch nicht von einem nationalen Bewusstsein sprechen; die Definition Simón Bolívars, des bekanntesten Theoretikers und militärischen Führers der kreolischen Separationsbewegung, die Amerikaner seien eine Mischung aus Indios, Schwarzen und Spaniern, deutete indessen an, dass sich ihre Unabhängigkeitsbestrebungen nicht allein in politischen Ressentiments gegen den erneuerten Monopolanspruch der Madrider Metropole erschöpften. Bei ihrem Versuch, die Neue Welt auch kulturell neu zu definieren, standen die kreolischen Eliten übrigens nicht allein. Intellektuelle Schützenhilfe erhielten sie sogar aus der Alten Welt, nämlich von den

Jesuiten, die 1767 aus Spanisch-Amerika vertrieben worden waren. Einer der bekanntesten Autoren des berühmten Ordens, der ‹Peruaner› Juan Pablo Viscardo, schrieb 1799 in seinem *Lettre aux Espagnols Américains* programmatisch: «Die Neue Welt ist unser Vaterland, und ihre Geschichte ist unsere Geschichte […].»

Für das neue kulturelle Selbstverständnis spricht auch der Umstand, dass die Exponenten der lateinamerikanischen Unabhängigkeitsbewegung ihre geistige Nahrung zu einem Gutteil aus Frankreich und England bezogen, also aus Ländern, die ökonomisch, politisch und kulturell die Avantgarde Europas bildeten. Deshalb verwundert es nicht, dass Alexander von Humboldt, der zu Beginn des 19. Jahrhunderts Südamerika bereiste, in seinen Reisebüchern vermerkte: «Die amerikanische Jugend ist in einer inneren Gemütsbewegung, die man in Spanien nicht kennt.» Allen sei daran gelegen, schreibt der deutsche Amerikaforscher, die alten Fesseln, «die die Mönche der Vernunft anlegen», endlich abzuschütteln. Selbst in einem Franziskanerkloster entdeckte er eine komplette Edition der Newtonschen Werke: «So veränderten sich die Sitten.»

Dennoch waren die Kreolen keine wortgetreuen Nachbeter der europäischen Aufklärung. Noch weniger gehörten sie zu den Parteigängern der Jakobiner, die ihre politischen Parolen «Freiheit, Gleichheit, Brüderlichkeit» im Takt der Pariser Guillotinen skandierten. Es waren jedoch weniger die rollenden Köpfe des Ancien Régime, die Gewaltexzesse und der Blutfuror von Robespierre und seinen Gefolgsleuten, die das Unbehagen der Kreolen nährten. Besonders misstrauisch stimmte sie die «Gleichheits»-Parole, die bereits die bourbonischen Modernisierer auf der Halbinsel in Angst und Schrecken versetzt hatte. Denn mehr noch als im kolonialen Mutterland, wo die Pfeiler der Macht aus Thron und Altar alles in allem noch auf festem Boden standen, waren die Verhältnisse in Amerika komplizierter – und gefährlicher: «Die gesamte Kolonialgeschichte», schreibt Bartolomé Bennassar, «ist von Aufständen gesäumt […].» Und der letzte war den revolutionären Kreolen noch in lebendiger Erinnerung. Im November 1780 hatte José Gabriel Tupac Amarú Condorcanqui, ein Nachfahre des 1572 in Cuzco exekutierten Inkakönigs, eine Rebellion angezettelt, die sich wie ein Lauffeuer über die 14 Provinzen des Vizekönigreichs Peru verbreitete. Tupac Amarús Versuch, das Reich seiner berühmten Vorfahren zu rekonstruieren – übrigens unter

Berufung auf den spanischen König und die spanischen Indianergesetze aus dem 16. Jahrhundert –, scheiterte zwar an der militärischen Übermacht seiner Gegner. Der Schrecken, den sein Aufstand ausgelöst hatte, saß indessen tief, bei Spaniern und Kreolen. Denn trotz ihres ambivalenten Charakters stellte die indigene Rebellion die bestehenden Herrschaftsverhältnisse grundsätzlich in Frage.

Ebenso gefährlich erschien den kolonialen Eliten, vor allem in Venezuela und in der Karibik, die Masse der dunkelhäutigen Sklaven, deren afrikanische Vorfahren bereits 1522 den ersten Aufstand in der Neuen Welt organisiert hatten. Wie damals war auch jetzt wieder, am Vorabend der Unabhängigkeit, die Karibik der zentrale Schauplatz der Sklavenrebellion. Zunächst ‹vergessen› von den Pariser Revolutionären, die 1789 die «Erklärung der Menschenrechte» feierlich verkündet hatten, brachten sich die Sklaven der französischen Kolonie Haiti 1794 durch eine Rebellion *als Menschen* in Erinnerung. Es war eben doch kein Unterschied, wie Anna Seghers in ihren *Karibischen Geschichten* sarkastisch notierte, «ob der Sklave das Zuckerrohr für Ludwig XVI. schneidet oder für Napoleon». Der Aufstand, der von dem Sklaven Toussaint Louverture angeführt wurde, hatte Erfolg, zumindest auf dem Papier: Die Sklaverei wurde abgeschafft. Auch der andere Teil der Insel, dort, wo die Kolonisierung Amerikas einst ihren Anfang genommen hatte, profitierte davon. Santo Domingo, die erste spanische Kolonie, fiel an die Franzosen. Don Manuel Godoy, der starke Mann der königlichen Machtzentrale in Madrid, hatte die spanische Inselhälfte freiwillig abgetreten – aus Furcht vor einer zweiten Rebellion. Haiti, so der spanische Minister, hatte sich für die Weißen in ein «verfluchtes Land» verwandelt.

Es verwundert deshalb nicht, wenn sich die kreolischen Revolutionäre eher auf Montesquieu als auf Rousseau beriefen. Die «edlen Wilden», die den philosophischen Ideenhimmel des berühmten Zivilisationskritikers bevölkerten, waren in Lateinamerika Wesen aus Fleisch und Blut, die man, koste es, was es wolle, auch in Zukunft *ante portas* halten wollte. Simón Bolívar, der Spiritus Rector unter den Protagonisten der Unabhängigkeitskämpfer, war zwar der Ansicht, die lateinamerikanische Identität bestehe auch aus indianischen Elementen; die politische und ökonomische Macht, die er den Spaniern streitig machte, wollte aber auch er, der Sprössling einer reichen Kreolenfamilie, nicht mit den Indios teilen. Mit diesem Exklusivanspruch stand Bolívar nicht allein. Bereits 1799 hatte sein bekannter Landsmann Francisco de Miranda (1750–1816), damals noch im englischen Exil, die Parole ausgegeben: «Zwei große Beispiele haben wir vor Augen: die [Nord-]Amerikanische Revolution und die Französische. Lasst uns auf diskrete Weise die erste imitieren und [...] die fatalen Folgen der zweiten vermeiden.»

Während sich die ideologischen Filter, die das europäische Gedankengut passieren musste, auch, wie sich bald zeigen sollte, in der politischen Praxis widerspiegelten, zogen die führenden Köpfe der lateinamerikanischen Revolution jedoch in einem Punkt mit den Aufklärungsphilosophen am selben Strang: Auch für sie war Spanien, wie Montesquieu geschrieben hatte, ein Land voller «Laster und Lächerlichkeiten», der Inbegriff gesellschaftlichen Rückschritts, religiösen Fanatismus und geistiger Erstarrung. Damit stand nicht nur die politische Herrschaft Spaniens zur Disposition – auch die kulturelle Vorherrschaft geriet ins Visier. Die «Plaza Mayor de la Hispanidad», wie sich das Mutterland des kolonialen Riesenreichs selber gern sah, bildete längst nicht mehr den geistigen Horizont, an dem sich die Kreolen orientierten. Im Unterschied zur nordamerikanischen Unabhängigkeit, die ‹nur› eine politische war, ging der Riss südlich des Río Grande wesentlich tiefer: «Die hispanoamerikanische Unabhängigkeit», schrieb der mexikanische Schriftsteller Octavio Paz, «war nicht nur eine Bewegung der *Separation*, sondern der *Negation* Spaniens.» Ihren sichtbarsten Ausdruck fand diese Negation in der Architektur, nämlich in der Negation des kolonialen Barocks. Überall in Hispanoamerika repräsentierten die wuchtigen Mauern barocker Gebäude die Summe der Konquistadorenmacht, besonders augenfällig in den Plazas Mayores der größeren Städte. Nirgendwo fehlten die Kathedrale, der Regierungs- oder Gouverneurspalast, das Gefängnis und der Galgen. Die visuelle Botschaft, die von diesem Barockensemble ausging, hatten die Kreolen begriffen. Ihre künstlerische Präferenz für den Klassizismus, in dem sie ihre liberalen Ideen verkörpert sahen, war deshalb eine kulturelle Kampfansage an das verhasste Mutterland. Simón Bolívar, auch in diesem Punkt repräsentierte er den antispanischen Grundkonsens der Kreolen, sprach in seiner berühmten *Carta de Jamaica* gar von einem «despotismo oriental» des kolonialen Mutterlandes. Andere Wortführer der Unabhängigkeitsbewegung, etwa der Mexikaner

Fray Servando Teresa de Mier, schlossen in ihr Spanienverdikt auch jene dünne Schicht von Liberalen ein, die sich nach der napoleonischen Invasion in den Cortes de Cádiz versammelten und dort 1812, der kreolische Befreiungskrieg war längst im Gange, die erste liberale Verfassung des Landes, ja ganz Europas verkündeten.

Aus der Sicht des mexikanischen Ordensbruders Fray Servando Teresa de Mier, der einen ganzen Rosenkranz antispanischer Schmähungen auf Lager hatte, gebärdeten sich indessen auch sie, die liberalen Gegner des bourbonischen Despotismus, «wie Affen», die die Franzosen sklavisch imitierten. Wenngleich der Groll auf die Metropole und damit fast auf alles, was spanisch war oder was man als spanisch empfand, häufig ungerecht war – schließlich führte man Krieg gegeneinander –, hatten auch die liberalen Verfassungsväter von Cádiz wenig, zu wenig getan, um die antispanischen Ressentiments zu dämpfen. Denn ähnlich wie knapp hundert Jahre später, als die spanische Linke, Republikaner und Anarchisten, den Verlust des kolonialen Restbestandes – Kuba, Puerto Rico und die Philippinen – wortreich beklagte, ging es auch den Liberalen des frühen 19. Jahrhunderts nur darum, die kolonialen Strukturen zu modernisieren. Ihr Ideal, so John Lynch, war ein «reformierter Imperialismus», schließlich repräsentierten sie vor allem solche Gruppen der spanischen Gesellschaft – Kaufleute, Fabrikanten und Finanziers im Überseegeschäft –, denen der Verlust der kolonialen Märkte schmerzhafte Einbußen bescherte.

Doch auch für die zaghaften Modernisierer in Cádiz war die koloniale Uhr längst abgelaufen. Inzwischen hatte der Bazillus der Separation sogar jene Institution befallen, die als geistliches Bollwerk der Kolonisierung uneinnehmbar schien: die Kirche. Obwohl die oberen Ränge der klerikalen Hierarchie im Krieg der Ideen, der dem Krieg der Kanonen vorausgegangen war, für das koloniale Mutterland Partei ergriffen, rumorte es unterhalb der Ebene königstreuer Bischöfe und Prälaten heftig. Die politischen Rivalitäten, wie sie zum Beispiel in den Cabildos ausgetragen wurden, machten auch vor den Kirchenportalen nicht mehr Halt. Selbst in den oberen Rängen der katholischen Hierarchie waren die Kreolen in der zweiten Hälfte des 18. Jahrhunderts bereits mit über 40 Prozent vertreten. In den mittleren und unteren Rängen stellten sie hier und da sogar Zweidrittel-Kontingente. Im Übrigen war der schwindende

Einfluss des peninsularen Klerus in Teilen hausgemacht. Die antiklerikale Stoßrichtung der bourbonischen Modernisierungspolitik manifestierte sich, wenn auch wesentlich moderater als im Nachbarland Frankreich, nicht zuletzt in Konfiskationen kirchlicher Ländereien, deren Verkauf die notorisch leeren Staatskassen füllen sollte. Noch vor Ende des Jahrhunderts schwappte diese Politik über den Atlantik. Auch dort gerieten der unermessliche Reichtum und die zahlreichen Prärogative des Klerus – u. a. der Schutz vor dem Zugriff des weltlichen Arms des Gesetzes – ins Fadenkreuz der bourbonischen Modernisierer. Es liegt auf der Hand, dass die antiklerikalen Maßnahmen Wasser auf die Mühlen der Kreolen waren, die sich über jede Gelegenheit freuten, einen Keil zwischen ihre Gegner zu treiben. Die Spanientreue der meisten Bischöfe und Prälaten wurde durch die kirchenfeindliche Politik der Bourbonen dennoch nicht erschüttert – ihnen war nur allzu klar, dass sie ihre Privilegien der spanischen Monarchie verdankten. Sollte die enge Liaison von Thron und Altar dereinst zu Ende sein, dann, so ihre berechtigte Befürchtung, stand es um diese Privilegien nicht gut. Die tiefsten Risse im Gebäude der kolonialen Kirche entstanden dagegen in den unteren Mauern des religiösen Bollwerks der Madre Patria. Die Masse der kleinen Pfarrer und Vikare kam ökonomisch kaum über die Runden und bildete eine Art klerikales Proletariat, das vor einer schier unlösbaren Aufgabe stand: Während die Bischöfe ihre fürstlichen Apanagen verprassten, lastete auf ihnen die Kärrnerarbeit der Missionsoffensive, der sie auch numerisch nicht gewachsen waren. So belief sich etwa in Mexiko ihre Zahl am Vorabend der Unabhängigkeit auf knapp 9500 Seelenhirten; bei einer Bevölkerung von mehr als vier Millionen Menschen kamen damit zwei Kleriker auf 1000 Mexikaner – Kreolen, Mestizen, Indios und Spanier. Die Vergleichszahlen aus dem kolonialen Mutterland dürften das klerikale Proletariat Amerikas deshalb mit Neid erfüllt haben. Dort gab es, den bourbonischen Reformen zum Trotz, noch immer 170 000 Kuttenträger, die 85 000 Mönche und Nonnen, die rund 2000 Klöster und 1000 Konvente bewohnten, nicht einmal eingerechnet. Dass sich viele von ihnen, vor allem in Neu-Spanien, den Rebellen anschlossen, ist deshalb kein Wunder.

4.2 Das koloniale Rien ne va plus:
die Unabhängigkeitskämpfe

Der Startschuss des kreolischen Unabhängigkeitskrieges fiel indessen, zumindest zeitlich gesehen, im südlichen Vizekönigreich des Río de la Plata. Dort hatte bereits 1806 ein englisches Expeditionsregiment unter der Führung von General William Carr Beresford (1768–1854) die argentinische Hauptstadt im Handstreich erobert und den spanischen Vizekönig samt Hofstaat in die Flucht geschlagen. Wenigstens ökonomisch hatte sich die Militärexpedition gelohnt. Die riesige Beute, die dem General Ihrer Majestät in der blühenden Wirtschaftsmetropole in die Hände fiel, wurde postwendend nach London verfrachtet und den staunenden Untertanen vorgeführt. Auf acht Wagen, ein jeder gezogen von sechs Pferden, machte der Beutezug eine Siegesparade durch das West End und die City of London. Die neuen Herren am Río de la Plata, das illustrierten die in der Metropole des britischen Empire ausgestellten Schätze, sprachen englisch. Der Siegestaumel währte jedoch nicht lange. Die Porteños, wiewohl keine Kostverächter, was den ökonomischen Way of Life der Engländer betraf, erhoben sich gegen ihre ungebetenen Befreier und zwangen die britischen Truppen, ihre Waffen zu strecken. Die Regierung Ihrer Majestät war konsterniert, wollte die Schmach aber nicht auf sich sitzen lassen. Eine zweite Expedition, diesmal unter der Führung von General John Whitelock, sollte die renitenten Porteños wieder zur Räson bringen – schließlich war man im Buckingham-Palast davon überzeugt, damit auch ein zivilisatorisches Werk zu vollbringen. War den Kreolen etwa nicht daran gelegen, die Fesseln der spanischen Monarchie endlich abzuschütteln? Und versprach die englische Version von «business» den Kreolen am Río de la Plata etwa keine blühenden Geschäfte – Geschäfte, die das peninsulare Handelsmonopol, auch das in seiner bourbonisch reformierten Form, seit Jahrhunderten blockierte? Die Londoner Strategen verkannten indessen, dass die Niederlage von Beresford nicht den Machinationen spanientreuer Kreise, sondern der Tatsache geschuldet war, dass die Porteños den Preis einer neuen Fremdherrschaft als zu hoch empfanden. Als General Whitelock am 5. Juli 1807 den zweiten Versuch unternahm, die argentinische Metropole zu okkupieren, erlitt er deshalb eine noch schlimmere Niederlage als sein Vorgänger. An diesem Tag musste die British Army über 400 Gefallene, 650 Verwundete und knapp 2000 Gefangene beklagen. David hatte Goliath abermals besiegt.

Während man in London erneut die mentalen Wunden leckte, strotzten die Porteños geradezu vor Selbstbewusstsein – schließlich hatte man den Sieg über die englischen Truppen ganz ohne Hilfe der Spanier errungen. Das letzte Vizekönigreich Hispanoamerikas, erst wenige Jahrzehnte zuvor gegründet, war damit das erste, das die kolonialen Fesseln abgeschüttelt hatte. Das Beispiel aus dem südlichen Amerika sollte Schule machen. Obwohl es keinen Masterplan zur Befreiung vom Gängelband der Madrider Metropole gab, die einzelnen Aufstände zunächst spontan und unkoordiniert begannen, fühlten sich die kreolischen Rebellen in ganz Lateinamerika jetzt noch mehr ermutigt, der Madre Patria den Krieg zu erklären. Das fiel ihnen umso leichter, als sie mittlerweile auch die militärischen Kommandostrukturen in weiten Teilen des Kontinents dominierten: Rund 60 Prozent des Offizierscorps bestanden aus Kreolen. Die «Entamerikanisierung» der bourbonischen Amerikapolitik war damit hier, in der regulären Armee, nur Stückwerk geblieben. Einen noch größeren Platzvorteil hatten die Kreolen in den Milizen errungen, die das Mutterland zur militärischen Kontrolle der riesigen Kolonialgebiete selber ins Leben gerufen hatte. Mehr als 90 Prozent der Milizoffiziere rekrutierten sich aus ihren Reihen, das einfache Fußvolk dieser Verbände bestand zu fast 100 Prozent aus Amerikanern – keine schlechten Voraussetzungen für einen Sieg über die peninsularen Royalisten.

So sahen es auch die Rebellen. Besonders kampfentschlossen – und revolutionär – gaben sich die Mexikaner. Im Vizekönigreich Neu-Spanien, wo Cortés dereinst seinen spektakulären Sieg über das Aztekenreich errungen hatte, stand die Revolte sogar unter der Führung eines Kirchenmanns: Miguel Hidalgo, ein einfacher Landpriester mit progressiven Ideen, intonierte 1810 seinen berühmten «Schrei von Dolores», der den akustischen Auftakt einer Bewegung markierte, die weit über die Unabhängigkeitsbestrebungen des kreolischen Mainstreams hinausging. Unterstützt von José María Morelos, einem versierten Guerillaführer, setzte Hidalgo mit seinen Kampfverbänden aus armen Indios und Mestizen eine soziale Revolution in Gang, die Spanier *und* Kreolen in Angst und Schrecken versetzte. Hidalgo dekretierte die Abschaffung der indianischen Tributleistungen; er beendete, unter Androhung der Todesstrafe, die Sklaverei und setzte eine Agrarreform in Gang, die vor allem die Indios zu Landbesitzern machen sollte: «Meine Kinder», so rüttelte er seine indianischen Schützlinge auf, «wollt ihr frei sein? Wollt ihr dafür kämpfen, jene Ländereien zurückzuerobern, die die verhassten Spanier euren Vorfahren vor dreihundert Jahren gestohlen haben?»

Die gleichen Ziele verfolgte sein Kampfgenosse Morelos. Ihm ging es aber nicht nur um die Bekämpfung der sozialen Misere. Der Guerilla-Chef, selber Mestize, attackierte auch das herrschende Rassen- und Kasten-System, das die Indios, die Mestizen eingeschlossen, auf die unteren Ränge der kolonialen «Pigmentokratie» relegierte. Bedurfte es noch eines weiteren Beweises, dass die beiden Heerscharen unter der Führung von Hidalgo und Morelos nicht nur die koloniale Ordnung, sondern auch das soziale Gefüge attackierten, das die Kreolen repräsentierten? Zu allem Übel wurden die «gottlosen Banden», die den ‹natürlichen Hierarchien› in Staat und Gesellschaft den Kampf ansagten, sogar von vielen Kirchenleuten tatkräftig unterstützt. Mindestens 145 mexikanische Priester und Pfarrer griffen selber zur Waffe, rund 400 ihrer Glaubensbrüder erklärten sich solidarisch mit den Rebellen. Als diese nach fünf Jahren ihre Waffen strecken mussten, zählten deshalb zu den Opfern, die von den Royalisten zwischen 1810 und 1815 exekutiert wurden, auch 125 Priester. Das gleiche Schicksal ereilte die beiden Rebellenführer. Bereits am Anfang der Revolte wurde Hidalgo, am Ende Morelos hingerichtet. Ihr «gottloses Treiben» veranlasste die katholische Hierarchie obendrein dazu, sie *post mortem* als «Ketzer, Apostaten und Schismatiker» zu exkommunizieren.

Weniger turbulent, zumindest was die sozialen Auseinandersetzungen betraf, verlief die antikoloniale Rebellion in Neu-Granada. Dort, vor allem im heutigen Venezuela, stand die Aufstandsbewegung von Anfang an unter dem Kommando der kreolischen Eliten. Ihr Spiritus Rector, zugleich oberster Militärstratege und Staatsmann, war Simón Bolívar, einer der reichsten Kreolen Venezuelas und obendrein Herr zahlreicher Sklaven. In seinem politischen Credo rangierten rassische und soziale Fragen deshalb nicht an erster Stelle. Sein Hauptziel hieß: Unabhängigkeit von Spanien. Alle anderen Ziele, für die er gleichwohl stets sensibel war, spielten dagegen nur eine untergeordnete Rolle. Das Hauptziel schien 1811, nur ein knappes Jahr nach der Bildung der Junta de Caracas, der Bolívar selbst angehörte, bereits erreicht: Die Junta erklärte das Land zur unabhängigen Republik, deren Verfassung aus demselben Jahr, sie trug die Handschrift Bolívars, allen Bürgern gleiche Rechte versprach – ohne Ansehen von Rasse oder Klasse. Doch selbst auf dem Papier spiegelte die proklamierte Gleichheit vor dem Gesetz die Klasseninteressen der Verfassungsväter wider. So wurde der Sklavenhandel zwar verboten, die Sklaverei als solche blieb indes erhalten. Kein sonderlich vielversprechender Auftakt einer politischen Bewegung, die sich auf die Erklärung der Menschenrechte berief, die 20 Jahre zuvor auf den Pariser Barrikaden verkündet worden war.

Oder hatte man etwa vergessen, dass die französischen Revolutionäre ihre selektive Anerkennung der Menschenrechte durch einen blutigen Aufstand der Sklaven von Haiti teuer bezahlen mussten? Die herben Niederlagen, die Bolívars Aufstandstruppen 1812 und 1814 erlitten, gehen zumindest in Teilen auf das Konto einer sozialen Ignoranz, die sich die Royalisten zunutze machten. Denn ihnen war es nicht sonderlich schwer gefallen, die führenden Köpfe der Aufstandsbewegung als klassenbewusste Terratenientes und Finanziers darzustellen, deren Freiheits-Parolen vor allem die Freiheit meinten, ihren sozialen Besitzstand zu erhalten. Obwohl zumindest Bolívar seine Ansichten zur Sklaverei in den folgenden Jahren änderte – «Es erscheint mir verrückt», schrieb er 1820, «dass eine Freiheitsrevolution die Absichten hegt, die Sklaverei aufrechtzuerhalten» –, sollte es noch lange dauern, bis dieser koloniale Schandfleck endlich verschwand. Nicht viel besser sollte es den Indios ergehen, die, wie Bolívar wiederholt geschrieben hatte, einen wichtigen Bestandteil der kulturellen Identität Lateinamerikas darstellten. In der gesellschaftlichen Wirklichkeit war den kreolischen Eliten aber nur daran gelegen, die Indios von ihrer Tributpflicht zu befreien und ihnen das zweifelhafte Glück freier Lohnarbeiter und rechtlich gleichgestellter Individuen zuzubilligen. Eine auch nur halbwegs gerechte Landreform, der Dreh- und Angelpunkt der «Indianerfrage», stand indessen nicht auf der politischen Agenda der Kreolen. Deshalb hatte José Carlos Mariátegui (1895–1930), ein viel gelesener Philosoph aus Peru, noch hundert Jahre später gute Gründe, den kreolischen De-facto-Feudalismus als «gieriger und brutaler» zu empfinden als den spanischen: «Im Allgemeinen zeigte der spanische ‹encomendero›», schrieb Mariátegui, «einige Verhaltensweisen eines adeligen Herrn. Der kreolische ‹encomendero› besaß [dagegen] alle

Defekte des Plebejers, jedoch keine der Tugenden des Ritters.» Obwohl Bolívar in späteren Jahren, als die kreolische Macht bereits gefestigt war, die soziale Misere der Indios zu lindern versprach, änderte sich in praxi nur wenig: Für die amerikanische Urbevölkerung erwies sich das – karge – Freiheitsversprechen der Kreolen als herbe Enttäuschung.

Auch ihr Hauptziel, den militärischen Sieg über die royalistischen Truppen, erreichten die Kreolen Neu-Granadas erst nach langen, blutigen Kämpfen. Im August 1819, als Bolívar an der Spitze seiner Verbände in Bogotá einzog, war dieses Ziel zu einem Gutteil erreicht: Kolumbien und Venezuela hatten ihre kolonialen Fesseln abgeschüttelt. Der Weg zu einem weiteren Ziel, der Schaffung eines Groß-Kolumbien, war indessen noch weit. Er führte, so wähnte sich Bolívar sicher, über Ekuador nach Peru, den südlichen Grenzen der erträumten Meganation, die noch immer von den Spaniern kontrolliert wurden. Die Zeichen standen indes auch dort auf Veränderung. In der Zwischenzeit hatten die argentinischen Truppen unter Führung von José de San Martín (1778–1850), dem Sohn eines spanischen Offiziers, die Anden überquert und 1817 Chile befreit. Einem seiner Kampfgefährten, Bernardo O'Higgins (1778–1842), der erst kurz zuvor aus Chile geflüchtet war, überließ er die Präsidentschaft der neuen Republik. Er selber machte sich, wenngleich erst nach monatelangem Zögern, an der Spitze seiner siegreichen Armee auf den langen Weg nach Norden, in die «Stadt der Könige», wie der Inka-Eroberer Pizarro Lima knapp 300 Jahre zuvor getauft hatte. Das Zögern San Martíns war der Tatsache geschuldet, dass die militärische Schlussoffensive besonders schwierig und riskant erschien. Nirgendwo sonst in Spanisch-Amerika standen die Säulen der kolonialen Macht auf festerem Boden: Unter den reichen Kreolen-Familien, die das Vizekönigreich ökonomisch beherrschten, hatte sich der Unabhängigkeitsbazillus nur langsam verbreitet. Eine Reihe von königlichen Privilegien überbrückte die Kluft zwischen Spaniern und Kreolen besser als anderswo und stärkte damit das politische Immunsystem des Andenreichs. Außerdem musste San Martín damit rechnen, vor den Toren des letzten Bollwerks der spanischen Herrschaft in Amerika auf militärische Verstärkung aus dem Mutterland zu treffen. Im Hafen von Cádiz wartete eine riesige Armee – dazu bestimmt, den kolonialen Status quo ante wiederherzustellen. Doch es kam anders: Ein liberales Interregnum in Spanien sorgte dafür, dass die Truppen zu

Hause blieben. Als sich dann auch in Lima der Geist der Rebellion verbreitete und der spanische Vizekönig das Weite suchte, hatte San Martín leichtes Spiel. Am 9. Juli 1821 marschierten seine Truppen in die Stadt der Könige ein. Die letzte Großbastion des spanischen Kolonialreichs war in die Hände der Amerikaner gefallen.

Das definitive Ende der peninsularen Herrschaft auf dem amerikanischen Kontinent war damit allerdings noch nicht besiegelt. Zwar hatten die Truppen Bolívars inzwischen auch Ekuador und Bolivien befreit – nur das zuletzt genannte Land, zum Zeitpunkt seiner Befreiung kaum mehr als ein Name, erinnert an den überragenden Feldherrn aus Venezuela –, doch noch immer bedrohten starke Militärkontingente im Inneren Perus den leicht errungenen Sieg über die Hauptstadt. Auch die internen Rivalitäten, selbst zwischen San Martín und Simón Bolívar, ließen befürchten, dass sich der Krieg noch in die Länge ziehen könnte. Eigentlich hatten sich die beiden Hauptstrategen des Befreiungskrieges ihren Sieg über Peru teilen wollen. Als sie sich aber ein Jahr später im ekuadorianischen Guayaquil persönlich trafen, standen sich zwei unversöhnliche Rivalen gegenüber. Während der «Beschützer der peruanischen Freiheit», wie San Martín von den «Limeños» betitelt wurde, darüber erbost war, dass der venezolanische «Libertador» auch Ekuador seinem geplanten Groß-Kolumbien einverleibt hatte, widerstrebten Bolívar die Absichten des Argentiniers, einen europäischen Prinzen zum König von Peru zu machen. Die Dauerrivalitäten zwischen lokalen, regionalen und nationalen Caudillos, nämlich die zahlreichen Staatsstreiche, Kriege und Bürgerkriege, die in den folgenden Jahrzehnten die neuen Republiken erschüttern sollten, hatten mit dem Streit der beiden Titanen des Unabhängigkeitskriegs bereits begonnen.

Dennoch schafften es die untereinander heftig rivalisierenden Rebellen, dem spanischen Kolonialreich den Todesstoß zu versetzen. Im Dezember 1824 wurde die letzte Royalistenarmee bei Ayacucho, an der Straße zwischen Lima und Cuzco, von den kreolischen Truppen unter General Sucre vernichtend geschlagen. Nun gehörte ganz Südamerika, wie die nordamerikanische Monroe-Doktrin nur ein Jahr zuvor postuliert hatte, den Amerikanern – zumindest politisch. Nur ein winzig kleiner Torso, Kuba, Puerto Rico und die Philippinen, war von dem einstmals größten Kolonialreich aller Zeiten übrig geblieben.

4.3 Der sanfte Bruch:
Brasiliens Sonderweg zur Unabhängigkeit

Auch Brasilien war dem Lauf der Zeit gefolgt. Schon zwei Jahre vor der Schlacht von Ayacucho, im September 1822, gab der «Schrei von Ipiranga» den akustischen Auftakt der Unabhängigkeit. Doch was für ein Unterschied zu den Nachbarrepubliken! In der größten Kolonie des Subkontinents waren es die Kolonialherren höchstpersönlich, die die Bande zum Mutterland lösten. Und das, von eher lokalen Konflikten abgesehen, sogar überwiegend friedlich. Dabei hatte es zunächst so ausgesehen, als stünde der brasilianischen Separationsbewegung ein ebenso harter, blutiger Kampf gegen die Metropole bevor wie in der spanischen Domäne. Jedenfalls war die kleine Gruppe idealistischer Verschwörer, die 1788 den Bruch mit Lissabon betrieb, mit durchaus exemplarischer Härte zerschlagen worden. Dabei schien der überwiegend intellektuelle Zirkel, er war u.a. von Jefferson inspiriert, eher harmlos zu sein. Ohne echte Verbindung zum Volk planten die akademischen Konspirateure zwar die Abschaffung der Sklaverei und die Öffnung der einheimischen Häfen. Die tagelangen Diskussionen über die neue Flagge – man einigte sich schließlich auf das Bild eines Indianers (!), der seine Fesseln zerbricht, und auf einen Halbvers von Vergil – gaben dem abgehobenen Charakter der Verschwörergruppe jedoch eine ungewollt ironische Note. So fiel es der kolonialen Macht nicht schwer, das Konventikel auszuheben: Im April 1789 wurden 29 Personen festgenommen. Ihr Anführer, der Fähnrich José da Silva Xavier, «Tiradentes» (Zahnzieher) genannt, bezahlte seinen politischen Traum mit dem Leben, seine Mitverschwörer kamen mit Kerker- und Verbannungsstrafen davon. Die brasilianische Unabhängigkeitsbewegung, wiewohl nur ein matter Abglanz des hispanoamerikanischen Pendants, hatte ihre ersten Märtyrer.

Auf die weiteren Geschicke der Separatistenbewegung hatte das Opfer der mutigen Idealisten dennoch keinen Einfluss. Der eigentliche Drahtzieher der brasilianischen *Independência* residierte in Paris: Als der französische General Junot 1807 auf Geheiß Napoleons mit einem stattlichen Heer in Portugal einmarschierte, flüchtete die königliche Familie nach Brasilien. Begleitet wurden die obersten Repräsentanten der Bragança-Dynastie von 15 000 Personen, fast dem ganzen Adel, hohen Verwaltungsfunktionären, Kirchenleuten und Generälen. Den Geleitschutz für die illustren Atlantikreisenden – erstmals in der Geschichte Lateinamerikas unternahm ein leibhaftiger König die Überfahrt – übernahm die englische Flotte. Nach einem kurzen Zwischenstopp in Salvador landete das ungewöhnliche Geschwader Anfang 1808 in Rio de Janeiro, von jubelnden Volksmassen empfangen. Tatsächlich bewirkte die Ankunft des «Imperador do Brasil», wie die Bewohner der Hauptstadt den Monarchen aus dem fernen Portugal begrüßten, eine echte Kulturrevolution. Schon bald wurden die brasilianischen Häfen für den Welthandel geöffnet; wichtige Güter, bis dato aus dem Mutterland importiert, durften nun zu Hause hergestellt werden; neue Ministerien und eine *Banco do Brasil* brachten Schwung in Administration und Geldwirtschaft, selbst Zeitungen und Bücher, bisher nur als geistige Konterbande in Umlauf, wurden offiziell gedruckt. Die Brasilianer konnten eigentlich zufrieden sein: Während jenseits ihrer Grenzen noch die Befreiungskriege tobten, hatten sie schon vieles von dem erreicht, für das ihre Nachbarn noch erbittert kämpfen mussten.

Und so ging es weiter. Ab 1815 war Portugal nur noch Primus inter Pares, die einstige Kolonie wurde dem Mutterland staatsrechtlich gleichgestellt. Drei Jahre später, nach dem Tod der Königsmutter, gab sich João VI. einen neuen Titel: König von Portugal, Brasilien und der Algarve. Und dieser Titel wurde an den europäischen Höfen durchaus respektiert. Dom Pedro, der künftige Thronfolger des neuen Königreichs, heiratete mit der Österreicherin Leopoldine die Tochter von Kaiser Franz II., eines der mächtigsten Regenten Europas. Der Glanz der um Brasilien erweiterten Krone warf indessen auch Schatten – der territoriale Riese ließ seine Muskeln spielen: Anfang 1817 besetzten Joãos Truppen Montevideo und verleibten sich die ehemals spanische Kolonialmetropole plus Hinterland als «Província Cisplatina» offiziell ein. Der Anfang vom Ende eines friedlichen Brasilien? Der Konflikt um die Provinz am Río de la Plata, aus dem ein gutes Jahrzehnt später Uruguay hervorgehen sollte, ließ Schlimmes befürchten, blieb aber innen- und außenpolitisch ohne dramatische Folgen. Der Regionalismus, namentlich im nördlichen Maranhão, der durch die königliche Zentralverwaltung neuen Auftrieb bekommen hatte, schuf zwar permanente Unruheherde, gefährdete den künftigen Megastaat aber nie in seinen Grundfesten.

Der wahrscheinlich wichtigste Garant der staatlichen Einheit war dabei wohl der König selber. Der kehrte zwar zu Beginn des neuen Säkulums mit einem Hofstaat von 3000 Personen nach Portugal zurück – in Lissabon war eine liberale Revolution ausgebrochen –, ließ aber seinen Sohn und Thronfolger Dom Pedro in der königlichen Kolonie zurück. Dass sie eine ebensolche noch immer war, bekam der «Defensor perpétuo do Brasil» (Verteidiger Brasiliens auf Lebenszeit), wie João seinen Sohn titulierte, schon bald nach der Abreise des Vaters zu spüren. Die nationale Bewegung gewann neuen Schwung, die *Independência* geriet in greifbare Nähe. Doch weit davon entfernt, den «Unabhängigkeitsschrei von Ipiranga» militärisch zu ersticken, setzte sich der Statthalter des Königs an die Spitze der Separatisten: «Kameraden», so soll er die Feinde seines Geburtslandes angestachelt haben, «wir haben uns für immer von Portugal losgesagt. Unabhängigkeit oder Tod!» Im September 1822 wurde Pedro zum neuen Kaiser von Brasilien ausgerufen – ohne zermürbende Schlachten und Bürgerkriege, mit denen sich Spanien aus Amerika verabschiedete. Das politische Bravourstück, ein Kaiser an der Spitze des neuen Staats, noch dazu ein Portugiese, war und blieb ein Unikat im postkolonialen Amerika. Und eines, das ziemlich lange hielt: Das brasilianische Kaiserreich dauerte bis 1889.

4.4 Kolonie oder «Verlängerung Spaniens»: *Kolonialismusformen im Vergleich*

Brasiliens singulärer Weg zur Unabhängigkeit stand u. a. mit der Kolonialgeschichte in enger Verbindung. Das vergleichsweise geringe Bedürfnis der Brasilianer, mit der kolonialen Epoche ihres Landes abzurechnen, ist daher nur allzu verständlich: Der Groll auf das einstige Mutterland hielt sich in Grenzen. Ganz anders dagegen die Hispanoamerikaner, für die Soll und Haben der kolonialen Vergangenheit schon lange vor der politischen Unabhängigkeit höchst strittig waren. Die Kontroverse um diese Vergangenheit, die sich nach der Schlacht von Ayacucho noch verschärfte, stand einerseits in engem Zusammenhang mit der politisch-kulturellen Zukunft des Subkontinents: Waren es bestimmte Traditionen der ehemaligen Madre Patria wert, in das Patrimonium der neuen

Republiken integriert zu werden? Andererseits tangierte diese Frage das zukünftige Verhältnis zwischen der Neuen und der Alten Welt, unter Einschluss Spaniens: Aus welchen Elementen setzte sich die kulturelle Identität «Lateinamerikas» – auch die Namensproblematik sollte sich als äußerst konfliktreich erweisen – zusammen, oder besser: sollte sie sich zusammensetzen? Zum besseren Verständnis dieser Auseinandersetzung, die *mutatis mutandis* bis in die Gegenwart andauert, seien einige Charakteristika resümiert, die das spanische «Unternehmen in Amerika» (la empresa americana) von anderen Kolonialismen unterscheiden, neben dem in den obigen Kapiteln bereits skizzierten Unterschieden zu Brasilien vor allem im Vergleich zum englischen «Kolonialstil» im Norden des Kontinents.

Da ist erstens das kulturelle Gepäck, das Spanier und Engländer in die Neue Welt mitnahmen: Während die einen den Geist der Gegenreformation repräsentierten, verkörperten die anderen die Avantgarde der europäischen Frühmoderne. Dabei spielte der Zeitfaktor – Kolumbus betrat 1492 den Boden der Karibikinseln, die erste englische Siedlung an der nordamerikanischen Küste wurde Anfang des 17. Jahrhunderts errichtet – eher eine untergeordnete Rolle. Denn auch in den folgenden Jahrhunderten gehörte Spanien noch zu den Schlusslichtern der Moderne. Das unrühmliche Ende der «unbesiegbaren» Armada, von den Kanonen englischer Schiffe versenkt, war insofern ein frühes Fanal zukünftiger Machtverhältnisse in der Alten *und* der Neuen Welt. Die politisch-kulturellen Folgen für Lateinamerika hat der mexikanische Schriftsteller Octavio Paz, ein im Grunde hispanophiler Autor, prägnant auf den Begriff gebracht: «Wir hatten kein 18. Jahrhundert: Beim besten Willen können wir Feijoo oder Jovellanos [die beiden bekanntesten Denker des spanischen ‹Siglo de las Luces›, N. R.] nicht mit Heine, Locke, Diderot, Rousseau, Kant vergleichen.» Im Unterschied zu Nordamerika, wo Freiheit und Demokratie bereits lange vor der Unabhängigkeit das Denken und Handeln der politischen und intellektuellen Akteure beeinflussten, kannte man die Aufklärung südlich des Rio Grande, so Octavio Paz, nur in Form des «aufgeklärten Despotismus» der Bourbonen: «Unser Unabhängigkeitskrieg war [deshalb] nicht nur Selbstverleugnung, er war Selbstbetrug. Der wahre Name unserer Demokratie ist Caudillismus und der unseres Liberalismus Autoritarismus. Unsere Modernität war und ist eine Maskerade.» Obwohl sich die Gründe für diesen Befund bei weitem nicht in den geistesgeschichtlichen Traditionen erschöpfen – so hatten die neokolonialen Strukturen, die auf die Unabhängigkeit folgten, bekanntlich eine englische, später eine nordamerikanische Färbung –, stimmt die Richtung, in die Paz argumentiert. Sein eigenes Heimatland ist dafür, und das bis in die Gegenwart, ein überzeugender Beweis.

Da ist zweitens die Tatsache, dass die spanische Entdeckung, Eroberung und Kolonisierung überwiegend Schlag auf Schlag erfolgten, häufig ohne nennenswerte Übergänge – nahezu zeitgleiche Phasen, die bereits Mitte des 16. Jahrhunderts im Wesentlichen abgeschlossen waren. Dagegen waren die Engländer lange Zeit fast nur Siedler, keine Konquistadoren. Die Territorien hinter den schmalen Küstenstreifen, die sie besiedelten, blieben ihnen unbekannt: eine riesige Terra incognita, die erst allmählich erkundet und ‹pazifiziert› wurde.

Das unterschiedliche Verhältnis zwischen Kolonisatoren und indigener Bevölkerung steht damit – drittens – in direktem Zusammenhang. Während die nordamerikanischen Indianer noch eine Galgenfrist erhielten, gerieten die mittel- und südamerikanischen Indios bereits nach der Ankunft der ersten Karavellen aus Spanien ins Visier der «entdeckenden Eroberer». Im Unterschied zum angelsächsischen Norden, wo sich die Terra incognita im 18. und 19. Jahrhundert in verbrannte Erde verwandelte und ihre Bewohner fast vollständig ausgelöscht wurden, ermöglichte der «mestizaje americano» im spanischen Süden das partielle Überleben indianischer Kulturen, wenn auch unter dem Regiment einer kolonialen Zwangsherrschaft, die der übergroßen Mehrheit der amerikanischen Urbevölkerung Tod, Knechtschaft und eine extreme kulturelle Entfremdung bescherte.

Die unterschiedlichen Formen von «Kulturkontakt», «Kulturzusammenstoß» und «Kulturverflechtung» (Bitterli) in Nord- und Südamerika verweisen – viertens – auf ebenso große Unterschiede in Kultur und Ökonomie. Während die Spanier auf reiche Hochkulturen trafen, die ihre sinistren Träume von «Eldorado» mit einer Dosis Realität versahen, konnten die Engländer nichts Vergleichbares erwarten: weder lukrative Beutezüge, wie sie Cortés und Pizarro unternahmen, noch riesige Gold- und Silberminen, in denen sich die Heere der peruanischen Mita-Sklaven zu Tode schufteten. Der Norden war, was die Bodenschätze betraf, eher arm; das Interesse der ersten Siedler, das weite Hinterland zu kolonisieren, deshalb sehr begrenzt. Ganz anders im Süden: Gerade sein Reichtum, schreibt Eduardo Galeano, sollte ihm zum Verhängnis werden. Hinzu kommt, wie Anthony Pagden in seiner vergleichenden Untersuchung über die spanischen, englischen und französischen «Imperien» hervorhebt, dass die Engländer vornehmlich an «kommerziellen Banden» interessiert waren. Sie standen damit, was die antiken Vorläufer betrifft, den kommerziellen Brückenköpfen der Griechen im Mittelmeer wesentlich näher als der «Kolonialwirtschaft» der Römer. Dementsprechend war das «Empire» im Norden, wie Pagden pointiert, weniger ein Ort zur Erlangung von Ehre, religiösem Ruhm oder Bodenschätzen, sondern mehr eine Quelle zur Erwirtschaftung von «kommerziellem und landwirtschaftlichem Profit».

Die Art und Weise, wie Spanier und Engländer die indigene Bevölkerung behandelten, steht damit in engem Zusammenhang. Hinzu kommt allerdings – fünftens –, dass die Engländer keine Missionare waren, die Spanier aber auch einen ‹Kreuzzug› führten. Während sich der spätere «Kulturkontakt» der protestantischen Siedler im Wesentlichen darauf konzentrierte, die Kolonisierungsgrenze nach Westen zu verschieben und damit, was die Indianer betraf, Tabula rasa zu machen, verlief die katholische Kolonisierung im dauerhaften Schulterschluss von Kreuz und Schwert. Schon allein deshalb hat es nie einen englischen Las Casas gegeben, auch keine offiziellen Debattenforen, auf denen, unter dem Auspizium der spanischen Krone, der Umgang mit den Indios zur Staatsangelegenheit erhoben wurde. Aus diesem Grund liegen solche Autoren, etwa der bereits zitierte Schweizer Kulturhistoriker Urs Bitterli, auch ziemlich falsch, die der kolonialen Obrigkeit in Spanien eine «beispiellose Arroganz» und «moralische Unbekümmertheit» attestieren und lediglich die portugiesische Kolonisierung Brasiliens als «Musterbeispiel» einer gelungenen «Kulturverflechtung» beschreiben. Im Übrigen, so Anthony Pagden, stand die religiöse Heterogenität der nordamerikanischen Siedler einer geschlossenen Missionsoffensive entgegen. Ebenso das Bedürfnis der meisten Kolonisten, unter sich zu bleiben: «Die puritanischen ‹Cities on the Hill›», schreibt Pagden, «sollten *ihre* Städte sein. In ihnen war für *aliens* kein Platz.»

Deutliche Unterschiede kommen auch in der Flut von Gesetzen zum

Ausdruck, mit der die spanischen Könige das Leben ihrer indianischen Untertanen zu regeln versuchten. Die schier unüberschaubare Menge an juristischen Dokumenten aller Art, die den Atlantik überquerten, kann – sechstens – als weiteres Spezifikum verstanden werden, das der spanischen Kolonisierung seinen Stempel aufdrückte. Das dichte Paragraphennetz, mit dem die katholischen Monarchen Hispanoamerika überzogen, sucht man im Norden – auch in Brasilien – vergeblich. Trotz aller Bande, die das Commonwealth mit dem Mutterland vereinten, war Nordamerika keine «Verlängerung» der englischen Krone. Anthony Pagden spricht sogar von einer «legislativen Autonomie» der nordamerikanischen Kolonien, die zeitgenössische Beobachter zu der Annahme (ver-)führte, von einem «eigenen Königreich» zu sprechen. Demgegenüber waren die Vizekönigreiche Hispanoamerikas, zumindest auf dem Papier, gleichberechtigte «Verlängerungen» (bis ins 20. Jahrhundert galt die Neue Welt im ideologischen Jargon der *Hispanidad* als «prolongación» des peninsularen Mutterlandes). Dennoch wäre es vermessen, Spanien nur als Primus inter Pares darzustellen. Die Ansicht von Octavio Paz, Hispanoamerika wäre insofern keine Kolonie gewesen, geht deshalb an der historischen Realität ziemlich weit vorbei. Näher an der historischen Wirklichkeit bewegte sich dagegen der «Amerika-Befreier» Simón Bolívar, der die enge Paragraphenkette zwischen Mutterland und Kolonien als schwere Bürde der postkolonialen Epoche interpretierte: «Unser Schicksal bestand darin», so Bolívar, «dass wir immer völlig passiv waren, unsere politische Existenz war immer null […] wir wurden abstrahiert, ausgeschlossen vom Universum.»

Schließlich – siebtens – unterscheidet sich der spanische Kolonialismus von seinem englischen Pendant durch seine rigide Einwanderungskontrolle. Das Tor zur Neuen Welt stand de jure nur ‹reinrassigen› Spaniern offen, alle anderen, Juden, Mauren und ‹Neuchristen› inklusive, blieben ante portas. Während sich die Engländer im 17. und 18. Jahrhundert kaum darum scherten, wer den Nordatlantik überquerte, traf selbst noch Alexander von Humboldt auf seiner knapp fünfjährigen Südamerikareise nur einen einzigen Deutschen. Viele Bewohner Hispanoamerikas konnten sich deshalb kaum vorstellen, so der deutsche Forscher, dass man in Europa nicht nur Spanisch sprach.

Die hier nur in Umrissen skizzierte Bilanz des spanischen und englischen «Kolonialstils» in Amerika lässt mithin markante Unterschiede erkennen, die die künftige Entwicklung der beiden Subkontinente zu einem Gutteil erklären. Insofern hatte Goethe sicher Recht, als er dichtete: «Amerika [und er meinte Nordamerika, N. R.] du hast es besser / als unser Kontinent, das alte / hast keine verfallenen Schlösser / und keine Basalte». Die gab es zwar, genau genommen, auch im Süden nicht. Die Last der Vergangenheit war dort jedoch, im Guten wie im (dominanten) Schlechten, ungleich drückender.

Besonders drückend – erdrückend – war diese Last für die indigene Bevölkerung der neuen Republiken, die von der Unabhängigkeit, wenn überhaupt, kaum profitiert hatte. Für sie, deren Vorfahren die so genannte Neue Welt von alters her bevölkert und, hier und da, einen kulturellen Zenit erreicht hatten, der Bewunderung verdient – für sie hatten die europäischen Meisterdenker, unter ihnen auch der Weimarer Dichterfürst, nicht viel übrig. Wenn sie sich überhaupt für die indianische(n) Kultur(en) interessierten, was bei Goethe kaum der Fall war, dann war es in der Regel ein ziemlich monotoner Pendelschlag zwischen «Wissenschaftsroutine und Kuriositätenkabinett» (Gewecke), von dem ihr Interesse in Gang gehalten wurde. Was wäre, wenn sie, und nicht die spanischen Könige, das «amerikanische Unternehmen» kommandiert hätten?

4.5 Der «inferiore Kontinent»:
europäische Neue-Welt-Visionen

Das Diktum Tzvetan Todorovs, Kolumbus entdeckte zwar Amerika, nicht aber die Amerikaner, gilt auch für die Dichter und Denker der Alten Welt, deren kruder Ethnozentrismus nachgerade Bände spricht. Als intellektuelle Lieferanten der Kreolen trugen sie im Übrigen dazu bei, dass ihre Amerika-Visionen nicht nur die Europäer lange Zeit mit Blindheit schlugen.

Dabei hatte der Neue-Welt-Diskurs, was das Europa diesseits der Pyrenäen betrifft, eigentlich recht vielversprechend begonnen. Denn eine für das 16. und 17. Jahrhundert nachgerade revolutionäre Position, welche die ethnozentristischen Prämissen des guten und bösen Wilden gleichermaßen in Frage stellte, findet sich bei dem französischen Philosophen Michel de Montaigne (1533–1592), der sich in seinen 1580 erstmals erschienenen *Essais* auch mit der Neuen Welt und ihren Bewohnern befasste: «Es liegt ein ungeheurer Abstand zwischen ihrem Wesen und dem unsern», lautet ein Schlüsselsatz aus «Des cannibales» (so der bewusst auf erkenntnisfördernde Täuschung angelegte Titel), mit dem der Autor die europäische Perspektive weitgehend verlässt und die fremde Kultur aus sich selbst heraus zu verstehen sucht. Anthropophagie und Kriegsführung, um nur zwei markante Beispiele zu zitieren, sind nach Montaigne mit europäischen Begriffs- und Wertsystemen nicht zu verstehen (schon gar nicht sind sie «barbarisch»); sie sind vielmehr Teil sittlicher Prinzipien, denen man zwar mit Abscheu begegnen könne, jedoch nur dann, wenn die ablehnende Haltung mit dem eigenen, durch die Andersartigkeit der Amerikaner hervorgerufenen Unvermögen begründet wird, die andere Kultur tiefer zu durchdringen – nicht jedoch mit ihrer vorgeblichen Barbarei. Montaigne ging sogar so weit, die Ankunft der Spanier aus der Sicht der Eingeborenen zu schildern. Damit war durch die Umkehrung des Blickwinkels nicht der Amerikaner, sondern der Europäer der Andere, der Fremde, der die größte Verwunderung hervorrief. Und obwohl Montaigne den Apologeten der Leyenda Negra mit seinen *Essais* argumentative Munition geliefert hatte, sprach er die anderen europäischen Nationen von historischer Verantwortung keinesfalls frei.

Gleichwohl sollte es noch lange dauern, bis die verschiedenen Spielarten der *Imago Mundi* von einer realistischeren Sicht abgelöst wurden, wenngleich die Neue Welt (in geringerem Maß ihre Bewohner) mit der europäischen Aufklärung eine neue Hausse erreichte. Die These von der «Schwäche» oder «Unreife» Amerikas (zunächst des Nordens *und* des Südens), die sich vor allem auf Fauna und Flora bezog, erlebte Mitte des 18. Jahrhunderts mit Georges Louis Leclerc de Buffon (1707–1788) und Corneille de Pauw (1739–1799) ihren Zenit. Nach Buffon ist die amerikanische Natur «schwach», weil die dort lebenden Menschen sie nicht beherrscht haben, und die Menschen haben sie nicht beherrscht, weil sie «kalt in der Liebe» sind; darin gleiche der amerikanische Mensch eher den tierischen Kaltblütern und der Natur des Kontinents, die aquatisch sei und sich im Zustand der Fäulnis befinde. Um diesen Circulus vitiosus oszillierten die «erotisch-hydraulischen Erklärungen» (Gerbi) der amerikanischen Natur. Eine der dogmatischen Hauptprämissen Buffons, die unter zahlreichen, zum Teil exponiertesten intellektuellen Epigonen, tragisch-komische Folgen zeitigte und zugleich den Ethnozentrismus in den Naturwissenschaften inaugurierte, bestand in der Annahme, die europäische Fauna sei besser, da die hiesigen Spezies größer seien als die mehr oder weniger verunglückten Kopien des amerikanischen Kontinents. Übertroffen wurde ein derart kruder Ethnozentrismus nur noch von de Pauw, dessen 1768 in Berlin erschienenen *Recherches philosophiques sur les Américains* den Natur-Mensch-Nexus auf die Spitze trieben. Im Gegensatz zu Rousseau vertrat de Pauw die Ansicht, dass sich die Menschen nur in der Gesellschaft perfektionieren könnten und der Mensch als solcher, im Zustand der Natur, tierisch und nicht entwicklungsfähig sei. War Buffon immerhin bemüht gewesen, im amerikanischen Menschen schlimmstenfalls ein kaltes und unfertiges Tier zu sehen, war er für de Pauw nicht einmal das, sondern schlicht und einfach degeneriert; ebenso wie die amerikanische Natur, weshalb sich de Pauw mit Vorliebe auf die Berichte der spanischen Missionare und die Bewunderer des «guten Wilden» einschoss. Mögliche Ursachen für die «Degeneration» des Kontinents sah er in einer noch nicht lange zurückliegenden Sintflut, schloss aber auch andere Naturgeißeln nicht aus.

Antike Atlantis-Legenden, rassistische Vorurteile, koloniale Interessen, spekulative Klimatheorien und kühne Hypothesen über die Genese der Welt verdichten sich hier zu einem abstrusen Amalgam, das, wie die Rezeptionsgeschichte zeigt, eine Reihe der aufgeklärtesten Köpfe vergiftete. Im *Europa der Lichter*, das mit einem universalen und nicht mehr nur ausschließlich christlichen Missionsgedanken im Begriff war, ein Bewusstsein seiner selbst zu erlangen, trat dennoch ein gewisser Wandel, eine Art «interne Dialektik» (Gerbi) mit Blick auf Amerika zutage, die bereits beim späten Buffon zu beobachten war: Als Tochter Europas wurde Amerika nunmehr die geographisch-physische und bald auch die politische Antithese der Alten Welt. Die Neue Welt war damit für das europäische Erbe, das weder Afrika noch Asien in der Lage waren zu empfangen, geradezu prädestiniert. Wortführer dieser «dialektischen Inferioritätsthese» waren auf deutscher Seite vor allem Immanuel Kant (1724–1804) und Georg Wilhelm Friedrich Hegel (1770–1831), beide unverkennbar von Buffon und de Pauw beeinflusst. Der argumentative Pendelschlag, der in den zurückliegenden Jahrhunderten die Debatte bestimmt hatte, fällt auch bei Kant ins Auge. Der Königsberger Philosoph hatte von den amerikanischen «Wilden» – zumindest den nordamerikanischen – zunächst eine ausgesprochen positive Meinung (z. B. seien die Indios sehr sensibel im Hinblick auf Ehre, einfach, würdevoll und so freiheitsliebend wie die alten Spartaner), ohne sich allerdings Gedanken darüber zu machen, ob dieses ideale Bild dem Klima, dem Zufall oder vielleicht dem politischen System geschuldet war. Später lieferte er von der «noch nicht völlig eingearteten (oder halb ausgearteten) hunnische(n) Race» eine diametral andere Beschreibung: «Das Volk der Amerikaner», so heißt es in *Menschenkunde oder philosophische Anthropologie*, «nimmt keine Bildung an. Es hat keine Triebfeder; denn es fehlen ihm Affect und Leidenschaft. Sie sind nicht verliebt, daher sind sie auch nicht fruchtbar. Sie sprechen fast gar nichts, liebkosen einander nicht, sorgen auch für nichts und sind faul.»

Die völkerpsychologischen und naturphilosophischen Plattheiten Kants wurden von Hegels arrogant-zynischem Ethnozentrismus noch übertroffen. Für Hegel war Amerika vor allem Natur, und Natur hat keine Geschichte, ist Anti-Geschichte, weshalb die «ganz natürliche» Kultur Perus und Mexikos untergehen musste, «sowie der Geist sich ihr näherte». Gegenüber dem Rest der Welt konstruierte er ein System kosmischer, mythologischer und geophysischer Relationen, in deren Zentrum sich, wie konnte es anders sein, Deutschland befand. Die Neue Welt, in die Hegel Amerika und Ozeanien inkorporierte, wurde zu Recht so genannt, denn sie sei *danach* entdeckt worden; neu sei «diese Welt [jedoch] nicht nur relativ, sondern [sie ist] überhaupt neu, in Ansehung ihrer ganzen eigentümlichen Beschaffenheit, physikalisch und politisch». Am Beispiel der «Dissonanzen» und «Aphonien» amerikanischer Singvögel, denen der Liebhaber des Belcanto seine besondere Aufmerksamkeit widmete, sah er die Inferioritätsthese Buffons und de Pauws exemplarisch bestätigt. Die «geringe Musikalität» dieser Spezies sei jedoch erworben und somit auch zu remedieren: Wenn nämlich «einst die fast unarticulierten Töne entarteter Menschen durch die Wälder Brasiliens nicht mehr erschallen, [dann werden] auch viele der gefiederten Sänger verfeinerte Melodien hervorbringen». Der hegelsche Zynismus ist kaum zu überbieten: Hatten sich die spanischen Juristen und Missionare des 16. Jahrhunderts über die Legitimität ihres Handelns immerhin den Kopf zerbrochen (vgl. z. B. die Neuen Gesetze), besaß die indigene Bevölkerung des

Kontinents für den deutschen Philosophen nicht den geringsten Wert; dass sie (fast) verschwand, war somit nur recht und billig. Die «Primitiven» Afrikas betrachtet er demgegenüber – ähnlich wie Kant – mit relativer Sympathie, denn «die Neger sind weit empfänglicher für europäische Kultur als die Indianer». Auch die «nordamerikanischen Freistaaten» finden im Vergleich mit Südamerika, das von «dem erbärmlichen Ehrgeiz» der «nach Titeln und Graden» getriebenen Spanier geprägt worden sei, sein philosophisches Wohlgefallen. Denn in «Nordamerika sehen wir das Gedeihen sowohl durch ein Zunehmen von Industrie und Bevölkerung, durch bürgerliche Ordnung und eine feste Freiheit». Immerhin sah Hegel in Amerika «das Land der Zukunft», ein «Land der Sehnsucht für alle die, welche die historische Rüstkammer des alten Europa langweilt».

Mit zahlreichen Zwischentönen, im Kern indessen nicht weniger ethnozentristisch als Kant und Hegel, äußerten sich auch andere Dichter und Denker über die «Inferiorität» der Neuen Welt und ihrer indigenen Bewohner. Obwohl beispielsweise Johann Gottfried Herder (1744–1803) in vielen Punkten zu de Pauw in Opposition ging, betrachtete er doch alle anderen Rassen als degenerierte Variationen der weißen. Goethe (1749–1832), den das Thema insgesamt kaum interessierte, gab in einem *Brief an Charlotte von Stein* (1784) zu erkennen, dass er diese Sicht der Dinge prinzipiell teilte: Beklagte Hegel die «unarticulierten» Aphonien der amerikanischen Wilden, sah Goethe in deren Tätowierungen das Bemühen am Werk, auf den Stand der Tiere zurückzukehren; dafür sprächen auch ihre Tänze und Mimik, denn die «haben große Ähnlichkeit mit den Affen». Friedrich von Schlegel (1772–1829) machte sich schließlich – um den Reigen philosophischer Kuriositäten zu beenden – Visionen von Berkeley und Herder zu Eigen. Sollte Europa dereinst zerstört werden: Könnte dann in Amerika nicht eine neue Ära beginnen? An dieser Palingenese könnten sich dann auch die Deutschen beteiligen, allerdings nicht in Form altbekannter Kolonien, sondern durch eine selektive Migration von Denkern und Wissenschaftlern: «Welche unvorstellbaren Transformationen könnten dreißig oder vierzig Philosophen vom Schlage der Deutschen zustande bringen», kommentierte Antonello Gerbi die prätentiösen Gedanken Schlegels mit beißendem Spott, «allerdings nur die *von der guten Art*!»

Bevor von deutscher Seite vor allem Humboldt das Denken mit Blick auf Amerika vom Kopf auf die Füße stellte, kamen die kühnen Inferioritätstheoretiker gleichwohl einige Mal in arge Bedrängnis. Ein Beispiel ist die Unabhängigkeit der Vereinigten Staaten, die den verblüfften Europäern bewies, dass ein Sprössling Europas nicht nur gleich sein, sondern die Alte Welt sogar übertreffen konnte. Es wundert daher kaum, dass die englischen Reaktionen auf dieses Ereignis denjenigen Spaniens ein halbes Jahrhundert später recht ähnlich waren. Zwei weitere Beispiele sind zwar von geringerer historischer Tragweite, nicht jedoch weniger illustrativ. Das eine betrifft zwei fossile Skelette, die 1801 in der Nähe von New York gefunden wurden. Denn diese «Great American Incognitums» brachten die Debilitätsthese Buffons gefährlich ins Wanken, da er und seine Epigonen doch nicht müde wurden zu behaupten, in Amerika habe es keine Riesentiere gegeben. Zu ungewollten Autoren einer nonverbalen Satire besonderer Art wurden – was das zweite Beispiel betrifft – schließlich die peruanischen Guano-Vögel, deren stickstoffhaltiger Mist sich als ausgezeichneter Dünger erwies und damit das u. a. von Hegel so geschmähte Federvieh wenigstens teilweise rehabilitierte; denn endlich erwies auch die amerikanische Natur ihren – gleichwohl beschränkten – Nutzen. Ein humorvoller Beobachter, der Dichter Joseph Victor von Scheffel (1826–1886), kommentierte das Ereignis auf seine Weise:

Gott segn' Euch, ihr trefflichen Vögel,
an der fernen Guano Küst',
trotz meinem Landsmann, dem Hegel,
schafft ihr den gediegensten Mist!

Von einigen Ausnahmen abgesehen, blieb es vor allem dem reisenden Empiriker Alexander von Humboldt (1769–1859) vorbehalten, die komplexe Realität des Kontinents und seiner Bewohner (wieder) zu entdecken. Zum Staunen seiner Zeitgenossen schrieb Humboldt z. B. über das dortige Klima (eine der Säulen der Inferioritätsthese seit Buffon) an seinen Bruder: «Die Tropenwelt ist mein Element.» Nicht weniger dezidiert verwarf der deutsche Gelehrte die «distinctions en nations barbares et nations civilisées» und machte sich über die Naturphilosophie Hegels lustig, die bar jeden Wissens und jeder Erfahrung sei. Seine Position weicht somit von den Hauptentwicklungslinien des Amerika-Disputs entscheidend ab. Denn im Unterschied zu den idealisierenden Darstellungen vergangener Zeiten ist sein Enthusiasmus für Amerika zu einem erheblichen Teil empirisch begründet und damit den eher intuitiven Einsichten Montaignes wesentlich näher als denen seiner dilettierenden philosophischen Zeitgenossen. Obgleich auch Humboldt bestimmten terminologischen Traditionen verhaftet blieb (so taucht auch bei ihm «der Wilde» an zahlreichen Stellen auf), ist sein Amerika-Werk doch eine scharfsinnige Synthese naturwissenschaftlicher, anthropologischer und nicht zuletzt historisch-politischer Interpretationen, die auch den Gärungsprozess der *Emancipación* bereits an vielen Stellen antizipiert. Sein Einfluss auf die Debatte des späten 18. und frühen 19. Jahrhunderts blieb dennoch gering, vor allem deshalb, weil die Publikation seiner Schriften erst allmählich und langsam nach seiner Amerikareise (1799–1804) erfolgte. Deshalb behält Gerbi Recht, wenn er schreibt, dass die gesamteuropäische Debatte nach Hegel an, wenn auch zweifelhafter, Originalität verliert. Ihrer fatalen Wirkung auf Lateinamerika tat das indessen keinen Abbruch.

5. Eine neue Ära beginnt:
Politik, Wirtschaft und kulturelle Identität Lateinamerikas im 19. Jahrhundert

5.1 Die Stunde der Tyrannen:
Anarchie, Bürgerkriege und Caudillos

Den neuen Herren Lateinamerikas, die dem spanischen Kolonialreich in der Schlacht von Ayacucho (1824) den Todesstoß versetzt hatten, blieb zunächst jedoch nur wenig Zeit, sich an der europäischen Debatte über die Neue Welt zu beteiligen. Diese ging zwar, wie vor allem die argentinische Kontroverse über «Zivilisation und Barbarei» ab der Mitte des Jahrhunderts zeigen sollte, zu einem Gutteil mit den Ansichten führender Geistespotentaten der Alten Welt konform. Im Unterschied zu den kühnen Kulturphilosophen in Königsberg, Berlin oder Paris, deren aufklärerische Ideen der siegreichen Unabhängigkeitsbewegung durchaus starke Impulse gegeben hatten, sahen sie sich aber mit eher handfesten Problemen konfrontiert, für die das philosophische Vademekum der europäischen Völkerpsychologen keine Lösungen enthielt. Denn erst jetzt begannen, wie immer nach Revolutionen, die harten Mühen der Ebene. Besonders brennend war die Frage: Was sollte, was konnte an die Stelle der kolonialen Vergangenheit treten?

Die Schwierigkeiten, beileibe nicht die geringsten, begannen bereits mit der Geographie. Riesige Distanzen, die schon den Spaniern zu schaffen gemacht hatten, mussten überbrückt, neue Räume verkehrstechnisch erschlossen werden. Dabei hatte man es mit geographischen Extremen zu tun, die der ethnozentristischen Formel Hegels, Amerika sei vor allem Natur, Recht zu geben schien: gigantische Gebirgsketten, riesige Urwälder, tropische Küsten, glutheiße Wüsten und eine unendlich scheinende Pampa – gewaltige Ausdehnungen, die die europäischen Maßstäbe bei weitem übertrafen. Deshalb sei es durchaus angebracht, wenn auch gegen jede grammatische Regel, schreibt der lateinamerikanische Historiker Tulio Halperin Donghi, den Plural zu verwenden: Nicht Amerika, *las Américas*, sei die richtige Bezeichnung.

Und die bestanden nicht nur aus einer Geographie, deren Gegensätze schroffer kaum sein konnten. Im Unterschied zum portugiesischen Herrschaftsgebiet, das seine politisch-territoriale Integrität auch nach der Unabhängigkeit Brasiliens bewahrte, zerfiel das spanische Imperium in knapp zwei Dutzend pseudo-nationaler Gebilde. Von den Vereinten Provinzen Mittelamerikas, die sich 1841 unter verschiedenen Nationalflaggen formierten, und Panama, das erst Anfang des folgenden Jahrhunderts auf Betreiben der USA zu nationalen Ehren gelangte – von diesen Ausnahmen abgesehen, hatte die politische Landkarte 1830, im Todesjahr des «Amerika-Befreiers» Simón Bolívar, im Großen und Ganzen ihre definitive Gestalt bereits angenommen. Bolívars Traum von einem «Groß-Kolumbien», das Venezuela, Kolumbien und Ekuador einschloss, war damit ebenso ausgeträumt wie seine Idee einer lateinamerikanischen Konföderation. Die territoriale Fragmentierung hatte zwar nicht nur «Luftrepubliken» (repúblicas aéreas) hervorgebracht, wie Bolívar die Kleinstaaterei seiner Mitstreiter einst verspottet hatte. Seine düstere Prognose über die politische Einheit des Subkontinents sollte sich aber, summa summarum, als richtig erweisen: Ein griechisches Gebäude auf gotischem Grund zu errichten, so hatte er geschrieben, bedeutete in Lateinamerika, sich am Rande des Abgrunds zu bewegen.

Die luzide Skepsis Bolívars war vor allem der Tatsache geschuldet, dass sich die politischen Eliten, die als Sieger aus den Unabhängigkeitskriegen hervorgegangen waren, von Anfang an um Pfründe, Posten und politische Ideen erbittert in den Haaren lagen. Seine eigenen Rivalitäten mit San Martín, dem Befreier von Peru, oder mit lokalen Warlords in Venezuela und Kolumbien illustrieren die Devise «jeder gegen jeden» ebenso wie das machtgierige Treiben namenloser «Caudillos», die die politische Landkarte des postkolonialen Lateinamerikas bevölkerten: «Viele Tyrannen», hatte Bolívar prognostiziert, «werden sich über meinem Grab erheben.» Nach 1824 betraten diese Tyrannen als Caudillos die politische Bühne – mehr oder weniger einflussreiche Anführer militärischer Verbände, die als starke Männer aus den Unabhängigkeitskriegen hervorgegangen waren und das politische Vakuum nach der Unabhängigkeit von Spanien mit eiserner Hand ausfüllten. Das diktatorische Regiment kleiner und großer Caudillos – es sollte die politische Landschaft Lateinamerikas bis in die Gegenwart prägen – war praktisch ohne Alternative: Rund 15 Jahre Krieg hatten große Teile des Subkontinents verwüstet; die Sieger des Unabhängigkeitskriegs hatten die Kolonialherren zwar entmachtet, waren als politische Klasse aber viel zu schwach, ein politisches Projekt auf den Weg zu bringen, das ihre europäischen Vorbilder auf den Trümmern des Ancien Régime errichtet hatten; und nicht zuletzt hatten die langen Jahre des Kriegs zu einer massiven Militarisierung geführt, die sich wie Mehltau über die neuen Republiken legte. Das gesellschaftliche Alltagsleben wurde fortan von einer «violencia» durchdrungen, die friedliche Formen politischer Konfliktaustragung im Keim erstickte. Als besonders schwere Last erwiesen sich die zahlreichen Miniarmeen, deren kriegsverrohte Kombattanten, von den Fronten zurückgekehrt, auch in der Etappe einen Sold erwarteten – und erhielten. Der militärische Wasserkopf, der in den Jahren nach der Unabhängigkeit entstand, war damit nicht nur ein Mühlstein am spindeldürren Hals der bürgerlich-kreolischen Republikaner (von Demokraten kann schlechterdings noch nicht gesprochen werden), er war auch ein ökonomisches Damoklesschwert: Nur in wenigen Ländern, die das spanische Kolonialreich politisch beerbten, gaben die Regierungen weniger als die Hälfte des Staatsbudgets für ihre uniformierten Bürger aus …

5.2 Interner Kolonialismus und «informal imperialism»: *alte und neue Abhängigkeiten*

Die Violencia-Spirale drehte sich folglich auch nach 1824 kräftig weiter. Ihre Windungen – jahrelange Bürgerkriege, unzählige Staatsstreiche und politische Morde – bohrten sich tief in die gesellschaftlichen Strukturen der neuen Republiken. Von den aufklärerischen Ideen aus Frankreich und England, die den rebellischen Geist der Kreolen nur wenige Jahrzehnte zuvor beflügelt hatten, waren in der postkolonialen Wirklichkeit nur noch Spurenelemente übrig geblieben. Wie wenig die siegreichen Kreolen mit ihren europäischen Wahlverwandten gemeinsam hatten, zeigte sich indessen nicht allein an der Präponderanz des Militärs. Denn im Unterschied zu den europäischen Vorbildern, ja selbst im Unterschied zu Spanien, war das urbane Bürgertum nach 1824 sogar noch schwächer als vorher – ökonomisch, weil die städtischen Eliten die Hauptlast des Kriegs, seiner Kosten und seiner Verwüstungen, zu tragen hatten. Und politisch, weil in der postkolonialen Ära das Gewicht der ländlichen Strukturen, vor allem der Einfluss der Terratenientes, drastisch stieg. Hatten sich die zumeist nicht sonderlich revolutionär gesonnenen Hacenderos, Plantagenbesitzer und Kaffeebarone nur dann und wann in den kreolischen Salons von Mexiko-Stadt, Lima oder Buenos Aires blicken lassen, brachten sie nun ihr politisches Gewicht ins Spiel. Dabei handelte es sich nicht nur um Geld und militärische Macht. Schon die arithmetischen Grundgesetze waren auf ihrer Seite: Die große Masse der Bevölkerung, die sich, wenn überhaupt, nur mäßig für das kreolische Projekt begeistert hatte, kannte Städte meistens nur vom Hörensagen. Die soziale Basis für eine bürgerlich-liberale Reformpolitik war also kaum vorhanden oder äußerst brüchig, vielerorts auch nur ein pures Hirngespinst machtloser Intellektuellenzirkel.

Einen gewissen Erfolg, wenn man es so nennen will, hatten die siegreichen Kreolen lediglich auf religiösem Terrain zu verzeichnen. Die Kirche, einst eine tragende Säule des spanischen Kolonialreichs, war deutlich geschwächt über die Schwelle der neuen Ära getreten, politisch und materiell. Zwar figurierte der Katholizismus in den ersten Verfassungen sämtlicher Republiken als einzig anerkannte Staatsreligion, unter Ausschluss aller anderen Glaubensrichtungen. Das religiöse Monopol, das die führenden Köpfe der Unabhängigkeitsbewegung, vor allem Simón Bolívar, eigentlich brechen wollten, hatte also weiter Bestand, zumindest als Verfassungsnorm. Auch die antiklerikalen Ressentiments der kreolischen Eliten hielten sich in Grenzen. Die finanziellen und politischen Privilegien, die der koloniale Klerus genossen hatte, gerieten jedoch auch nach 1824, wie bereits unter dem Zepter des Vizekönigs, ins Visier der lateinamerikanischen Staatengründer. Ob konservativ oder eher liberal: Die neuen Regierungen konfiszierten Kirchengüter oder griffen in den Säckel reicher Diözesen und setzten damit das fort, nun aber erheblich intensiver, was die bourbonische Politik des 18. Jahrhunderts bereits begonnen hatte. Auf nennenswerten Widerstand trafen sie dabei lediglich in den oberen Hierarchien, die der Unabhängigkeitsbewegung mit Argwohn, wenn nicht mit offener Feindschaft begegnet waren. In den unteren Rängen, die sich, wie vor allem in Mexiko, mehrheitlich auf die Seite der Rebellen geschlagen hatten, dominierte dagegen ein ‹patriotisches› Bewusstsein, das der kolonialen Vergangenheit kaum nachtrauerte. Es waren jedoch gerade sie, die einfachen Priester und Pfarrer, die die antiklerikale Politik der neuen Republiken zu spüren bekamen: Fast überall, mit Ausnahme Ekuadors, ging ihre Zahl drastisch zurück, in Mexiko, wo der niedere Klerus in den Reihen der Rebellen besonders stark vertreten war, verlor er fast die Hälfte seines Personals. Das hatte Konsequenzen für die religiöse Grundversorgung der jungen Staaten. Viele Lateinamerikaner, besonders die Eliten, kehrten der Kirche im 19. Jahrhundert den Rücken, konvertierten zu Freidenkern oder suchten Zuflucht im Positivismus. Vielleicht noch deutlicher machte sich das kirchenreligiöse Vakuum in den unteren Volksklassen bemerkbar. Der religiöse Synkretismus, seit den frühen Zeiten der Kolonie ein Dorn im Auge der Missionare, fand als «religiosidad popular» seine De-facto-Anerkennung und änderte gleichzeitig seine soziale Färbung. Fortan waren es nicht mehr nur die indigenen Bevölkerungsgruppen, deren Credo aus einem religiösen Mix präkolumbischer, afroamerikanischer und katholischer Elemente bestand. In der mexikanischen «Jungfrau von Guadalupe», dem wohl bekanntesten Phänomen des lateinamerikanischen «mestizaje religioso», sahen viele Mexikaner ein nationales Symbol – jenseits aller ethnischen und sozialen Demarkationslinien.

Doch auch sie, die ethnisch abgegrenzten Kastensysteme, hatten die Unabhängigkeit de facto überdauert. Lediglich die hierarchische Spitze der kolonialen «Pigmentokratie» hatte sich verändert. Wo früher die peninsularen Spanier das Sagen hatten, übernahmen nun die reichen Kreolen das politische Kommando. Die Klassengrenzen, zumindest innerhalb der weißen Bevölkerung, wurden indessen durchlässiger. Zum einen durch das stärkere Gewicht der ländlichen Gebiete; zum anderen durch die langen Jahre des Kriegs, die vielen Sprösslingen aus armen Familien einen sozialen Aufstieg beschert hatten. Zu den Gewinnern der neuen Verhältnisse zählte auch, allerdings in einem deutlich langsameren Tempo, die große Masse der Mestizen und freien Mulatten, die in etlichen Ländern die Bevölkerungsmehrheit bildeten. Dagegen blieb für die indigene und schwarze Bevölkerung zunächst fast alles beim Alten, rechtlich und sozial. Der koloniale Sonderstatus, der die indianischen Gemeinschaften in ein rigides, aber auch schützendes Apartheidsystem hineingezwängt hatte, änderte sich de jure nur langsam, de facto blieben die alten Kastengrenzen noch viel länger intakt. Die indianischen Gemeinschaften, für deren Los sich die kreolischen Unabhängigkeitskämpfer kaum interessiert hatten, fristeten auch weiterhin ein Dasein, das von Rassismus und Elend geprägt war. Der allmähliche Verlust ihres Sonderstatus, vor allem die Aufteilung ihrer Gemeinschaftsländereien – besonders in den andinen Regionen – setzte sie sogar unter zusätzlichen Druck: Ihre Ländereien wurden mehr und mehr zum Objekt der Begierde reicher Händler, Spekulanten und Großgrundbesitzer, die schnellen Reichtum witterten. Deshalb ist es kein Wunder, dass etwa in Venezuela, wie Eduardo Galeano schreibt, der Begriff «Independencia» lediglich ein Synonym für «Gewerbefreiheit» war …

Kaum besser erging es den Nachfahren der afrikanischen Sklaven, die während der Kolonialzeit zu Hunderttausenden nach Amerika importiert worden waren. Obwohl auch sie ihren ‹Blutzoll› in den Unabhängigkeitskriegen bezahlt hatten – weshalb Simón Bolívar (vergeblich) dafür eingetreten war, die Sklaverei abzuschaffen –, blieb die infame Institution noch Jahrzehnte erhalten.

Neben Kuba, Puerto Rico und den Philippinen, die unter spanischer Herrschaft geblieben waren, exponierten sich vor allem die venezolanischen Terratenientes als Verteidiger der Sklaverei – mit Erfolg. Die normative Kraft des Faktischen schien ihnen Recht zu geben: Venezuela, die Heimatregion des «Lateinamerika-Befreiers», war durch die Kriege besonders stark verwüstet worden und hatte schätzungsweise ein Viertel seiner Bevölkerung verloren. Was lag da aus der Sicht der neuen Herren näher, als den Wiederaufbau des Landes den Sklaven aufzubürden? Dennoch sollten auch sie à la longue von der Unabhängigkeit profitieren. Bevor die Sklaverei Mitte des Jahrhunderts fast überall abgeschafft wurde, verboten die meisten Regierungen die weitere Einfuhr von Sklaven, versprachen ihren Kindern eine Zukunft in Freiheit und reduzierten die Zahl der Haussklaven, die den kreolischen Eliten zur Hand gingen. Ein Fortschritt, wenn auch im Schneckentempo, der andernorts noch auf sich warten ließ. In Kuba, das erst 1898 seine Unabhängigkeit erlangte,

wurden noch in den sechziger Jahren über 120 000 neue Sklaven importiert. Ein Großteil der kolonialen Strukturen, das illustriert das ethnisch-
soziale Kastensystem besonders augenfällig, war also intakt geblieben,
wenn auch in einem neuen Gewand.

Das galt auch und gerade für jenen Teil der lateinamerikanischen
Realität, der die Separation von Spanien hauptsächlich motiviert hatte:
die politische und ökonomische Abhängigkeit vom kolonialen Mutterland. Die Ketten waren zwar gesprengt, doch stand bereits ein neuer Anwärter bereit, der diese Ketten, wenn auch oberflächlich leicht vergoldet,
den unabhängigen Republiken erneut anzulegen gedachte: Großbritannien, jener alte Rivale des spanischen Imperiums, der dem Land hinter
den Pyrenäen seinen Rang längst abgelaufen hatte. Obwohl das imperiale Inselreich mitnichten die Absicht hegte, den kolonialen Status quo
ante institutionell wiederherzustellen – durch eine Einverleibung in das
Commonwealth –, waren seine führenden Repräsentanten doch kaum
bemüht, ihre Absichten zu verschleiern: «Das Ziel ist klar», gab etwa Lord
Canning die Devise aus, «[…] Spanisch-Amerika ist frei; wenn wir es
geschickt anstellen, wird es uns gehören.» Die «brutale Transformation
der Handelsstrukturen», schreibt Tulio Halperin Donghi, hatte bereits
mit dem Startschuss der Unabhängigkeitskriege begonnen: Kreolen *und*
Royalisten waren auf den *favor inglés* angewiesen gewesen. Nach 1824
verwandelte sich dieser «Gefallen» in eine wohl geplante Strategie, die
den Briten die unangefochtene Hegemonie auf den lateinamerikanischen Märkten sicherte. Von Mexiko bis nach Chile dominierten sie fortan Handel und Geldströme und überschwemmten die neuen Republiken
mit Produkten *made in England* – Produkte, die die lokalen Geschmacksnerven zielsicher trafen: ‹mexikanische› *Sarapes* aus Glasgow für das
ehemalige Neu-Spanien, Ponchos aus Manchester für die Bewohner der
Pampa, Toledaner Messer aus Sheffield für die Bürgerpaläste in Lima und
sogar Baumwolle aus New England, die der andinen Produktion dieses
Stoffes schnell den Rang ablief. Liverpool, die Beispiele illustrieren es,
war an die Stelle von Cádiz getreten.

Der rapide und nahezu flächendeckende Siegeszug des britischen Kapitals traf zwar nicht überall auf offene Tore; der Protest lokaler Produzenten, deren zarte Pflänzchen wirtschaftlicher Eigenständigkeit im Strudel der britischen Importinvasion ertranken, verhallte jedoch ungehört.

Selbst dort, wie am Río de la Plata, wo die englische Präsenz an kaum verheilte Wunden rührte (die Militärinterventionen von 1806/07) und wo die Art und Weise der neuerlichen – ökonomischen – Intervention den patriotischen Stolz der Porteños *eigentlich* tief verletzen musste: Die argentinischen Geldscheine wurden in London gedruckt, und die dortige Nationalbank besaß das Monopol für ihre Emission. Kein sonderlich geglückter Start in die nationale Unabhängigkeit. Nicht zuletzt deshalb, weil dem British Empire im Grunde nicht daran gelegen war, seine ökonomische Vormachtstellung als Hilfe zur Selbsthilfe einzusetzen. Denn den Händlern und Finanziers Ihrer Majestät ging es hauptsächlich darum, englische Produkte zu verkaufen. Eine langfristig angelegte Investitionspolitik, vor allem zur Grundsteinlegung für nationale Industrien, passte nicht in dieses Konzept. Zwar finanzierten britische Banken hier und da, etwa in Argentinien, den Bau von Eisenbahnstrecken; die Gewinne aus diesem Geschäft, nebst der Umwegrentabilität durch einen schnelleren Transport – britischer – Güter, flossen indessen in die eigene Tasche. Die neunationalen Eliten schien dieser Ausverkauf ihrer Republiken indessen nicht zu stören: Knapp 50 Jahre nach der Unabhängigkeit waren englische Namen unter der lokalen Geldaristokratie von Buenos Aires oder Santiago de Chile längst keine Seltenheit mehr.

Die englische Erfolgsstory im postkolonialen Lateinamerika war allerdings nicht allein der Tatsache geschuldet, dass die Briten das ökonomische Vakuum nach 1824 «geschickt», wie sich Lord Canning wünschte, auszunutzen verstanden. Als geschickt erwiesen sich die englischen Businessmen auch dort, wo ihre Nachfolger im 20. Jahrhundert weniger rücksichtsvoll waren. Im deutlichen Kontrast zur nordamerikanischen Big-Stick-Politik zogen es die Londoner Gentlemen vor, auf militärische, auch auf besonders spektakuläre politische Interventionen zu verzichten. Der ökonomischen Prosperität der Engländer dürfte diese Zurückhaltung durchaus genützt haben. 1833 besetzte Großbritannien zwar die Falklandinseln, die zehn Jahre später zur Kronkolonie geadelt wurden. Kanonenbootdiplomatie blieb indessen die Ausnahme. Erst Margaret Thatcher, die, anderthalb Jahrhunderte nach Beginn dieser Erfolgsstory, englische Truppen auf die Falklandinseln schickte, sollte diese Lektion vergessen.

5.3 Die Ausnahme als Regel:
Besonderheiten im postkolonialen Brasilien

Die politische Zurückhaltung der Briten, wiewohl ihr dominantes Markenzeichen im postkolonialen Lateinamerika – nicht immer, so schien es, entsprach die Realität dieser Devise. Die kanonenbestückten Geleitschiffe, die den portugiesischen Hof im frühen 19. Jahrhundert vor Napoleon in Sicherheit brachten, konnten auch als Übergang vom «informal» zum «formal imperialism» gedeutet werden. Es blieb jedoch bei der bewährten Zurückhaltung: Auf der politischen Ebene hatte das gerade unter portugiesischem Zepter unabhängig gewordene Brasilien nichts zu befürchten. Einige Besonderheiten, die das 19. Jahrhundert des Landes markierten, standen eher mit dem weichen Übergang von der Kolonie zum unabhängigen Staatsgebilde in Beziehung. Die neue Nation – von nationalem Bewusstsein konnte *strictu sensu* auch in Brasilien noch nicht die Rede sein –, ohne militärische Verwerfungen mit dem Mutterland entstanden, blieb obendrein von jenen, teilweise jahrzehntelangen Bürgerkriegen verschont, die in den meisten spanischsprachigen Republiken auf die Unabhängigkeitskämpfe folgten. Einige Gebiete, so 1824 mehrere Nordprovinzen oder 1835 die südliche Region Rio Grande do Sul, wollten sich zwar vom neuen Volkskörper lösen, wurden aber nach kurzen, wenn auch schmerzhaften Interventionen wieder an die nationale Leine gelegt. Die einigende Klammer, die die Zuckerbarone des Nordens, die Viehzüchteraristokratie des Zentrums und des Südens einschließlich der städtischen Mittelschichten zusammenhielt, war nach wie vor der Kaiser. Der wechselte zwar Anfang der dreißiger Jahre – Pedro I. ging nach Portugal zurück, sein minderjähriger Sohn, vorzeitig für volljährig erklärt, übernahm 1840 als Dom Pedro II. das väterliche Zepter –, an der politischen Grundstabilität änderte sich jedoch nichts. Im Gegenteil, der neue Herrscher über das größte Land Lateinamerikas hatte, wie sein Vater ironisch bemerkte, sogar den Vorteil, ein echter Brasilianer zu sein, nämlich im Lande geboren und dort aufgewachsen. Von politischen Verhältnissen solcher Art konnten die spanischstämmigen Kreolen nur träumen.

Viele Ähnlichkeiten gab es dagegen in der Ökonomie. Die Zahl der Fabriken, schreibt ein Brasilien-Historiker, sei zwischen 1850 und 1890 zwar von 50 auf 600 gestiegen, ebenso die Staatseinkünfte, die sich im selben Zeitraum verzehnfacht hätten. Am Status eines ‹Kolonialwaren›-Lieferanten änderten diese Zahlen aber nur wenig. Zu Holz, Zucker, Baumwolle, Gold und Diamanten, den bis dato wichtigsten, wenn auch zeitlich schwankenden Exportprodukten, kamen nun Kaffee und Kautschuk hinzu. Kurz, eine Produktpalette, in der sich das alte Verhältnis von Gebern und Nehmern deutlich widerspiegelte. Einer der ersten Züge Lateinamerikas, der 1854 von Rio nach Petrópolis fuhr, war insofern kein Vorbote einer raschen Industrialisierung: Auch Brasilien blieb ein Land, über dessen wirtschaftliche Zukunft hauptsächlich in Europa entschieden wurde. Die Vormachtstellung Englands war in Hispanoamerika unübersehbar – in Brasilien wurden die Terms of Trade noch mehr von London bestimmt, schließlich hatte bereits Portugal zu den politischen Trabanten der prosperierenden Inselnation gehört. Die britische Eskorte, die den Lissaboner Hof 1807 sicher nach Rio de Janeiro gebracht hatte, ließ sich ihre Dienste fürstlich belohnen. Den Exporteuren und Finanziers aus England, die den brasilianischen Markt schon bald kontrollierten, wurden weniger Einfuhrsteuern abverlangt als ihren Konkurrenten aus dem Mutterland … Das ökonomische Engagement der gewieften Business-Leute übertraf die argentinische Erfolgsbilanz um ein Vierfaches: Nirgendwo sonst in Lateinamerika machte der *informal imperialism* größere Geschäfte als in Brasilien.

Die englische Dominanz in der Ökonomie hatte freilich, wenn man so will, auch ihre guten Seiten. Vor allem politischer Druck aus dem Buckingham-Palast sorgte dafür, dass der Import afrikanischer Sklaven Mitte des 19. Jahrhunderts verboten wurde, zumindest auf dem Papier. Die «schwarze Schande», noch immer ein zentraler Faktor auf den Zucker- und Kaffee-Plantagen, rief allerdings immer mehr Kritiker aus dem eignen Lande auf den Plan. Selbst der Kaiser, in engem Kontakt zu den Koryphäen des europäischen Humanismus, gehörte zu den Abolitionisten. Die Abschaffung der infamen Institution dauerte indessen noch lange und verlief in Etappen. Anfang der 1870er Jahre wurde das Gesetz des «freien Mutterschoßes» verabschiedet; fortan wurden alle Sklaven zu freien Brasilianern, wenn sie ihren 21. Geburtstag begingen. Mitte der 1880er Jahre folgten ihnen die über Sechzigjährigen. Erst 1888 wurde das «amerikanische Stückgut» (pieza americana), wie die Haltung von entmündigten Nutzmenschen in den spanischen Nachbarkolonien hieß, generell verboten. Von einem zum anderen Tag hatte das Land rund 700 000 Staatsbürger mehr. Übrigens wieder, die angeblich so typische Sanftmut der Brasilianer bestätigend, ohne Blutvergießen. Der nordamerikanische Botschafter, mit ganz anderen Erfahrungen aus seinem Heimatland ausgestattet, soll über die friedliche Abschaffung der Sklaverei geradezu erstaunt gewesen sein. Der Mangel an disponiblen Arbeitskräften wurde freilich durch einen massiven Zustrom europäischer Emigranten zu einem Gutteil wieder ausgeglichen. Gastarbeiter mit Bleiberecht hatte es bereits seit den Zeiten des exilierten Lissaboner Königshauses gegeben. Nun wurde ihre Zahl drastisch erhöht, allein in den ersten zwei Jahren nach Abschaffung der Sklaverei kamen rund 300 000 Neubrasilianer. Unter ihnen waren auch viele Deutsche: In südbrasilianischen Städten kündeten Ortsnamen wie Novo Friburgo noch lange von der Herkunft ihrer Bewohner.

Die Hauptursache der friedlichen, wenn auch langsamen Lösung des Sklavenproblems war jedoch weder in den aus Europa kommenden «Brasilianern der Schiffe» noch in der vermeintlichen Konfliktscheu der kaiserlichen Untertanen zu suchen. Die Hauptursache dürfte in einer doppelten Machtverschiebung zu suchen sein. Einerseits geographisch: Der Nordosten, koloniales Herzland der Zucker- und Baumwollmagnaten, verlor seinen dominanten Einfluss an die Kaffeebarone des Zentrums, vor allem im Umkreis von São Paulo und Minas Gerais. Andererseits politisch-sozial: Für die neuen Machteliten war die alte (Sklaven-)Ordnung obsolet. Außerdem dominierte in ihren Reihen ein liberales, republikanisch geprägtes Credo – kein gutes Omen für die Stabilität des Kaiserreichs. Als diese Ideen auch bei Soldaten und Offizieren auf offene Ohren trafen, war das politische Schicksal des lateinamerikanischen Unikats besiegelt. Ein Staatsstreich, in Brasilien eine bislang eher unbekannte Form des Regierungswechsels, traf auf keine Gegenwehr. Dom Pedro II., alt, krank und ohne männlichen Thronfolger, legte das Zepter nieder. Im November 1889 verließ er das Land, über das er fast ein halbes Jahrhundert geherrscht hatte – friedlich, wie sein Vater und Großvater das *Imperio* einst gegründet hatten. Rund zehn Jahre vor Beginn des neuen Jahrhunderts wurde Brasilien eine Republik und blieb es bis heute. Neue Zeiten, neue Slogans: Auf der republikanischen Flagge prangte die Leitidee des Positivismus, «Ordnung und Fortschritt».

5.4 Von der Madre Patria zur Stiefmutter:
die «Enthispanisierung» Spanisch-Amerikas

Traf der Enthusiasmus für diese Leitidee auch in den spanischsprachigen Nachbarrepubliken auf offene Ohren, so dürfte die Schärfe, ja der Hass, mit der sich die einstigen Untertanen der spanischen Krone von der Kultur der Exmetropole zu lösen versuchten, die intellektuellen und politischen Eliten Brasiliens erstaunt haben. Denn dort hatte man sich nicht nur unter dem Zepter eines portugiesischen Monarchen emanzipiert; dort hatte eine kräftige «Relusitanisierung» (Teyssier) im Gefolge des königlichen Exils auch dafür gesorgt, dass die portugiesische Kultur, die Sprache inklusive, ihren eigentlichen Zenit erreichte. Dabei waren die Brasilianer niemals «Junior-Portugiesen» (Márcio Souza), auch nicht kulturell. Die «grande raça», die etwa Euclides da Cunha (1866–1909) in seinem berühmten Nationalepos *Os Sertões* beschwor, war längst mehr als ein ethnisch-kultureller Ableger der Portugiesen. Es gebe zwar keinen «anthropologisch-brasilianischen Typus», räumte er ein; die explizite Anerkennung eines «homo americanus», der auch aus indigenen und afrikanischen Elementen bestand, war für Euclides da Cunha jedoch nicht identisch mit ethnischer Gleichwertigkeit. Seine Unterscheidung zwischen «raça superior» und «sub-raças diferentes» ließ keinen Zweifel daran, dass der Lorbeer ‹rassischer Veredelung› aus Europa stammte. Sein Diktum «Wir sind zur Zivilisation verurteilt» weist in die gleiche Richtung. Das machte es Portugal, der einstigen «Mãe Pátria», im Prinzip natürlich leicht, sich auch weiterhin als kultureller Meridian zu empfehlen. Um ein Zigfaches kleiner als die Exkolonie, waren allein die territorialen Proportionen noch weitaus grotesker als im spanischen Fall. Hinzu kam, wie Eric Hobsbawm bemerkte, dass man Länder wie Portugal oder Belgien wegen ihrer geographischen Insignifikanz im damaligen Europa ohnehin belächelte. Der Verlust der überseeischen Großkolonie traf die Portugiesen deshalb ins Mark ihres Nationalstolzes. Ihr Bestreben, die politischen Separatisten über das Konzept der «Lusitanidade» wenigstens kulturell – als *Brasil Mental*, so der Titel eines bekannten Lissaboner Buchs von 1898 – an die einstige Mãe Pátria zu binden, traf jedoch auf Vorbehalte in Brasilien, nicht zuletzt mit Blick auf die Sprache. Das peninsulare Portugiesisch blieb zwar auch weiterhin das mit puristischer

Verve gepflegte Vorzugsidiom von Schriftstellern und Akademikern; in der gesprochenen Version fanden dagegen auch immer mehr indianische und afrikanische Elemente das Plazet der nationalistischen Intellektuellen – sehr zum Verdruss der Exmetropole. Einen ‹Kulturkampf›, wie ihn die Kreolen in den einstmals spanischen Kolonien entfachten, hat es in Brasilien jedoch nicht gegeben.

Zusätzlichen Auftrieb erhielt der antispanische Kulturkampf durch zwei militärische, wenngleich wohl eher symbolische Comeback-Versuche der ehemaligen Madre Patria, die in den 1840er und 60er Jahren in der Pazifikregion für Aufregung sorgten. Der vorübergehende Schulterschluss von Chile, Bolivien und Ekuador, die dem attackierten Peru ihre Solidarität bekundeten, brachte den spanischen Flottenkommandeur aber schnell zur Räson. Bevor er den Befehl zum Rückzug gab, rächte er sich indessen mit einem Bombardement der chilenischen Hafenstadt Valparaíso. Das blutige Spektakel illustriert: Dem Land fiel es offenbar schwer, sein koloniales Rien ne va plus anzuerkennen.

Die Anerkennung des neuen Status quo Lateinamerikas, also der bitteren Tatsache, dass Spanien nicht mehr die «Plaza Mayor de la Hispanidad» war, fiel den Politikern und Intellektuellen des Landes, quasi unisono, nicht zuletzt deshalb so schwer, weil sich die neuen Republiken auch kulturell von der ehemaligen Madre Patria abnabelten: Die Separation von Spanien kam damit tatsächlich, wie Octavio Paz geschrieben hat, einer Negation Spaniens gleich – radikal und unerbittlich. Ins ideologische Visier der kreolischen Intellektuellen geriet hauptsächlich die koloniale Vergangenheit: «Spanien hat keine Gesellschaften hervorgebracht», schrieb etwa der Puertorikaner Eugenio María Hostos (1839–1903) und traf damit den Nerv seiner Zeit, «es hat sie [vielmehr] abgetrieben.» Das politisch-kulturelle Projekt der Kreolen, so seine Sicht der Dinge, hätte deshalb bei null begonnen, beginnen müssen. Vor allem die europäischen Aufklärer hätten ihm, schreibt Hostos, die amerikanische Wirklichkeit vor Augen geführt – und deshalb «verwünschte [er] den Eroberer». Die radikale Abrechnung des puertorikanischen Autors wog umso schwerer, als sein Land unter der spanischen Kuratel geblieben war. Doch auch viele andere Autoren, deren Länder die kolonialen Fesseln abgestreift hatten, machten der spanischen Vergangenheit den Prozess. Vor allem zwei Motive seien es gewesen, so der Tenor der kreolischen Spanienkritik, die die Eroberer in die Neue Welt getrieben hätten: materielle Gier und religiöser Fanatismus. Dabei machte man sich hier und da sogar einen Topos der europäischen Spanienkritik zu Eigen, nämlich den «maurischen Charakter» der Spanier, der sie zu besonders räuberischen, fanatischen und vernunftfeindlichen Exzessen angetrieben hätte … Wie auch immer man diese Spanienaversionen bewertet – Bolívars Diktum brachte eine Art Common Sense zum Ausdruck: «Der Hass, den wir gegen die [Iberische] Halbinsel empfinden, ist größer als das Meer, das uns von ihr trennt.»

Dieser «Hass», der einem Dekulturationsversuch gleichkam, war die ideologisch bestimmende Note des 19. Jahrhunderts, trotz aller hispanophilen Zwischentöne, die aus konservativ-reaktionären Kreisen zu vernehmen waren. Deren Lamento über den Verfall traditioneller Werte, die während der kolonialen Einheit von Thron und Altar den Ton angegeben hatten, blieb jedoch ein marginales Phänomen. Im Übrigen war der «españolistische» Traditionalismus dieser Kreise eher als ideologische Folklore zu bewerten: Sie liebten das Alte, nämlich Spanien, pointierte ein zeitgenössischer Beobachter, nur als Steckenpferd und dienten dem Neuen, ihren jeweiligen Nationalstaaten, aus Interesse.

So sahen es offenkundig auch die spanischen Politiker und Intellektuellen, die sich nur mühsam mit dem Gedanken abfinden konnten, dass das koloniale Riesenreich von einst zu einem winzigen Torso geschrumpft war. Statt sich von den hispanophilen Stimmen aus Übersee trösten zu lassen, übten sie sich in sentimental-rhetorischer Trauerprosa. Das Lamento der Madrider Zeitung *La América*, es datiert bereits von 1857, ist für diese Stimmungslage repräsentativ: «Wehe den hispanoamerikanischen Republiken», intonierte das publizistische Flaggschiff des Panhispanismus seinen kolonialen Canto fúnebre, «sollte Kuba dereinst nicht mehr zu Spanien gehören! Wehe der lateinischen Rasse in der Neuen Welt, wenn unsere vordere Schildwache des Atlantiks durch Verrat geschlagen dereinst daniederliegen sollte.»

Aus der Nähe betrachtet, schien der Trauerflor, mit dem sich die Ex-Madre-Patria umgab, jedoch etwas übertrieben. Denn trotz aller antispanischen Verve, die dem kreolischen Vergangenheitsdiskurs seine Färbung gab, hatten wesentliche Elemente des kolonialen Erbes die verbalen Attacken ohne gravierende Blessuren überstanden. Eine diplomatische

Note des chilenischen Außenministers an den spanischen Botschafter seines Landes, sie datiert von 1864, ist dafür illustrativ – und repräsentativ. Die amerikanischen Republiken «spanischer Herkunft», heißt es dort programmatisch, bildeten eine große Gemeinschaft von Nationen, die trotz aller Unterschiede eine Reihe grundlegender Gemeinsamkeiten aufwiesen. Unter anderem «eine gemeinsame Sprache», «eine gemeinsame Rasse», «gleiche Glaubensüberzeugungen und Sitten», also ein durchaus reichhaltiges Sortiment spanischen Erbguts, das die meisten Amerikaner keineswegs als Hypothek empfanden. Die De-facto-Wertschätzung des peninsularen Erbes, die sich darin artikulierte, kam auch explizit zum Ausdruck: Der von der spanischen Kolonialherrschaft befreite Subkontinent hieß im 19. Jahrhundert, summa summarum betrachtet, «Hispanoamérica». Zwar ist auch von «América», «América Meridional» oder «América del Sur» die Rede; der aus der französischen Romantik stammende Begriff «Lateinamerika», der vermutlich erstmals von dem Kolumbianer José María de Torres Caicedo Mitte des Jahrhunderts verwendet wurde, setzte sich jedoch erst sehr viel später durch. Auch verwandte Begriffe, etwa «americano» oder «americano del sur», erlebten erst im 20. Jahrhundert ihre Konjunktur. Überflüssig zu sagen, dass auf dem semantischen Schachbrett, das die kreolischen Könige und Damen dominierten, die Bauern weiterhin wenig zu sagen hatten: Indios, Schwarze und Mulatten blieben auch sprachlich jene Parias, die sie in der sozialen Wirklichkeit waren. Nur die Mestizen konnten hier und da, vor allem in Mexiko, hoffen, zu Läufern und Türmen aufzusteigen.

Es war paradoxerweise erst die europäische Romantik, die dafür sorgte, dass die unteren Ränge des kulturellen Schachbretts von den Königen und Damen allmählich wahrgenommen wurden, zumindest in der Literatur. Auf dem Umweg über Chateaubriand, Bernardin de Saint-Pierre, Lamartine, Walter Scott oder Manzoni, die sich für die «exotische» Welt Amerikas interessierten, entdeckten auch ihre lateinamerikanischen Kollegen peu à peu einen Teil ihrer eigenen – vor allem der indigenen – Wirklichkeit, für die sie bis dato kaum Begriffe hatten. (Eine ähnliche Umwegakkulturation, das sei hier nur am Rande erwähnt, machten zur selben Zeit die spanischen Schriftsteller durch: Sie entdeckten, angeregt durch nordamerikanische, französische und deutsche Romantiker, ihre maurische und jüdische Vergangenheit wieder.)

Auch hier konnten die Panhispanisten der Ex-Madre-Patria also zunächst beruhigt sein: Der lateinamerikanische Indigenismus, für sie *das* Trojanische Pferd zur Bekämpfung der spanischen Kultur in den einstigen Kolonien, ließ noch lange auf sich warten. Der kulturelle Ozean, der Madrid von Mexiko-Stadt, Lima oder Buenos Aires trennte, war damit kleiner, als es schien. Warum dann der «Hass» auf Spanien, der laut Bolívar und vieler seiner Epigonen dennoch größer war? Nach Ansicht von Miguel Rojas Mix ist «die Antwort einfach». Denn trotz der Unabhängigkeit habe es keine wirkliche Entkolonisierung gegeben, auch keine kulturelle. Der linguistische Konsens, der in dem Terminus «Hispanoamérica» zum Ausdruck komme, sei insofern nur konsequent. Der «Hass» auf Spanien – also nur ein verkappter Selbsthass? Wie auch immer die Antwort ausfällt: Nirgendwo sonst auf der Welt sollten die Suche und die Erfindung der kulturellen Identität einen so prominenten Platz einnehmen wie im postkolonialen Lateinamerika.

5.5 Europa als Leitstern: Identitätsimporte aus Paris und London

Was für einen Europäer obsessiv anmuten mag, war in den lateinamerikanischen Republiken, die nach 1824 neu entstanden waren, jedoch mehr als eine bloße «Suche nach der verlorenen Zeit». Obwohl auch die europäischen Staaten, die sich mehr oder weniger erfolgreich auf den Trümmern des Ancien Régime erhoben, Identitätsprobleme hatten und obwohl auch sie, wie etwa Eric Hobsbawm nachgewiesen hat, ihre nationalen Traditionen zu einem Gutteil erfanden, so konnten sie doch auf ein gut gefülltes Reservoir pränationaler Traditionen zurückgreifen und diese in den nationalen Korpus integrieren. Ganz anders in Lateinamerika: Dort war ‹der Strom der Geschichte› gleich zweimal unterbrochen worden: das erste Mal 1492, als die präkolumbische Welt militärisch unterworfen, physisch weitgehend vernichtet und kulturell entwurzelt wurde; das zweite Mal 1824, als das spanische Kolonialreich auseinander gebrochen war, auch und gerade dessen kulturelle Legitimation. Im Abstand von rund 300 Jahren sahen sich die Bewohner der Neuen Welt, zuerst die Indios, dann vor allem die Kreolen, also mit zwei Totalzäsuren ihrer Geschichte konfrontiert, die kein europäisches Land je erlebt hat, von der islamischen Invasion Spaniens und der osmanischen Herrschaft über Griechenland abgesehen. Und noch ein Umstand trug dazu bei, dass die Identitätssuche im postkolonialen Lateinamerika ungleich komplizierter verlief, ja verlaufen musste: Die Kreolen waren selber ‹Spanier›, nicht selten, obwohl sie das noch weniger wahrhaben wollten, auch Mestizen oder Mulatten. Die doppelte Negation der lateinamerikanischen Geschichte war damit zugleich eine partielle Negation der eigenen Identität, eine Art kultureller Schizophrenie, die durch den ethnozentristischen Neue-Welt-Diskurs der europäischen Philosophen, Völkerpsychologen und Rassentheoretiker noch verschärft wurde. Da hatten es andere Völker, die sich vor oder nach den Kreolen emanzipierten, deutlich leichter. Nachdem die Kolonisatoren abgezogen waren, konnten diese entweder versuchen, am Status quo ante anzuknüpfen – was in vielen Ländern Afrikas und Asiens der Fall war –, oder die Kultur des ehemaligen Mutterlandes beibehalten, wofür sich z. B. die Nordamerikaner entschieden.

Die große Mehrheit der Kreolen optierte indessen dafür, das kulturelle Vakuum mit Importprodukten zu füllen, die bereits den Unabhängigkeitsambitionen geistig Pate gestanden hatten. Während damals, um die Jahrhundertwende, auch und vor allem die nordamerikanische Separationsbewegung als Ideenlieferantin gedient hatte, hielt sich die Begeisterung für den «Koloss aus dem Norden» nun jedoch in engen Grenzen. Denn inzwischen hatte sich unter den regierenden Eliten südlich des Río Grande der Eindruck verstärkt, dass die Monroe-Doktrin von 1823, «Amerika den Amerikanern», beileibe keine Solidaritätsbekundung an die Adresse jener Unabhängigkeitskämpfer war, die ein Jahr später, im peruanischen Ayacucho, das Schlusskapitel des spanischen Kolonialreichs schrieben. Der Slogan besagte stattdessen, wie etwa Jefferson ausdrücklich klar machte, dass die Vereinigten Staaten das Recht beanspruchten, ein kontinentales Imperium zu errichten – wenn es sein musste, auch mit Gewalt. Bereits in den 1840er Jahren bekam Mexiko zu spüren, dass die imperialen Ambitionen der Nordamerikaner keine leere Drohung waren. Die Prophezeiung von Alexis de Tocqueville (1805–1859) sollte sich deshalb als richtig erweisen: «Wir können nicht umhin anzuerkennen», hatte er in seinem Buch *De la Démocratie en Amérique* geschrieben, «dass die englische Rasse eine enorme Vorherrschaft über alle anderen europäischen Rassen in der Neuen Welt erlangt hat. […] Sie wird nicht innerhalb jener Linien bleiben, die in den Verträgen festgelegt sind, sie wird diese imaginären Deiche vielmehr an sämtlichen Stellen überspülen.» Spätestens nach der Annexion Mexikos, die das Land um die Hälfte verkleinerte, war vielen Lateinamerikanern klar, was die metaphorischen Sätze des französischen Autors bedeuteten. Dennoch verwandelten sich die führenden Köpfe unter den lateinamerikanischen Intellektuellen nicht zu platten Yankee-Hassern: «Keinen Groll, sondern Bewunderung empfinde ich für die Menschen des Nordens», schrieb zum Beispiel Eugenio María Hostos aus Puerto Rico, dessen Land schon bald zu den Sternen auf der nordamerikanischen Flagge gehören sollte. Aber die Bewunderung, fügte er hinzu, mache ihn nicht blind: Die Monroe-Doktrin, jenes «egoistische Prinzip der kontinentalen Vorherrschaft», widerspreche der «großen Demokratie», die er im Grunde für «beispielhaft» hielt. Die Adressaten seiner kritisch-lobenden Sätze konnte der Puertorikaner freilich nicht beeindrucken. Denn deren geopolitische Strategie, die auch sein Land zum «Mare Nostrum» rechnete, änderte sich keinen Deut.

Die Fixierung auf Europa, und das hieß vor allem auf Frankreich, war unter diesen Umständen nicht verwunderlich: «Wir trafen die exklusive Entscheidung», schreibt Carlos Fuentes, «dass wir keine Indianer, Schwarze oder Spanier waren. Stattdessen versuchten wir zu glauben, dass wir Europäer wären, vorzugsweise Franzosen.» Indem sie die kulturellen Strickmuster aus Paris, mit den Worten Baudelaires «die Hauptstadt des 19. Jahrhunderts», mit Eifer kopierten, standen die Kreolen im Übrigen nicht allein. Die Pariser Haute Culture traf in ganz Europa, selbst unter den Eliten von Algier oder Kairo, auf enthusiastische Bewunderer und Nachahmer. In den Metropolen Lateinamerikas kam die Französisierung des kulturellen Lebens allerdings einem Dammbruch gleich, lange bevor sich die politischen Wassermassen aus dem Norden, die Alexis de Tocqueville vorausgesagt hatte, über den Subkontinent ergossen. Die High Society von Lima, Bogotá oder Caracas kopierte alles, was das Pariser Savoir-vivre hervorgebracht hatte, von der Kleidung über die Architektur bis zum literarischen Geschmack. Die Besuche bekannter Couturiers aus den Modehäusern der Seine-Metropole empfand die Upperclass von Bogotá als gesellschaftliches Ereignis allererersten Ranges. Konnte man jetzt noch daran zweifeln, so der Tenor der lokalen Presse, dass Kolumbiens Kapitale eine *moderne* Stadt geworden war? Die Verwandlung Bogotás von einer öden Provinzstadt in eine kosmopolitische Metropole, schrieb ein kolumbianischer Journalist in den 1840er Jahren, ließ sich sogar an den Trinkgewohnheiten ihrer Elite ablesen. Hatte diese bis zur Unabhängigkeit der traditionellen indo-hispanischen Chocolate den Vorzug gegeben, wechselte sie danach zum französischen Café; in den sechziger Jahren, vielleicht als Reaktion auf den französischen Imperialismus in Mexiko, setzte sich der englische Tee in den Kreolensalons durch. Einheimische Getränke, sofern sie die Edelgeschäfte der Stadt überhaupt noch führten, wurden dagegen zu Ladenhütern.

Die obsessive Französisierung der kreolischen Eliten machte auch vor Brasilien nicht Halt. Selbst Dom Pedro II., nur ein halber Brasilianer, war ihr verfallen. Als belesener Humanist stand der junge Monarch mit der europäischen Geisteselite, vorzugsweise französischer Couleur – Hugo, Lamartine oder Pasteur – auf gutem Fuß und ging als Reisekaiser in die Annalen ein. Natürlich gehörte Frankreich zu den beliebtesten Zielen. Der typische Brasilianer, spottete deshalb Joseph Arthur Comte de Gobineau (1816–82), eine Zeit lang französischer Botschafter und beliebter Gesprächspartner des *Imperador*, hege den leidenschaftlichen Wunsch, in Paris zu leben. Noch Claude Lévi-Strauss, in den 1930er Jahren als Ethnologe in Brasilien unterwegs, registrierte den «Vorzug», den man französischen Professoren an dortigen Universitäten gab. Zumindest in puncto kulturelle Präferenzen unterschied sich die brasilianische Elite nicht vom restlichen Lateinamerika.

Der kulturelle Pendelschlag, den die zitierten Beispiele illustrieren, konnte extremer kaum ausfallen. War Amerika im 16. Jahrhundert das Utopia Europas gewesen, schreibt Carlos Fuentes, mutierte Europa nun zum Utopia Lateinamerikas. Hier und da stieß die Europabegeisterung der Kreolen aber bereits auf Skepsis – und auf politische Kritik, die die kulturelle Einbahnstraße auch für eine ökonomische Sackgasse hielt. So pointierte der chilenische Schriftsteller Claudio Vesix: Die lateinamerikanischen Eliten beschränkten sich darauf, die *konsumptiven* Muster Europas zu kopieren, nicht aber die *produktiven* …

Die Möglichkeiten, den kulturellen Vorbildern auch ökonomisch nachzueifern, waren freilich, wie man ehrlicherweise hinzufügen muss, äußerst beschränkt: selbst in einem Land wie Argentinien, das ohne große Blessuren aus den Unabhängigkeitskämpfen hervorgegangen war und das rund hundert Jahre später zu den wirtschaftlichen Avantgardestaaten Lateinamerikas zählen sollte. Wie lässt es sich erklären, dass das Land am Río de la Plata, mit natürlichen und intellektuellen Ressourcen überaus reich gesegnet, dennoch ein geographischer Riese auf tönernen ökonomischen und politischen Füßen blieb, der zu Beginn des 21. Jahrhunderts völlig kollabierte?

6. «Barbarei» und «Zivilisation» im Dauerclinch: *das Beispiel Argentinien im 19. Jahrhundert*

6.1 Buenos Aires geht voran: *die Porteños als Pioniere der lateinamerikanischen Unabhängigkeit*

Bereits einige Jahrzehnte vor der Unabhängigkeit schien alles darauf hinzudeuten, dass dem Vizekönigreich eine bedeutende Zukunft beschieden sein würde. Erst 1776 gegründet und mit geographischen Dimensionen ausgestattet, die der Größe der Vereinigten Staaten entsprachen, fiel seine Entstehung in eine Zeit, in der die ökonomischen Fesseln des kolonialen Regiments spürbar gelockert wurden. Das königliche Plazet von 1778 erlaubte es den geschäftstüchtigen Porteños fortan, direkte Handelsbeziehungen mit Spanien und fast allen Häfen in Lateinamerika zu etablieren – ohne die zeitraubenden und kostspieligen Umwege, die das spanische Handelsmonopol jahrhundertelang vorgeschrieben hatte. Der Erfolg ließ nicht lange auf sich warten: Buenos Aires, noch im 17. Jahrhundert «die ärmste Stadt Hispanoamerikas», wie ein königlicher Beamter schrieb, mauserte sich zwischen 1780 und 1800 zu einer prosperierenden Wirtschaftsmetropole. Ein Großteil der architektonischen Pracht, mit der sich die kreolische Handelsbourgeoisie steinerne Denkmäler setzte, datiert aus jenen Jahren. Dabei war die «europäischste Stadt Lateinamerikas», eine Art urbane Dependance von London, Paris und Madrid, zugleich eine weltoffene Metropole, in der das steife, aristokratische Gehabe, das in den Hauptstädten der anderen Vizekönigreiche den guten Ton angab, eher Ausnahme als Regel blieb. Das soziale Klima der Kapitale des Río-de-la-Plata-Reichs war, trotz ihrer schwindelerregenden Prosperität, durchaus entspannt, fast schon plebejisch. Zu guter

Letzt wurde das Selbstbewusstsein der kreolischen Eliten auch politisch gekrönt: Ihr doppelter Sieg über die englischen Truppen, der den Beginn des lateinamerikanischen Unabhängigkeitskampfs markierte, erfüllte sie mit besonderem Stolz – schließlich hatten ihre Milizen just jenem Land zwei spektakuläre Schlappen zugefügt, das Spanien mehr als einmal in die Knie gezwungen hatte. Der definitive Sieg über das Kolonialregime schien damit eine ausgemachte Sache.

Doch Buenos Aires war nicht Argentinien. Der Dauerkonflikt zwischen der Río-de-la-Plata-Metropole und dem ausgedehnten Hinterland, der nach der Unabhängigkeit offen ausbrechen sollte, bremste den revolutionären Elan der Separatistenbewegung, kaum dass sie sich in Gang gesetzt hatte: Córdoba, einflussreichste Stadt des *Interior*, schlug sich auf die Seite der Konterrevolution. In den Provinzen, die Hunderte oder gar mehrere tausend Kilometer entfernt lagen, hatte nicht nur eine gehörige Portion des alten Konquistadorengeistes überlebt, dem die liberalen Ideen und ‹traditionslosen› Umgangsformen der Porteños zuwider waren. Dort hatte sich auch der begründete Argwohn verbreitet, dass man im Fall der Unabhängigkeit von Spanien postwendend unter die Kuratel von Buenos Aires geraten würde. Und diese Aussicht empfanden die Provinzeliten durchaus als Übergang vom Regen in die Traufe. Dass sich die revolutionäre Junta de Mayo, die die Porteños 1810 gebildet hatten, auch staatsrechtlich als Nachlassverwalterin des Vizekönigreichs empfand und daraus entsprechende Vorherrschaftsrechte ableitete, bestärkte sie in ihrem Argwohn gegen die De-facto-Kapitale. Der spanische Despotismus, so ihre Befürchtung, würde lediglich durch eine nationale Variante ersetzt.

Auch nach der Unabhängigkeit, die die siegreichen Armeen San Martíns bis weit über die zukünftigen Landesgrenzen erkämpft hatten, blieb die Zwietracht zwischen der reichen Küstenmetropole und den Provinzen *der* politische Faktor, der das 19. Jahrhundert Argentiniens prägte und jahrzehntelang lähmte. Zwar existierte bereits seit 1819 eine republikanische Verfassung, nachdem man die Idee einer Monarchie – einige plädierten sogar für die Inthronisierung eines Inkas – verworfen hatte; und nur ein Jahr später waren auch die Grenzen der 13 Provinzen (1833 kam mit dem nördlichen Yujuy eine 14. hinzu) definitiv gezogen; von einem *nationalen* Gebilde konnte indessen keine Rede sein. Die prosperierende Handelsmetropole Buenos Aires stand der ländlichen Welt der Latifundisten unversöhnlich gegenüber. Zum einen ökonomisch: Es waren die einflussreichen Porteños, die nach 1824 den Im- und Export kontrollierten. Der Löwenanteil des maritimen Geschäfts, einschließlich der üppigen Steuern, landete in ihren Kassen. Das spanische Handelsmonopol, gegen das sie so lange Sturm gelaufen waren, übten sie nun über ihr ‹nationales› Hinterland de facto selber aus. Aber auch politisch konnte noch lange nicht von einer Nation die Rede sein: Die Scheidelinie zwischen *Unitarios* und *Federales*, die das Land, den ökonomischen Grenzen folgend, fortan entzweite, schien unüberbrückbar. Anhänger einer zentralistischen Regierung – in Buenos Aires – die einen, plädierten die anderen für eine Machtaufteilung nach den Gegebenheiten der Geographie. Anfang der 1830er Jahre, der Pulverdampf von Ayacucho war kaum verflogen, mündete die Frontstellung der Metropolen- und Provinzargentinier in einen offenen Bürgerkrieg. Im Grunde ging es bei diesem Casus Belli, wie Domingo Faustino Sarmiento (1811–1888), einer der intellektuellen und politischen Köpfe der kommenden Jahrzehnte, plastisch formulierte, um einen Kampf zwischen «Zivilisation und Barbarei».

Oberster Repräsentant Letzterer war Juan Manuel Rosas (1793–1877), ein reicher Estanciero, Fleischexporteur und Schiffseigentümer, der sich an die Spitze der *Federales* setzte und das zerrissene Land mit eiserner Hand knapp 20 Jahre (1835–1852) regierte. Nach außen ein überzeugter Föderalist, dirigierte er sein diktatorisches Regime gleichwohl ziemlich zentralistisch – von Buenos Aires aus. Noch fest in den «alten Werten» verwurzelt, protegierte er den Klerus, lähmte das intellektuelle Leben und verfolgte seine politischen Gegner mit brachialer Gewalt. Ihre führenden Köpfe ließ er enthaupten und auf öffentlichen Plätzen zur Schau stellen. Ganz im Stil der Caudillo-Tradition huldigte Rosas einem Personenkult, der von präpotenter Eitelkeit geradezu strotzte. Überall in Buenos Aires und in den Provinzhauptstädten, die seine Truppen kontrollierten, ließ er sein Bild aufhängen, selbst auf Altären stand sein Konterfei. Und obwohl er de facto ein durch und durch zentralistisches Regiment führte, waren die Bewohner der Hauptstadt verpflichtet, sich ein rotes Zeichen anzuheften, wenn sie die Straße betraten: «Bárbaros Unitarios», war darauf zu lesen … Charles Darwin (1809–1882), damals gerade in Argentinien unterwegs, hat den «außerordentlichen Charakter» von Rosas, den er sogar persönlich kennen lernte, dennoch gelobt. Unheimlich war dem illustren Forschungsreisenden nur die «schurkische, banditenartige Armee» des Caudillo, die er auf die «gemischte Abkunft zwischen Neger, Indianer und Spanier» zurückführte: «Ich kenne die Ursache nicht», notierte er, «aber Menschen solchen Ursprungs haben selten einen guten Gesichtsausdruck.»

Auch außenpolitisch dominierte eine militärische Note, vor allem mit Blick auf Uruguay, das gerade erst, als Ergebnis des Krieges mit Brasilien, seine nationale Souveränität erlangt hatte. Ganze neun Jahre belagerten Rosas' Truppen – erfolglos – Montevideo, wo zudem viele seiner politischen Kontrahenten Zuflucht gefunden hatten. Erst als diese den reaktionären Caudillo in der Entscheidungsschlacht von Caseros (1852) schließlich besiegt hatten, konnte das liberale Argentinien aufatmen: Die «brutalen und ignoranten Traditionen der Kolonialzeit», die Rosas, so sein bekanntester Widersacher Sarmiento, wie kein anderer verkörperte, schienen überwunden.

Doch auch die nächsten Schritte des «Nationbuilding» verliefen schleppend und auf überaus holprigen Wegen. Der alte Gegensatz zwischen Buenos Aires und den 13 Provinzen war keineswegs verschwunden. In der «Übereinkunft von San Nicolás», die die Bürgerkriegsparteien nach dem Sturz von Rosas unterzeichnet hatten, wurde zwar die Einberufung einer verfassunggebenden Versammlung beschlossen; der vereinbarte Vertretungsmodus, zwei Abgeordnete pro Provinz, schürte indessen den Unmut der Porteños. Sie empfanden es als Zumutung, dass ihre Stimmen das gleiche Gewicht haben sollten wie die jeder anderen Provinz. Einen zähen Streit gab es auch und gerade in wirtschaftlichen Angelegenheiten, vor allem um die Frage: Wem standen die Im- und Export-Steuern zu, die im Hafen von Buenos Aires kassiert wurden? Realistischerweise einigte man sich darauf, die Zolleinnahmen zu «nationalisieren», allerdings unter lauten Klagen der Metropolenelite, die mit dem Verlust ihres ökonomischen auch ihr politisches Monopol gefährdet sah. Schließlich wurde auch eine Verfassung verabschiedet. Die *Constitución Nacional* von Santa Fe (1853) war jedoch alles andere als national: Sie blieb lediglich das Werk der Provinzen, die Vertreter von Buenos Aires waren gar nicht erst in Santa Fe erschienen. Auch der dort gewählte Präsident, Justo José de Urquiza, trat sein Amt ohne die Stimmen aus der Río-de-la-Plata-Metropole an – eine verfassungsrechtliche Schizophrenie, die immerhin zehn Jahre dauern sollte. In der Zwischenzeit versammelten sich die Provinzabgeordneten in der neuen Regierungshauptstadt Paraná, beschlossen Gesetze und bauten eine Exekutive auf. Deren Reichweite endete freilich an den Grenzen von Buenos Aires. Dort residierten auch die ausländischen Botschafter und Konsuln, die in die ‹provinzielle› *Confederación Argentina* entsandt worden waren. Nur widerwillig verrichteten sie von Fall zu Fall ihre Amtsgeschäfte in der öden Regierungs- und Verwaltungsstadt, bevor sie in das kosmopolitische Ambiente von Buenos Aires zurückkehrten. Die Situation war paradox: Die De-facto-Kapitale empfand sich zwar als eigener Staat, verzichtete aber darauf, ihre Souveränität und Unabhängigkeit formal zu proklamieren. Gelegentlich kam es zwischen den beiden Staatsgebilden sogar zu militärischen Auseinandersetzungen – kein sonderlich gutes Omen für eine stabile Zukunft als Nation.

Das politische Schisma besaß freilich auch weiterhin eine gewisse Logik. Denn trotz des Umstandes, dass der Caudillo der *Federales* in den beiden zurückliegenden Jahrzehnten das Hauptquartier seiner Gewaltherrschaft in Buenos Aires aufgeschlagen hatte, war der Riss, der die Stadt von ihrem Hinterland trennte, noch tiefer geworden. Während die Porteños auf gepflasterten Straßen flanierten, die nachts von Gaslaternen erleuchtet wurden, stolperten ihre Kompatrioten in der Nachbarprovinz Entre Ríos über holprige Wege und verirrten sich im Dunkel unwirtlicher Landschaften – ganz zu schweigen von den Siedlungen, Dörfern und Kleinstädten, die über die Weiten der Pampa oder die Andentäler im fernen Westen verstreut waren. Selbst Städte wie Córdoba oder Mendoza, die bereits einen urbanen Grundcharakter besaßen, wirkten im Vergleich zu Buenos Aires wie anachronistische Museen aus Stein, in denen die koloniale Epoche überdauert hatte. Domingo Faustino Sarmiento lag deshalb augenscheinlich nicht besonders falsch, als er in seinem *Facundo* die argentinische «Barbarei» mit der «asiatischen Einsamkeit» verglich: Eine gewisse Analogie zwischen der Pampa und den riesigen Ebenen, die Euphrat und Tigris verbinden, schrieb er, sei unübersehbar. Vergleichbar, so der spätere Präsident Argentiniens, sei auch die desolate Kommunikation: Während die einen wochen-, wenn nicht monatelang auf Eselskarren unterwegs seien, um in die Metropole der «Zivilisation» zu gelangen, stünden den anderen nur die sonnenglutheißen Routen der Kamelkarawanen offen.

Das düstere Panorama Sarmientos, noch zu Zeiten verfasst, als sein Widersacher Juan Manuel Rosas die Barbarei verkörperte, sollte sich indessen schon bald etwas aufhellen. Die allmähliche Annäherung der beiden «Staaten» war vor allem der realistischen Einsicht geschuldet, dass man ökonomisch aufeinander angewiesen war. Schließlich kamen die Produkte – Fleisch, Wolle, Leder, Wein etc. –, die in Buenos Aires verschifft wurden, aus dem «barbarischen» Hinterland. Und das war zugleich ein potenzieller Markt für jene Importe, die im Hafen des Río de la Plata entladen wurden. Nach zwei blutigen Schlachten zwischen der Provinz-Konföderation und dem «Freistaat» war es so weit, zumindest politisch: Buenos Aires trat der Konföderation bei, und kurze Zeit später (1862) wurde mit Bartolomé Mitre der erste Präsident der nun geographisch kompletten Nation gewählt. Mitre präsidierte das Land bis 1868, dann wurde er von Domingo Faustino Sarmiento abgelöst. Spätestens jetzt, mit dem Amtsantritt des berühmten Kritikers der «Barbarei», schien deren Gegenpol, die lang ersehnte «Zivilisation», auch im europafernen Argentinien freie Bahn zu haben. Schließlich waren die Argentinier, wie Sarmiento und andere Intellektuelle seines Schlages sich wünschten, dazu bestimmt und willens, die Europäer Südamerikas zu werden!

6.2 Neue Abhängigkeiten:
Argentinien als ökonomischer Außenposten des British Empire

Noch mehr als im übrigen Lateinamerika war es vor allem englisches Kapital, das diesem Wunsch der intellektuellen und politischen Elite Argentiniens eine baldige Erfüllung versprach. Die massive Präsenz englischer Bankiers, Händler und Unternehmer, die trotz der militärischen Schlappen gegen die Porteños zu Beginn des Jahrhunderts bereits auf eine lange Tradition zurückblicken konnte, avancierte nach den Wirren der Bürgerkriegsära zum dominanten Faktor der argentinischen Ökonomie. Die damit verbundene Abhängigkeit von den ausländischen Kreditgebern und Investoren war, so hatte es den Anschein, mit dem aufkeimenden

Patriotismus der kreolischen Eliten durchaus kompatibel. Hatte man bereits zu Beginn der Unabhängigkeit wenig Skrupel gehabt, die ökonomischen Grenzen zu öffnen – selbst die argentinischen Geldscheine wurden in London gedruckt und unter britischer Kontrolle in Umlauf gebracht –, so war man Mitte des Jahrhunderts augenscheinlich sogar willens, den Status einer ökonomischen Kronkolonie zu akzeptieren, ja sogar herbeizusehnen. Das Beispiel der argentinischen Eisenbahn ist dafür besonders illustrativ. Die erste Strecke im Südwesten von Buenos Aires, ganze zehn Kilometer lang, wurde 1857 in Betrieb genommen. Es waren, erstaunlich genug, lokale Investoren, die die Gleise finanzierten, wenn auch unter der Leitung eines englischen Ingenieurs und unter der Mitarbeit von 160 englischen Facharbeitern. Doch schon wenige Jahre später wurde die Strecke an eine englische Gesellschaft verkauft – eine durchaus symbolische Transaktion. Denn fortan wurde das gesamte Schienennetz, es expandierte bis zum Ende des Jahrhunderts auf immerhin knapp 6000 Meilen, von Engländern geplant, finanziert, gebaut und unterhalten. Sogar die Kohle für die Lokomotiven kam aus englischen Bergwerken. Ein ähnliches Bild boten die Estancias in der Pampa, auf deren riesigen Weideflächen jene Rinderherden grasten, deren Fleisch zur ökonomischen Trumpfkarte der argentinischen Exportwirtschaft werden sollte. Um den Geschmack der englischen Kundschaft, der Hauptabnehmer der gesalzenen, später tiefgekühlten Fleischexporte, möglichst genau zu treffen, importierten die Estancieros englische Muttertiere und achteten streng darauf, dass die Zucht- und Füttermethoden englischen Vorschriften entsprachen. Mit englischem Stacheldraht wurden die Weideflächen eingezäunt, und englische Güterzüge transportierten das Schlachtfleisch in den Hafen von Buenos Aires. Schließlich waren es vor allem englische Schiffe, die das begehrte Nahrungsmittel über den Atlantischen Ozean beförderten. Zwei Beispiele von vielen, die die Bilanz des englischen Historikers George Pendle rundum bestätigten: «Gegen Ende des 19. Jahrhunderts war die Pampa gezähmt, organisiert und faktisch zu Nutz und Frommen an der Wirtschaft Großbritanniens ausgerichtet.»

Den Estancieros der Pampa und der Finanz- und Handelsbourgeoisie von Buenos Aires kam das «englische Wirtschaftswunder» nur recht: Sie verdienten ausgezeichnet. Die möglichen Gefahren einer wenig diversifizierten Exportwirtschaft, die sich obendrein auf Primärprodukte beschränkte, nahm man in Kauf. Man hatte wohl auch keine große Wahl, die ökonomische Supermacht am Ärmelkanal diktierte die Terms of Trade. Bis zum Ende des 19. Jahrhunderts waren die englischen Investitionen in Argentinien auf knapp 200 Mio. Pfund Sterling angewachsen – eine schwindelerregende Summe, die die Investitionsmarge Großbritanniens in anderen Ländern des Subkontinents (außer Brasilien) haushoch überragte. Immerhin hätte man deshalb erwarten können, dass die argentinischen Hauptprofiteure der brummenden Exportbilanzen ihrem politischen Patriotismus, der kaum minder hohe Wachstumsraten erzielte, ökonomische Taten folgen ließen. Die große Mehrheit der Estancieros, Agrarexporteure und Handelsmagnaten, ja selbst das Gros der neuen Clase media, die der schnelle Reichtum hervorgebracht hatte, zahlten indessen nur eine skandalös geringe Steuerquote. Der Staat – *ihr* Staat – war deshalb gezwungen, Kredite aufzunehmen (natürlich von englischen Banken) oder inflationsanheizende Geldnoten zu drucken. Die Verschuldungsspirale, die damals in Gang gesetzt wurde, drehte sich, von trügerischen Ruhephasen abgesehen, bis in die – bittere – Gegenwart.

6.3 «Gobernar es poblar»:
das Argentinien der Schiffe

Zunächst stand das ökonomische Barometer allerdings auf Sonnenschein, der nur von einigen Zwischentiefs getrübt wurde. Das «englische Wirtschaftswunder», das diese Wetterlage hauptsächlich herbeigeführt hatte, reichte indessen nicht aus, so der Konsens der herrschenden Eliten, die Erfolge zu stabilisieren. Eines der Hauptprobleme des Landes, schrieb der einflussreiche Schriftsteller und Publizist Juan Bautista Alberdi (1810–1884), waren seine Entfernungen. Die Lösung dieses Problems sah Alberdi nicht allein im Bau von Eisenbahnen, Telegraphenmasten und Straßen, sondern in der massenhaften Einfuhr dessen, was die riesigen Räume ausfüllen konnte: Menschen, vorzugsweise aus England, aber auch aus Deutschland oder Skandinavien, den besonders «arbeitsamen» Völkern. Die berühmte Devise Alberdis, «gobernar es poblar» (regieren heißt bevölkern), traf vor allem bei dem Schriftstellerpräsidenten Domingo Faustino Sarmiento auf offene Ohren. Dessen bekannter Slogan, der freilich ziemlich übertrieben war, Argentinien verfüge über mehr Lehrer als Soldaten, konnte von seinen Nachfolgern schon bald paraphrasiert werden: In dem Land am Río de la Plata lebten mehr Ausländer als Argentinier. Die Paraphrase galt zumindest für Buenos Aires. Um 1880 lebten dort etwa 500 000 Menschen, mehr als die Hälfte bestand aus europäischen Einwanderern. Nirgendwo sonst in Lateinamerika hatte sich das Bevölkerungskarussell so schnell gedreht wie in Argentinien. Gekommen waren freilich kaum die erwünschten «Rassen». Das Gros der Immigranten, ca. 80 Prozent, bildeten Italiener und Spanier, begleitet von einer stattlichen Zahl osteuropäischer Juden – ein ethnisches Kaleidoskop, das entweder, im Fall der Spanier, alte Ressentiments entfachte oder aber, mit Blick auf die jüdischen Einwanderer, antisemitische Stimmungen schürte.

Im Großen und Ganzen waren Sarmiento – der übrigens auch die Juden willkommen hieß – und seine politischen Erben mit den Ergebnissen der Einwanderungspolitik allerdings zufrieden. Ein Millionenheer neuer Arbeitskräfte, dem im 20. Jahrhundert weitere Bataillone folgen sollten, stand bereit, den «barbarischen» Zustand des Landes zu überwinden. Inzwischen hatte man auch die letzte Barriere, die dem Fortschritt, d.h. der «Zivilisation», im Wege stand, erfolgreich überwunden: das «Problem der Indios», wie der – durchaus liberale – argentinische Historiker Félix Luna noch 1997 formulierte. Ende der 1970er Jahre war dieses «Problem», so dieser Autor, definitiv «gelöst». Die ausgedehnten Gebiete, auf denen indianische Gemeinschaften lebten, vor allem in den Provinzen Mendoza, San Luis, Córdoba und südlich von Buenos Aires, insgesamt mehrere zehntausend Quadratkilometer, standen mit den Worten Lunas nun «dem Fortschritt zur Verfügung». Der kam zwar nur in Gestalt reicher Terratenientes, die ihre Gier nach Land mit den indianischen Territorien befriedigten; die «permanente Bedrohung der christlichen Siedlungen und christlichen Unternehmen» (Luna) war indes zu Ende. Kann man es Carlos Fuentes verdenken, wenn er die «Wüstenkampagne», wie das Massaker an der indianischen Bevölkerung vom Mainstream der argentinischen Historiographie bis heute verklärt wird, als «eigentliche Barbarei» bezeichnet? Die bittere Ironie dieses Kapitels der modernen Geschichte Argentiniens liegt nicht zuletzt darin, so der mexikanische Schriftsteller, dass es just von jenen geschrieben wurde, die

den «spanischen Despotismus» erst ein halbes Jahrhundert vorher überwunden hatten: «Nun handelten wir, die unabhängigen Spanisch-Ame-
rikaner», schreibt Fuentes, «ebenso wie die Nachfahren von Cortés und
Pizarro. Nur die Uniformen hatten sich verändert.»

Sarmiento und seine zivilisationsbegeisterten Zeitgenossen hätten
dieses Verdikt empört zurückgewiesen. Für sie galt alles Spanische, die
Kolonialepoche ebenso wie die peninsulare Kultur des 19. Jahrhunderts,
als Inbegriff der «Barbarei». Mehr noch als im übrigen Lateinamerika
bildete der radikale, fast ist man geneigt zu schreiben: der obsessive Antihispanismus der Kreolen am Río de la Plata das ideologische Gründungs-
ferment des zukünftigen Nationalismus – das erste, freilich betont negative Wir-Gefühl, das die Sieger des Unabhängigkeitskrieges miteinander
verband. Dabei beschränkten sich die antispanischen Ressentiments der
Porteños – und es waren vor allem sie, weniger die Provinz- und Pampa-
bewohner, die diese Gefühle empfanden – zunächst keineswegs darauf,
nur die ideologischen Bande mit der einstigen Madre Patria zu kappen.
So hatte bereits die erste Junta der kreolischen Rebellen per Dekret verfügt, alle spanischen Junggesellen aus Buenos Aires zu vertreiben. Das
Dekret wurde zwar, aufgrund starker Proteste, in praxi kaum befolgt;
die antispanische Stimmung, die in der Stadt herrschte, nahm indessen
weiter zu. So ist es nicht verwunderlich, dass in den kommenden Jahren
weitere Maßnahmen, durchaus drakonischer Art, folgten: Tatsächliche
oder vermeintliche Konspirationsversuche spanientreuer Kreise wurden
mit der Todesstrafe geahndet, und San Martín, renommierter General
der Befreiungsarmeen, schickte seine spanischen Kriegsgefangenen kurzerhand nach Mendoza zur Zwangsarbeit. Dort mussten sie, unter der
Kuratel kreolischer Estancieros, jene Sklaven ersetzen, die San Martín für
seine Armee rekrutiert hatte …

Aber auch diejenigen Spanier, die mehr oder weniger freiwillig im
ehemaligen Vizekönigreich geblieben waren, hatten kein besonders leichtes Los. So berichtete ein englischer Reisender, der 1819 Buenos Aires
besuchte, von zahlreichen Gruppen zerlumpter Spanier, die auf den Bür-
gersteigen der Zentrumsboulevards herumsaßen und ihrer Vergangenheit als reiche und respektierte Geschäftsleute nachtrauerten. Als besonders deprimierend dürften sie ihre Lage nicht zuletzt deshalb empfunden
haben, weil auch die kulturelle Währungsreform, deren Augenzeugen sie

wurden, unerbittlich voranschritt. Die kurzen Beinkleider, mit denen die Männer der besseren Gesellschaft einst über die Alameda flaniert waren, machten angelsächsischen Schnittmustern Platz. Ebenso erging es den sozialen Umgangsformen: Die Zalema, der tiefe Bückling des spanischen Begrüßungszeremoniells, wurde durch das nüchterne Shakehands der Engländer ersetzt. Auch die typische Chocolate der kolonialen Salons fand im reichen Sortiment englischer Teesorten einen siegreichen Konkurrenten. Die politische *Separation* von Spanien war damit auch am Río de la Plata, wie Octavio Paz pointierte, zu einer kulturellen *Negation* geworden.

Zu den zahlreichen Paradoxien, vielleicht auch Schizophrenien, der national-kulturellen Identität, die die kreolischen Eliten in den kommenden Jahrzehnten konstruierten, gehört dabei die unübersehbare Tatsache, dass die radikale Negation Spaniens zugleich einer Selbstnegation gleichkam. Schließlich stammten sie selber, nicht selten erst in der zweiten Generation, von spanischen Müttern und/oder Vätern ab. Wie stark ihr Groll auf die ehemalige Madre Patria und ihre zeitgenössische Kultur dennoch war, illustrieren besonders deutlich die Schriften jenes Mannes, der zu den intellektuellen und politischen Protagonisten des 19. Jahrhunderts zählte: Domingo Faustino Sarmiento, der das Land auch von 1868 bis 1874 als Präsident selber regierte. Symptomatisch für seinen vehementen Antiespañolismo ist ein ausgedehnter Reisebericht aus den 1840er Jahren. Sarmiento war mit der «heiligen Absicht» nach Spanien gereist, so teilt er seinen Lesern gleich zu Anfang mit, «ein verbales Gerichtsverfahren» in Gang zu setzen. Seine Anklageschrift, die er auf Dutzenden von – brillant formulierten – Seiten verfasste, ist in Ton und Inhalt unerbittlich. Sie deckt sich, was angesichts seiner kulturellen Frankreichfixierung kaum überrascht, über weite Strecken mit jenen Pamphleten, die die französischen Aufklärungsautoren bereits ein Jahrhundert zuvor gegen das «Land hinter den Pyrenäen» verfasst hatten. Ins Visier des argentinischen Spanienreisenden geraten vor allem die katholischen Traditionen des Landes, die, so seine Sicht, in sämtliche Poren der Gesellschaft eingedrungen sind, besonders in das intellektuelle Leben: Spanien sei jenes Land Europas, lautet sein Verdikt, das auf kulturellem Terrain so gut wie nichts hervorgebracht habe. Und so wie der Herr, das Gescherr: Das Volk sei roh und ungebildet, überall, selbst an religiösen

Orten, vernehme man die gröbsten Flüche und erblicke die ekelerregendsten Laster. Der gemeine Spanier, so Sarmiento, verwandelt alles, wo er geht und steht, in einen Spucknapf. Und auch das kulturelle Leben des Volks erscheint ihm als eine trübe Mischung aus Religion und Grausamkeit. So sei etwa die Madrider Plaza Mayor zweihundert Jahre lang ein Schauplatz der berühmt-berüchtigten Autodafés gewesen. Und die, meinte Sarmiento, waren nichts anderes als «die Stierkämpfe der Inquisition». In diesem stilistischen Kaliber geht es Seite um Seite weiter. Ein fürwahr gnadenloser Prozess, den der illustre Reisende dem Land seiner Vorfahren machte – und damit zugleich sich selber. Denn all das, was ihn in Spanien mit Abscheu erfülle, bilde auch die argentinische Hypothek, die er und seine politischen Freunde noch abzutragen hätten. Eine schier herkulische Aufgabe, wie er am Ende seines viel gelesenen Reiseberichts klagt: «Oh Gott, was für ein Fluch lastet auf dieser verwunschenen spanischen Rasse in Südamerika […].»

Die besondere Tragik der nationalkulturellen Identitätssuche der argentinischen Eliten, die in Sarmiento einen ihrer exponiertesten Vertreter fanden, bestand darin, dass ihr Hass auf alles Spanische nicht durch autochthone Traditionen abgemildert wurde. Denn im Unterschied zu anderen Regionen Lateinamerikas, in denen die indigene Welt, trotz aller Verachtung durch die dortigen Kreolen, ein ethnischer Faktor war, den man nicht ignorieren konnte, spielte dieser Faktor in Argentinien so gut wie keine Rolle. Die zitierte Ansicht Bolívars, die Amerikaner seien eine «mittlere Spezies», irgendwo angesiedelt zwischen Indianern und Europäern, stieß am Río de la Plata auf völlig taube Ohren. Dort war man vielmehr davon überzeugt, zur «puren europäischen Rasse» oder doch in Zukunft zu ihr zu gehören, wie Sarmiento in seinem *Facundo* schrieb – mit allen Eigenschaften, vor allem einer «noblen Physiognomie» und einer «weißen Haut», die dieser «Edelrasse» zu Gesicht stand. Und dort, wo noch ein anderer, «barbarischer» Menschenschlag sein Unwesen trieb, nämlich in den «zivilisations»-fernen Gegenden außerhalb von Buenos Aires, war es nur eine Frage der Zeit, bis die europäische Herrenrasse ihren Einzug hielt. Der eklatante Unterschied zum übrigen Lateinamerika, den das dominante Zivilisationsprojekt in Argentinien markierte, war Sarmiento übrigens von Anfang an bewusst: Die anderen Völker Amerikas, schrieb er im *Facundo*, «werfen ihnen [den Argentiniern, N. R.] diese Eitelkeit vor und fühlen sich beleidigt durch ihren Dünkel und ihre Arroganz». Einen Aufruf zu mehr nationaler Bescheidenheit darf man aus dieser Einsicht freilich nicht herauslesen. An seinen europa- und nordamerikafixierten Zivilisationsbestrebungen machten er und seine Gesinnungsgenossen keinerlei Abstriche. Im Gegenteil: «Habt ihr noch nicht das Wort *Wilder* gehört, das um unsere Köpfe flattert?», fragt der *Facundo*-Autor und erteilt sogleich die Antwort: «Darum geht es: Ein *Wilder* zu sein oder nicht.»

Es waren wohl vor allem zwei Faktoren, die die Europaobsessionen der liberalen Intellektuellen und Politiker am Río de la Plata schürten. Zum einen die jahrzehntelange Enklavenexistenz von Buenos Aires während des Vizekönigreichs: Keine andere Kolonialmetropole zeigte ihrem Hinterland so entschieden den Rücken, keine andere war so europaversessen wie sie. Zum anderen der rund 20-jährige Bürgerkrieg zwischen der Küstenmetropole und den Provinzen. Der Casus Belli wurde zwar durch tief greifende Interessengegensätze in Ökonomie und Politik entfacht. Die Dauerkonfrontation geriet freilich auch und gerade zu einem Kulturkampf: eben zwischen «Zivilisation und Barbarei», wie Sarmiento nicht müde wurde zu betonen.

6.4 Die «Barbaren»:
Spanier, Indios und Gauchos

Oberster Repräsentant der «Barbarei» war der Gaucho, eine Art argentinischer Cowboy, den bereits der koloniale Cabildo von Buenos Aires als zwielichtige Gestalt definiert hatte, nämlich als «Leute ohne König und Gesetz» (gente sin rey y sin ley). Obwohl hauptsächlich spanischer Abstammung, lebten diese nomadenhaften Underdogs der Pampa Seite an Seite mit den Indios, gelegentlich kam es auch zu lockeren Formen einer Convivencia. Die räumliche und soziale Nähe zu den argentinischen Indianergemeinschaften, die in ihrer Mehrheit bereits in früheren Jahrhunderten aus Chile eingewandert waren, machte sie besonders barbareiverdächtig. Dieser Verdacht kommt sogar sprachlich zur Geltung: Das Wort «Gaucho» geht, so wird vermutet, auf «guacho» zurück, was in der Sprache der dortigen Indios so viel wie «vaterlos, verwaist, illegitim» bedeutet. Obwohl beide, Indios und Gauchos, auch in den Reihen der Unabhängigkeitsarmeen gekämpft hatten, wurden sie, vor allem Letztere, nachdem sie sich auch als Söldner in Rosas' Streitmacht verdingt hatten, von dessen Gegnern gehasst. Deshalb ist es kein Wunder, dass die legendenumwobenen Pampa-Cowboys zur zentralen Zielscheibe der verbalen Geschütze der Rosas-Gegner wurden. Für Sarmiento, dessen *Facundo* sich im Grunde als Streitschrift gegen den Diktator der *Federales* verstand, mutieren sie sogar zu waschechten «Spaniern», dem übelsten Invektiv in seinem sprachlichen Repertoire: «Der *gaucho* läuft mit einem Messer herum», meinte er zu wissen, «das er von den Spaniern geerbt hat: diese Eigentümlichkeit der Halbinsel, dieser charakteristische Schrei von Zaragoza: *Krieg mit dem Messer, das ist hier realer als in Spanien.»* Und ein solches Gesindel, insinuiert der Barbareitheoretiker, lebt auf argentinischem Boden – was für ein rassisches Zerrbild im Vergleich zur «noblen Physiognomie» der Europäer! Hier und da scheinen aus dem verbalen Pulverdampf, den Sarmientos Kampfprosa erzeugt, sogar die Umrisse rassistischer Ideengebäude hervor: Wie «asiatische Bäume» seien die Gesichter der Gauchos, ein getreuer Ausdruck ihrer «physischen Fähigkeiten» – ohne jede Spur von Intelligenz.

Was macht man mit Bäumen, die einem im Wege stehen? Die Antwort fiel Sarmiento und seinen politischen Freunden nicht schwer. Und spätestens dann, als sie die Schaltstellen der politischen Macht besetzten, ließen sie ihren Ideen auch die entsprechenden Taten folgen. Die Ausrottung der letzten Indios, als «Wüstenkampagne» semantisch drapiert, bereitete ihnen keinerlei Skrupel: «Es mag ungerecht sein, Wilde auszulöschen», gab Sarmiento die Kampfparole aus, «aber dank dieser Ungerechtigkeit [...] wird Amerika [er meinte wohl vor allem Argentinien, N. R.] heute von der kaukasischen Rasse bewohnt – der perfektesten, intelligentesten, schönsten und fortschrittlichsten, die die Erde bevölkert. [...] Die starken Rassen löschen die schwachen ab, die zivilisierten Völker verdrängen [...] die wilden.» Die moralische Unbekümmertheit, mit der Sarmiento die Leitgedanken des europäischen Rassismus übernimmt, dürfte selbst einige der führenden Theoretiker mit Unbehagen erfüllt haben. So ist durchaus zweifelhaft, ob ein Arthur Comte de Gobineau, der übrigens eine Zeit lang als Botschafter im benachbarten Brasilien fungierte, oder ein Charles Darwin (vgl. weiter oben seine Äußerungen über Rosas' Armee), der gewöhnlich zum intellektuellen Kronzeugen der «natürlichen Auslese» gemacht wird, die ethnische Tabula-rasa-Politik des Argentiniers vorbehaltlos unterschrieben hätten. Ihre zum Teil kruden Theoreme, wiewohl ein Steinbruch für Rassisten jeglicher Couleur, waren durchaus komplex und konnten nur bei einer extremen Auslegung als akademischer Freibrief für «ethnische Säuberungen» missverstanden werden.

Zur bösen Ironie der europäischen Ideengeschichte, die auf Amerika abfärbte, gehört freilich auch die Tatsache, dass selbst aufgeklärte Köpfe der Alten Welt dazu beitrugen, den konstruierten Gegensatz von indigener Barbarei und europäischer Zivilisation zu legitimieren. Zu ihnen gehörte, was die indianische Kultur betrifft, sogar Alexander von Humboldt, der einzige aus der Riege europäischer Geistespotentaten, der Südamerika jahrelang bereiste und zu Recht als sein «zweiter Entdecker» gilt. Auch er spricht von einem Kampf zwischen Zivilisation und Barbarei, wenn er auch für eine kulturelle Lösung optiert: Die Indianer könnten nur dann am Fortschritt partizipieren, wenn sie es schafften, sich zu «entindianisieren». Dagegen entschied man sich in Argentinien für eine physische Lösung. Und die zielte, wie die ideologisch dekretierte «Barbaren»-Gemeinschaft von Indios und Gauchos bereits vermuten lässt, auch auf Letztere: «Sparen Sie nicht mit Gaucho-Blut!», hatte Sarmiento dem *Unitario*-General und späteren Präsidenten Bartolomé Mitre schon während des Kriegs gegen Rosas eingeschärft. Wie konnte aus dieser dreifachen Negation, der Spanier, der Indios und der Gauchos, eine national-kulturelle Identität entstehen?

6.5 Kulturelles Nationbuilding:
Europa-Euphorie und die Anfänge der Argentinidad

Es verwundert nicht, dass auch die Geburtshelfer des kulturellen Projekts aus Europa kamen. Im Unterschied zur Ökonomie, die das englische Business beherrschte, dominierte in der Kultur die französische Hauptstadt als ästhetisch-intellektueller Leitstern, dessen Leuchtkraft sich am Río de la Plata mangels eigener Gestirne ungehindert entfalten konnte: «Frankreich, die göttliche Bresche in die Zivilisation», wie der junge spanische Schriftsteller Benito Pérez Galdós (1843–1920) ungefähr zur selben Zeit sein Credo formulierte – in Argentinien wurde es quasi zur kulturellen Staatsdoktrin. Französische Philosophen bestimmten den intellektuellen Diskurs, Pariser Romanciers den ästhetischen Geschmack der Hautevolee in den Literatursalons. Und später, ab 1880, mit Beginn der *Belle Epoque*, die nicht zufällig so hieß, passte sich auch die Architektur der argentinischen Kapitale dem europäischen Zeitgeist an: Peu à peu wichen die spanischen Kolonialgebäude den architektonischen Imitationen aus Paris. Selbst die Friedhöfe verwandelten sich in extravagante Totenstädte, deren protzig-pompöses Pastiche einem «Disneyland des Todes», wie Carlos Fuentes schrieb, verblüffend ähnlich sah. Einen extremeren Prozess kultureller Entfremdung, obendrein *freiwillig*, dürfte es nirgendwo sonst im postkolonialen Lateinamerika gegeben haben.

Völlig unangefochten beherrschten die französierten Parteigänger Sarmientos das kulturelle Terrain indessen nicht. Vor allem in Gestalt des romantischen Journalisten, Dichters und Politikers José Hernández (1834–1886) erwuchs ihnen ein wortgewandter Widersacher, der sich, mit ziemlich guten Argumenten, auf die Seite der «Barbarei» schlug. Als Bürgerkriegsveteran und Waffenbruder der Gauchos verteidigte er in seinem berühmten Versroman *Martín Fierro* aus den 1870er Jahren just jene soziale und kulturelle Welt, die Sarmiento und dessen Gefolgschaft gnadenlos bekämpfte: «Was für eine Zivilisation ist das», polemisierte Hernández gegen die Hauptstadtregenten, «die sich mit dem Lärm des Kampfgetümmels ankündigt und die vom Getöse der Gemetzel eingeläutet wird?» Die harsche Kritik, die der Autor des *Martín Fierro* an der positivistischen Fortschrittsreligion der politischen Klasse von Buenos Aires übte, kam einer kulturellen Kriegserklärung gleich. Hernández beschränkte sich freilich nicht darauf, die brutalen Zivilisationsmethoden seiner Kontrahenten anzuprangern. Sein Versroman unternimmt zugleich den Versuch, die Leser mit der Welt der Gauchos, ihrer Lebensweise und Mentalität, vertraut zu machen und sie als legitimen Teil der argentinischen Kultur zu nationalisieren. War dieser Versuch in den Augen seiner Widersacher bereits ein Sakrileg, so dürften sie die Handlung des Romans sogar als Hochverrat empfunden haben: Martín Fierro, der Protagonist des Geschehens, wird von der Armee eingezogen, zieht in den Kampf gegen die Indios, die ihre Ländereien verteidigen, desertiert wegen ungerechter Behandlung und flieht schließlich zu den Indios. In einer Zeit, in der die «Wüstenkampagne» bereits auf Hochtouren lief, waren die Peripetien des literarischen Helden ein durchaus mutiger Fingerzeig auf jene, die sich zwar, so Hernández an anderer Stelle, «auf die Aufklärung, die Sittsamkeit und den Fortschritt berufen, aber ihre Feinde mit Messerstichen niedermähen». Die Doppelverteidigung von Gauchos und Indios, die der Autor des *Martín Fierro* unternimmt, hatte indessen nicht lange Bestand. Schon kurze Zeit später, in *Vuelta* (Rückkehr), entschied sich Hernández für ein eher moderates Plädoyer – und ein Happy End, das den Kritikern der «Barbarei» ein gutes Stück entgegenkam: Martín Fierro kehrt auch den «barbarischen» Indios wieder den Rücken und flieht zurück in die «Zivilisation». Dennoch trug Hernández, vor allem sein *Martín Fierro*, das Hauptwerk der argentinischen Gaucho-Literatur, erheblich dazu bei, das negative Image der wilden Pampa-Bewohner zu verbessern. Dass dieses Image bereits wenige Jahrzehnte später sogar zu einem – dem! – nationalen Emblem werden sollte, hätte sich Hernández aber wohl kaum träumen lassen.

Die steile Karriere des Gaucho vom ethnischen Paria zum nationalen Aushängeschild war freilich kein exklusiv kulturelles Phänomen. Sie stand in Zusammenhang mit ökonomischen und politischen Veränderungen des ausgedehnten Hinterlandes, die die «Wüstenkampagne» in Gang gesetzt hatte: Die reichen Familien, die sich die indianischen Ländereien angeeignet hatten, entdeckten bereits rasch, bringt Miguel Rojas Mix auf den Punkt, den landwirtschaftlichen Wert der ‹Wüste› und verloren den Glauben an die Devise Alberdis, «gobernar es poblar». Dennoch verschärfte die europäische Masseneinwanderung, die in den beiden letzten Dekaden des 19. Jahrhunderts Hunderttausende, vor allem Spanier und Italiener, zum Río de la Plata führte, das Problem der nationalkulturellen Identität empfindlich. Der beliebte Vergleich, die Mexikaner stammten von den Azteken ab, die Peruaner von den Inkas und die Argentinier von den Schiffen, ist zwar reichlich gewagt, aber auch nicht völlig falsch. Den Konstrukteuren der frühen «Argentinidad» bereitete die Armada der Emigrantenschiffe dennoch Probleme, und die hatten nicht nur numerische Gründe. Schließlich kamen vor allem solche Einwanderer, deren Kultur nicht dem gewünschten Gütesiegel entsprach, speziell die spanische, die den liberalen Regenten des Landes als besonders barbareiverdächtig galt. Die Lösung konnte nur darin bestehen, so sahen es zumindest die tonangebenden Intellektuellen und Politiker, die kulturellen Zutaten der buntscheckigen Immigration im argentinischen «Schmelztiegel» zu einem neuen, nationalen Destillat zu vermischen. Ein bisschen Druck, das ergab sich allein schon aus den Gesetzen der Chemie, war dabei natürlich unvermeidbar, zumindest sanfter Druck. Die «Männer aus Italien, Frankreich, Deutschland und England» forderte Ricardo Rojas (1882–1957) deshalb auf, ihr kulturelles Gepäck im Koffer zu lassen und sich dem «einheimischen Genius» zu ergeben. Dass Rojas in seinem berühmten Essay *Blasón de Plata* (Silberwappen) die Spanier in seiner Aufzählung nicht erwähnt, hat einen einfachen Grund: Von ihnen nahm der national gesinnte Autor, der zugleich die Renaissance hispanophiler Gefühle verkörpert, ohnehin an, dass sie sich von den «mächtigen Territorialinstinkten» ihrer neuen Heimat bereitwillig erobern ließen.

Andere Autoren, die befürchteten, von den Einwanderungswellen überrollt zu werden, setzten dagegen weniger auf die Überzeugungskraft verbaler Appelle zur ethnischen Fusion. Es waren vor allem die jüdischen Einwanderer, die zur Zielscheibe rassistischer Hetzschriften wurden. Juan Martels *La bolsa* (Die Börse), 1891 erschienen, deutet schon im Titel an, wo der Autor die aschkenasischen Juden aus Osteuropa verortete. Obwohl es rühmliche Ausnahmen gab, Sarmiento und Rojas gehörten dazu, oszillierte die Mehrheit der argentinischen Intellektuellen zwischen offenen und camouflierten Antisemitismusvarianten. Die Juden als gleichberechtigte Mitbewohner des nationalen Gebäudes? Die meisten Erben des kolonialen Vizekönigreichs, in dem auch die Inquisition ein zentraler Machtpfeiler gewesen war, erfüllte diese Vorstellung mit Unbehagen, etliche mit offenem Hass, der sich auch aus religiösen Wurzeln speiste. Obwohl die Verfassung von 1853 die Freiheit der Religion garantierte, sah die gesellschaftliche Praxis anders aus: Die erste jüdische Hochzeit, die 1860 in Buenos Aires gefeiert werden konnte, empfanden viele als antichristlichen Affront. Es sollte den jüdischen Argentiniern auch wenig nützen, dass ihr öffentliches Bekenntnis zum nationalen Credo, immer wieder und allemal glaubwürdig vorgetragen, gelegentlich sogar ein patriotisches Übersoll erfüllte. Als der junge aschkenasische Jude Alberto Gerchunoff (1883–1950) Anfang des 20. Jahrhunderts mit seinen *Gauchos Judíos* literarisch debütierte, war er zwar voller Optimismus über die Integrationschancen seiner Glaubensgenossen. Doch bereits ein knappes

Jahrzehnt später musste er feststellen, dass die antisemitische Saat auch auf argentinischem Boden aufgegangen war.

Zu der allmählichen ‹Barbarisierung› der argentinischen Kultur, die in José Hernández ihren bekanntesten Exponenten gefunden hatte, trugen indessen auch die ‹jüdischen Gauchos› bei, wenn auch eher marginal. Auf sprachlichem Terrain war es vor allem das Jiddisch, das auch jenen Jargon bereicherte, der zu einem argentinischen Unikat des lateinamerikanischen Spanisch werden sollte: der so genannte Lunfardo. Diese Lingua franca des bonarenser Einwanderungsmilieus, ein sprachliches Potpourri, das dem ethnischen Schmelztiegel eine Stimme verlieh, erleichterte nicht nur die Alltagskommunikation der Neuankömmlinge; sie fand auch Eingang in die Literatur, später sogar in die professionelle. Artikulierte der Lunfardo – ein Terminus, der bezeichnenderweise «Räuber» und dessen Jargon bedeutet – zunächst jedoch das Lebensgefühl der eingewanderten Unterschichten, so ist es nicht verwunderlich, dass er auch seinem musikalischen Zwillingsbruder, dessen Karriere in jenen Jahren begann, Geburtshilfe leistete: dem Tango, jenem langsamen Zweiviertel- oder Vierachteltakt, der zum musikalischen Inbegriff der argentinischen Kultur werden sollte. Auch er ein ausgesprochen hybrides Phänomen, dessen sprachliche Wurzeln vermutlich aus Afrika stammen: Die kleine schwarze Minderheit von Buenos Aires, die in den 1870er Jahren zum Rhythmus ihrer Trommeln tanzte, nannte ihre Instrumente «tangós». Mag der Name damit afrikanisch sein, so ist das, was er bezeichnet, doch ein kulturelles Gemisch, ebenso buntscheckig wie der Lunfardo, in dem viele Tangostrophen gedichtet wurden. Dort, unter den Sprechern des «Räuber»-Jargons, ertönten auch die ersten Tango-Klänge: in den Schlachthöfen, Gerbereien und Lagerhallen des Hafens von Buenos Aires, in denen die europäischen Einwanderer ihren «Traum von Amerika» zu realisieren versuchten. Viele kehrten, enttäuscht und so arm wie vorher, in ihre Heimatländer zurück. Und viele von denen, die blieben, fühlten sich einsam und entwurzelt – Gefühle von Immigranten, die sich in den melancholischen Texten und Melodien des Tango bis heute artikulieren. Gerade hier, in den dissonanten Harmonien einer Musik, die zum nationalen Kultursymbol schlechthin werden sollte, zeigte sich indessen, dass der Weg zu einer halbwegs homogenen Nation noch lang und beschwerlich war.

Damit verbunden ist schließlich eine weitere Bilanz, die sich gegen Ende des 19. Jahrhunderts ziehen lässt. Während sich das «Argentinien der Schiffe» bemühte, seinen Traum von Amerika zu verwirklichen, ging ein anderer Traum definitiv zu Ende: Bolívars Idee von einer großen Konföderation der amerikanischen Staaten, eine Art geographisch-politisches Gegenstück zu dem «Koloss aus dem Norden». Dabei schienen die politischen Visionen Bolívars auch in Argentinien auf fruchtbaren Boden zu fallen. So hielt selbst der junge Sarmiento sämtliche Völker, «die durch Geburt, Religion, Sitten und Gebräuche» miteinander verbrüdert seien, «für Amerikaner oder Söhne der Spanier, mit allen Lastern und Tugenden, die diesen gemeinsamen Charakteren eigen sind.» Deshalb sei es ein durchaus müßiges Unterfangen, so Sarmiento, nationale Grenzen zu errichten, denn überall lebten Amerikaner. Die kontinentale Einheit in der Vielfalt besaß ein regionales Pendant: Noch Ende der 1830er Jahre bezeichneten die Bewohner von Sarmientos Heimatstadt, das am Fuße der Anden gelegene San Juan, ihre Nachbarn in Mendoza ebenso als «Ausländer» (extranjeros) wie die Bürger von Chile oder Paraguay. San Juan, um nur dieses Beispiel zu erwähnen, figurierte gar als «souveräner Staat», dem selbstverständlich diplomatische Beziehungen zu anderen Staaten zustanden. Dass Historiker wie Eric Hobsbawm durchaus richtig liegen, wenn sie die Entstehung der modernen Nation als «Erfindung» bezeichnen, zeigt schließlich ein Blick in das geographische Vokabular. So datiert das Wort «Argentinien» zwar bereits aus der späten Kolonialzeit, allerdings nur als poetischer Begriff. Erst um die Wende zum 19. Jahrhundert verließ der Terminus die Sprache der Dichter und fand eine ‹säkulare› Verwendung, wenn auch noch äußerst restriktiv: Nur die gebürtigen Porteños oder die in der Hauptstadt des Vizekönigreichs lebenden Spanier (!) firmierten fortan als «Argentinier». Deshalb überrascht es nicht, dass die Kollektiv-Vokabel außerhalb der Metropole nicht sonderlich beliebt war. Ähnlich erging es der *Marcha Nacional*, die in den 1830er Jahren komponiert wurde. Die bis heute offizielle Nationalhymne des Landes war zunächst alles andere als national. Für ihre erste Druckfassung sah sich der Herausgeber des Liedwerks genötigt, eine Fußnote anzufügen. Die Vokabel «Argentinien» bzw. «argentinisch», heißt es dort, «bezieht sich auf alle Bürger der Río-de-la-Plata-Provinzen». Es sollte noch lange dauern, bis man auf solche Erläuterungen verzichten konnte.

7. «Der Hinterhof»:
das Beispiel Mexiko im 19. Jahrhundert

7.1 Caudillos, Tortenkriege
und der Koloss aus dem Norden:
der mühsame Weg zur Nation

Aus der Makroperspektive betrachtet, verlief das politische Nationbuilding im postkolonialen Mexiko, dem früheren Vizekönigreich Neu-Spanien, in durchaus vergleichbaren Zickzacklinien von Anarchie, Bürgerkriegen und Perioden fragiler Stabilität – eine turbulente Geschichte, die auch in dem nördlichsten Land Lateinamerikas von jener Spezies des politischen Lebens repräsentiert und beherrscht wurde, der man in Argentinien begegnet: den machtgierigen, diktatorischen und gelegentlich tragisch-komischen Caudillos. Durchaus vergleichbar sind auch die Schwierigkeiten, denen sich die Erben des Vizekönigreichs auf wirtschaftlichem Terrain und bei ihrem Versuch gegenüber sahen, die nationalkulturellen Fundamente der «Mexicanidad» zu legen. Aus der Mikroperspektive besehen, treten indessen markante Unterschiede zutage, die bereits während der Unabhängigkeitskriege unübersehbar waren und die politischen Weichen hier und da in eine andere Richtung stellten als am Río de la Plata.

Der eklatanteste Unterschied, der im Kontext jener Jahre ein lateinamerikanisches Unikat darstellte, bestand in der sozialrevolutionären Dimension der mexikanischen Separationsbewegung: Nirgendwo sonst beherrschten ethnisch-soziale Probleme, vor allem die Landverteilungsfrage, die politische Agenda so stark wie in Mexiko. Und nirgendwo sonst spielte die revolutionäre Bewegung der Provinzen und des unteren Klerus eine vergleichbare Protagonistenrolle wie in Neu-Spanien. Die Hauptursachen des mexikanischen Sonderwegs zur Unabhängigkeit waren der

Tatsache geschuldet, dass sich die kreolischen Eliten von Mexiko-Stadt weniger kampfentschlossen zeigten als ihre politischen Gesinnungsgenossen im Süden. Die Politik des Lavierens, zu der Vizekönig José de Iturrigaray Zuflucht suchte, nachdem durch die napoleonische Invasion auf der Halbinsel ein Machtvakuum entstanden war, schien sich zunächst auszuzahlen. Die Zugeständnisse, die er den Kreolen machte, gingen den Spaniern allerdings zu weit: Schon wenige Monate später beendete ein royalistischer Putsch die politische Gemengelage und stellte den Status quo ante wieder her. Den kreolischen Eliten der Hauptstadt waren damit die Hände gebunden, die politische Initiative fiel an die Milizen aus der Provinz, deren Führer, namentlich Hidalgo und Morelos, arme Bauern, Mestizen und Indios um sich scharten. Doch auch nach der sozialrevolutionären Phase, die 1815, mit der Exekution von Morelos, ihr definitives Ende erreicht hatte, war die politische Zukunft des Landes noch völlig ungewiss. Erneut setzten die kreolischen Eliten der Hauptstadt auf einen Kompromiss: mehr Autonomie, aber innerhalb der spanischen Monarchie. An der Spitze des «Mexikanischen Empires», wie man die politische Verlegenheitslösung offiziell taufte, stand der kreolische Oberst Augustín de Iturbide, der zum Kaiser Augustín I. avancierte. Die kaiserliche Kulisse, vor der Royalisten und Kreolen ihren Machtkompromiss inszenierten, erwies sich indessen als äußerst fragil: Bereits 1823 war das monarchistische Schauspiel wieder zu Ende. An die Stelle des kollabierten Kaiserreichs trat nun auch in Mexiko eine unabhängige Republik, die sich 1824 ihre erste Verfassung gab.

Doch ähnlich wie im ungeliebten Spanien, wo Liberale und Konservative im Dauerclinch lagen, der von mehreren Bürgerkriegen, zahlreichen Staatsstreichen und unzähligen Militärrevolten gesäumt wurde, versank auch Mexiko in einem Strudel politischer Gewalt. Im Unterschied zum einstigen Mutterland, in dem sich das Konfliktpotenzial zwar auch an den konträren Positionen zu Kirche, Armee und dem alten Gegensatz zwischen Zentrum und Peripherie entzündete, erwies sich dieses Potenzial in Mexiko als ungleich explosiver. Dort sorgte vor allem die dominante Stellung der Hauptstadt, bereits im alten Aztekenreich das politische Zentrum, für Animositäten in den Weiten der mexikanischen Provinzen – Animositäten, die auch dort, ähnlich wie in Argentinien, in militärischen Auseinandersetzungen eskalierten. Bereits die kurze Episode des Kaiserreichs von Iturbide hatte unter den Provinz-Caudillos den Verdacht geschürt, dass sein Empire nur ein neu dekorierter Zentralismus war, den man aus kolonialen Zeiten nur allzu gut kannte – und verabscheute. Bereits Ende der 1820er Jahre kam es zu ersten Zusammenstößen zwischen Zentralisten und Föderalisten, die in den folgenden drei Dekaden immer wieder aufflammten und große Teile des Landes in ein Schlachtfeld verwandelten. Anders als in Argentinien, wo Generäle und bewaffnete Caudillos von Anfang an die Szenerie beherrschten, wurden sie in Mexiko erst auf Einladung der verfeindeten Politikfraktionen zum politischen Schiedsrichter. Der starke Mann jener Jahre, der sich auf eine Armee stützen konnte, deren Stärke sich seit 1810 mehr als verdoppelt hatte, war General Antonio López de Santa Anna (1794–1876) – eine mexikanische Caudillo-Version, der Rosas, seinem argentinischen Pendant jener Jahre, an diktatorischen Meriten und an operettenhafter Eitelkeit um keinen Deut nachstand. Unter dem eisernen Regiment von Santa Anna, das in mehreren Intervallen bis 1855 dauerte, prosperierten, neben der Kapitale, vor allem die alten *poderes fácticos*, Kirche und Militär. Während sich der Klerus, trotz seines prominenten Protegés, nur langsam von den Blessuren erholte, die er in den Jahren des Unabhängigkeitskrieges erlitten hatte, kam den Waffenverbänden ihre langjährige Kampferfahrung zugute, nicht allein im Inneren: 1829 landete eine spanische Streitmacht aus Havanna, immerhin 3500 Mann, an der Westküste des Landes. Der Versuch, den kolonialen Status quo ante wieder herzustellen, scheiterte zwar kläglich; doch nur knapp zehn Jahre später sah sich Santa Anna erneut gezwungen, die Souveränität der Republik mit militärischer Gewalt zu verteidigen. Diesmal landete ein französisches Geschwader im Hafen von Veracruz. Die militärische Mission der Franzosen, gleichsam als bewaffnete Gerichtsvollzieher, bestand darin, die Mexikaner für ökonomische Schäden in Haftung zu nehmen, die französischen Staatsbürgern in Mexiko während der zurückliegenden Bürgerkriege angeblich entstanden waren – einschließlich einer 60 000-Dollar-Forderung als Kompensation für die Zerstörung einer französischen Konditorei …

Der «Tortenkrieg», wie die imperialistische Attacke deshalb beschönigend bezeichnet wurde, endete zwar ebenso wie die spanische Intervention; für den siegreichen Caudillo Santa Anna war sie indessen von einem schmerzhaften Verlust begleitet. Die Kugel einer französischen Kartätsche verletzte ihn so schwer am Bein, dass sich seine Ärzte für eine Amputation entschieden. Die operettenhafte Eitelkeit des Caudillo, von der bereits die Rede war, nahm nun groteske Züge an: Das amputierte Bein wurde, in Anwesenheit seines ehemaligen Besitzers, nach den Riten einer feierlichen Bestattungszeremonie öffentlich beerdigt, als Grabstätte diente ein eigens dafür errichtetes Hauptstadt-Monument … Es waren solche Begebenheiten, die Schriftsteller wie García Márquez dazu veranlassten, die Grenzen zwischen Realität und Fiktion in ihren Romanen nicht besonders scharf zu ziehen.

Der arg lädierte Caudillo hatte indessen kaum Gelegenheit, seinem amputierten Bein nachzutrauern, denn längst waren neue, düstere Wolken am außenpolitischen Himmel aufgezogen. Diesmal im Norden, an der langen, unsicheren Grenze zu den USA. Die ersten Wolken hatten sich bereits in den 1830er Jahren zusammengebraut, als sich – zunächst durchaus willkommen – Einwanderer aus dem Süden der Vereinigten Staaten in den Weiten von Texas niederließen. Schon bald verwandelten sich die Siedlerpioniere jedoch in eine Art fünfte Kolonne der nördlichen Supermacht, die den zentralistischen Diktaten Santa Annas die Stirn boten, auch militärisch, schließlich hatten sie eine potente Schutzmacht im Rücken. Als diese Texas schließlich 1845 formal annektierte, war der Casus Belli perfekt. Trotz der ungleichen Gegner zogen sich die Kampfhandlungen ein knappes Jahr hin. Für die USA war dieser Feldzug, der als «Mexikanischer Krieg» in die Geschichtsbücher Einzug hielt, dennoch kein militärischer Spaziergang: Von den gut 100 000 Soldaten, die unter dem Sternenbanner kämpften, verloren knapp 14 000 ihr Leben – einer der größten Verluste an Menschenleben, den die Vereinigten Staaten in ihrer gesamten Kriegsgeschichte zu beklagen hatten. Noch schmerzhafter waren die Verluste der Mexikaner. Sie zahlten nicht nur einen hohen Blutzoll, sie büßten obendrein die Hälfte ihres nationalen Territoriums ein. Nun wusste jedes Kind in Mexiko, was es mit der berühmten Volksweisheit, die seit damals in aller Munde ist, auf sich hatte: «Armes Mexiko, so weit von Gott und so nah an den Vereinigten Staaten!»

Doch auch nach 1848, als Santa Anna den schmerzhaften Friedensvertrag mit den USA bereits unterzeichnet hatte, blieben die Fundamente der Republik äußerst fragil, innen- und außenpolitisch. Sorgen bereiteten dem Caudillo und seinen konservativ-zentralistisch gesonnenen Mitstreitern nicht allein die zähe Opposition ihrer liberal-föderalistischen Widersacher. Mit Sorge betrachteten sie auch die sozialrevolutionären Lauffeuer, die in verschiedenen Teilen des Landes immer wieder aufflammten, trotz brutaler Repression, mit der die Soldateska des Caudillo die Hunger- und Land-Revolten der bettelarmen Campesinos unterdrückte. Nicht selten, besonders in den 1840er und frühen 50er Jahren, führten diese Revolten, potenziert durch den schwärenden Konflikt um die nationale Hegemonie, zu regelrechten Flächenbränden. Das korrupte Regime des Diktators, das sich nur noch mit despotischen Mitteln an der Macht halten konnte, geriet immer mehr unter Druck. Die katastrophale Niederlage gegen die USA tat ein Übriges: 1855 war das Schicksal Santa Annas besiegelt. Rund 30 Jahre hatte der ‹konstitutionelle› Tyrann das postkoloniale Mexiko mit eiserner Hand kujoniert. Als er nun sein Exil antrat, hinterließ er ein Land in Ruinen. Die konservativen Kräfte, die er repräsentierte, hatten ihr wichtigstes Ziel dennoch erreicht, sich nämlich an der Macht zu halten: «Das war aber auch das Einzige», pointiert Tulio Halperin Donghi, «was sie erreicht hatten.»

7.2 Englisches Kapital und französischer Imperialismus: *die «Reform-Ära»*

Politische Ruhe, geschweige denn Stabilität, trat indessen auch jetzt nicht ein. Im Unterschied zu den zurückliegenden drei Jahrzehnten schälten sich aus dem Pulverdampf von Bürgerkriegen, Staatsstreichen und Armenrevolten, die auch in den folgenden 20 Jahren die Szene beherrschten, die Konturen eines politischen Programms heraus, das als «Reforma» in die Annalen eingegangen ist. Die liberalen Reformer nahmen vor allem die Privilegien der ländlichen Aristokratie und des Klerus aufs Korn. Gleichzeitig waren sie bemüht, die Armee unter staatliche Kuratel zu stellen. Die politische Leitfigur jener Jahre hieß Benito Juárez García (1806–1872) – bereits an sich, wie es schien, die Verkörperung eines politischen Programms: Als Sohn armer Indio-Bauern, der es mit Hilfe der Franziskaner zum Rechtsanwalt gebracht hatte, kannte und schätzte man ihn in liberalen Kreisen als couragierten Verteidiger jener ethnischen Gemeinschaften, in die er selbst hineingeboren war. Mehrmals Präsident der liberal regierten Republik, steht sein Name in der Tat für eine Politik, die den archaischen Machtstrukturen der postkolonialen Ära den Kampf ansagte. Das so genannte Juárez-Gesetz von 1855 rückte den klerikalen Prärogativen zu Leibe. Fortan unterstand auch jene Institution der staatlichen Gesetzgebung, die während der Kolonialzeit eine unermessliche Machtfülle angesammelt hatte, die auch in der postkolonialen Ära wieder angewachsen war. Der juristischen Säkularisierung der Kirche im Allgemeinen folgte ein Bündel weiterer Gesetze, das den klerikalen Staat im Staate an Haupt und Gliedern zusammenstutzte: das Recht auf zivile Eheschließung, eine drastische Reduzierung religiöser Feiertage, das Verbot, katholische Trachten in der Öffentlichkeit zu tragen, die Einrichtung eines zivilen Geburts-, Heirats- und Sterberegisters – selbst das Läuten der Kirchenglocken wurde polizeilich geregelt. Als besonders üble Attacke dürfte die katholische Hierarchie das 1860 in Kraft getretene Gesetz zur Religionsfreiheit empfunden haben. Das definitive Ende ihres Konfessionsmonopols öffnete der religiösen Konkurrenz die Tore der Legalität. Davon profitierten übrigens nicht nur die Protestanten. Auch Juden konnten es nun wagen, öffentlich in Erscheinung zu treten: 1861 entstand der erste Israelische Verein in der mexikanischen Hauptstadt, durchaus ein Meilenstein auf dem langen Weg der lateinamerikanischen Juden und Conversos, der jahrhundertelang von Verfolgung, Scheiterhaufen und den Verliesen der Inquisition gesäumt war.

Andere Gesetze der liberalen «Reform»-Ära, die die alten Machtstrukturen aufbrechen sollten, lösten indessen bei vielen von denen, die zu ihren Adressaten zählten, nur ein sehr geteiltes Echo aus. Vor allem die Landreformgesetze: Ins Visier der liberalen Legislatoren gerieten nicht nur die Kirchengüter, auch die Ländereien der indigenen Gemeinschaften wurden ‹liberalisiert›. Ihre Parzellierung nach den Spielregeln des Privateigentums kollidierte allerdings mit den traditionellen, kollektiven Bewirtschaftungsformen. Mangels Kaufkraft ihrer bisherigen Eigentümer waren es außerdem die Großgrundbesitzer, die sich den Löwenanteil der ‹reformierten› Ländereien einverleibten. Kein Ruhmesblatt für einen Präsidenten, der selber Indio war.

Der ökonomische Spielraum für Reformen war freilich eng – erdrückend eng. Die Ursache der wirtschaftlichen Dauermalaise, an der das Land seit der Unabhängigkeit litt, war ihrem argentinischen Pendant ziemlich ähnlich. Ein halbes Jahrhundert von Kriegen und Bürgerkriegen hatten die Wirtschaft des Landes ruiniert, ganz zu schweigen von den kolonialen Hypotheken, die Neu-Spanien zu einem profitablen Annex der spanischen und – zumindest indirekt – europäischen Interessen gemacht hatten. Im Unterschied zum Río de la Plata war in dem nördlichen Vizekönigreich zwar eine vergleichsweise starke Binnenökonomie entstanden; die Hauptströme des kolonialen Reichtums, vor allem das mexikanische Silber, wurden indessen nach Europa umgeleitet. Und dabei blieb es, grosso modo gesehen, auch nach der Unabhängigkeit. Obendrein hatte das kaiserliche Interregnum von Augustín de Iturbide eine schwere Schuldenlast geerbt und offiziell anerkannt: knapp 80 Millionen Pesos, eine für die damaligen Verhältnisse schwindelerregende Summe, deren bloßes Zinsvolumen die staatlichen Kassen überforderte. Um sich über die Runden zu retten, suchten die politischen Erben des missglückten Kaiserreiches ihr Heil dort, wo bereits ihre argentinischen Leidensgenossen fündig geworden waren: in der Metropole des britischen Empire.

Londoner Banken gewährten dem autoritären Regime von Santa Anna nur allzu gern mehrere Großkredite, die einen doppelten Profit versprachen: zum einen üppige Zinsen auf die Gesamtsumme, die wegen exorbitanter Provisionen und sonstiger «Verwaltungskosten» aber nur zur Hälfte ausgezahlt wurde. Zum anderen sicherten sich die englischen Geldgeber einen stattlichen Anteil an der lukrativen Silberproduktion. Das war, kurzfristig gesehen, zwar ein Geschäft auf Gegenseitigkeit; langfristig sollte sich der ökonomische Nutzen der monetären Hilfsbereitschaft allerdings als bleierne Last entpuppen. Durch das schnelle Geld aus England, schreibt Brian Hamnett, «entstand das neue Phänomen der Auslandsschulden». Und die gingen, trotz neuer Rekordbilanzen im Silbergeschäft – 1860 erreichten die Einnahmen aus dem Export des Edelmetalls wieder die Spitzenwerte der Kolonialepoche –, steil nach oben. Die dramatischen Defizite im Staatshaushalt, die durch den wachsenden Schuldendienst, aber eben auch durch das politische Chaos, durch Korruption und hemmungslose Bereicherung der dominanten Cliquen, entstanden waren – diese Defizite fanden in den Dauerrevirements der mexikanischen Finanzminister ihr getreues Spiegelbild: Zwischen 1835 und 1840 belief sich ihr Verschleiß auf 20 Amtsinhaber, von 1848 bis 1851 immerhin auf 16.

Auch nach der erzwungenen Demission von Santa Anna dürfte sich die Rotationsgeschwindigkeit an der Spitze des Finanzministeriums kaum vermindert haben. Die ökonomischen Probleme, mit denen es Benito Juárez, sein liberaler Nachfolger auf dem Präsidentensessel, zu tun hatte, waren eher noch gewachsen. So ist es kein Wunder, dass sich seine Regierung Anfang der 1860er Jahre nicht mehr in der Lage sah, die ausländischen Gläubiger zufrieden zu stellen. Die Ankündigung einer zweijährigen Suspendierung des Schuldendienstes, einschließlich eines Zinsmoratoriums, traf bei den europäischen Kreditgebern, zu denen außer England auch Spanien und Frankreich gehörten, indessen auf wenig Verständnis. Gemeinsam übten sie Druck auf das säumige Schuldnerland aus, begleitet von handfesten Drohungen, denen die Pariser Regierung auch Taten folgen ließ. Im Frühling 1862 landeten französische Truppen in Veracruz, um den Zahlungsbefehl militärisch zu vollstrecken – und um nebenbei jene politischen Ziele zu realisieren, die dem «Tortenkrieg» Ende der dreißiger Jahre versagt geblieben waren, nämlich die koloniale Einverleibung Mexikos. Der Zeitpunkt schien günstig: Ein Jahr zuvor war in den USA ein Bürgerkrieg ausgebrochen. Die Monroe-Doktrin, folgerten die Pariser Strategen, war damit Makulatur.

Im Übrigen schmeichelte Napoleon III. seinen mexikanischen Kollaborateuren, die sich im Wesentlichen aus den Reihen der 1848 gegründeten Konservativen Partei rekrutierten, mit deren aristokratischen Nostalgien. Statt eines spanischsprachigen Kaisers, der in den 1820er Jahren sein Glück versucht hatte, setzte er allerdings mit Ferdinand Maximilian einen Habsburger auf den neu geschaffenen Thron. Die kaiserliche Strohpuppe von französischen Gnaden, der jüngere Bruder des k. u. k. Herrschers Franz Joseph, traf 1864 in der mexikanischen Hauptstadt ein, frenetisch bejubelt vom katholischen Klerus und seinen konservativen Anhängern, die in dem Österreicher einen Garanten des Ancien Régime erblickten, das die liberalen Reformer im Umkreis von Juárez seit knapp zehn Jahren heftig attackierten. Die militärische Eroberung des Landes geriet jedoch schon bald ins Stocken, der Widerstand der liberalen Kampfverbände war größer als erwartet. Im Übrigen beliefen sich die knapp 30 000 Soldaten im Sold der Franzosen nur auf ein Zehntel jener Truppenstärke, mit der

Napoleon I. Anfang des Jahrhunderts die Pyrenäen überquert hatte – und Mexiko war doppelt so groß wie Spanien. Außerdem entpuppte sich der neu inthronisierte Herrscher selber als philoliberal, zumindest aus Gründen der Staatsräson. Das politische Basiscredo der Habsburger, der Staat stehe über der Kirche, brachte die katholische Hierarchie auf Distanz; Maximilians Toleranz in religiösen Fragen führte sogar zum politischen Schisma. Als Affront der Besatzungsmacht, mit der die klerikal-konservative Fraktion aufs engste kollaboriert hatte, dürfte sie schließlich das Ansinnen Napoleons III. aufgefasst haben, sogar die Kosten der Militärintervention aus dem mexikanischen Staatssäckel zu bezahlen ... Für die Gegner Maximilians, die sich keineswegs geschlagen gaben, waren solche Extreme imperialer Arroganz natürlich eine willkommene Form politischer Selbstzerstörung, der sie nur noch nachzuhelfen brauchten. Im Frühsommer 1867 war das groteske Schauspiel denn auch beendet. Sein kaiserlicher Hauptdarsteller wurde von liberalen Truppen gefangen genommen, die französischen Souffleure verließen eilig die mexikanische Bühne, und die einheimischen Statisten – Klerus und konservative Partei – waren bis auf die Knochen diskreditiert. Der dritte Versuch, die unabhängigen Mexikaner wieder an die koloniale Kandare zu nehmen, war damit gescheitert. Den leidgeprüften Patrioten, die kaum zwei Jahrzehnte zuvor die Hälfte ihres Territoriums verloren hatten, mag man es deshalb nicht verdenken, wenn ihr Epilog zu der Pariser Tragikomödie drastisch ausfiel: Maximilian wurde vor ein Militärtribunal gestellt und anschließend erschossen. Die symbolische Bedeutung dieser Exekution wurde an den europäischen Höfen durchaus verstanden. Eine besondere Wirkung dürfte sie im ehemaligen Mutterland gehabt haben: Ein direkter Nachfolger von Karl V., dem Inbegriff imperialer Größe Spaniens, fiel unter den Schüssen kreolischer Mestizen. Die mexikanische Unabhängigkeit, am Anfang nur zögerlich und halbherzig in Gang gekommen – die Salven des liberalen Exekutionskommandos bildeten nun ihr akustisches Finale.

Die neokoloniale Dauerdrohung, die der politischen Souveränität des postkolonialen Mexiko ein halbes Jahrhundert arg zugesetzt hatte, war mit dem Sieg über den habsburgischen Franzosenkaiser nun verschwunden. Geblieben waren indessen die politischen Grabenkämpfe und das ökonomische Desaster – zwei Mühlsteine am dünnen Hals der Republik, deren konstitutionelle Fundamente so brüchig waren wie eh und je. Juárez, der vormalige «Reform»-Präsident, kam zwar nach dem Abzug der Franzosen erneut zu Amt und Würden; das politische und soziale Chaos im Land sprach seinen liberalen Reformstrategien allerdings Hohn. Was hatte die große Masse der ländlich-indigenen Bevölkerung, die in Elend und Analphabetismus dahinvegetierte, von einer antiklerikalen Politik, so dürften sich viele in den indianischen Heimatprovinzen ‹ihres› Präsidenten gefragt haben, die ihnen sogar das Land wegnahm, auf dem sie seit Menschengedenken, selbst unter der spanischen Kolonialherrschaft, gelebt hatten? Die Diadochenkämpfe, die nach der Exekution des glücklosen Importkaisers wieder aufflammten, dürften sie deshalb eher mit Indifferenz verfolgt haben. Dennoch hatten diese Kämpfe weitreichende Folgen für die Zukunft des Landes. Zunächst sah es freilich so aus, als würde sich das alte Caudillo-Karussell mit monotoner Geschwindigkeit einfach weiterdrehen. Der neue starke Mann, der Juárez Anfang der 1870er Jahre politisch beerbte, hieß Porfirio Díaz (1830–1915), ein alter Widersacher Santa Annas, der sich im zähen Guerilla-Krieg gegen die Franzosen ruhmreiche Sporen verdient hatte. Auch seine persönliche Herkunft spiegelte, ähnlich wie die seines Vorgängers, die ethnische Realität Mexikos zu einem Gutteil wider: Díaz war Mestize, also ein ‹halber Indio› – so wie die Mehrheit seiner Landsleute – und Spross einer armen Arbeiterfamilie.

7.3 «Pan y palo»:
die Langzeitdiktatur von Porfirio Díaz

In seiner Politik, und er sollte die nächsten 30 Jahre regieren, fand seine Abstammung jedoch keinerlei Niederschlag, im Gegenteil: «Der Traum von Benito Juárez», kommentiert Carlos Fuentes die soziale und ethnische Dimension der politischen Passage jener Jahre, «führt direkt zum Albtraum von Porfirio Díaz.» Die im Gewand des Fortschritts daherkommende Entwicklungsdiktatur erwies sich als rücksichtslose Landkleptokratie, die, wenn es ihr nötig erschien, auch zu brutalsten Mitteln griff. So fiel knapp die Hälfte der Yaquis, einer Indiogemeinschaft im Nordwesten des Landes, umfangreichen Deportationen zum Opfer. Die derart frei gewordenen Ländereien kamen, so die Regierungspropaganda, dem ökonomisch-technischen Fortschritt zugute. Und dem standen die mexikanischen Indianer, wie das Díaz-Regime in ideologischer Eintracht mit dem argentinischen Zivilisationsprediger Domingo Faustino Sarmiento nicht müde wurde zu betonen, nicht nur physisch im Weg: Die indianische Kultur an sich war ein Hindernis für Fortschritt und Zivilisation. Wie dieses terminologische Zwillingspaar in der Wirklichkeit aussah, lässt sich am Beispiel der Familiendynastie der Terrazas, die dem Diktator eng verbunden war, anschaulich illustrieren. Der Reichtum des Clans, bereits zu Zeiten von Juárez beträchtlich, wuchs unaufhaltsam an, allein der Landbesitz der «Reform»-Parvenüs belief sich gegen Ende der Díaz-Ära auf zwei Millionen Hektar. Dass die sozialen Spannungen, besonders auf dem Lande, trotz brutaler Repression ebenfalls wuchsen, ist deshalb nicht verwunderlich.

Verwunderlich scheint allenfalls, dass die «Pax Porfiana», wie die Regierungszeit des Caudillo von einigen Historikern hegelianisch verklärt wird, mehr als drei Jahrzehnte dauerte. Die Ursachen der langen Stabilitätsphase, wiewohl vielfältig, haben doch einen gemeinsamen Nenner. Im Unterschied zu Santa Anna, der lediglich die Macht- und Besitzverhältnisse des postkolonialen Status quo zu konservieren trachtete, verfügte Porfirio Díaz über ein Programm, auf das er die herrschenden Machtgruppen verpflichten konnte: die ökonomisch-technische Modernisierung Mexikos. Dieses Programm, vom Geist des Positivismus beseelt, setzte das Reformwerk von Juárez zwar fort, sorgte aber zugleich dafür, dass das politische Chaos der zurückliegenden Jahrzehnte durch ‹Stabilität› ersetzt wurde. Dafür war das Charisma, das dem neuen starken Mann zugesprochen wurde, sicher ein Pluspunkt. Als wesentlich effektiver erwies sich dagegen die politische Devise, nach der er verfuhr: Pan y palo – Brot und Stock. Was das Brot betraf, so setzte Díaz, um im Bild zu bleiben, hauptsächlich auf ausländische Lieferanten. Und die waren, ähnlich wie im Fall Argentiniens, vor allem in England beheimatet. Doch auch Investoren aus den USA, deren inländisches Betätigungsfeld ohnehin bereits bis zum Río Grande vorgerückt war, sicherten sich ihren Anteil an mexikanischen Ölfeldern, Minen und technischen Großprojekten. Sogar riesige Ländereien südlich des Grenzflusses wurden von nordamerikanischen Staatsbürgern aufgekauft. Die alte Feindschaft, deren territoriale Narben kaum verheilt waren, schien vergessen. Auch das politische Barometer stand auf gute Nachbarschaft. Als der Diktator 1883, er war damals bereits deutlich über fünfzig, eine Achtzehnjährige heiratete, verbrachte das Paar seinen Honeymoon im Land des nördlichen Nachbarn – mit großem öffentlichen Pomp und gestenreicher Versöhnungsrhetorik. Die ökonomische Öffnung, begleitet von einer politischen Normalisierung mit den USA, schien sich auszuzahlen: Das Schienennetz dehnte sich rapide aus (von knapp 500 km 1873 auf rund 20 000 km im Jahre 1910), die Baumwoll- und Textilproduktion schoss sprunghaft in die Höhe, Urbanisierung und Industrialisierung von städtischen Zentren wie Mexiko-Stadt, Puebla oder Guadalajara gingen in Siebenmeilenstiefeln voran. Selbst Teile des armen Pueblo profitierten von der wirtschaftlichen Hausse, wenn auch nur in bescheidenem Umfang.

Die Kehrseite der imposanten Wachstumsbilanz, vor allem die extreme Auslandsverschuldung, schien den selbstherrlichen Diktator nicht zu beunruhigen. So hatten sich die Schulden bei externen Kreditgebern am Ende seiner Herrschaft mehr als verdoppelt (von knapp 200 Millionen Pesos 1896 auf knapp 450 Millionen 1911), von den rund 150 Millionen Pesos, mit denen das Regime bei mexikanischen Banken in der Kreide stand, ganz zu schweigen. Hinzu kam die Abhängigkeit von ausländischen Investoren, etwa beim Bau des riesigen Schienennetzes, deren weitreichende Konzessionen mit den nationalen Planungsinteressen nur allzu häufig kollidierten. Die bittere Volksweisheit jener Jahre, die Regierung von Díaz sei die Mutter der Ausländer, aber nur die Stiefmutter der Mexikaner, hat hier ihre Wurzeln. Gründe für solche Klagen hatten nicht nur die bitterarmen Indiovölker, die das Positivismus-Credo des Diktators und seiner politisch-intellektuellen Gefolgschaft ohnehin als zivilisationsuntauglich aussortierte. Gründe zur Unzufriedenheit hatte auch jene Masse der ländlichen Mestizen-Bevölkerung, an der der Zug von Fortschritt und Prosperität vorbeigefahren war. Noch Anfang des 20. Jahrhunderts konnten mehr als zwei Drittel der drakonisch kujonierten Untertanen des Caudillo weder lesen noch schreiben. Sogar der Anteil jener Mexikaner, der im Agrarsektor sein – zumeist äußerst karges – Auskommen fand, war trotz aller Industrialisierungsimpulse weiter gewachsen (1877 → 60 Prozent, 1910 → 64 Prozent). Die paradox anmutende Bilanz ist leicht zu erklären: Die ökonomisch-technische Modernisierung beschränkte sich auf wenige Entwicklungspole, während sich der Landbesitz in den Händen einer kleinen, neofeudalen Oligarchie von Terratenientes weiter konzentrierte. Deshalb hat der Schriftsteller Octavio Paz völlig Recht: «Die Diktatur von Porfirio Díaz ist, entgegen der landläufigen Meinung, eine Rückkehr der Vergangenheit.» Kein Wunder also, dass der Masse der Bevölkerung vor allem der zweite Teil der Herrschaftsdevise «pan y palo» vorbehalten blieb.

Unter dem Stock des Diktators hatten freilich nicht nur die sozialen Underdogs zu leiden, die gegen die Friedhofsruhe der «Pax Porfiriana» aufbegehrten. Das politische Leben in toto verfiel, trotz allem Autoritarismus der vorangegangenen Reformära recht lebendig, in eine Dauerstarre, aus der es erst wieder durch die Revolution von 1910 erwachen sollte. Im Unterschied zum übrigen Lateinamerika, in dem sich die dominanten Fraktionen der Gesellschaft auch politisch formierten und artikulierten, liefen in Mexiko sämtliche Fäden der Macht im Regierungspalast des Diktators zusammen. Porfirio Díaz ließ sich zwar immer wieder als Präsident ‹wählen›; Senat und Abgeordnetenkammer tanzten indessen ebenso nach seiner Pfeife wie die Provinzgouverneure. Selbst mit dem Klerus, dessen Reputation als Günstling des «Franzosenkaisers» ruiniert war, arrangierte sich der Diktator. Sein erster Minister für Justiz und Kirchenangelegenheiten war zwar ein erklärter Atheist; die von den Liberalen einst so bekämpfte Institution hatte jedoch keine weiteren Attacken zu befürchten. Man revanchierte sich: Das plutokratische Staatsgefüge erhielt den Segen der katholischen Hierarchie.

Ein dicht geknüpftes Netz aus Patronage, Nepotismus und Korruption hielt die verschiedenen Macht- und Wirtschaftsfraktionen bei der Stange, dämpfte die politischen Grabenkämpfe früherer Jahre und stabilisierte die autokratische Machtfülle des Hauptstadtdespoten. Wo das nicht reichte, kam der Knüppel zum Einsatz. Liberale Blätter wie *El Partido Liberal, El Observador* oder *El Diario del Hogar*, die den zementierten Herrschaftskompromiss sabotierten, wurden zum Schweigen gebracht, aufmüpfige Journalisten landeten im Gefängnis. Wenn auch das nichts nützte, dann griffen die Schergen des Caudillo gelegentlich sogar zu definitiven Mitteln: 1889 wurde General Ramón Corona, ein liberaler Daueropponent von Díaz, liquidiert; zwei Jahre später ereilte General Ignacio Martínez, Herausgeber des Oppositionsblattes *El Mundo*, das gleiche Schicksal. Müßig hinzuzufügen, dass auch Wahlbetrug und

Verfassungsbruch zum politischen Basisrepertoire der Díaz-Ära zählten. Erst Anfang des 20. Jahrhunderts, als die sechste (!) Wieder-‹Wahl› des Langzeitdespoten anstand, formierte sich ein nennenswerter Widerstand. Er mündete in eine soziale Revolution – die erste im postkolonialen Lateinamerika.

7.4 Nationalkulturelles Wurzelwerk: *die lange Genese der Mexicanidad*

Es war vor allem die indigene Vergangenheit Mexikos, die sich durch die Revolution von 1910 in Erinnerung brachte, eine Vergangenheit, die dem Identitätsdiskurs des 20. Jahrhunderts seine spezifische, wenn auch ideologisch reichlich schillernde Note gab. Ein Jahrhundert zuvor, als das politische Schisma mit dem spanischen Mutterland vollzogen war, hatte die kulturelle Emanzipation Neu-Spaniens freilich noch eher dem kreolischen Credo des übrigen Subkontinents entsprochen. Octavio Paz bezeichnete den nationalkulturellen Gründungsakt seines Landes dementsprechend als «dreifache Negation», die sich so oder ähnlich auch in Argentinien beobachten ließ: eine Negation des spanischen Erbes, der indigenen Vergangenheit und des Katholizismus. Im Unterschied zum Río de la Plata, wo sich die Abkehr vom peninsularen Katholizismus nur langsam und unter dem Einfluss der europäischen Aufklärung vollzog, waren die Fundamente des kolonialen Glaubensbunkers in Neu-Spanien jedoch bereits lange vor der Unabhängigkeit durch einen De-facto-Synkretismus porös geworden. Schon seit 1531 hatte der religiöse Mestizaje einen Namen: die Jungfrau von Guadalupe. In jenem Jahr, so die Legende, die bis auf den heutigen Tag ihre Wirkung zeigt, erschien die Gottesmutter auf einem Hügel in der Nähe von Mexiko-Stadt. Zum Adressaten ihrer wundersamen Offenbarung wählte sie keinen klerikalen Würdenträger, auch keinen Repräsentanten der weltlichen Macht, die soeben das «gottlose Reich» der Azteken in ein Trümmerfeld verwandelt hatte. Zum Objekt ihrer Liebe wählte sie einen Indio, der, und mit ihm die katholische Hierarchie, in der himmlischen Erscheinung einen Fingerzeig Gottes sah: Die Indios standen fortan unter seinem Schutz. Die spektakuläre Begegnung, nebst dem kupferfarbenen Teint der Gottesmutter, wurde zum Gründungsmythos des mexikanischen Katholizismus. Dessen synkretistische Anteile waren freilich sehr ungleich proportioniert, zumindest äußerlich. Eine Entsprechung fanden die Proportionen des religiösen Mestizaje vor allem in der Architektur: Die Kathedrale auf der Plaza Mayor von Mexiko-Stadt wurde auf den geschliffenen Tempeln der Azteken errichtet. Doch ebenso, wie das unterdrückte Mauerwerk der indianischen Kultstätten langsam wieder zum Vorschein kam, ihre subterranen Ritze, Spalten und Bruchstellen das barocke Obergebäude vielleicht sogar einmal in seinem Bestand gefährden, verschaffte sich auch die unterdrückte Welt der Indios ihre camouflierten Ausdrucksformen.

Die Jungfrau von Guadalupe wurde dabei zu einer ihrer Hauptverbündeten. Zugleich bestellte die *mexikanische* Variante des Marienkults den geistigen Mutterboden eines zukünftigen Nationalismus, wenn auch auf reichlich verschlungenen Pfaden. Einen Meilenstein auf dem Weg zu einem eigenen religiös-kulturellen Selbstbewusstsein markierte ein Buch von Miguel Sánchez (1569?–1674), das 1648 unter dem Titel *Bild der Jungfrau María, Mutter Gottes von Guadalupe, auf wundersame Weise erschienen in der Stadt Mexiko* als erste Druckversion der berühmten Legende veröffentlicht wurde. Vordergründig betrachtet, war die María-Interpretation des respektablen Predigers eine enthusiastische Hommage an das «gottgefällige» Werk der Indio-Missionierung. In direkter Analogie zur biblischen Apokalypse figuriert die «imperiale Monarchie» der Azteken als siebenköpfiger Drachen, dem die göttliche Vorsehung in Gestalt der katholischen Könige den Kampf ansagte. Ihren bewaffneten Arm, Cortés und seine Mannen, stilisiert der Autor in einem Anflug metaphorischer Exaltiertheit sogar zu einem «Heer von Engeln», das «Satanas und seine infernalischen Legionen», gemeint sind die Azteken, in einer «kosmischen Schlacht» besiegt. Da aber alle irdischen Anstrengungen nicht ausreichen, die dämonischen Mächte zu schlagen, schickt der himmlische Herrscher die Jungfrau in den Kampf. Als spirituelle Assistentin der Konquistadoren ermöglicht sie schließlich den Triumph des Kreuzes.

Auf den ersten Blick fällt es in der Tat schwer, in diesen allegorischen Exzessen eines religiös-verirrten Apologeten der Konquista die Keime eines mexikanischen Protonationalismus zu entdecken. Und doch ist die Lösung des vermeintlichen Rätsels ziemlich einfach. Denn in den Augen des Autors waren diese unerhörten Ereignisse ein untrügliches Indiz für die Tatsache, dass die Missionierung der mexikanischen Indios den besonderen Wohlgefallen des Christengottes fand. Wieso hätte er sonst die Jungfrau höchstpersönlich an die Glaubensfront geschickt? Und dass die Gottesmutter just in einem Indio ihren Propheten fand, hebt die christliche Absicht des Offenbarungswunders, so ihr Interpret, nur noch mehr hervor. Von da aus war es dann nur noch ein kleiner Schritt zu der Überzeugung, dass die Hauptstadt Neu-Spaniens, namentlich ihr Erzbischof, eine unbestrittene Suprematie über alle anderen Bischöfe des Vizekönigreichs besitze. Eine analoge Rangordnung, folgerte Sánchez, bestand zwischen Mexiko und dem übrigen Spanisch-Amerika, denn schließlich war die himmlische Gestalt nur in Neu-Spanien erschienen. Dass er, und mit ihm viele seiner Zeitgenossen, die Jungfrau von Guadalupe tatsächlich als Inkarnation des mexikanischen Protonationalismus empfand – diese Überzeugung artikulierte er auch wörtlich, wenn er sie als «wundersame und heilige Kreolin» apostrophierte.

Der nächste größere Baustein im ideologischen Gebäude des kreolischen Protonationalismus datiert von 1794. Auch er stammt von einem religiösen Architekten, dessen gestalterische Phantasie die seines Vorgängers aus dem 17. Jahrhundert sogar noch übertraf. Und auch im Zentrum seiner Phantasmagorien steht der berühmte Marienkult. Sein Name ist Fray Servando Teresa de Mier (1765–1827), ein namhafter Dominikaner, der in besagtem Jahr den Festtag zu Ehren der Jungfrau dazu nutzte, einem erlesenen Publikum, darunter der Vizekönig und der Erzbischof, seine Interpretation der Offenbarungsgeschichte vorzutragen. Und die hörte sich noch wundersamer an als die Legende selber. Neueste Ausgrabungen hätten, so seine kühne Sicht der Dinge, neues Licht auf die Geschichte Mexikos geworfen: Auf einem uralten Stein aztekischer Kultstätten sei ein Bild der Jungfrau von Guadalupe entdeckt worden, das ursprünglich den Umhang des heiligen Thomas, «Apostel dieses Königreiches», verziert habe. Und dieses Bild, zuerst von den Indios als göttliches Konterfei verehrt, sei später, als die Indios der Apostasie verfielen, von dem heiligen Apostel just dort versteckt worden, wo sich die Gottesmutter dem jungen Indio offenbarte. Aus dieser wundersamen Geschichte, meinte Fray Servando, ließ sich nur eine Schlussfolgerung ziehen: Ohne sich darüber bewusst zu sein, hätten die Azteken in ihrem Gott-König Quetzalcóatl eigentlich den christlichen Apostel verehrt … Man kann sich gut vorstellen, dass die erlesene Zuhörerschaft des dominikanischen Predigers dessen eigenwillige Lektion in Hermeneutik als Häresie empfand. Dabei hatte der phantasiebegabte Kirchenmann eigentlich nur die Kernthese eines kreolischen Juristen wiederholt, der zufolge Tenochtitlán, die alte Hauptstadt des Sonnenreichs, eine Gründung des heiligen Thomas gewesen sei. Doch nun wurden diese ketzerischen Ansichten in aller Öffentlichkeit vorgetragen, noch dazu vor den höchsten Würdenträgern von Thron und Altar. Die Strafe für Fray Servando Teresa de Mier, zehn Jahre Verbannung, fiel deshalb hart und exemplarisch aus. Das war aus der Sicht seiner Richter nur allzu verständlich. Denn seine verwegenen Interpretationen waren nicht nur ein Affront gegen die offiziellen Bibelgestalten, sie rochen auch nach politischem Hochverrat – schließlich lautete die implizite Hauptbotschaft seiner abstrusen Spekulationen, dass Mexiko über eine religiöse Autonomie verfügte, die der spanischen in keiner Weise unterlegen war. Wenn das Mutterland spirituelle Koryphäen vom Schlage eines Santiago de Compostela oder einer Señora del Pilar besaß, dann konnte Mexiko in Gestalt der Jungfrau von Guadalupe etwas durchaus Ebenbürtiges vorweisen. Der weitere Lebensweg des Dominikanerbruders, der ihn übrigens – gezwungenermaßen – nach Spanien führte, bestätigt den rebellisch-kreolischen Geist, der in seiner berühmten Predigt zum Ausdruck kam: Während seines langen Exils machte er sich als intellektueller Hauptanstifter der Aufstandsbewegung ebenso einen Namen wie als ihr erster Historiker.

Die phantastische Verschmelzung christlicher Legenden und aztekischer Mythen, bereits an sich ein religiöses Manifest kreolischer Unabhängigkeitsideen, nahm in der nicht minder berühmten *Historia de la revolución de Nueva España, antiguamente Anáhuac*, die Fray Servando 1813 fertig stellte, nun eine dezidiert politische Färbung an. Dabei gab der verbannte Autor, zumindest auf den ersten Blick, seinen Widersachern durchaus Recht, wenn er argumentierte, dass Neu-Spanien niemals eine Kolonie, sondern ein «wirkliches Reich» (verdaderos reinos) gewesen sei. Die Begründung dürften die Spanier allerdings als Provokation empfunden haben: Die Mexikaner hätten ein historisches Recht auf Unabhängigkeit, so der Autor, weil die mexikanische Nation bereits *vor* der spanischen Eroberung existiert habe. Starker Tobak für die Historiker der einstigen Madre Patria, die 1492 als historische Stunde null der

Geschichte interpretierten. Nun mussten sie sich sagen lassen – und noch dazu von einem ihrer eigenen ‹Söhne› –, dass die Neue Welt bereits ziemlich alt war, nicht nur im Sinne historisch-geologischer Kontinuitäten, sondern auch und vor allem als national-kulturelle Identität!

Natürlich waren solche Konstrukte einer mexikanischen Urnation kaum weniger fiktiv als die Neue-Welt-Metaphern, die dies- und jenseits der Pyrenäen den geschichtsphilosophischen Ideenhimmel bevölkerten. Ihre Wirkung war indessen, ebenso wie die ihres europäischen Gegenstücks, durchaus real: Herrschaft braucht Herkunft – und die bestand für die kreolischen Denker im postkolonialen Mexiko in der präkolumbischen «Nation». Dabei konnte sich der Erfinder einer perennierenden Mexicanidad, der einen Teil seiner Verbannung in Spanien verbrachte, übrigens auch auf die Historikerzunft seines Exillandes berufen: Lange bevor der Salmantiner Dichterphilosoph Miguel de Unamuno (1864–1936) seine griffige Metapher vom «lebenden Felsen» (roca viva) der spanischen Nationalgeschichte erfand, verorteten die namhaftesten Vertreter des Fachs das Urgestein ihrer Nation in den grauen Vorzeiten der Iberischen Halbinsel.

In ähnlicher Weise wie Fray Servando Teresa de Mier legitimierten auch andere seiner Zeitgenossen die mexikanische Unabhängigkeit, beispielsweise Carlos María de Bustamante (1774–1848), der in seinem *Cuadro Histórico de la revolución mexicana* den Glanz der indigenen Vergangenheit als quasinationalen Leitstern ausmachte, die Schrecken der Konquista dagegen nur als temporäre Zäsur.

7.5 Frankomanie und «Hunger nach Geschichte»: *die Erfindung Mexikos*

Der Weg von der idealisierten Geschichte in die reale Gegenwart war freilich ziemlich lang. Denn kühne Denker wie Fray Servando und Carlos María de Bustamante gewannen erst zu Beginn des 20. Jahrhunderts nachhaltigen Einfluss auf den nationalen Identitätsdiskurs ihres Landes. An der kulturellen Weichenstellung im postkolonialen Mexiko waren sie jedoch nur marginal beteiligt. Die kreolische Elite bediente sich zwar hier und da ideologischer Versatzstücke aus der indigenen Vergangenheit, die etwa im Unterschied zu Argentinien in der gesellschaftlichen Wirklichkeit omnipräsent war. In der gesellschaftlichen Realität Mexikos, besonders während der langen Dauer des Porfiriats, auch im Modernisierungsdiskurs des dominanten Positivismus, galten die Indianer aus Fleisch und Blut nebst ihren kulturellen Traditionen dagegen ebenso als Zivilisationsbarrieren wie am Río de la Plata. Die «dreifache Negation», von der Octavio Paz gesprochen hat, gilt deshalb auch für die präkolumbische Geschichte.

Stattdessen optierten die führenden Machtgruppen des 19. Jahrhunderts dafür, so Paz, ein «modernes Land» zu werden – und das hieß: «Mexiko negierte seine Geschichte». Ihre Gegenwart und Zukunft suchten die modernisierungsobsessiven Eliten dagegen außerhalb der nationalen Grenzen. Fündig wurden sie sogar in jenem Land, das ihr eigenes um die Hälfte halbiert hatte. Die «ambivalente Faszination» (Octavio Paz) für die *technische* Überlegenheit der USA verwandelte sich in eine Art Dauerobsession, in eine kollektive Hassliebe des American Way of Life, der die eigene Identität bedrohte, als – unerreichbares – Vorbild aber stets zur Nachahmung ansporne. Lediglich die Konservativen, die nach Santa Annas erzwungener Demission den «guten alten Zeiten» nachtrauerten, beäugten die nordamerikanisch gefärbte Fortschrittsbegeisterung ihrer politischen Kontrahenten mit Argwohn. Einen richtungsgebenden Einfluss auf die kulturelle Orientierung Mexikos hatten sie nicht. Sie teilten indessen die kulturelle Frankophilie der Liberalen. Obwohl sich ihre Frankreichbegeisterung, was deren politische Dimension betraf, in der Gestalt des Franzosenkaisers Maximilian kräftig blamieren sollte, ließ es sich Santa Anna noch kurz vor seinem Sturz nicht nehmen, seine Palastwache in gelbe Satinuniformen aus Paris zu kleiden. Auch sein Nachfolger, der ‹Indio›-Präsident Benito Juárez, war ein Bewunderer der französischen Zivilisation. Die kulturellen Traditionen seiner eigenen Ethnie, wenn er sie denn kannte, hielt er dagegen nicht für fortschrittstauglich. Kaum anders das Bild in den bleiernen Dekaden des Porfiriats. Die Ideale des Diktators, schreibt Octavio Paz, sind die der europäischen Bourgeoisie: «Die Intellektuellen entdecken Compte und Renan, Spencer und Darwin; die Dichter imitieren den Parnaß und die französischen Symbolisten [...].» Und in den Salons dominierte die französische Façon nobler Courtoisie oder das, was man dafür hielt. Eduardo Galea-

179

no hat sich die Mühe gemacht, den verbalen Pomp der mexikanischen Hauptstadtaristokratie um 1840 – die Hausse der kulturellen Französisierung stand erst noch bevor – an einigen Beispielen originalgetreu zu reproduzieren. Demnach erreichten die syntaktischen Wucherungen des obligatorischen Begrüßungszeremoniells ganze 14 Sätze. Der Aufwand an regelgerechten Abschiedsphrasen belief sich auf ein rundes Dutzend. Grund genug, das geopolitische Lamento über die verhängnisvolle Nähe zu den USA mutatis mutandis auch auf die Kultur zu übertragen: armes Mexiko, so weit von seinen eigenen Traditionen entfernt und so nah am Pariser Parnass …

Die extreme kulturelle Entfremdung, in die die Frankomanie der dominanten Eliten unweigerlich mündete, stieß immerhin bei einigen Künstlern und Intellektuellen auf kreative Skepsis. Einer der ersten Versuche, die kulturelle Sackgasse zu verlassen, datiert bereits von 1869. In jenem Jahr gründete Ignacio Altamirano (1834–1893), ein radikaler Liberaler indigener Herkunft, die Literaturzeitschrift *El Renacimiento*. Der Titel war durchaus mit Bedacht gewählt: Die kleine Gruppe von Schriftstellern und Kritikern, die Altamirano um sich versammelte, unternahm die ersten, wenn auch noch reichlich zaghaften und unsicheren Schritte auf dem Weg zu nationalkulturellen Mustern, die das enge Korsett der Pariser Haute Couture etwas elastischer machten. In die gleiche Richtung zielte Altamiranos Roman *Clemencia*: Die literarische Bearbeitung der Bürgerkriegszeit und des französischen Interregnums, angereichert mit einem psychologisch ziselierten Liebesdrama, thematisiert damit zwei wichtige Episoden aus der *eigenen* Geschichte und gilt deshalb zu Recht als der Gründungsroman der modernen mexikanischen Literatur. Visuelle Unterstützung erhielt die literarische Konfiguration eines nationalkulturellen Mosaiks auch durch einige Maler. Der 1840 geborene José María Velasco (1840–1912) adaptierte europäische Traditionen an mexikanische Realitäten. Seine Landschaftsbilder, vor allem die dramatische, großformatige Szenerie des Tals von Mexiko, brachten genuin einheimische Motive auf die Ölleinwand und inspirierten in späteren Jahren Diego Rivera, *den* Maler des postrevolutionären Mexiko. In der kleinen Gruppe visueller Gestalter der mexikanischen Realität, in deren Werken die von Fray Servando und seinen Kompatrioten gesetzten Keime einer autochthonen Mexicanidad langsam, aber unaufhaltsam zu wachsen schienen, gehörte auch José Guadalupe Posada (1852–1913). In den Lithographien des 1852 geborenen Künstlers, eines radikalen Kritikers des Porfiriats, nimmt vor allem ein Thema Gestalt an: die omnipräsente Gegenwart von Todessymbolen in der mexikanischen Alltagskultur, die sich in den Bildsequenzen von Posada zu volkstümlich-satirischen Attacken auf das dekadente Ambiente der imitierten «Belle Epoque» verdichten.

Der «Hunger nach Geschichte» (Carlos Fuentes), im postrevolutionären Mexiko ein gegenwartspolitisch eingefärbtes Amalgam aus Altem und Neuem, war jedoch auch weiterhin nur ein minoritäres Gefühl. Für den intellektuellen Mainstream des Porfiriats besaß die mexikanische Realität lediglich dort eine – begrenzte – Bedeutung, wo sie mit universalen Schemata korrespondierte. Der «einzige Mexikaner seiner Zeit», so Octavio Paz, der die europäische Geschichtsphilosophie in Frage stellte und ihr eine mexikanische Wendung gab, war Justo Sierra (1848–1912). Der Gründer der Hauptstadt-Universität und Minister für öffentliche Bildung war in der Tat der erste Mexikaner von Rang, der seine Landsleute dazu ermunterte, eine Art kultureller Importsubstitution zu betreiben. Besonders in der Universität sah er den geeigneten Ort, um die intellektuellen «Leitlinien des nationalen Charakters» zu entwerfen. Und dazu gehörte in allererster Linie der Rekurs auf die eigene Realität, auf die eigene Geschichte.

Sierras Plädoyer für eine nationalkulturelle Währungsreform stieß bei den herrschenden Eliten jedoch auf ziemlich taube Ohren. Wieso sollte das Land, so ihr positivistisches Basiscredo, ausgerechnet geistige Zollschranken errichten, wenn nicht einmal der massive Import von Kapital und technischem Know-how nennenswerten Beschränkungen unterlag? Schließlich war das eine so profitabel wie das andere, freilich nur für die Happy Few der Plutokratie: «Das Volk», schrieb der junge Octavio Paz, war dagegen «nach hundert Jahren des Kampfes einsamer als je zuvor – sein religiöses Leben verarmt, seine Kultur erniedrigt und gedemütigt.» In späteren Jahren hat der Autor dieser Bilanz den sozialkritischen Impetus seines berühmten Frühwerks – *El laberinto de la soledad* – zwar revidiert; sein folgendes Resümee bringt den damaligen Zustand des Landes dennoch gut auf den Begriff: «Zu Beginn des XX. Jahrhunderts», schrieb Paz rund 25 Jahr später, «waren wir bereits fest in der Pseudomoderne verankert: Eisenbahnen und Latifundismus, demokratische Verfassung und ein Caudillo in der besten hispanoarabischen Tradition, positivistische Philosophen und präkolumbische Kaziken, symbolische Dichtung und Analphabetentum.» Erst die Revolution sollte dafür sorgen, dass dieses Gleichgewicht gewaltsam oktroyierter Widersprüche aus der Balance geriet.

8. Exzentrische Moderne:
Politik, Wirtschaft, kulturelle Identität Lateinamerikas im 20. Jahrhundert

8.1 Vom «informal imperialism» zum «Big Stick»:
die Monroe-Doktrin als Handlungsmaxime

«Heutzutage», schrieb Eduardo Galeano vor rund 30 Jahren, «identifiziert die Welt Amerika mit den Vereinigten Staaten: wir bewohnen bestenfalls ein Unter-Amerika, ein verschwommenes, schwer definierbares Amerika zweiter Klasse.» Daran hat sich bis in die Gegenwart im Grunde nichts geändert. Das Ober-Amerika, nicht nur geographisch in einer höheren Position, bestimmt die Geschicke seiner südlichen Hälfte in einem Umfang, den sich selbst Simón Bolívar kaum vorstellen konnte, trotz seiner skeptischen Prognosen, zu denen die Monroe-Doktrin von 1823 ihn realistischerweise veranlasste. Etwas verschätzt hat sich der «Befreier Amerikas» lediglich in der zeitlichen Perspektive. Denn erst gegen Ende des Jahrhunderts begann der «Koloss aus dem Norden» damit, seine ideologischen Ansprüche auch in praxi einzufordern. Bis dahin war es, vom Krieg mit Mexiko einmal abgesehen, der «informal imperialism» der Engländer gewesen, der die – ökonomischen – Geschicke der postkolonialen Länder hauptsächlich geprägt hatte. Im Unterschied zum «englischen Jahrhundert», dem eine gentlemanhafte Contenance im Politischen immerhin nicht abzusprechen war, stand das «amerikanische Jahrhundert» von Anfang an unter dem Zeichen des Stocks: Theodor Roosevelts Big-Stick-Devise – «speak softly and carry a big stick» – erteilte den Zweite-Klasse-Amerikanern nun auch praktische Lektionen in ‹guter Nachbarschaft›. Die erste Lektion dieser Art datiert von 1895 und wurde, ironisch genug, sogar von einem lateinamerikanischen Musterschüler auf den Lehrplan gesetzt. In jenem Jahr rief die venezolanische

Regierung die USA um Hilfe gegen die Engländer, die den Grenzverlauf von British Guayana nach Nord-Westen, weit auf venezolanisches Territorium verschieben wollten. Die Warnung des nordamerikanischen Außenministers an die Adresse des einstigen Mutterlandes fiel deutlich aus und tat ihre Wirkung: «Nordamerika», schrieb er unter Berufung auf die Monroe-Doktrin, «ist praktisch souverän auf diesem Kontinent [...].» Dass dem tatsächlich so war, bekamen nur drei Jahre später auch die Spanier zu spüren. In einem «nice little war», wie die US-Presse spottete, wechselten Kuba, Puerto Rico und die Philippinen, der koloniale Restbestand des spanischen Empire, ihre Besitzer. Die politische Zukunft der beiden Karibikinseln unterschied sich fortan nur graduell: Puerto Rico verwandelte sich in einen – nicht sonderlich glänzenden – Stern auf der nordamerikanischen Flagge; Kuba behielt zwar de jure seine Souveränität, de facto sorgten etliche Militärinterventionen aber dafür, dass die Inselbewohner ihren Unabhängigkeitsradius nicht überschätzten.

Der «herrliche kleine Krieg», wiewohl er das definitive Schlusskapitel des spanischen Kolonialismus in der Neuen Welt schrieb, löste bei den meisten Lateinamerikanern dennoch Ressentiments gegen die Sieger aus und bewirkte sogar eine Renaissance hispanophiler Gefühle. Denn spätestens jetzt, nach dem kolonialen Rien ne va plus der einstigen Madre Patria, dämmerte es auch den glühendsten Bewunderern des American Way of Life, dass die neue Supermacht nicht die feine englische Art des *informal imperialism* fortsetzen würde. Überrascht von der antiamerikanischen Stimmung, die sich nach dem Sieg über die Spanier in ganz Lateinamerika verbreitete, lancierte der Koloss aus dem Norden seinen nächsten Coup nach dem Motto «Zuckerbrot und Peitsche». Diesmal ging es um einen dünnen Landstreifen im Norden Kolumbiens, wo Roosevelt einen Kanal durch den Isthmus ziehen wollte. Das Zuckerbrot, das er den Kolumbianern in Form eines Kaufvertrags anbot, schlugen diese jedoch aus. Danach kam die Peitsche zum Einsatz: US-Agenten inszenierten einen Aufstand im Gebiet der zukünftigen Wasserschneise, und nordamerikanische Kriegsschiffe sorgten dafür, dass die kolumbianischen Truppen, die die gelenkte Rebellion niederschlagen sollten, den Rückzug antreten mussten. Zwei Wochen später wurde der «souveräne Staat Panama» ausgerufen, den die selbst ernannte Schutzmacht fortan kräftig alimentierte. Gleichzeitig begannen die Bauarbeiten: Am 3. August 1914 passierte das erste Schiff den schwer bewachten Wasserkorridor, der zwei Weltmeere miteinander verband und der politischen Landkarte des postkolonialen Lateinamerikas den Schlusstupfer verlieh. Die politische Symbolik dieser Art von Nationbuilding sollte zukunftsweisend sein: Ein Mix aus Dollarimperialismus und Big Stick legte die Bewohner des nordamerikanischen Hinterhofs an die Kandare. Symbolisch war indessen auch die kulturelle Zäsur, die der Bau des Panama-Kanals markierte: Hatte Philipp II. dieselbe Idee im 16. Jahrhundert noch mit den Worten verworfen, der Mensch dürfe nicht trennen, was Gott vereint habe, brach sich nun ein pragmatisches Nützlichkeitsideal Bahn, wenn auch kaum zu Nutz und Frommen der Lateinamerikaner.

Vor allem die Bewohner Mittelamerikas und der Karibik bekamen auch im weiteren Verlauf des Jahrhunderts hauptsächlich die militärische Schlagkraft von Roosevelts Nachfolgern zu spüren. Sei es, dass ökonomische Interessen den Ausschlag gaben, oder sei es, dass politische Unbotmäßigkeiten die Ruhe im Hinterhof störten – US-Marines waren stets zur Stelle, wenn es galt, Law and Order herzustellen. Dazu bedurfte es auch, zumindest von Zeit zu Zeit, der verbalen Flankierung: «Der Tag liegt nicht mehr fern», prophezeite Präsident William H. Taft 1912 in diesem Sinn, «an dem drei Sternenbanner an drei gleich weit entfernten Punkten die Ausdehnung unseres Territoriums anzeigen werden: eines am Nordpol, das andere am Panamakanal und das dritte am Südpol. Es wird zur Tatsache werden», fügte er hinzu, «dass die ganze Hemisphäre uns gehört, wie sie uns moralisch, dank unserer rassischen Überlegenheit, schon jetzt gehört.» Den Worten folgten, es sollte nicht lange dauern, wieder die entsprechenden Taten: 1916 landeten US-Marines in der Dominikanischen Republik und blieben acht Jahre. Ruhe und Ordnung, in deren Namen sie gekommen waren, hielten nach ihrem Abzug jedoch nicht lange an. Wenige Jahre später putschte sich Rafael Leónidas Trujillo Molina (1891–1961) an die Macht. Der oberste Chef der Guardia Nacional, die Marines hatten sie gerade erst zu einer schlagkräftigen Truppe hochgerüstet, blieb 30 Jahre an der Macht – ohne Intervention der USA. Dabei war die Diktatur Trujillos eine besonders infame und blutrünstige Despotie, die im Ranking der lateinamerikanischen Terrorregime einen Spitzenplatz einnahm. In seinem unlängst erschienenen Roman *La fiesta del Chivo* hat der peruanische Schriftsteller Mario Vargas Llosa den perversen Charakter des Satrapenregimes anschaulich rekonstruiert. Es war diese Art der Nachsicht, die viele Lateinamerikaner in Rage versetzte: Nach innen eine Demokratie, nach außen ein Empire, schrieb Carlos Fuentes, ein im Grunde moderater Kritiker des Big-Stick-Imperialismus, und brachte die Janusköpfigkeit der USA auf die Formel: «Dr. Jekyll und Mr. Hyde».

An der politischen Doppelgesichtigkeit der Supermacht änderten die kritischen Stimmen aus dem Süden jedoch so gut wie nichts. Bereits vor der Intervention in Santo Domingo hatten US-Soldaten in anderen Ländern ihre Vorstellungen von Ruhe und Ordnung durchgesetzt: 1915 gingen Kriegsschiffe in Haiti vor Anker, ihre Besatzungen blieben 19 Jahre. Ein ähnliches Schicksal war Nicaragua vorbehalten: 1912 landeten Marines an der Küste des kleinen mittelamerikanischen Landes. Ihre Mission bestand darin, so der fast immer gleiche Wortlauf der Monroe-Epigonen, «Leben und Eigentum der nordamerikanischen Bürger zu schützen». Sie nahmen ihre Aufgabe wie immer sehr ernst und «vergaßen» deshalb, wie Eduardo Galeano spöttelte, «wieder zu gehen». Von kurzen Intervallen abgesehen, übten sie ihr selbst erteiltes Schutzmandat bis 1933 aus. Ganz freiwillig war der Abzug der Marines diesmal jedoch nicht: Trotz des massiven Einsatzes von modernstem Kriegsgerät, unter Einschluss der berüchtigten Fokker-Maschinen, war es ihnen nicht gelungen, die Rebellenbewegung unter Führung des legendären Augusto César Sandino (1893–1934) in offener Schlacht zu besiegen. Das schaffte, wenn auch aus dem Hinterhalt, der Chef der Guardia Nacional, Anastasio Somoza (1896–1956), nur ein Jahr später: Sandino fiel unter den Kugeln von Somozas Häschern. Dessen korrupter, stramm antikommunistischer Familienclan sollte das Land bis 1979 beherrschen – selbstredend ohne Intervention der USA.

Auch wenn die Ursachen des lateinamerikanischen «Anti-Yankismo», der durch den Schulterschluss von Diktatoren aus dem Süden und Demokraten aus dem Norden weiter wuchs, durchaus vielschichtig waren – den Strategen von Big Stick und Dollarimperialismus bereiteten diese Ressentiments durchaus Kopfzerbrechen. Flankierende Maßnahmen an der ideologischen Front standen deshalb schon an der Wiege der US-amerikanischen Lateinamerikapolitik. Sie firmieren unter dem Label «Panamerikanismus» und gehen bereits auf das späte 19. Jahrhundert zurück. Ebenso alt ist der lateinamerikanische Widerstand gegen den hegemonialen Anspruch des Terminus, der die Realpolitik der Supermacht nur notdürftig verbrämte. Auf der ersten panamerikanischen Konferenz, sie wurde 1881 nach Washington einberufen, setzte deshalb die argentinische Delegation dem Slogan «Amerika den Amerikanern» die provokative Devise entgegen: «Amerika der Menschheit». Dennoch stimmten auch die Argentinier, die sich ihrerseits den Cono Sur als politisch-ökonomische Einflusssphäre reservieren wollten, der Einrichtung eines Internationalen Büros der Amerikanischen Republiken letzten Endes zu. Nach einer Reihe weiterer Konferenzen entstand daraus 1910 die Panamerikanische Union – an dem De-facto-Vorsitzenden dieses Zusammenschlusses bestand nie der geringste Zweifel. Trotzdem hielten es die USA für ratsam, 1928 auch ein explizites «Interventionsrecht» für sich zu reklamieren. Die verbalen Proteste aus Lateinamerika ließen sie kalt. Um der Wahrheit die Ehre zu geben: In den folgenden Jahrzehnten, selbst nach Beginn des Kalten Kriegs, machten die USA allerdings nicht immer von diesem ‹Recht› Gebrauch. Als 1952 in Bolivien unter Präsident Paz Estenssoro die Bergwerke verstaatlicht wurden und eine Agrarreform das Elend der Landbevölkerung zu mindern versprach, läuteten zwar die Alarmglocken in Washington; da der revolutionäre Präsident des armen Andenstaats aber dennoch ein enger Verbündeter war und der beginnende Kalte Krieg zu diplomatischer Vorsicht Anlass gab, blieben die US-Soldaten zu Hause. Mehr noch: Reichlich bemessene Dollar-Kredite sicherten das ökonomische Überleben der bolivianischen Revolution, wenn auch nur für einige Jahre.

Das Beispiel, so hoffnungsvoll es war, machte jedoch keine Schule. Schon 1954, nur zwei Jahre später, griffen die Strategen des Pentagons wieder auf die altbewährte Methode zurück. Ins Visier von US-Söldner-Truppen, sie benutzten Honduras als Aufmarschgebiet, geriet nun die Regierung von Guatemala, die sich durch ein Paket sozialer Reformen als unsicherer Kantonist in der antikommunistischen Phalanx erwiesen hatte. Hinzu kam, dass das mittelamerikanische Land zum direkten Hinterhof der USA gehörte, der im Übrigen zu einem Gutteil von der mächtigen United Fruit Company aus Boston bewirtschaftet wurde. Nachdem die guatemaltekische Regierung sogar – brachliegende – Ländereien dieses Konzerns enteignet hatte, gab man den Startschuss zur Invasion.

Schon kurze Zeit später konnte Präsident Eisenhower den Drahtziehern des Militärcoups im CIA dafür danken, dass sie «einen sowjetischen Stützpunkt in unserem Einflussbereich» eliminiert hatten. Um der freien Welt zu demonstrieren, dass es in Guatemala nun wieder demokratisch zuging, beauftragte Allen Dallas, der Chef des CIA, einen Journalisten aus der *Time*-Redaktion damit, eine neue Verfassung für das Land zu schreiben … Der schöne Traum eines solidarischen Panamerikanismus, der in Bolivien Wirklichkeit zu werden schien – in Guatemala war er wieder einmal zum Albtraum geworden. Die innen- und außenpolitische Arbeitsteilung von Dr. Jekyll und Mr. Hyde funktionierte reibungslos. Das soeben statuierte Exempel, so hoffte die dunkle Seite des Doppelwesens, würde auch in den übrigen Ländern des Subkontinents verstanden. Oder glaubte man in dem dauerrenitenten Unter-Amerika etwa immer noch an eine bolivianische Alternative?

Auf einer nahe gelegenen Karibikinsel, deren diktatorisches Regime sich als treuer Vasall der USA erwies, ließen sich die Rebellen unter Führung eines jungen, bärtigen Rechtsanwalts jedenfalls nicht von dem guatemaltekischen Beispiel beeindrucken. In einem zähen und verlustreichen Guerilla-Krieg zwang die Rebellenarmee Fidel Castros das korrupte Batista-System Ende der 1950er Jahre schließlich in die Knie – und das trotz der Tatsache, dass der junge Inselstaat, der erst 1898 von Spanien unabhängig geworden war, de facto von dem nur 90 Seemeilen entfernten Nachbarn beherrscht wurde: «Bis zur Machtübernahme durch Castro», räumte sogar der letzte US-Botschafter 1960 vor einem Untersuchungsausschuss des Senats unumwunden ein, «war der Einfluss der Vereinigten Staaten in Kuba so unwiderstehlich, dass der nordamerikanische Botschafter die zweitwichtigste Persönlichkeit im Lande war, deren Bedeutung sogar die des kubanischen Präsidenten überwog.» Damit war es nun vorbei. Die zivilen und militärischen ‹Berater› flüchteten ebenso schnell nach Florida wie die Schergen der Batista-Diktatur. Der stattliche Besitz nordamerikanischer Firmen und Privatpersonen wurde enteignet und dem massiven Spielbanken- und Sextourismus aus Miami ein Riegel vorgeschoben. Die maskuline Klientel der dunkelhäutigen und billigen Inselprostituierten hatte Havanna tatsächlich in ein großräumiges Weekend-Bordell Floridas verwandelt: 1958, also am Vorabend der Revolution, gab es in Kuba, so hat René Dumont ausgerechnet, mehr registrierte Prostituierte als Minenarbeiter … Die Enttäuschung über den Verlust der «Perle der Karibik» saß deshalb tief. Was lag da näher, als wieder einmal auf die altbewährten Methoden zurückzugreifen? Der «herrliche kleine Krieg» von 1898, der die Spanier von der Insel vertrieben hatte, endete diesmal jedoch in einem Fiasko. Die von der US-Regierung organisierte, trainierte und ausgerüstete Söldnertruppe einstiger Batista-Anhänger, die im April 1961 in der seither berühmten Schweinebucht landete, übrigens auf Befehl von Kennedy, fiel im Kugelhagel der Castristen oder wurde gefangen genommen. Seither müssen sich ihre politischen Freunde damit bescheiden, die Inselsilhouette von Miami aus zu betrachten. Einen gewissen – zynischen – Trost mögen sie dabei in der Tatsache sehen, dass den Platz der nordamerikanischen Sextouristen von einst inzwischen Kanadier und Europäer eingenommen haben.

Das «amerikanische Jahrhundert» erfolgreicher oder missglückter Interventionen war mit dem kubanischen Debakel freilich noch lange nicht zu Ende. 1965 landeten rund 30 000 Marines in Santo Domingo, der Nachbarinsel von Kuba, um revolutionäre Unruhen zu ersticken – Unruhen, die erst wegen der gewaltsamen Absetzung des gewählten Präsidenten Juan Bosch ausgebrochen waren. Die Intervention war erfolgreich: Das korrupte Nachfolgeregime konnte sich auf den politischen Supervisor aus dem Norden fortan ebenso verlassen wie sein Vorgänger Trujillo, der die verelendete Inselbevölkerung ganze drei Jahrzehnte kujoniert hatte.

Die folgende Intervention war zwar diskreter, aber nicht weniger effektiv. Diesmal reichte der lange Arm von Uncle Sam sogar bis nach Chile: Am 11. September 1973 – auch Chile hat seinen 11. September! – putschte das chilenische Militär den demokratisch gewählten Präsidenten Salvador Allende aus dem Amt. Das Beispiel Allendes, eines eher moderaten Sozialisten, hätte Schule machen können, so die Befürchtungen in Washington; außerdem waren US-Interessen tangiert, u. a. des Multi ITT. Die Machinationen des CIA, massive Dollarströme und Waffenlieferungen, sorgten dafür, dass das «sozialistische Experiment» im Blut erstickte. Dem politischen Credo Augusto Pinochets, der Chile fortan regierte, entsprach die Blutbilanz aufs Haar: Demokratien müssten von Zeit zu Zeit, so seine Devise, in Blut gebadet werden.

Die bislang letzten Glieder in der langen Kette US-amerikanischer

Interventionen in Lateinamerika hießen Nicaragua, Grenada und Panama. Während man sich in Nicaragua darauf beschränkte, die Regierung der Sandinisten, die den Nordamerika-Vasallen Anastasio Somoza 1979 aus dem Amt gejagt hatten, durch einen zermürbenden Söldnerkrieg (der CIA-finanzierten «Contras») langsam, aber sicher zu destabilisieren, ging man in den beiden anderen Fällen direkter ans Werk. In Grenada machten Marines mit der linken Regierung von Maurice Bishop kurzen Prozess; in Panama, einst zu exklusivem Nutz und Frommen der USA kreiert, beendeten US-Soldaten die Despotie eines Tyrannen, der vergessen hatte, was er seinen nordamerikanischen Freunden schuldig war.

Das «amerikanische Jahrhundert» stand für die meisten Länder des Subkontinents, das illustrieren die zitierten Beispiele der US-amerikanischen Big-Stick-Politik, unter keinem guten Stern. Zwar wehten von Mexiko D. F. bis nach Santiago de Chile nationale Flaggen; das Sternenbanner der USA bildete jedoch von Anfang an den alles überragenden Meridian auf der geopolitischen Landkarte. Rund vierzig Mal, so hat der Historiker Frank Niess in seiner *Geschichte der Lateinamerikapolitik der USA* gezählt, haben Nordamerikaner seit dem 19. Jahrhundert in Mittel- und Südamerika militärisch interveniert, meistens direkt, gelegentlich ‹nur› durch Söldnertruppen, CIA-Agenten oder sonstige Maßnahmen aus dem dicken Handbuch politischer Destabilisierungsmethoden. Das berühmte mexikanische Sprichwort, das die fatale Nähe zu den USA beklagt – auch im Süden des Doppelkontinents erfuhr man seine Bedeutung am eigenen Leibe.

8.2 Hundert Jahre Einsamkeit:
nationale ‹Sonderwege›

Einer monokausalen, alternativlosen Verschwörungstheorie soll damit freilich nicht das Wort geredet werden. Die politische Vormundschaft, die sich die Supermacht aus dem Norden in den vergangenen hundert Jahren angemaßt hat, war nie die alleinige Ursache der omnipräsenten Terrorregime, die Lateinamerika beherrschten. Zu unterschiedlich waren und sind die Verhältnisse von Land zu Land, als dass sie sich über einen Kamm scheren ließen. Die Hypotheken der kolonialen Vergangenheit, die Macht- und Bereicherungsgier der postkolonialen Oligarchien, der «informal imperialism» der Engländer und später das nordamerikanische Damoklesschwert lasteten allerdings auch auf jenen Ländern, denen die direkte Bekanntschaft mit dem Big Stick der USA erspart blieb.

Eines dieser Länder, die einen dritten Weg – zwischen Revolution und Reaktion – zu gehen versuchten, ist das kleine Uruguay, das erst relativ spät zu nationalen Würden gelangte. Obwohl ein Produkt des Kriegs (zwischen Argentinien und Brasilien), erreichte der kleine Río-de-la-Plata-Staat eine politische Stabilität, die lange ihresgleichen suchte. Bereits in frühen Jahren hatten sich die kreolischen Eliten des Landes auf einen Machtkonsens verständigt: Die so genannten *Colorados*, die politischen Repräsentanten der städtischen Oligarchie, und die so genannten *Blancos*, in deren Reihen sich die Caudillos des Hinterlandes organisierten, teilten sich, ohne größere Verwerfungen, die Schalthebel der Macht und die ökonomischen Pfründe ihrer Doppelherrschaft. Die «Schweiz Lateinamerikas», wie Uruguay im frühen 20. Jahrhundert apostrophiert wurde, mauserte sich zum ersten Wohlfahrtsstaat des Subkontinents. José Battle y Ordóñez, einer der bekanntesten *Colorado*-Präsidenten, führte Anfang des 20. Jahrhunderts den Achtstundentag, Alterspensionen und andere soziale Errungenschaften ein (zumindest auf dem Papier), legalisierte die Ehescheidung, schaffte die Todesstrafe ab und verbot jenes öffentliche Spektakel, das die Spanier einst importiert hatten: den Stierkampf. Diese Reformen erregten zwar den Unmut der oppositionellen *Blancos*; den bewährten Machtkompromiss kündigten sie jedoch nicht auf. Noch in der zweiten Hälfte des 20. Jahrhunderts regte sich der diplomatische Vertreter des spanischen Franco-Regimes darüber auf, dass es in Uruguay keinen obligatorischen Militärdienst gab – nur eine Berufsarmee –, die katholische Religion als Pflichtfach aus den Schulen verbannt worden war und die Stierkampfarenen noch immer leer standen. Gab es ein besseres Kompliment für den aufgeklärten Zustand eines Landes, dem es augenscheinlich gelungen war, zur Ausnahme der lateinamerikanischen Regel zu werden?

So sahen es auch viele Uruguayer. Während sich die argentinischen Nachbarn seit der «Belle Epoque» mit dem Slogan feierten, «Dios es argentino» (Gott ist Argentinier), artikulierte sich das nationale Selbstbewusstsein in und um Montevideo in dem Satz: «Como Uruguay no hay» (etwa: Uruguay gibt es nicht zwei). Was als Selbstbewusstsein daherkam, konnte freilich auch als Übermut interpretiert werden – und das bereits lange bevor sich die prächtigen Fassaden der Bürgerpaläste Montevideos in trostlose Denkmäler einer trügerischen Prosperität verwandelt hatten. Denn trotz der *relativen* Wohlfahrt, die das Land erreicht hatte, blieben dessen ökonomische Basis äußerst prekär und die sozialen Klassenunterschiede unüberbrückbar, besonders auf dem Lande. Auch die politische Stabilität, die die Allianz von *Colorados* und *Blancos* gesichert hatte, erforderte einen hohen Preis: politischen Immobilismus des (fast) Immergleichen, der unterschiedliche Interessen zwangsharmonisierte und antagonistischen Positionen außerhalb der Zweiparteienklientel keinerlei Ventil anbot. Als sich die sozialen Konflikte der uruguayischen Dependenz-Ökonomie verschärften, erlitt die Karriere des Landes, die als «Schweiz Lateinamerikas» so vielversprechend begonnen hatte, einen irreversiblen Knick. Spätestens 1973, als die Militärs die letzten Reste bürgerlicher Freiheiten unter Panzerketten begruben, war auch die lateinamerikanische Ausnahme zur Regel geworden. Das über hundert Jahre eingespielte Konsensmodell überlebte jedoch, wie es scheint, sogar die blutigen Jahre der Diktatur: Die Mehrheit der uruguayischen Bevölkerung gab der unwürdigen Politik des postdiktatorialen «punto final» in einem Plebiszit ihren Segen.

Die lateinamerikanische Regel bestand, trotz demokratischer Phasen (vor allem im Cono Sur) in autoritären Regimen, die die Mehrheit ihrer Bürger – im besten Fall – zu politischen Statisten degradierte oder – im schlimmsten Fall – zu physischen Opfern von brutaler Gewalt machte: «Diktaturen und Oligarchien», resümiert Tulio Halperin Donghi den Status quo um die Mitte des 20. Jahrhunderts, «sind immer mehr die politischen Emissäre jener Kräfte, die Lateinamerika regieren [...].» Und diejenigen, die von ihnen regiert wurden, versanken immer mehr im Elend: Zu Beginn des 20. Jahrhunderts bestand die große Mehrheit der Lateinamerikaner, in einigen Regionen waren das bis zu 98 Prozent, aus Analphabeten; und noch immer dominierte eine geographische Apartheid zwischen den städtischen Metropolen und ihrem Hinterland das kontinentale Bild, deren soziale und kulturelle Abgründe ebenso schroff waren. Erst in den 1920er Jahren begann sich die geographische Zweiteilung allmählich zu lockern. In der Folge eines steilen demographischen

Wachstums strömten immer mehr bettelarme Campesinos in die urbanen Zentren, die in den kommenden Jahrzehnten zu Dimensionen expandierten, die auch die Besserbetuchten in Mitleidenschaft zogen.

Beispielsweise Lima: Die 1535 von Pizarro gegründete «Stadt der Könige», einst architektonisches Kronjuwel des spanischen Kolonialbarock, begann sich in den 1920er Jahren in eine Stadt zu verwandeln, in der Indios und Mestizen das Bild bestimmten. Angezogen von den – überwiegend trügerischen – Hoffnungen auf ein besseres Leben, siedelten sich die verelendeten Habenichtse an der Peripherie der Hauptstadt an, meistens unter ebenso elenden Bedingungen wie die, die sie zum Verlassen der ländlichen Regionen gezwungen hatten. Ihre massenhafte Präsenz vor den Toren der Bürgerpaläste sorgte immerhin dafür, dass die sensibelsten Teile der städtischen Gesellschaft nun auch physisch mit einem Problem konfrontiert wurden, das nach politischen Lösungen geradezu schrie. So entstand 1924 mit der *Alianza Popular Revolucionaria Americana*, kurz: APRA, eine Bewegung, die sich als genuin peruanische Alternative zu den halbfeudalen Plutokratien und autoritären Entwicklungsdiktaturen im übrigen Lateinamerika verstand. Das Hauptziel des APRA-Gründers Haya de la Torre (1895–1979) bestand darin, auch die Indios und damit die große Masse der Landbevölkerung endlich zu peruanischen Staatsbürgern zu machen. Dazu mussten sie, unter sozialen Gesichtspunkten, aber erst einmal Menschen werden. Die *Apristas*, von sozialistischen Ideen beflügelt, setzten deshalb auf ein politisches Programm, in dem Agrarreformen, Alphabetisierung und Arbeitsschutzgesetze die Schlüsselbegriffe bildeten. Mit José Carlos Mariátegui brachte die erfolgreiche Massenbewegung auch einen Denker von kontinentaler Ausstrahlung hervor. In seinem viel gelesenen Buch *Sieben Versuche, die peruanische Wirklichkeit zu verstehen* unternimmt Mariátegui den Versuch, den europäischen Marxismus auf die Realitäten seines Landes anzuwenden.

Und die war, wie in den meisten Republiken Lateinamerikas, von der indigenen Frage geprägt. Mariátegui griff zwar viel zu kurz, wenn er die Lösung dieser Frage lediglich «in unserer Wirtschaft», d. h. in einer tief greifenden Agrarreform suchte und dabei die ethnischen Dimensionen vernachlässigte. Seine Kritik der landläufigen «Modernisierungspolitik», die in den indigenen Gemeinschaften nur ein Entwicklungsproblem zu sehen vermeinte, ließ an Deutlichkeit jedoch nichts zu wünschen übrig: «Die Emanzipation des Indios von einer gezielten Kreuzung der Ureinwohner mit weißen Einwanderern zu erwarten», polemisierte er gegen die kreolischen ‹Rassenverbesserer›, «ist eine gegen jede soziologische Erkenntnis sprechende Dummheit, die nur dem rudimentären Verstand eines Importeurs von Merinoschafen entspringen kann.» Es ist nicht überraschend, dass solche Verbalattacken die peruanische Oligarchie in Rage versetzten. Obwohl sie nicht das politische Credo aller *Apristas*, vor allem nicht das der Führung im Umkreis des moderaten Haya de la Torre widerspiegelten, wurde die Bewegung zur zentralen Zielscheibe ihrer mächtigen Gegner. Als der legendäre APRA-Gründer nach drei Jahrzehnten der politischen Verfolgung Anfang der 1960er Jahre doch noch zum Präsidenten gewählt wurde, annullierten die Militärs kurzerhand das Votum an den Urnen. Peru blieb, trotz aller Reformbemühungen, ein sozial und politisch zerrissenes Land, in dem die Generäle und Oligarchen den Ton angaben. Auch noch moderatere Reformer, wie der 1962 mit dem Plazet der Militärs zum Präsident ernannte Fernando Belaúnde, scheiterten an den versteinerten Machtstrukturen, die mehr als zwei Drittel der Bevölkerung im Dauerelend beließen. Die Inka-Gesellschaft, so hatte Belaúnde seine Landsleute an die präkolumbischen Zeiten erinnert, sei im Vergleich zu der tristen Gegenwart zwar eine Gesellschaft mit vielen Fehlern gewesen, «aber in jenen Tagen litten die Indianer jedenfalls nicht an Hunger». Daran änderte freilich auch er nichts: 1968 wurde er aus dem Amt geputscht. Zur Überraschung vieler entpuppte sich die Militärjunta unter General Velasco Alvarado als eine Truppe von Sozialrevolutionären in Uniform. Während die Weltpresse ein zweites Kuba erwartete, erwiesen sich die linken Generäle jedoch als durchaus moderat, auch mit Blick auf die nordamerikanischen Interessen. Selbst die Verstaatlichung der Standard Oil of New Jersey erschreckte die Strategen im Pentagon nicht. Denn trotz aller Reformambitionen sorgten die Generäle für Ruhe und Ordnung. Als Velasco nach sieben Jahren wieder in die Kaserne zurückkehrte, waren die Verhältnisse im Grunde die alten. Vielleicht war Peru nun «etwas weniger ungerecht», wie Eduardo Galeano schrieb; die quasifeudalen Machtstrukturen blieben jedoch intakt, besonders mit Blick auf die indigenen Gemeinschaften. Ihre Sprache, das Quechua, hatten die Generäle zwar dem Spanischen offiziell gleichgestellt, die entsprechenden Dekrete blieben jedoch Makulatur. Die *Academia de la Lengua*

Quechua wurde zur unfreiwilligen Staatssatire: Das Jahresbudget dieser Institution belief sich 1975 auf sage und schreibe sechs Dollar und 75 Cent … Neu war indessen, dass nun eine Guerillabewegung dem Staat den Krieg erklärte. Die politisch nicht sonderlich erleuchteten Krieger des *Sendero Luminoso* (Leuchtender Pfad) gaben der Violencia-Spirale von links neuen Schwung, der den Militärs und den paramilitärischen Todesschwadronen durchaus recht war. In dem schmutzigen Krieg des folgenden Jahrzehnts starben rund 30 000 Peruaner, das Gros bestand aus Zivilisten, die 5000 «Verschwundenen» nicht einmal mitgezählt. Der peruanische Schriftsteller Mario Vargas Llosa, beileibe kein Freund sozialrevolutionärer Ideen, hat die bedrückende Atmosphäre von struktureller und physischer Gewalt jener Jahre in seinem Roman *Lituma en los Andes* (Lituma in den Anden) eindrucksvoll beschrieben. An dieser Atmosphäre hat sich bis heute nicht viel geändert. Nach einem weiteren Jahrzehnt staatlichen Terrors mit einer pseudokonstitutionellen Bemäntelung unter der Kuratel des Putschpräsidenten Fujimori ist die Leuchtkraft von *Sendero Luminoso* zwar erloschen; ob die neue, demokratisch gewählte Regierung von Präsident Alejandro Toledo, immerhin einem «Cholo» (Mestizen), die Erwartungen ihrer Wähler erfüllen kann, ist jedoch mehr als zweifelhaft.

Im Nachbarland Kolumbien dürften die Erwartungen der Wähler, die im Sommer 2002 einer strammen Rechtsregierung ein Mandat erteilten, wohl noch mehr enttäuscht werden. Sofern man überhaupt noch von einem intakten Staat sprechen kann – weite Teile des Landes werden von der Guerilla beherrscht –, dann lassen sich die Insignien seiner Souveränität wohl nur noch durch nackte Gewalt vor dem völligen Zusammenbruch retten. Die schwindelerregende Gewaltspirale hat in Kolumbien eine besonders lange Tradition: «Ich vergesse immer», so die symptomatische Äußerung einer Figur in Gabriel García Márquez' Novelle *El coronel no tiene quien le escriba* (Der Oberst hat niemanden, der ihm schreibt), «dass wir im Ausnahmezustand leben.» Der Ausnahmezustand, sei es durch Kriege, Bürgerkriege oder durch Phasen blutiger Repression, gehört in der Tat zur gesellschaftlichen Grunderfahrung der Kolumbianer. Nach einem turbulenten 19. Jahrhundert, das durch blutige Auseinandersetzungen zwischen den rivalisierenden Gruppen der postkolonialen Oligarchien geprägt war, verabschiedete sich das Säkulum mit dem «Krieg der Tausend Tage», einem besonders grausamen Bürgerkrieg, der, so die pessimistischsten Schätzungen, rund 100 000 Menschenleben kostete. Auch die politische Ruhe, die auf das dreijährige Gemetzel folgte, glich eher einer Friedhofsruhe. Soziale Proteste der bitterarmen Bevölkerungsmehrheit wurden gnadenlos erstickt. Eines der berüchtigten Massaker, Gabriel García Márquez hat es in seinem Roman *Hundert Jahre Einsamkeit* erwähnt, fand im Dezember 1928 statt. Auf dem Marktplatz von Ciénaga fielen Hunderte von Arbeitern unter den Schüssen einer grausamen Soldateska, Hunderte wurden während der anschließenden Repressionswelle ermordet. Der Ausnahmezustand, zumindest die militärischen und politischen Dauerattacken gegen Arbeiter und Campesinos, erreichte durch die Rivalitäten zwischen Konservativen und Liberalen 1949 seinen Siedepunkt. Der erneute zehnjährige Bürgerkrieg, der danach begann, ging als «Bogotazo» in die Geschichtsbücher ein und forderte mehr als 80 000 Menschenleben. Die sozialen Widerstandsbewegungen, zunehmend auch in bewaffneter Form, blieben letztlich ohne Chance: 1966 wurde die Symbolfigur des kolumbianischen Guerillakampfs, der Priester Camilo Torres (1895–1966), von Militärs erschossen. Der Ausnahmezustand, de facto und de jure, blieb weiterhin *das* politische Instrument, mit dem die Oligarchie das Land zusammenhielt. Inzwischen kann kein Kolumbianer mehr sicher sein, dass er dem wuchernden Geflecht von paramilitärischen Verbänden, bewaffneten Banden der Drogenmafia oder rivalisierenden Guerillagruppen entgeht. In seinem erschütternden *Bericht einer Entführung* hat Gabriel García Márquez in den 1990er Jahren erschreckende Episoden aus dem Alltag eines Landes geschildert, das vom Krebsgeschwür omnipräsenter Gewalt geradezu zerfressen wird.

Ein durchaus vergleichbarer Teufelskreis aus oligarchischen Strukturen, extremster Armut und Repressionen bestimmte das Bild des 20. Jahrhunderts in den meisten anderen Ländern Lateinamerikas. In Ekuador, dem kleinen ‹Naturparadies› am Pazifik, gaben sich Despoten, korrupte Machtcliquen und pittoreske Figuren der politischen Folklore – so gelangte in den 1990er Jahren sogar ein drittklassiger Volkssänger auf den Präsidentensessel – ein Dauerstelldichein. Derweil lebt die große Masse der Indios noch immer in demselben Elend, das der ekuadorianische Schriftsteller Jorge Icaza (1902–1977) 1934 in seinem Roman *Huasipun-*

go beschrieben hat: «[Die Indios] sind Bestien», so bringt ein Patrón den Common Sense seiner Klasse zum Ausdruck, «Sie leben wie Vieh. Man sieht es … Sie sind eine minderwertige Rasse.»

Das waren sie aus der Sicht jener, die zu den Profiteuren der sozialen und ethnischen Apartheid gehörten, auch in Paraguay. Dort haben sich die Nachfahren der präkolumbischen Kulturen, die das Gros der Bevölkerung stellen, in den vergangenen Jahrzehnten zwar einige Rechte erkämpft – so ist etwa das Guaraní, ihre traditionelle Sprache, dem Spanischen offiziell gleichgestellt –; ihr langer Weg in die ‹Moderne› war jedoch ebenso von Rassismus, Elend und Unterdrückung gesäumt wie in den Nachbarländern. Zumindest in einem Punkt unterscheidet sich jedoch die unheilvolle Geschichte von Diktaturen und Rassismus Paraguays: In dem geographisch ziemlich isolierten Land, das über keinen Zugang zum Meer verfügt, haben auch exponierte Vertreter der ‹germanischen Edelrasse› ihre Spuren hinterlassen. Etwa in Gestalt des Gatten von Nietzsches Schwester, der dort im späten 19. Jahrhundert eine – kurzlebige – ‹arische› Gemeinschaft gründete. Gehört diese Episode, die der berühmte *Zarathustra*-Autor übrigens mit beißendem Spott kommentierte, eher zu den Kuriositäten der deutschen Präsenz in Paraguay, dann verbindet sich mit dem Namen Stroessner ein besonders dunkles Kapitel der Landesgeschichte: Der deutschstämmige Diktator putschte sich 1954 an die Macht und gab sie erst drei Jahrzehnte später wieder ab.

Bolivien, der nordwestliche Nachbar Paraguays, ist ein weiteres Beispiel für jene Länder, an denen der Krug einer nordamerikanischen Direktintervention zwar vorüberging, die den Schierlingsbecher politischer Gewalt und Repression aber bis zur bitteren Neige leerten. Die geographisch äußerst bizarre Andenrepublik, die im «Pazifikkrieg» von 1879 bis 1883 ihren Zugang zum Meer verlor und im «Chaco-Krieg» von 1932 bis 1935 abermals einen territorialen Aderlass erlebte, blieb fest in den Händen der einheimischen Oligarchie. Die weiter oben erwähnte Reformphase Anfang der 1950er Jahre, die sogar von den USA unterstützt wurde, änderte langfristig nichts an der politischen und sozialen Statik des lateinamerikanischen Armenhauses. Auch einer der berühmtesten Lateinamerikaner des 20. Jahrhunderts, Ernesto «Che» Guevara (1928–1967), schaffte es nicht, die bolivianischen Verhältnisse «zum Tanzen» zu bringen. Der gebürtige Argentinier, der nach seiner erfolgreichen Teilnahme an der kubanischen Revolution auch in Bolivien den Guerilla-Krieg zum Sieg führen wollte, starb 1967 im Kugelhagel der Regierungstruppen. Die Revolution, das illustrierte vor allem die politische Indifferenz der dortigen Indios, ließ sich offenkundig doch nicht exportieren. Heute ist Bolivien eines der ärmsten Länder des Kontinents.

Auch Brasilien, das mit Abstand größte und ökonomisch mächtigste Land des Subkontinents, kann im 20. Jahrhundert nur noch sehr eingeschränkt als politische Ausnahme der lateinamerikanischen Regel gelten. Die erste Republik, 1889 durch einen unblutigen Putsch gegen den Kaiser entstanden, war zwar ein vielversprechender Auftakt (ein neues Grundgesetz, Einteilung in 20 Bundesstaaten, Trennung von Staat und Kirche, zivile Eheschließung etc.), aber einer, der die hohen Erwartungen schon bald enttäuschte: Das Parteiensystem war, nicht zuletzt aufgrund des langen Kaiserreichs, noch weniger entwickelt als in den hispanoamerikanischen Republiken, seine Funktionäre waren inkompetent und korrupt, Wahlbetrug gehörte zum politischen Alltagsgeschäft – häufig standen die Ergebnisse der gefälschten Urnengänge schon vorher in der Zeitung. Kein Wunder, dass die Diktatur von Getúlio Vargas (1883–1954), 1930 installiert, auf keine nennenswerte Gegenwehr stieß. Im Gegenteil, große Scharen jubelnder Gauchos erhofften sich von dem ‹brasilianischen Perón› eine Verbesserung ihrer wirtschaftlichen Misere. Tatsächlich konnte sich die Sozialgesetzgebung des *Estado Novo*, der zumindest eine Zeit lang faschistische Neigungen besaß, durchaus sehen lassen (Achtstundentag, Mindestlohn, Besserstellung von Frauen etc.). Der korporative Staat, der sich in den 1940er Jahren, auf Druck der USA, sogar militärisch gegen Nazideutschland engagierte, strafte indessen all jene Prinzipien Lügen, die an der Wiege der ersten Republik gestanden hatten. Die bis 1945 dauernde Vargas-Ära zeigte ebenso wie die lange Diktatur von 1964 bis Ende der 80er Jahre (von vielen anderen Interventionen der *manu militari* ganz zu schweigen): Brasilien unterschied sich nur noch graduell von den autoritären Regimes seiner Nachbarländer.

Im Vergleich zu den brutalen Diktaturen, die sich in Paraguay, Chile oder Argentinien etablierten, sorgte in Brasilien ein politischer «senso comum» (Achim Schrader) allerdings bisher dafür, dass die sozialen Konflikte nur selten jene Terrorgrade erreichten, mit denen sich Stroessner, Pinochet oder Videla an der Macht hielten. Die vergleichsweise geringe

Konfliktfrequenz, deren Hauptursachen in den historischen Sonderentwicklungen des 18. und 19. Jahrhunderts liegen dürften, schlägt sich sogar im Militärhaushalt nieder. Die Ausgaben für Waffen und Soldaten lagen fast immer an der untersten Grenze in Lateinamerika, häufig um ein Mehrfaches unter den Vergleichszahlen der Anrainerstaaten. Ein Land ohne die «Stickluft des Rassen- und Klassenhasses», wie Stefan Zweig in den 1930er Jahren zu sehen vermeinte, ist Brasilien aber nie gewesen. Gegen diese idyllische Verklärung der Gewaltspirale, die sich auch in den «luso-tropischen» Gefilden zwischen Belém und Porto Alegre kräftig drehte, spricht die Todesstatistik in den brasilianischen Megastädten ebenso wie auf dem Lande. Allein 1986 sollen, so ein Zeitungsbericht, mehr als 270 «Landlose» erschossen worden sein, zumeist von gedungenen Killern auf den Soldlisten von Großgrundbesitzern.

Die sozialen Abgründe, Hauptursache der Gewaltexzesse, sind in Brasilien noch extremer als in den meisten Nachbarländern. Schon Claude Lévi-Strauss schrieb in den 1930er Jahren: «Der Abstand zwischen äußerstem Luxus und äußerstem Elend sprengt die Dimension des Menschen.» Daran hat sich bis heute nichts geändert. Im Gegenteil: Seit den 1960er Jahren blieb die durchschnittliche Armutsquote zwar relativ konstant (plus/minus 40 Prozent in den Großstädten), der drastische Bevölkerungsanstieg von 75 auf 150 Millionen hat die Armut, in absoluten Zahlen gemessen, allerdings verdoppelt. In den 1990er Jahren verfügten rund 65 Millionen Brasilianer nicht einmal über das verfassungsmäßig festgelegte Mindesteinkommen, ohnehin nur eine spärliche Grundversorgung, die außerdem wenig über das tatsächliche Elend aussagt: Mitte der 1980er Jahre lebte mehr als die Hälfte der Brasilianer ohne elektrisches Licht, knapp zwei Drittel ohne fließendes Wasser, rund 85 Prozent ohne Abwasserentsorgung und Sozialversicherung – Indikatoren des Elends, die durch den protzigen Luxus der Happy Few noch skandalöser wirken. Bislang hat auch die amtierende Regierung von Luíz Ignácio Lula da Silva, politischer Veteran des linken *Partido dos Trabalhadores*, so gut wie nichts an den «zwei Brasilien» geändert.

Die «soziale Sünde», die namhafte Befreiungstheologen wie Leonardo Boff die Verelendung eines immer größeren Teils ihrer Landsleute beklagen, ist in den Megastädten besonders augenfällig. In São Paulo, einer der fünf größten Beton- und Asphaltwüsten der Welt, lebten oder vegetierten um die Jahrtausendwende rund 20 Millionen Menschen, mit steigender Tendenz. Zum Vergleich: Portugal, das alte Mutterland, kommt nur auf etwa zehn Millionen. In Loyola Brandãos fiktiven *Aufzeichnungen aus der Zukunft* wird der Romanleser mit noch bedrückenderen Visionen konfrontiert: Die Monstermetropole wächst auf 60 Millionen Einwohner an, das umliegende Land verdorrt zur Wüste, künstliche Lebensmittel treten an die Stelle natürlicher Nahrung, bemalte Grünflächen dienen als Surrogate der vernichteten Natur … Was für ein Unterschied zu den – kaum weniger fiktiven – Beschreibungen Stefan Zweigs, der in den *favelas* von Rio oder São Paulo noch «prachtvoll pittoreske Negerhütten» sah.

8.3 Spezialisten fürs Gewinnen und Verlieren: *die ökonomische Dauermalaise*

Die extreme Armut, die die politische Gewalt-Spirale in Gang setzte und stets ihre eigentliche Triebfeder blieb, bildete auch im 20. Jahrhundert die Grundierung im tristen Bild der lateinamerikanischen Ökonomie. Von *Volks*wirtschaften zu sprechen käme deshalb einer etymologischen Absurdität gleich, um nicht zu sagen: sprachlichem Zynismus. Wie im 19. lagen auch im 20. Jahrhundert die Hauptursachen der wirtschaftlichen Apartheid in externen Faktoren. Das «Unter-Amerika», wie es Eduardo Galeano im schroffen Kontrast zum «First-Class-Amerika» des Nordens beschrieben hat, musste sich, trotz aller Fortschritte, auch weiterhin damit bescheiden, nur die ökonomische Hintergrundmusik im elitären Konzert der Weltwirtschaft zu spielen. Denn die «internationale Arbeitsteilung besteht darin», so Galeano treffend, «dass einige Länder sich im Gewinnen und andere im Verlieren spezialisieren».

Zu den Gewinnern gehörte im 20. Jahrhundert vor allem Nordamerika. Die Big-Stick-Präsenz der USA trat nicht nur das politische Erbe des *informal imperialism* Großbritanniens an; der Dollarimperialismus verdrängte auch die ökonomische Suprematie der Commonwealth-Metropole. Das englische Mutterland hatte den Söhnen und Enkeln seiner nordamerikanischen Exkolonie immerhin den Weg geebnet. Bereits Ende des 19. Jahrhunderts, schreibt Tulio Halperin Donghi, war «der neue Kolonialpakt» unter Dach und Fach. Es waren freilich nicht nur die Ableger US-amerikanischer Konzerne, die die Terms of Trade bestimmten. Hier und da dominierten auch europäische Unternehmen einzelne Wirtschaftszweige, im Fall Guatemalas verschaffte sich sogar Deutschland, der koloniale Nachzügler im Reigen der europäischen Großmächte, eine Vormachtstellung: Am Vorabend des Ersten Weltkriegs waren rund 60 Prozent der dortigen Kaffeeplantagen im Besitz hanseatischer Firmen. Auch in anderen Ländern, hauptsächlich in den tropischen Gebieten von Kolumbien, Venezuela, Zentralamerika und Mexiko – von Brasilien ganz zu schweigen –, verwandelten sich die braunen Bohnen in ein lukratives Exportprodukt. Der Devisenstrom, den der Kaffeeboom ins Land leitete, floss zwar kräftig, wenn auch überwiegend in die Taschen der Oligarchie, seine Schleusenwärter waren freilich keine Guatemalteken. Die launischen Aufs und Abs der metropolitanen Kaffeemärkte bildeten ein ökonomisches Damoklesschwert, das jeder Boomphase ihr baldiges Ende menetekelte.

Beispielsweise in Kolumbien: Dort war die Abhängigkeit vom Kaffee und seiner Notierung im Ausland noch in den 1950er Jahren so stark, schrieb ein zeitgenössischer Beobachter, dass die Kurve der Eheschließungen in den Hauptanbaugebieten prompt der Kurve der Kaffeepreise folgte. In anderen Regionen Lateinamerikas, vor allem im Cono Sur, waren es dagegen die Börsennotierungen für Wolle, Fleisch und Getreide, die den nationalen Wohlstandspegel in Bewegung hielten. In der Landwirtschaft zahlreicher Tropenstaaten eroberten sich zudem die Bananenplantagen eine Spitzenposition, wie im Fall des Kaffees, vor allem zugunsten ausländischer Absatzmärkte. Das Gros der süßen Staudenfrüchte wurde von nordamerikanischen Konsumenten verzehrt. Besonders erdrückend war die Abhängigkeit Nicaraguas. Dort gingen Anfang des 20. Jahrhunderts 90 Prozent der Bananenexporte in die USA. Andernorts, etwa in Ekuador, Peru und Venezuela, setzte man auf Kautschuk, um sich eine kleine Parzelle auf dem Weltmarkt zu erobern. Auf den schwindelerregenden Boom folgte auch dort der baldige Absturz, lange bevor das begehrte Naturprodukt durch einen Kunststoff ersetzt wurde: Am anderen Ende der Welt, etwa in Malaysia, funktionierte das Spiel von Angebot und Nachfrage besser, natürlich zugunsten der Nachfrager. Zurück blieben phantasmagorische Landstriche und Städte, in denen der Kautschukboom seine Ruinen hinterlassen hatte – traurige Monumente ökonomischer Spielregeln, die in der Ersten Welt bestimmt wurden.

Nicht ganz so hektisch verliefen die Zickzackkurven, die das New Yorker Börsenbarometer für lateinamerikanische Edelmetalle notierte, beispielsweise in Peru. Auch in Chile expandierte der Bergbau, hauptsächlich die Kupferförderung, dessen steile Wachstumsraten ziemlich genau die steigenden Investitionen nordamerikanischer Unternehmer widerspiegelten. Schließlich spielte die Erdölförderung eine zunehmend wichtigere Rolle im Exportvolumen einiger Länder, besonders in Venezuela. Die massive Förderung des flüssigen Goldes, Schmier- und Antriebsmittel des expandierenden Maschinenparks der Ersten Welt, verhalf dem Geburtsland von Simón Bolívar zu einem wahrlich opulenten Staatsapparat und setzte einen rapiden Verstädterungsprozess in Gang. Bereits Anfang der 1940er Jahre kam rund die Hälfte der Staatseinnahmen aus dem Erdölexport. Statistisch gesehen lag das Pro-Kopf-Einkommen der Venezolaner an der Spitze des Subkontinents. Das Wort «Inflation» war nahezu unbekannt und die Währung des Landes so stabil wie der Dollar, jene grünen Geldnoten, die der Erdölexport ins Land spülte. Warum sollte man die Wirtschaft diversifizieren? So dürften die einheimischen Erdölbarone und ihre politischen Repräsentanten gedacht haben, denen die ökonomischen Fieberkurven zwischen 1940 und 1980 als ewiges Eldorado erschienen. Ihre Söhne und Enkel sehen das inzwischen wohl anders: Die fetten Jahrzehnte des Erdölbooms haben die sozialen Verhältnisse des Landes nicht verbessert. Zu Beginn des 21. Jahrhunderts gelten 70 Prozent der 25 Millionen Venezolaner als arm. Ihr neuer ‹Befreier›, der seit einigen Jahren mit Caudillo-Manieren regierende Linkspopulist Hugo Chávez, hat deshalb leichtes Spiel. Die zumeist bettelarmen Anhänger des ‹Perón vom Orinoco› erinnern sich noch gut an die korrupte Kleptokratie früherer Zeiten.

In Venezuela dauerte die Phase trügerischer Dauerprosperität dennoch am längsten. In den übrigen Ländern Lateinamerikas hatte bereits die Weltwirtschaftskrise von 1929 jene Zäsur markiert, die die Hoffnungen einer halbwegs stabilen Wirtschaft, die sich auf den Export von Rohstoffen und Naturprodukten spezialisierte, definitiv zunichte machte. Spätestens jetzt, während der Großen Depression, als die Kreditströme aus Europa und den USA versiegten und die dortigen Märkte – häufig die einzigen, in die die lateinamerikanischen Exporteure lieferten – von heute auf morgen kollabierten, wurde die ökonomische Sackgasse, in die man geraten war, unübersehbar. Die so genannte Peripherie, Lateinamerika inklusive, schrieb ein zeitgenössischer Beobachter, drohte sich für immer in den Slum des Planeten zu verwandeln – ein makrogeographisches Spiegelbild jener urbanen Monsteragglomerate mit ihren breiten Elendsgürteln, die künftig das Bild der lateinamerikanischen Großstädte bestimmen sollten.

Die Folgen der Weltwirtschaftskrise – ein steiler Preisverfall im Primärsektor, ein drastischer Rückgang der Produktion im Sekundärbereich und ein fast vollständiges Versiegen der externen Kreditströme –, die Lateinamerika noch viel dramatischer zu spüren bekam als Europa und die USA, schienen zunächst einen heilsamen Schock zu bewirken. Die meisten Regierungen versuchten nun, ihre Ökonomien mit einer dreifachen Sanierungsstrategie auf solidere Beine zu stellen. Erstens durch eine Kopie der nordamerikanischen New-Deal-Politik: Der Primärsektor wurde massiv aus der Staatskasse alimentiert. Im Unterschied zu den USA, wo die staatliche Subventionspolitik, ganz im Sinne ihres Erfinders John Maynard Keynes (1883–1946), auch eine soziale Note besaß, flossen die staatlichen Fördersummen südlich des Río Grande fast exklusiv in die Taschen der Großgrundbesitzer. Die Stärkung der Massenkaufkraft, im industrialisierten Norden ein zentrales Ziel, fand im Süden keinerlei Entsprechung; natürlich auch deshalb, weil die einheimischen Produzenten, deren – kaum existente – Güterpalette den Binnenmarkt in Schwung gebracht hätte, endemisch schwach waren.

Deshalb setzte man – zweitens – auf eine rasche Industrialisierung. Der Beginn des Zweiten Weltkriegs schien diese Strategie zu einem schnellen Erfolgsprojekt zu machen: Die übermächtige Konkurrenz der europäischen Industrie wurde durch den Krieg weitgehend ausgeschaltet. In der Tat begann nun ein rascher Industrialisierungsprozess die überwiegend ländlichen Strukturen zu verändern. Nach 1945 verfügten die meisten Länder Lateinamerikas über industrielle Komplexe, die endlich eine größere Unabhängigkeit von Europa und den USA versprachen. Die Negativbilanz dieser «nachholenden Industrialisierung», so die Zauberformel jener Jahre, war gleichwohl nicht zu übersehen. Vor allem der schroffe Gegensatz zwischen den neuen Entwicklungspolen und den armen, ausgedehnten Regionen des Hinterlandes, der durch die extrem defizitären Verkehrssysteme unüberbrückbar blieb. Angezogen von einem vagen Versprechen auf ein besseres Leben, strömten die verarmten Bewohner der ländlichen Regionen in die neuen und alten Metropolen. Ihre Existenz kann als Extremform jener sozialen Misere verstanden werden, die Friedrich Engels (1820–1895) in seinem bekannten Buch über die soziale Lage der englischen Arbeiterklasse im 19. Jahrhundert beschrieben hat. Die Armenviertel, zunächst nur die urbanen Schmuddelquartiere der Unterschichten, wucherten zu gigantischen Elendsgürteln aus Holz- und Wellblechbaracken, in denen inzwischen häufig mehr als die Hälfte der Megastädtebewohner dahinvegetiert. Die Eltern und Großeltern der heutigen Slumbewohner, deren elende Behausungen durch zynische Schmuckvokabeln – z. B. *La población* in Chile – allenfalls einen verbalen Anstrich erhielten, konnten sich dagegen noch an eine ländliche Subsistenzwirtschaft erinnern, die ihnen immerhin ein bescheidenes Auskommen gesichert hatte. Viele ihrer Kinder und Enkel wühlen dagegen in den Müllbergen der minoritären Wohlstandsgesellschaft. Als der berühmte spanische Filmemacher Luis Buñuel (1900–1983) Mitte des 20. Jahrhunderts die «Müllmenschen» von Mexiko-Stadt porträtierte – *Los olvidados* (Die Vergessenen) –, ahnte er wohl nicht, dass sie ein halbes Jahrhundert später ein Massenphänomen sein würden.

Die Subsistenzwirtschaft, die zu Zeiten des spanischen Filmregisseurs noch vielen ein – prekäres – Überleben sicherte, steht in Zusammenhang mit der dritten Strategie, die der Wirtschaft Lateinamerikas nach der Großen Depression mehr Unabhängigkeit von den Launen des (Ersten) Weltmarkts verschaffen sollte: die Diversifizierung des Exportsortiments. In vielen Regionen hatte man längst die bittere Erfahrung gemacht, dass die Monokulturen – Zucker in Kuba, Kaffee in Guatemala, Erdöl in Venezuela –, auf die zahlreiche Ökonomien zusammenschrumpften, durch die Pendelbewegungen der Weltmarktpreise besonders anfällig waren. Auch auf diesem Terrain blieben die Reformen jedoch in allererersten Ansätzen stecken. Bis heute ist es in keinem Land Lateinamerikas gelungen, die nationale Ökonomie gegen den permanent wirksamen Krisenbazillus von außen auch nur halbwegs zu immunisieren.

Die Ursachen für diesen Befund sind, ähnlich wie für die endemische Instabilität der politischen Verhältnisse, zwar durchaus komplex. So haben Globalisierungstheoretiker wie Klaus Müller völlig Recht, wenn sie auf eine ganze Ursachenreihe verweisen, etwa auf unzureichende bzw. inexistente Institutionen oder schwache, wenig legitimierte und obendrein korrupte Staatsapparate – schwerwiegende Standortnachteile, die die lateinamerikanischen Ökonomien besonders globalisierungsanfällig machen. Dennoch gleicht das Verhältnis zwischen Zentrum und Peripherie, bei näherer Betrachtung, der Geschichte vom Hasen und vom Igel. So lassen sich auch zahlreiche Sekundärfaktoren auf historische Ursachenketten zurückführen. Etwa die extremen Unterschiede zwischen Arm und Reich, die, schreibt der eher moderate Globalisierungskritiker Aldo Ferrer, «seit der frühen Eroberung und Kolonisierung ein Charakteristikum darstellen und bis in unsere Tage überwiegen». Die Kluft sei vor allem deshalb so tief, weil der Kolonialismus in Lateinamerika besonders lange herrschte – im Vergleich zu anderen Kontinenten ein trauriger Weltrekord. An den außergewöhnlich hohen Klassenschranken änderten auch die Einwanderungswellen im 19. und 20. Jahrhundert nichts. Im Unterschied zu den USA, wo bekanntlich Bilderbuchkarrieren möglich waren, hatten die Kreolen die ursprünglichen Hauptquellen des Reichtums, vor allem Landbesitz, längst unter sich aufgeteilt. Von ausländischen Unternehmen und Banken abgesehen, hatten es neue – einheimische – Akteure, schreibt Ferrer, fortan besonders schwer, in Lateinamerika ökonomisch Fuß zu fassen: An der endemischen Schwäche des Bürgertums änderte sich nur wenig. Auch die «nachholende Industrialisierung», wiewohl sie hier und da Erfolge verbuchte, konnte die Hypotheken der Vergangenheit nicht neutralisieren. Es waren hauptsächlich zwei eng miteinander verbundene «Grundursachen», schreibt Hans Werner Tobler, die dafür sorgten, dass die lateinamerikanischen Ökonomien nach dem verheißungsvollen Start in den 1930er Jahren wieder auf der Strecke blieben: «Einerseits die spezifisch iberisch-koloniale Prägung Lateinamerikas, andererseits die bereits in der Kolonialzeit angelegte und durch die *Independencia* kaum gemilderte außenwirtschaftliche Abhängigkeit.» Die koloniale Hypothek sieht Tobler vor allem in Gestalt der dominanten Oligarchie – Großgrundbesitzer, Großkaufleute und Bergwerksbarone – am Werk, die das Erbe der Kolonialwirtschaft kaum veränderten, wohl auch nicht verändern wollten. Denn Industrialisierung, Schutzzölle und Schaffung von Binnenmärkten gehörten nicht zu ihren

Hauptinteressen – auch als Appendix des reichen Nordens ließen sich Geschäfte machen. Die «‹neokoloniale› Eingliederung Lateinamerikas in die Weltwirtschaft», so Tobler, tat ein Übriges. Als (überwiegend unfreiwillige) Rohstofflieferanten und Abnehmer für Industrieprodukte aus der Ersten Welt blieben den lateinamerikanischen Ökonomien die Vorteile der Industrialisierung versagt.

Daran änderten auch die Bemühungen der «Importsubstitution» in den 1930er und 40er Jahren nur wenig. Die Leicht- und Konsumgüterindustrie, die man damals aus dem Boden stampfte, minderte zwar den Bedarf an entsprechenden Importprodukten, erhöhte aber zugleich die Abhängigkeit von Technologien und Halbfabrikaten aus Europa und den USA, ohne die man die neu installierten Fabrikanlagen nicht am Laufen halten konnte. Selbst regionale Großökonomien wie Brasilien schafften es nicht, den gordischen Knoten eines ewigen Nachzüglers durchzuschlagen. Die historischen Hauptstationen der brasilianischen Exportprodukte – Holz, Gold, Zucker, Kaffee, Baumwolle, Kautschuk – wirken wie ein Itinerarium ökonomischer Ruinen, das immer eine neue Zukunft verspricht, aber nie lange hält. Deshalb hatte Claude Lévi-Strauss, der in den 1930er Jahren den «Todeskampf der Kautschuksammler» erlebte, völlig Recht, als er im Rückblick auf mehr als hundert Jahre Unabhängigkeit schrieb: Brasilien habe sich «mehr verändert als entwickelt». Ob Soja, der derzeit letzte Schrei des brasilianischen Agrobusiness, tatsächlich zu Entwicklung führt, darf man bezweifeln.

Zu der strukturellen Abhängigkeit kamen naturgemäß die Schulden. Die zunehmend kapitalintensive Produktion, die nebenbei vielen Handwerkern das Wasser abgrub, erforderte Geld, das man, natürlich gegen hohe Zinsen, von den potenten Banken der Ersten Welt bezog.

Seither dreht sich das Schuldenkarussell mit wachsender Geschwindigkeit. Allein zwischen 1972 und 1982 hat sich der Schuldenberg verzehnfacht, von knapp 30 Mrd. auf schwindelerregende 300 Mrd. US-Dollar. In den 1990er Jahren erhöhten sich die Auslandsverbindlichkeiten abermals um rund 60 Prozent. Die Bilanzen der «goldenen 90er», das zeigen diese Zahlen, basierten auf Pump. Obendrein setzten die Kredite und die Kredite zur Tilgung von Krediten die Notenpressen etlicher Länder in Gang. Die Folge bestand in Inflationsraten, die gelegentlich in die Tausende gingen. Beispielsweise in Brasilien. Dort erreichte die Inflationsrate 1993 sage und schreibe 2708,5 Prozent – ein Zahlendelirium, das an die frühen Jahre der Weimarer Republik erinnert. Für die Gläubiger aus dem Norden nebst ihren Partnern aus der einheimischen Oligarchie war der massive Input von Dollars dennoch ein lohnendes Geschäft. Trotz des Dauerlamentos von Bankern und Investoren über die Risiken des lateinamerikanischen Markts betrugen die Nettotransfers in die reichen Industriestaaten des Nordens in den 1990er Jahren unglaubliche 220 Mrd. US-Dollar – «‹Entwicklungshilfe› der Armen für die Reichen», kommentiert Frank Niess das Geschäftsgebaren eines profitgierigen Beutekapitalismus, der sich von seinen historischen Vorläufern nur graduell unterscheidet: Bereits Kolumbus hatte das Gold der Indios mit billigen Glasperlen ‹bezahlt› …

Zu den Betrogenen gehört heutzutage auch die große Mehrheit der Weißen und Mestizen. Obwohl ihre Regierungen die rigiden Spardiktate des Weltwährungsfonds zumeist buchstabengetreu befolgen, hat sich ihr bitteres Los so gut wie nicht verbessert. Angebliche Ausnahmen, etwa das Chile von Pinochet und seinen demokratischen Erben, bestätigen die Regel. Das Gros der Lateinamerikaner ist arm (selbst nach einheimischen Kriterien), immer mehr leben im Elend – die hiesige Zweidrittelgesellschaft existiert auch dort, allerdings umgekehrt. Die so genannte Schattenwirtschaft, das Heer von Schuhputzern, Straßenverkäufern und Billigprostituierten, ist in den meisten Ländern des Subkontinents der größte Arbeitgeber und in der Regel der einzige, dessen Wachstumsraten stabil geblieben sind.

Die düsteren Schatten der lateinamerikanischen Ökonomie verdunkeln inzwischen auch die Prognosen der internationalen Presse. Auf den Wirtschaftsseiten der großen Tageszeitungen ist zu Beginn des neuen Jahrtausends wieder einmal von einem «verlorenen Jahrzehnt» für Lateinamerika die Rede. Dieselben Fachleute, die sich bis vor kurzem noch als publizistische Souffleure des Weltwährungsfonds verdingten, räumen inzwischen ein, dass die neoliberalen Sparexzesse vielleicht doch nicht der Weisheit letzter Schluss gewesen sind – von sozialer Gerechtigkeit, sicher ein Unwort im Technojargon der Globalisierungsenthusiasten, ganz zu schweigen. So gesehen war das gesamte 20. Jahrhundert ein verlorenes Säkulum. Die Allianz von Dollarimperialismus und Big-Stick-Politik, die das «amerikanische Jahrhundert» für die Bewohner des Subkontinents bereithielt, hat daran entscheidend mitgewirkt. Die berühmte «Allianz für den Fortschritt», die John F. Kennedy in den frühen 1960er Jahren inaugurierte, war insofern eine Allianz für den Rückschritt, wenn auch nur für Lateinamerika. So sieht es inzwischen sogar ein Teil der nordamerikanischen Presse: «Bush's lost continent» titelte das *Time-Magazine* im Sommer 2002 und forderte den Präsidenten auf, sich als «real amigo» seiner südlichen Nachbarn zu erweisen. Bei solchen Freunden, so dürften viele Lateinamerikaner denken, braucht man keine Feinde.

8.4 Die Jahrhundertwende als Zäsur:
kulturelle Weichenstellungen

Das «nordamerikanische Jahrhundert», in Politik und Ökonomie von dem Koloss aus dem Norden dominiert – in der Kultur hat sich Lateinamerika dagegen vom American Way of Life überwiegend emanzipiert. Sicher besaß und besitzt die nordamerikanische Kultur – die sich selbstredend nicht auf massenmediale Billigprodukte beschränkt – auch im 20. Jahrhundert Gewicht, vor allem durch die breiten Kanäle der «Kulturindustrie»; einen zweiten Sarmiento, der seine argentinischen Landsleute noch im späten 19. Jahrhundert aufforderte, «Nordamerikaner zu werden» («Seamos Estados Unidos»), hat dieses Jahrhundert indessen nicht mehr hervorgebracht. Das neue Säkulum stand, und zwar von Anfang an, ganz im Zeichen *lateinamerikanischer* Identität(en), die der nordamerikanischen Fortschrittsphilosophie mit wachsendem Misstrauen – und Selbstbewusstsein begegneten. Das bekannteste Manifest des sich allmählich selbst vergewissernden «Hispanoamérica» stammt aus der Feder des Uruguayers José Enrique Rodó (1872–1917) und erschien just im Jahre 1900. In *Ariel*, so der programmatische Titel des Essays, der den gleichnamigen «Luftgeist» aus Shakespeares *Sturm* evoziert, insistiert Rodó auf der «ursprünglichen Dualität» Amerikas: des «idealistischen» Südens und des «utilitaristischen» Nordens. Während seine eigene Hemisphäre durch – höherwertige – «Spiritualität» und Vernunft geprägt sei, verkörperten die USA eine – minderwertige – «robuste Primitivität», die sich durch die nicht sonderlich «noble Vorherrschaft der Zahl» und einen kruden Materialismus auszeichne. Diese «vorübergehende

208

Vorherrschaft» unter dem Zepter der Nützlichkeit habe zwar durchaus bewundernswerte Errungenschaften zu verzeichnen, sei der Spiritualität der «überlegenen Rassen», also des lateinisch-spanischen Amerikas, jedoch nicht gewachsen. Die «Nordomanie» seiner Zeitgenossen, wiewohl bereits deutlich zurückgehend, sei deshalb, so Rodós Bilanz zum Auftakt des neuen Jahrhunderts, ein Anachronismus.

Der Essay des Uruguayers, stilistisch brillant und erkennbar die Frucht einer gediegenen – europäischen! – Bildung, traf den Nerv seiner Zeit. Denn nur zwei Jahre vor seiner Publikation, im spanischen «Schicksalsjahr 1898», hatte der nordamerikanische Koloss seine Kraft im Krieg gegen Spanien unter Beweis gestellt – und seinen Willen, sie auch in Zukunft zu nutzen. Rodós Plädoyer für ein kulturelles Erwachen Lateinamerikas artikulierte deshalb, wenn auch nur zwischen den Zeilen, die weitverbreitete Furcht vor den USA, deren Vorherrschaftsambitionen seit 1898, als mit dem Verlust von Kuba, Puerto Rico und den Philippinen das spanische Kolonialreich sein definitives «Desaster» erlebte, unübersehbar geworden waren. Bereits etliche Jahre vor Rodó hatte ein anderer Lateinamerikaner, der kubanische Schriftsteller und Freiheitskämpfer José Martí (1853–1895), die gleiche Furcht artikuliert. Martí hatte, bevor er 1895 im Kampf gegen die Spanier fiel, viele Jahre in den USA verbracht: «Ich habe im Inneren des Monstrums gelebt», konnte er deshalb schreiben, «ich kenne seine Eingeweide: Und meine Schleuder ist die gleiche, wie sie David hatte.» Obwohl es noch über ein halbes Jahrhundert dauern sollte, bis Martís Enkel den ungleichen Kampf gewannen, war sein Identitätskonzept erheblich realistischer als das von Rodó. Martí sah im Río Grande weniger eine kulturelle Wetterscheide, Rodós Gegensatz zwischen angelsächsischer und lateinischer Welt, sondern eine politisch-ökonomische. Und auch kulturell setzte er die Akzente deutlich anders. Während der Uruguayer das «griechische Wunder» als «Frühling des menschlichen Geistes», als «Lächeln der Geschichte» besang, schrieb der Kubaner: «Unserem Griechenland gebührt gegenüber jenem Griechenland, das nicht unser ist, der Vorzug.» Damit erteilte Martí nicht nur der «Nordomanie» eine Absage, die auch Rodó in Gestalt der USA kritisierte; er ging zugleich mit der noch immer weit verbreiteten «Europamanie» ins Gericht: «Wir waren eine Maske», schrieb er seinen lateinamerikanischen Zeitgenossen ins Stammbuch, «mit den Beinkleidern aus England, der Weste aus Pa-

ris, der Joppe aus Nordamerika und der Tuchmütze aus Spanien [...].»
Gleichzeitig hätten die «exotischen Kreolen», wie Martí die europafixierten
Eliten karikierte, häufig keinen Schimmer von den kulturellen Realitäten
ihrer Heimatländer. Kannten sie sie doch, dann würden sie, das Beispiel
des Argentiniers Sarmiento sei dafür illustrativ, als «Barbarei» verachtet.
Es war vor allem diese ‹Barbarei›, die Martí als kulturelles Grundferment
Lateinamerikas betrachtete: «Die amerikanische Intelligenz», so war er
überzeugt, «besteht aus einem indigenen Federbusch. Sieht man nicht,
dass derselbe Schlag, der den Indio lähmte, auch Amerika in Lähmung
versetzte? Und so lange, wie der Indio nicht zum Gehen ermuntert wird»,
lautete seine Schlussfolgerung, «wird auch Amerika nicht beginnen, sich
richtig in Gang zu setzen.» Das wohl erste indigene Manifest Lateinamerikas, noch im späten 19. Jahrhundert formuliert, stammt damit paradoxerweise aus der Feder eines Autors, auf dessen Heimatinsel kaum noch
Indios lebten. Für den intellektuellen Wegbereiter des Indigenismus, der
auch die Schwarzen und Mulatten nicht vergaß, war die kubanische Realität jedoch nicht das Ende seines Horizonts: «Nuestra América» (Unser
Amerika), wie Martí den Subkontinent mit Vorliebe bezeichnete, empfand er als «nationale Familie», die den Einheitsgedanken Bolívars freilich
noch längst nicht realisiert hatte – auch nicht kulturell.

Die Weichen waren indessen gestellt. Immer mehr Intellektuelle, vor
allem die Schriftsteller unter ihnen, schienen der Devise des spanischen
Autors Ángel Ganivet (1865–1898) zu folgen, der Ende des Jahrhunderts
geschrieben hatte: «Noli foras ire: in interiore Hispaniae habitat veritas.»
Wenngleich sich die lateinamerikanische «Wahrheit» erheblich von der
spanischen unterschied, so einten Spanier und Lateinamerikaner doch
zumindest ihre Ressentiments gegen die USA und deren politisch-kulturellen Way of Life. Einer der einflussreichsten Schriftsteller der Jahrhundertwende, der Nicaraguaner Rubén Darío (1867–1916), schrieb nur
wenige Jahre nach Rodó in seinem Gedicht «An Roosevelt»:

«Du bist die Vereinigten Staaten,
der künftige Invasor
des treuherzigen Amerika mit indigenem Blut,
das noch zu Jesus Christus betet und noch Spanisch spricht.
[...]

Du glaubst, das Leben wäre eine Feuersbrunst,
und der Fortschritt Eruption;
und wo Du eine Kugel hinschießt
entstünde die Zukunft.

Nein.»

Obwohl Darío durch und durch kosmopolitisch geprägt war und deshalb für den eher bornierten Nationalismus eines Ángel Ganivet keinerlei
Sympathien empfand, gehörte er dennoch zu jenen Lateinamerikanern,
die das kulturelle Erbe Spaniens nicht in toto verwarfen. Im Gegenteil:
Während die Mehrheit der lateinamerikanischen Intellektuellen das
nordamerikanische Zivilisationsmodell mit Argusaugen betrachtete, erlebten die hispanophilen Gefühle nach dem «Desaster von 1898» eine
Renaissance, wenn auch nur eine temporäre. Bei allen drei Autoren – und
ihre Stimmen sind durchaus repräsentativ – zeichnete sich eine Art kulturelle Währungsreform ab, die die harsche Spanienkritik des 19. Jahrhunderts zwar nicht völlig entwertete, aber Soll und Haben des einstigen
Mutterlandes differenzierter bilanzierte. Statt furioser Verbalinjurien,
wie sie Sarmiento dem «barbarischen» Land der Inquisition entgegen-
geschleudert hatte, betonten viele Autoren des frühen 20. Jahrhunderts,
unter ihnen Rodó, das reichhaltige Arsenal kultureller Gemeinsamkeiten.
Nicht alle gingen indessen so weit wie der berühmte Uruguayer, der in
seinem *Ariel* eine weitgehende «Verehrung für die [spanische] Vergangenheit» empfand. Für Rubén Darío, der Spanien im ‹Schicksalsjahr›
1898 mehrere Monate bereist hatte, bestand dagegen noch immer ein
tiefer «Abgrund der Geschichte», der durch die kulturimperialistischen
Prätentionen der Exmetropole eher noch breiter geworden war. So hatte
es auch José Martí gesehen. Die koloniale Vergangenheit, daran ließ der
Kubaner keinen Zweifel, hatte die ehemalige Madre Patria mit «historischer Schuld» beladen. Die Möglichkeit, dass sich Spanier und Lateinamerikaner in Zukunft wieder «die Hände reichen» könnten, schloss
Martí, immerhin der Sohn spanischer Eltern, allerdings nicht aus. Der
«zweite Hispanoamerikanismus», wie Miguel Rojas Mix die kulturelle
Neuorientierung zu Beginn des 20. Jahrhunderts im Kontrast zum vorangegangenen Säkulum bezeichnet, stand deshalb ganz im Zeichen einer
partiellen Wiederversöhnung zwischen Spanien und Lateinamerika. À la

longue betrachtet, erwies sich die spanische Renaissance indessen nur als kulturelles Strohfeuer, zumindest für die reichlich naiven Enthusiasten unter den spanischen Panhispanisten: Auch die kulturelle Vorherrschaft der Halbinsel, das letzte Unterpfand nach der Unabhängigkeit, gehörte längst der Vergangenheit an.

Die Pluralisierung der kulturellen Identität(en) zeigte sich bereits auf terminologischem Terrain. Hatte sich die Bezeichnung «Hispanoamérica» im 19. Jahrhundert noch einigermaßen unangefochten halten können, trat zu Beginn des 20. Jahrhunderts der Terminus «América Latina» seinen Siegeszug an. Der aus der französischen Romantik stammende Name besaß in seinen Anfängen eine hauptsächlich negative Stoßrichtung: zum einen gegen die spanische Exmetropole und deren kulturelle Vormundschaftsambitionen, zum anderen gegen das angelsächsische Zivilisationsmodell und dessen nicht minder ambitioniertes Hegemoniebestreben. Während sich die Nordamerikaner an der linguistischen Front jedoch als eher nonchalant erwiesen – schließlich besaßen sie die De-facto-Suprematie –, empfanden die Spanier die onomastische Revolution als permanente Provokation. Das Wort «Lateinamerika», schrieb zum Beispiel der liberale Schriftsteller Juan Valera, beleidige und verletze ihn als Spanier – ganz so, wie ein alter Mann sich verletzt fühle, wenn er erfährt, dass sein erwachsener, reicher und mit einer vielversprechenden Zukunft ausgestatteter Sohn, der seit Jahren im Ausland lebe, den väterlichen Namen verschmäht. Trotz des spanischen Dauerlamentos über die Bezeichnung und trotz der unleugbaren Tatsache, dass sie der kulturellen Vielfalt des Subkontinents noch weniger gerecht wird als ihre spanienlastige Vorläuferin, setzte sich die terminologische Innovation bereits im 2. Jahrzehnt des 20. Jahrhunderts definitiv durch. Mit begünstigt durch ihre extensionale Dimension, die auch Brasilien und große Teile der Antillen einschließt, trifft die Bezeichnung «Lateinamerika» heute nur noch selten auf Namenskonkurrenten. Sogar in Spanien haben die meisten mit dem alten Kampfbegriff längst ihren Frieden gemacht.

Dabei hätte es durchaus Namensalternativen gegeben. Zum Beispiel «América indohispánica», eine sicher realistischere Benennungsvariante, die José Martí gelegentlich verwendete. Doch auch sie, ein terminologischer Kompromiss zwischen den beiden Haupttraditionen Mittel- und Südamerikas, wäre den meisten Spaniern gegen den Strich gegangen

– und nicht nur ihnen. Schließlich zeigten auch die kreolischen Eliten im postkolonialen Amerika zunächst nur wenig Neigung, die indigenen Traditionen als kulturelles Patrimonium zu akzeptieren. Die zitierte Ansicht des «Amerika-Befreiers» Simón Bolívar, die kulturelle Identität des Subkontinents sei eine Melange aus europäischen *und* indigenen Einflüssen, traf erst Jahrzehnte später auf offene Ohren, und, wie so oft im 19. Jahrhundert, über den Umweg aus Europa.

8.5 Das ethnische Kaleidoskop: *Lateinamerika im Plural*

Getreu dem kreolischen Motto «Alles Gute kommt von außen» war es paradoxerweise vor allem der deutsche «Amerika-Entdecker» Alexander von Humboldt, der die lateinamerikanischen Intellektuellen dazu animierte – und legitimierte –, der indigenen Welt mehr Beachtung zu schenken. Deshalb ist es nicht verwunderlich, dass dem Anfangsinteresse der kreolischen Autoren an der indianischen Kultur, Rojas Mix nennt es «Indianismus», eine Reihe von Ambivalenzen eigen sind, die auch das Indiobild des deutschen Natur- und Kulturforschers verzerren. Denn auch bei Humboldt, der Amerika überwiegend ohne die kulturellen Scheuklappen seiner Vorgänger unter die wissenschaftliche Lupe nahm, ist von «Wilden», «Barbarei» und indianischen «Horden» die Rede – ein terminologischer Ethnozentrismus, der das ansonsten um Objektivität bemühte Südamerikabild an vielen Stellen trübt. Im Unterschied zum Mainstream der europäischen Völkerpsychologen jener Zeit, man denke nur an Kant und Hegel, widersprach Humboldt jedoch der weitverbreiteten These einer «natürlichen Inferiorität» der Indianer. Ihr häufig «barbarischer» Zustand, so zeigte er sich überzeugt, gehe vor allem auf das Konto des spanischen Kolonialreichs. Erst ihre juristische Deklassierung und soziale Misere habe sie zu inferioren Wesen gemacht.

Wie auch immer man das Indiobild des deutschen Humanisten bewertet: Die breite Rezeption seines Œuvres hat erheblich dazu beigetragen, dass die Nachfahren der präkolumbischen Kulturen wieder ins Blickfeld der kreolischen Autoren gerieten, vor allem auf den Seiten der Literatur. Dabei traten die Ambivalenzen, die sie unter anderem von

Humboldt übernommen hatten, noch stärker in Erscheinung als im Werk ihres deutschen Inspirators. Denn der so genannte «Indianismo» interessierte sich nicht für den Indio aus Fleisch und Blut. Ähnlich wie die Maurophilie der europäischen Romantik, deren exotischer Gusto allenthalben Pate stand, figurierten die Indianer lediglich als ästhetisches Dekor, als pseudo-autochthoner Farbtupfer, häufig auch nur als lebloser Teil der Natur. In ihrer Untersuchung über *El indio en la poesía de América* hat Cometta Mazoni darauf hingewiesen, dass die indigene Präsenz in der Literatur des Indianismo nicht nur das idealisierte Klischee des «guten Wilden» reproduzierte, wie es diesseits des Atlantiks in Umlauf war. Ins Auge springt auch ein subkutaner Hass oder zumindest ein latenter Groll – Psychoanalytiker würden es Selbsthass nennen – auf die Omnipräsenz indianischer Alltagsrealität, die die Indianismo-Autoren auf mitunter groteske Art verfremdeten, ‹verwestlichten›, auch in der zeitgenössischen Malerei. Auf der Leinwand eines bekannten chilenischen Malers, die eine Episode aus der Geschichte der aurakanischen Indios darstellte, hat sich der indianische Protagonist des Bildes in einen bärtigen (!) Hannibal verwandelt, der keinerlei indianische Gesichtszüge trägt und auf einem Leopardenfell posiert – die äußere Hülle einer Raubkatze, die sich bis dato freilich nur auf die Staffelei des chilenischen Malers verirrt hatte, nicht aber in die Wälder des schmalen Andenstaats. Aber immerhin: Galt in den zurückliegenden Jahren in Literatur und Malerei die bloße Präsenz des Indios als Ausdruck schlechten Geschmacks, so war er nun in der Rolle eines europäisch drapierten Statisten wenigstens existent. Freitag hatte die kulturelle Bühne, wenn auch nur im maßgeschneiderten Kostüm Robinsons, endlich betreten.

Seine Karriere zum Protagonisten, zumindest zum halbwegs gleichberechtigten Mitdarsteller im Ensemble der kulturellen Realitäten Lateinamerikas, ließ indes noch auf sich warten. Auch nach seinem Debüt als mehr oder minder lebendiges Exponat aus der Requisitenkammer des Indianismo wurde er mit Nebenrollen abgespeist. In den 1920er Jahren mutierte der Indianismo jedoch allmählich zu einem Vorstadium des Indigenismus, zum «indigenismo de encomendero», wie Rojas Mix diese Entwicklungsstufe bezeichnet. Im Unterschied zu seinem Vorläufer des 19. Jahrhunderts ist diese Indigenismusvariante, die man auch als kreolischen Indigenismus kategorisieren könnte, insofern ein Fortschritt, als die indianische Kultur nun immerhin in ihrer Beziehung zur dominanten europäisch-spanischen Kultur ins Blickfeld rückte. Der eher leblose Statist in den Kleidern europäischer Vorbilder, den der Indianismus lediglich als Teil des Bühnenbildes empfand, setzte sich jetzt gewissermaßen in Bewegung. Eine Beziehung unter Gleichen war jedoch auch der kreolische Indigenismus nicht. An der vermeintlichen Superiorität der eigenen, also okzidentalen Kultur ließen die kreolischen Eliten auch weiterhin nicht rütteln. Die indigenen Traditionen bedeuteten ihnen allenfalls eine nationale Frischzellenkur oder besser: ein autochthones Wachstumspräparat, das den «jungen Völkern», wie die europäische Aufklärung die Bewohner der Neuen Welt bezeichnet hatte, ein Surplus an Vitalität verlieh. Ansonsten blieb die europäische Kultur auch weiterhin der Leitstern des kreolischen Lateinamerika, besonders sichtbar in der Literatur. Selbst noch in den großen Werken jener Romanciers, die der lateinamerikanischen Erzählkunst seit der Mitte des 20. Jahrhunderts zum Weltruhm verhalfen, bilden die indigenen, in der Karibik und in Brasilien auch die afrikanischen Elemente, lediglich eine regionale Variante der Weltliteratur. Deren ästhetischer Kanon, etwa auf den Seiten der Romane von Alejo Carpentier aus Kuba, erhält durch die nichtokzidentalen Traditionen zwar eine «magische» Dimension, grundsätzlich in Frage gestellt wird dieser Kanon freilich nicht. Auch für Carpentier, der in seinem großartigen Roman *Los pasos perdidos* die «jungfräuliche Welt» («este mundo virgen») des venezolanischen Urwaldes sondiert, bleibt diese Welt, namentlich die exuberante Natur und ihre Bewohner, enigmatisch, fremd und bedrohlich: «Das einzige Thema», so lautet ein Schlüsselsatz des Romans, «hieß: Paris». Dieses Credo charakterisiert letzten Endes, trotz allen Bemühens des Schriftstellers, sich auf die lateinamerikanische Wirklichkeit einzulassen, auch seine eigene Grundüberzeugung.

Einen Meilenstein auf dem langen Weg zur Anerkennung der indigenen Kulturen als *anderen*, aber durchaus gleichberechtigten Teil der lateinamerikanischen Identität stellte dagegen die bereits erwähnte peruanische Debatte der 1920er und 30er Jahre dar. Der dortige «Indoamericanismo», vor allem im Umkreis der *Alianza Popular Revolucionaria Americana*, kurz APRA, erhielt von den kreolischen Indigenismusvarianten zwar wichtige Impulse, gab ihnen jedoch eine neue politische Richtung: «Die indianische Frage», schrieb José Carlos Mariátegui, einer der führenden Köpfe des peruanischen Indoamerikanismus, «ist in unserer Wirtschaft begründet.» Die Antwort auf diese Frage lag für den brillanten Theoretiker und Stilisten deshalb weniger in der ästhetischen Sphäre von indigenen Sujets in Literatur und Malerei, sondern mehr in den Flurbüchern der Katasterämter: Nur eine radikale Landreform, so das Plädoyer Mariáteguis, könne die Indios aus ihrer miserablen Lage befreien. Denn in Amerika «kompliziert sich der Faktor Rasse durch den Faktor Klasse».

So richtig die Verknüpfung von Rasse und Klasse auch war: Der viel gelesene Spross einer Indio-Familie unterschätzte, wie weiter oben schon bemerkt, die ethnisch-kulturelle Dimension der indianischen Frage. Sein zitiertes Axiom hätte stattdessen lauten müssen: In Amerika kompliziert sich der Faktor Klasse durch den Faktor Rasse. So sah es auch ein nicht minder bekannter Landsmann Mariáteguis, der die Ökonomielastigkeit des marxistischen Theoretikers ethnisch-kulturell austarierte: José María Arguedas (1911–1969). Der bekannte Schriftsteller und Anthropologe, der selber Quechua sprach, suchte nicht, wie Mariátegui, primär ein politisches Subjekt; ihm war vielmehr daran gelegen, seinen Lesern die reale Lebenswelt der peruanischen Indios vor Augen zu führen. Er fand eine Realität, die zwar auch durch rigide Klassenschranken geprägt war, aber ebenso stark durch rassistische Diskriminierung, die an diesen Schranken keineswegs Halt machte. In *Los ríos profundos*, seinem berühmtesten Roman, hat Arguedas die peruanische «Pigmentokratie» am Beispiel eines Jungeninternats einfühlsam beschrieben. Dem gründlichen Kenner der indigenen Facetten seines Heimatlandes ging es jedoch nicht um eine naive *Recherche des temps perdus*, wie sie etwa zur selben Zeit der so genannte Andinismo betrieb. Statt einer illusorischen Rückkehr in das inkaische Tawantinsuyo rückte Arguedas die *zeitgenössischen* Indios in den Mittelpunkt seiner anthropologischen und literarischen Arbeiten. Und diese Indios, so seine Überzeugung, waren häufig längst Mestizen – hybride Mischprodukte, denen es gerade wegen ihrer kulturellen Anpassungsfähigkeit gelungen war, die indigenen Traditionen zu erhalten: «Die Vitalität der prähispanischen Kultur», pointierte Arguedas, «beweist sich in ihrer Fähigkeit zum Wandel, das heißt, im Mestizaje.»

Tatsächlich war die Vermischung von europäischen und autochthonen Bevölkerungsgruppen, der so genannte mestizaje americano, seit den frühen Zeiten der Konquista unübersehbar gewesen. Die europafixierte Borniertheit der postkolonialen Eliten, auch ihre rassistische Verachtung der «barbarischen» Indios, hatte ihnen jedoch den Blick auf die pluriethnischen Realitäten ihrer Länder lange Zeit getrübt. Erst als sie selber zur Zielscheibe rassistischer Ausfälle wurden, dämmerte ihnen allmählich, dass sie offensichtlich doch keine ‹reinrassigen› Europäer waren, auch wenn sie von europäischer Kultur tiefer durchdrungen waren als viele Bewohner der Alten Welt. Dafür illustrativ sind etwa die maliziösen Äußerungen des spanischen Schriftsteller-Philosophen Miguel de Unamuno, der über den berühmten nicaraguanischen Dichter und Modernismusvertreter Rubén Darío schrieb: «Unter seinem Hut schauen die Federn hervor.» Zwar blieb die Radikalität, mit der Arguedas auf die ethnozentristische Arroganz aus Europa reagierte, unter den Intellektuellen Lateinamerikas lange eine Minderheitenposition; die wachsende Anerkennung des Mestizaje war gleichwohl ein unaufhaltsames Faktum.

Trotz aller Fortschritte, die der ethnische Pluralismus Arguedas' im Vergleich zum Indianismus und zum «indigenismo de encomendero» darstellte, vertrat jedoch auch er letzten Endes ein Identitätskonzept, das einem Teil der ethnischen Realität, in zahlreichen anderen Ländern und in Mittelamerika sogar einem sehr gewichtigen, nicht gerecht wurde. So war es nur eine Frage der Zeit, bis auch dem Indigenismus in der Handschrift mehr oder weniger aufgeklärter Mestizenautoren einflussreiche Konkurrenten erwuchsen. Ende der 1960er Jahre war es so weit: Die breit gefächerte Bewegung der so genannten Indianidad, in der sich die indianischen Gemeinschaften allmählich selber zu Wort meldeten, versteht sich als ein dezidiert ethnisches Konzept, das die indianischen Traditionen in den Mittelpunkt stellt. Obwohl die soziale Basis dieser Bewegung zunächst dünn war und ihre ideologische Textur keineswegs uniform ausfiel, dominierten von Anfang an vier Elemente: erstens die Zurückweisung «westlicher» Denkmuster, seien sie liberal oder marxistisch; zweitens die Weigerung, ihre politischen Ziele innerhalb der bestehenden Parteien zu erkämpfen – ihr Engagement besaß eine *kulturelle* Orientierung; drittens gingen die führenden Köpfe der Bewegung, vor allem der Bolivianer Fausto Reinaga und der Mexikaner Guillermo Bonfil Batalla, von einer grundsätzlichen Einheit der indianischen Zivilisation aus, nämlich von einem «Panindianismus», der u. a. die traditionellen

Verwandtschaftsbeziehungen, die Gemeinschaftsstrukturen und die spezifisch indianischen Mensch-Natur-Beziehungen zur Achse seines Weltbildes machte; und viertens lässt sich eine Reihe politischer Grundforderungen erkennen, die dieses Weltbild untermauern: Verteidigung von Sprache und Tradition, Revision der «westlichen» Geschichtsdarstellung und last but not least Selbstverwaltung (autogestión). Mittlerweile haben die verschiedenen Organisationen der Indianidad, etwa der kolumbianische Consejo Regional Indígena del Cauca (CRIC), zwar erheblichen Zulauf erhalten, zahlreiche juristisch verbriefte Rechte erkämpft und sich auch überregional vernetzt. Ob die – gelegentlich rigide – Abschottung von der «westlichen» Mehrheitsgesellschaft aber tatsächlich der Weisheit letzter Schluss ist, darf indessen bezweifelt werden. So sprechen einige, auch durchaus indiophile Kritiker mit Blick auf die Nationalparks, die hier und da zum Schutz der indigenen Bevölkerung eingerichtet werden, nicht ganz zu Unrecht von «Indianerzoos». Ihre Bewohner müssen sich zwar nicht als lebende Exponate präkolumbischer Freiluftgehege begaffen lassen, ihre Isolationsexistenz stellt freilich ein gewichtiges Problem dar, nämlich den Konflikt zwischen traditioneller Identität und einer ‹modernen› Mehrheitsgesellschaft, der sich durch die Politik kultureller Quarantäne langfristig kaum lösen lässt.

Dass sich die «archäologische Perspektive», wie sie der kolumbianische CRIC oder der Centro de Coordinación y Promoción Campesina in Bolivien vertritt, als Sackgasse erweisen könnte, haben inzwischen auch zahlreiche Vertreter der *Indianidad*-Bewegung begriffen. Sichtbarer Ausdruck solcher Zweifel ist der Strömungspluralismus, der diese Bewegung, etwa in Ekuador, Peru oder Mexiko, seit den 1980er Jahren in einen bunten Fächer reformerischer Ideen und kreativer Praxis verwandelt hat. Zwar waren bislang nur wenige Indianergemeinschaften dabei so erfolgreich wie die ekuadorianischen Otavalos, die sogar den Tourismus auf geschickte Weise zu nutzen verstehen. Die Zeiten, als die Indianer lediglich als pittoreske Postkartenfiguren den Exotismusbedarf europäischer oder nordamerikanischer Ferntouristen befriedigten, sind jedenfalls vorbei.

Vorbei sind schließlich auch die Zeiten, als ein Maler vom Rang eines Pablo Picasso äußern konnte: «L'Art nègre? Connais pas!» Obwohl der geniale Pinselkünstler die afrikanischen Kunsttraditionen durchaus kannte und sie, wie zwei seiner *Demoiselles d'Avignon* illustrieren, sogar selber in seine Leinwandwelt inkorporierte, bringt die schnöde Verneinungsphrase doch einen europäischen Common Sense zum Ausdruck, der auch in Lateinamerika lange den Ton angab. Dem hat der «Afroamerikanismus», die Parallele zu Indigenismus und Indianidad, jedoch allmählich widersprochen – inzwischen mit einem durchaus vergleichbaren Erfolg wie seine postkolumbischen Pendants. Der Afroamerikanismus, etwa in der Karibik, weist jedoch markante Unterschiede zum Indigenismus auf. Der wohl wichtigste hat mit der gewaltsamen Entwurzelung während der Kolonialzeit zu tun: Die schwarze Bevölkerung Lateinamerikas ist von ihrer afrikanischen Vergangenheit abgeschnitten. Die «archäologische Perspektive», wie sie ein Teil der Indianidad-Bewegung einnimmt, ist ihr damit ebenso verbaut wie die partielle Rekonstruktion kultureller und sozialer Lebensformen. Im Unterschied zu den Nachfahren der präkolumbischen Kulturen verfügen die Urenkel der importierten Negersklaven auch nicht über eine Sprache, in der sie die verlorene Heimat ihrer Vorfahren tradieren könnten. Der Afroamerikanismus artikuliert sich deshalb in erster Linie kulturell: in religiösen Riten, in Tänzen und in der Musik. Und dort, beispielsweise in Kuba, wo er sich auch poetisch-literarisch manifestiert, steht er dem indigenen Mestizaje nicht sonderlich fern. In einem Punkt unterscheidet er sich indessen von der ‹indigenen Literatur›: Während der indianische Autor bereits durch das Schreiben als solches zum Mestizen wird – schließlich sind Sprache und Genre genuin europäische Kommunikationsformen –, behält der schwarze Autor seine Identität. Denn er hat nur die, die er von den Sklaven übernommen hat, auch deren Sprache, das Spanische. Seine Identität, schreibt Miguel Rojas Mix, ist deshalb «ein Transkulturationsprozess». Die kulturelle Orientierung der Mulatten zielt in die gleiche Richtung: Anders als die Mestizen indianisch-europäischer Provenienz, für die der Indigenismus eine Reihe von Identitätspotenzialen bereithält, bleiben ihnen nur ethnisch-kulturelle Reminiszenzen, die durch bestimmte Transkulturationszwänge, zu ihnen zählt leider auch der Rassismus, zunehmend an Bedeutung verlieren.

Diese Bilanz gilt, wenn auch mit anderen Akzenten, für Brasilien. Das Land des «mestiçagem», der portugiesischen Variante der «amerikanischen Rassenvermischung», tat sich vor allem schwer, die indigenen Elemente seiner Geschichte zu akzeptieren. Zwar sprach bereits Euclides da Cunha (1866–1909) in seinem berühmten ‹Nationalepos› aus dem späten 19. Jahrhundert von der «grandeza da população indígena»; eine Bereitschaft, die indianische Vergangenheit und Gegenwart als kulturelles Erbe, noch dazu als gleichberechtigtes, ins nationale Patrimonium zu integrieren, darf man aus seinem Buch jedoch nicht herauslesen. Auch nicht aus anderen Manifesten frühnationaler Selbstvergewisserung, etwa Afonso Celsos (1860–1938) *Por que me ufano de meu país* (Warum ich auf mein Land stolz bin), wie *Ariel* des Uruguayers Rodó just im Jahr 1900 erschienen. Von folkloristisch-musealen Neigungen abgesehen war der weißen Elite Brasiliens, schreibt Claude Lévi-Strauss – im frühen 20. Jahrhundert der eigentliche Entdecker der indigenen Gemeinschaften des Landes –, jede Anspielung auf die Indianer regelrecht «verhasst». Das lag, wie der berühmte Ethnologe an zahlreichen, durchaus beeindruckenden Beispielen indigener Kunst und Kultur (aus dem 20. Jahrhundert) illustriert, nur zum Teil an den vermeintlich primitiven Verhältnissen, mit denen es die portugiesischen Eroberer zu tun hatten. Obwohl es in Brasilien weder ein aztekisches Tenochtitlán noch ein inkaisches Cuzco gab, war es vor allem der zeittypische Eurozentrismus, der die ethnischen Präferenzen der brasilianischen Eliten lenkte. Für sie stand fest, dass die Fundamente der brasilianischen Kultur auf europäischen Pfeilern ruhten. Dazu gehörte, wie etwa Darcy Ribeiro in seiner *Teoria do Brasil* Anfang der 1970er Jahre gezeigt hat, dass in der kulturhistorischen Selbstwahrnehmung Brasiliens, anders als im modernen Mexiko, nicht *Kulturen*, sondern *Rassen* im Vordergrund standen. Und die wurden, was die noch überlebenden Gemeinschaften betraf, vor allem zur Zielscheibe einer rigiden Assimilationspolitik. Der bereits 1910 gegründete Indianerschutz-Service (SPI, Serviço de Protecção aos Indios) wurde nicht zufällig dem Kriegsministerium zugeordnet. Ein unwürdiges Tutelarregime, das die Indios zu staatlichen Mündeln machte, kennzeichnete auch die Geschichte der bis heute existierenden Nationalen Stiftung des Indianers (FUNAI, Fundação Nacional do Indio), die Ende der 1960er Jahre das Erbe des SPI antrat. Erst als sich die brasilianischen Indianergemeinschaften in den 1970er Jahren selber zu organisieren begannen, übrigens mit Unterstützung der Kirche, trafen sie allmählich auf ein gesellschaftliches Echo, das ihnen, zumindest in der Verfassung, die Anerkennung als ethnisch-kulturelle Minderheit brachte. Der Bewusstseinswandel in der brasilianischen Gesellschaft, der darin zum Ausdruck kommt, ist zwar erfreulich, reduziert sich aber hauptsächlich auf die großen Zentren im Süden – wo es kein ‹Indianerproblem› gibt.

Tiefer greifend verlief die ‹ethnische Währungsreform› dagegen mit Blick auf Schwarze und Mulatten. Glaubt man den Statistiken, dann hat sich das Farbenspektrum der brasilianischen Gesellschaft seit den 1940er Jahren deutlich verändert. Der Anteil der «Weißen» ging von 63,5 auf 55,3 Prozent (1990) zurück, die Kurve der «Mischlinge» stieg von 21,2 auf 39,3 Prozent. Die Anführungszeichen wurden mit Bedacht gewählt: In Brasilien über Hautfarbe zu sprechen, schrieb eine Autorin in den 1990er Jahren, sei mit dem Betreten eines Minenfeldes zu vergleichen. Tatsächlich gibt es ein breit gefächertes Klassifikationssystem, das sämtlichen Schattierungen zwischen «branco» (weiß) und «preto» (schwarz) gerecht zu werden versucht. Ein Kenner der Materie will herausgefunden haben, dass es 138 Definitionen für «pardos» (Mischlinge) gibt – kein Zeichen ethnischer Gelassenheit. Dennoch weist der brasilianische Rassismus, den es trotz gegenteiliger Behauptungen immer gegeben hat, einige Besonderheiten auf. Erstens eine institutionelle: Apartheidgesetze hat es nie gegeben, schon 1948, also lange vor den USA, wurde rassische Diskriminierung in der Verfassung verboten. Zweitens eine geographische: In Rio, São Paulo und weiter im Süden, also dort, wo sich die meisten Einwanderer aus Europa niederließen, waren Vorurteile gegen Schwarze und Mulatten deutlich ausgeprägter als im Nordosten, dem ursprünglichen Kolonisierungsgebiet. Die These der «zwei Brasilien» (os dois Brasis) – einem europäischen, eher rassistischen auf der einen, einem portugiesischen, eher geprägt von spätmittelalterlichen Convivência-Erfahrungen mit Juden und Mauren auf der anderen Seite – enthält zwar die Gefahr einer Idealisierung des kolonialen Mestiçagem, klingt aber dennoch plausibel. Im Nordosten, also im Umkreis von Recife und Salvador, hat das dunkelhäutige Brasilien auch in der Literatur besonders augenfällig reüssiert. In den Romanen von Jorge Amado (1912–2001), dem hierzulande wohl bekanntesten brasilianischen Schriftsteller des 20. Jahrhunderts, fanden die afro-brasilianischen Traditionen von Bahia und anderswo weltweite Verbreitung. Auch weniger exotisch-pittoresk anmutende Facetten der brasilianischen Kultur sind in Amados Büchern allgegenwärtig. Vor allem jene «Schule der Armut und der Ausbeutung» (escola da miséria e da exploração), durch die die jungen Straßenkinder von Salvador gehen müssen, denen der große Romancier in *Capitães da Areia* (Herren des Strandes) eine Stimme verleiht.

Im Panorama der kulturellen Identitäten Lateinamerikas nimmt das Brasilien der Schwarzen und Mulatten, zusammen mit einigen Ländern der Karibik, zwar eine gewisse Sonderstellung ein. Für Brasilianer *und* Hispanoamerikaner gilt indessen: Es dürfte auch in Zukunft ein Panorama im Plural bleiben, eines, das durch kulturelle Heterogenität und Mehrfachidentitäten bestimmt ist. Auch Argentinien, das ‹europäischste› Land Lateinamerikas, macht dabei keine Ausnahme.

9. Europa im Cono Sur: das Beispiel Argentinien im 20. Jahrhundert

9.1 Das Jahrhundert beginnt früh: nationale Grundsteinlegung

Genau genommen begann das 20. Jahrhundert am Río de la Plata – ähnlich wie in Brasilien – bereits vor der Wende des Säkulums. Schon im letzten Drittel des 19. Jahrhunderts, als die Wortführer der «Zivilisation», allen voran Domingo Faustino Sarmiento, die Schaltstellen der politischen Macht erobert hatten, schien Argentinien auf dem besten Weg, zu einem südatlantischen Außenposten Europas zu werden. Und nicht nur das: In einem halben Jahrhundert, schrieb der Hauptstadtautor Carlos Calvo (1824–1906) 1864, würde Argentinien zu einer Art USA des Südens aufgestiegen sein. Spätestens 1880, im politischen «Gründungsjahr» (Félix Luna) des Landes, schienen die Weichen für eine solche Zukunft definitiv gestellt zu sein. In diesem Jahr endete die berühmt-berüchtigte «Eroberung der Wüste»: Zigtausende Quadratkilometer fruchtbaren Pampalandes, bis dahin die Heimat von Indios und Gauchos, standen mit den Worten Lunas nun «dem Fortschritt zur Verfügung». Zugleich war 1880 die Geburtsstunde des Einheitsstaats. Unter der damals beginnenden Präsidentschaft von Julio Roca erhielt Buenos Aires die offiziellen Hauptstadtweihen. Gleichzeitig wurde das staatlich-administrative Gebäude, bis dato nur ein luftiger Rohbau aus Regierung und Militär, endlich bezugsfertig: Ministerien, die für das gesamte Land zuständig waren, eine Nationale Hypothekenbank, die Infrastrukturprojekte finanzierte, ein Nationaler Bildungsrat, der Schulen und Universitäten förderte ... Kurz, die staatlich-administrative Grundausstattung des modernen Argentinien war rund 60 Jahre nach der Unabhängigkeit im Wesentlichen abgeschlossen.

Von politischer Stabilität, verstanden als halbwegs solide Demokratie, war das Land jedoch noch meilenweit entfernt. Die alten Querelen zwischen Buenos Aires und den Provinzen waren mitnichten beigelegt. Sie stellten noch immer eine geographisch-politische Wunde dar, deren kaum vernarbte Oberfläche jeden Augenblick wieder aufbrechen konnte. Nichts illustriert die blutigen Dauerrivalitäten besser als die Umstände, unter denen General Roca 1880 die Regierungsgewalt an sich riss: Erst nach bürgerkriegsähnlichen Auseinandersetzungen, die Mitte des Jahres mehr als 2000 Menschenleben kosteten (die Mehrheit waren Porteños), konnte Roca seinen Amtssitz beziehen. Sein konservatives Regime, wiewohl es mit den Anhängern des eher liberalen, ‹zivilisationsorientierten› Expräsidenten Bartolomé Mitre hier und da paktierte, begünstigte vor allem die Interessen der küstennahen Terratenientes und der ausländischen Handels- und Transportgesellschaften – wie in den zurückliegenden Jahrzehnten üblich, vor allem in der autoritären Manier des omnipräsenten Nepotismus. Zwar wurden ‹Wahlen› abgehalten; die dreisten Betrugsmanöver, von denen die Urnengänge stets begleitet waren, sprachen dieser Bezeichnung allerdings Hohn. Die patriarchalisch-korrupten Wahlvereine, etwa der *Partido Autonomista Nacional* unter dem Zepter Rocas, trugen das ihre dazu bei, das ohnehin lädierte Image des parlamentarischen Fassadensystems weiter zu diskreditieren. Im Übrigen waren die politischen Unterschiede, zumindest aus der Sicht der einfachen Mehrheitsargentinier, ziemlich unbedeutend: Die einen gingen um fünf zur Messe, wie Gabriel García Márquez das kolumbianische Pendant karikierte, die anderen um acht … Im Unterschied zu Rojas, der die postkolonialen Machtstrukturen lediglich zementiert hatte, besaß Roca zwar ein ökonomisches Modernisierungsprogramm – das er auch realisierte –, die Masse der Argentinier musste sich allerdings auch während der Belle Epoque mit einer politischen Statistenrolle begnügen.

Erst mit der Gründung der *Unión Cívica Radical* (UCR), die ab 1890 langsam Bewegung in das versteinerte Mosaik der parteipolitischen Formationen brachte, wurden Teile der argentinischen Gesellschaft allmählich zu Akteuren, wenn auch überwiegend noch in Nebenrollen. Dafür sorgte zunächst die buntscheckige Heterogenität des *Radicalismo*, wie die neue Partei genannt wurde. Als eine Art Frühgeburt des Peronismus, der in den 1940er Jahren das Licht der Welt erblicken sollte, vereinigte die

UCR ein gesellschaftliches Gemisch, das *radikale* Lösungen der sozialen und politischen Konfliktpotenziale ziemlich illusorisch machte. So zählten zu den Mitgliedern und Sympathisanten der Partei die städtischen Mittelschichten der Río-de-la-Plata-Metropole, große Teile der unteren Volksklassen der größeren Provinzstädte, die mittleren Sektoren der ländlichen Getreideregionen und sogar kleinere Hacenderos der Viehzuchtgebiete, die in der UCR ein probates Instrument sahen, mit dem sie sich gegen die erdrückende Konkurrenz der großen Hacienda-Barone zu behaupten suchten. Alles in allem eine politische Regenbogenformation, deren Farbspektrum nach fast allen Seiten zerlief. Dennoch gab sich der Radicalismo betont radikal – «Intransigencia» lautete seine politische Schlüsselvokabel, die bis in die Zeit des Ersten Weltkriegs hinein vor allem eines bedeutete: «abstención», Wahlenthaltung, eine politische Strategie, zu der es im Rahmen des betrügerischen Wahlsystems kaum eine Alternative gab. Mitten im Ersten Weltkrieg schien diese Strategie endlich Früchte zu tragen: 1916 wurde Hipólito Yrigoyen, der Kandidat der UCR, auf der Basis eines neuen, halbwegs demokratischen Wahlgesetzes zum Präsidenten gewählt. Die Probleme, mit denen sich der *radikale* Präsident konfrontiert sah, waren gewaltig, wenn auch die Prosperitätsphase der zurückliegenden drei Jahrzehnte die postkolonialen Strukturen des Landes umgekrempelt, modernisiert hatte. In den goldenen Jahrzehnten der Belle Epoque entstand in Argentinien das längste Eisenbahnnetz Lateinamerikas, Schulen und Universitäten schossen wie nirgendwo sonst auf dem Subkontinent aus dem Boden, und eine starke Mittelschicht, von der man in den Nachbarländern nur träumen konnte, versprach politische Stabilität und wirtschaftlichen Wohlstand. Obendrein konnte der frisch gewählte UCR-Präsident auf rund drei Friedensjahrzehnte zurückblicken, innerhalb und außerhalb der Landesgrenzen.

9.2 «Gott ist Argentinier»:
Politik und Wirtschaft bis zum Zweiten Weltkrieg

Es waren hauptsächlich drei Faktoren gewesen, die Argentinien in das neue Eldorado Südamerikas verwandelt hatten: erstens die Masseneinwanderung europäischer Arbeitsemigranten, von 1882 bis 1959 immerhin fast sechs Millionen – Alberdis Wahlspruch «gobernar es poblar» hatte sich augenscheinlich als richtig erwiesen. Bis zum Amtsantritt von Yrigoyen hatte sich allein die Bevölkerung von Buenos Aires auf anderthalb Millionen verdreifacht, und das in rund 20 Jahren. Gekommen waren zwar nicht die angelsächsischen ‹Edelrassen›, wie noch der alte Expräsident und ‹Zivilisationsschriftsteller› Domingo Faustino Sarmiento enttäuscht vermerkte: «Das sind nicht die Einwanderer, die wir wollten!» Die Italiener, Spanier, Polen, Araber und Juden, die ihren Traum von Amerika verwirklichen wollten, trugen mit ihrer billigen Arbeitskraft dennoch entscheidend dazu bei, dass der kulturelle Glanz der Belle Epoque in den steilen Bilanzen der nationalen Ökonomie sein Spiegelbild fand.

Der zweite Faktor, der den rasanten Wandel vom postkolonialen Hinterland zum ökonomischen Spitzenreiter bewirkte, bestand in der «Revolución de la Pampa». Nachdem die letzten Relikte der «Barbarei» modernisierungsgerecht beseitigt waren – eine harte, aber unvermeidliche Strategie, wie Sarmiento den ideologischen Marschbefehl zur Ausrottung der Indios verstand –, stand der wirtschaftlichen Nutzung der riesigen Pampafläche nichts mehr im Weg. Die goldgelben Ähren der Getreidefelder und die saftigen Steaks der Rinderherden trieben die Exportbilanzen in schwindelerregende Höhen. Technische Innovationen, vor allem die geräumigen Tiefkühlfrachter, in denen die Fleischberge den Ozean überquerten, heizten die boomende Wirtschaft zusätzlich an. Gott war Argentinier – wer wollte den Wahrheitsgehalt dieses Sprichworts damals bezweifeln?

Der dritte, sicherlich der wichtigste Faktor, der den Prosperitätsschub in Gang setzte und auf hohen Touren hielt, bestand in den massiven Devisen-Transfers ausländischer Investoren, hauptsächlich in Form von englischen Pfund-Noten, der bereits weitverbreiteten De-facto-Währung des 19. Jahrhunderts. Der monetäre Input aus der Metropole des British Empire blieb damit auch weiterhin das ökonomische Hauptschmiermittel der argentinischen Wirtschaft jener Boomjahrzehnte, die der Regentschaft des UCR-Präsidenten Yrigoyen vorausgegangen waren. Übrigens sehr zum Verdruss der New Yorker Wall-Street-Repräsentanten, die den nach wie vor dominanten Einfluss der Londoner Finanz- und Handelsmagnaten mit Argusaugen betrachteten. Denn in der Hauptstadt des Commonwealth firmierte Argentinien zu Beginn des 20. Jahrhunderts längst als ‹englisches Festland›, das sich von den Malwinen nur de jure unterschied. Im England der Jahrhundertwende, schreibt George Pendle, sprach man in familiärer Weise von «B. A.» (Buenos Aires) und dem «River Plate» – ganz so, als handelte es sich um etwas, das man besaß. Und diese Annahme, fügt der englische Historiker hinzu, «war tatsächlich nicht sonderlich weit von der Wahrheit entfernt».

Bis zum Amtsantritt Yrigoyens hatte die politische Klasse des Landes die bedrohliche Seite dieser Wahrheit allerdings ebenso in den Wind geschlagen wie die Plutokratie, der sie diente. Die wirtschaftlichen Folgen des Ersten Weltkriegs zwangen die politischen und ökonomischen Hauptprofiteure des Booms jedoch, dieser Wahrheit ins Auge zu blicken. Sie war allenthalben zu spüren: Trotz der offiziellen Neutralitätspolitik blieben wichtige Importprodukte in den Häfen der europäischen Kriegsländer liegen. Auch die eigenen Exporte gingen infolge der europäischen Kriegsökonomie drastisch zurück. Spätestens jetzt zeigte sich die extreme Verletzlichkeit der argentinischen Boomwirtschaft: Die Herren des Geldes, das das Wirtschaftswachstum der zurückliegenden drei Jahrzehnte überwiegend ermöglicht hatte, residierten in Europa.

Die kriegsbedingten Turbulenzen der wachstumsverwöhnten Ökonomie waren jedoch schon bald nach dem europäischen Friedensschluss wieder vorbei. In rasantem Tempo kletterten die Exportbilanzen in die Höhen der Vorkriegszeiten – in den 1920er Jahren erreichten sie sogar ungeahnte Rekordmarken. Doch bevor das Kriegsjahrzehnt zu Ende ging, kam es bereits zu neuen Turbulenzen, diesmal allerdings innenpolitischer Natur. Die Masse der Neuargentinier, die in den zurückliegenden Jahrzehnten den Wohlstand des Landes mit erwirtschaftet hatte, wollte sich nicht länger mit Billiglöhnen abspeisen lassen. Das kunterbunte Heer der Arbeitsimmigranten war im Übrigen längst organisiert und schenkte der populistischen Rhetorik des regierenden Radicalismo immer weniger Gehör. Das politische Kaleidoskop der Alten Welt – Sozialisten, Anarchisten und schließlich Kommunisten – fand deshalb auch in Argentinien seine Entsprechung. Bestärkt durch die siegreiche Revolution in Russland, forderten sie nun mit Nachdruck ein größeres Stück vom Kuchen der sich rapide erholenden Exportwirtschaft. Die sozialen Spannungen, angeheizt durch die rechtsradikalen Agitatoren der *Liga Patriótica*, eskalierten schließlich in der *Semana Trágica* zum Massaker, das im Januar

1919 Hunderte von Toten hinterließ, fast ausschließlich Arbeiter und ihre politischen Vertreter. In der violenten Law-and-Order-Politik, die auch im Europa jener Jahre nicht unbekannt war, gesellte sich eine weitere Facette der politischen ‹Kultur› der Alten Welt hinzu, die man bis dato in Argentinien nicht kannte: antisemitische Pogrome. Sechs Tage lang, vom 9. bis zum 14. Januar, terrorisierten faschistische Schlägertrupps, viele ihrer Mitglieder aus ‹guten Familien›, die jüdischen Viertel der Hauptstadt. Die Bilanz des ersten Pogroms auf argentinischem Boden, ein Toter und 71 Verletzte, führte den «jüdischen Gauchos» unmissverständlich vor Augen: Der Virus der antisemitischen Pest, im 19. Jahrhundert kaum mehr als eine verblasste Erinnerung an die Inquisition, hatte den Ozean längst überquert.

Die *Semana Trágica*, wiewohl ein Fanal für den subkutanen Despotismus einflussreicher Teile der argentinischen Oligarchie, geriet im Taumel der rasch wieder tonangebenden Modernisierungseuphorie allerdings schnell in Vergessenheit. Der Radicalismo Yrigoyens, dessen ideologische Promiskuität noch immer dominierte, hatte es in den 1920er Jahren deshalb ziemlich leicht, über die vorhandenen Klassengegensätze hinwegzuregieren. Obwohl sich der UCR 1924 spaltete, in Gegner und Anhänger des Präsidenten, sorgte die ökonomische Hitzeperiode für Ruhe an der politischen Front. Hatte das argentinische Bruttosozialprodukt bereits vor dem Ersten Weltkrieg die Vergleichszahlen von Frankreich und Deutschland hinter sich gelassen, wurde der nominale Wohlstand des Landes ein paar Jahre danach auch für jene Argentinier unübersehbar, denen die abstrakte Welt der Wirtschaftsstatistiken wenig zu sagen hatte. So waren die Bewohner der argentinischen Großstädte, allen voran die Porteños, vermutlich die ersten Lateinamerikaner, die wussten, was ein Stau bedeutete: 1928 drängten sich auf den wenigen und schlechten Straßen 400 000 Autos – eine Pro-Kopf-Motorisierung, die den Benzinkutschen-Bestand von Frankreich, ja sogar von Großbritannien, dem europäischen Hauptinvestor, deutlich übertraf. Andere Zahlenvergleiche sprechen eine ähnliche Sprache: Nirgendwo sonst in Lateinamerika besaßen die Bürger so viele Telefonapparate wie in Argentinien. Rund 70 Prozent der Telegramme, die das subkontinentale Netz der Telegraphenmasten passierten, wurden in dem Land am Río de la Plata aufgegeben. Obendrein mauserte sich die Nation der Viehzüchter und Getreideexporteure, wenn auch vor allem die Kapitale, zum Zentrum der lateinamerikanischen Lesekultur: 60 Prozent des Papierverbrauchs für Bücher und Zeitungen in Südamerika entfielen auf Argentinien. Als der bekannte mexikanische Schriftsteller und Politiker José Vasconcelos (1882–1959) dem Prosperitätsmodell Anfang der 1920er Jahre einen Besuch abstattete, hatte er deshalb gute Gründe, in seinem Reisebericht zu notieren: Argentinien habe die gleichen Probleme wie die sonstigen zivilisierten Länder; dagegen sei Mexiko, wenn auch alles andere als das Schlusslicht Lateinamerikas, noch mit dem Problem beschäftigt, zu einem zivilisierten Land zu werden …

Die Begeisterung des illustren Mexikaners, die von vielen Argentinienreisenden jener Jahre geteilt wurde, übersah indessen die tönernen Füße, auf denen die europäische Zivilisation des Landes immer noch ruhte, ökonomisch und politisch. Der fragile Unterbau der Boomwirtschaft, während des Ersten Weltkriegs erstmals erschüttert, brach Ende der 1920er Jahre zusammen: Den Druckwellen der Weltwirtschaftskrise hielten die dünnen Pfeiler der exportabhängigen Wirtschaft nicht stand. Wie ein stolzer Pfau, unter dessen prachtvollem Federschmuck die ungelenkig-plumpen Pfoten zum Vorschein kommen, war Argentinien plötzlich ökonomisch entblößt. Die Exportbilanzen erreichten einen historischen Tiefstand, die Schuldenlast wurde erdrückend, die Arbeitslosigkeit stieg in unbekannte Höhen. Jetzt rächte sich, dass der regierende Radicalismo – Yrigoyen war 1928 mit überwältigender Mehrheit gerade erst wiedergewählt worden – die überfälligen Strukturreformen sträflich vernachlässigt, ja eigentlich völlig unterlassen hatte. Der Wasserkopf der auslandsabhängigen Vieh- und Getreidewirtschaft besaß immer noch kein industrielles Fundament. Der Staatshaushalt hing am europäischen Tropf und kollabierte deshalb 1929. Die Hauptopfer der Großen Depression waren, wie in Europa, die unteren Volksschichten. Selbst die Clase media wurde von der neuen Armut bedroht. Ihre untersten Ränge, etwa Lehrer und Professoren, traf der Staatsbankrott sogar ebenso hart wie die Arbeiter auf den Estancias der Pampa oder in den Schlachthöfen von Buenos Aires: Viele von ihnen erhielten jahrelang keinen einzigen Peso ihres Lohns oder Gehalts.

Dementsprechend stieg der Druck im sozialen Kessel Argentinien. Zu einer erneuten *Semana Trágica* kam es diesmal jedoch nicht. Stattdessen öffneten im September 1930 die Militärs das politische Ventil: Der erste

Staatsstreich in der jungen Geschichte der argentinischen Demokratie bereitete der Ära des Radicalismo ein radikales Ende. Die «Revolution von 1930», wie ihre Protagonisten den Gewaltakt tauften, wurde zwar von einem General – José Félix Uriburu – angeführt. Sie fand freilich auch den politischen Segen der oberen Ränge der Oligarchie und deren ideologische Souffleure: rechte Intellektuelle, hier und da mit faschistischem Einschlag, die fortan eine enge Liaison mit den Kasernenchefs eingingen. Trotz des geistigen Inputs, das konservativ-reaktionäre Köpfe wie Manuel Gálvez (1882–1962) oder Leopoldo Lugones (1874–1938) der Nationalen Bewegung beisteuerten, formierte sich die argentinische Geld- und Besitzaristokratie auch in den folgenden Jahrzehnten nie zu einer politischen Partei. Vielleicht weil die alten Antagonismen zwischen Stadt- und Land-Oligarchie noch immer im Weg standen, vielleicht aber auch, weil sie Parteipolitik mit dem soeben weggeputschten Radicalismo identifizierte. Denn viele UCR-Mitglieder gehörten zur zweiten Generation der europastämmigen Neuargentinier – politische und soziale Parvenüs, mit denen man sich nicht gemein machen wollte. Für die demokratische Zukunft Argentiniens verhieß die parteipolitische Abstinenz der Plutokratie nichts Gutes: Der Coup d'État von 1930 sollte Schule machen.

Eine halbwegs demokratische Fassade wurde indessen schon 1932 wieder errichtet. Uriburu, der oberste Putschgeneral, übergab die Macht an seinen Generalskollegen Augustín P. Justo, der das Land als Präsident regierte. Der pseudo-demokratische Charakter seines Regimes war nicht nur dadurch evident, dass der Radicalismo von allen ‹Wahlen› ausgeschlossen wurde – ähnlich wie später die Peronisten –; auch die alten, dreisten Wahlbetrugsmanöver, die während der Ära Yrigoyens überwunden schienen, feierten fröhliche Urständ. Auf diese Weise schaffte es die *Concordancia*, wie sich die politischen Ableger der herrschenden Oligarchie selber titulierten, sich bis 1943 an der Regierung zu halten. Obwohl der oberste Repräsentant der *Concordancia*, der Präsidenten-General Justo, sich alles in allem bemühte, den autoritären Charakter seines Regimes zu camouflieren, war sein Caudillo-Gehabe doch unübersehbar – und drastisch: Als er einmal von politischen Gegnern ausgepfiffen wurde, zeigte er ihnen kurzerhand den Stinkefinger (corte de manga) … Auch über hundert Jahre nach der Unabhängigkeit von Spanien war das politische System des Landes augenscheinlich noch wenig dazu angetan, den durchschnittlichen Argentinier von den Annehmlichkeiten einer parlamentarischen Demokratie zu überzeugen.

In ihrer berechtigten Skepsis gegenüber einer autoritären Pseudodemokratie wurden die Argentinier obendrein durch die Aktivitäten rechtsradikaler Gruppen bestärkt, deren antidemokratische Gesinnung im Übrigen zu einem Gutteil von deutschen und italienischen Propagandalieferanten stammte. Unter die ideologische Begleitmusik des dominanten Chors konservativ-reaktionärer Nacionalistas mischten sich deshalb auch zunehmend antisemitische Untertöne, die nach 1933 sogar eine Zeit lang in der Deutschen Botschaft von Buenos Aires mitkomponiert und offen dirigiert wurden. In seinem Roman *La matrix del infierno* (Die Matrix der Hölle) hat der jüdisch-argentinische Schriftsteller Marcos Aguinis die Pogromstimmung der 1930er Jahre unlängst rekonstruiert: Ein paar Jahre lang, so die durchaus realistische Szenerie des Romans, schien Argentinien zum südamerikanischen Aufmarschgebiet der Nazis zu werden. Der spanische Bürgerkrieg, von seinen ‹nationalen› Protagonisten auch als «Kreuzzug» gegen das jüdische Freimaurertum verstanden, bestärkte die argentinischen Parteigänger Francos in ihren antisemitischen Ressentiments. Obwohl einige führende Köpfe der Nationalen Bewegung, unter ihnen Lugones und Gálvez, sich nicht an der Judenhetze beteiligten und sogar davor warnten, das nationalistische Credo mit derart «barbarischen» (Lugones) Elementen zu kontaminieren, blieb der Mainstream auf stramm judenfeindlichem Kurs. Die infamen *Protokolle der Weisen von Zion* wurden in mehreren Ausgaben ediert, hier und da, etwa in der klerikal-faschistischen Zeitschrift *Oro*, fand auch das rassistisch-biologische Vokabular der Nazis ein verbales Echo.

Sonderlich zufrieden waren die braunen Herrscher in Deutschland allerdings nicht mit den politischen Erben der «Revolution von 1930». Das «neue Deutschland», schrieb zum Beispiel Richard Meynem, ein Nazi-Diplomat der Deutschen Botschaft in Buenos Aires, 1939 an seine Berliner Zentrale, gelte am Río de la Plata als «Feind der Kultur». Auch über die Gründe ließ er seine Oberen nicht im Unklaren: Das Hitler-Regime sei eine Bedrohung für die Kirche. Mit dieser Sicht der Dinge lag der deutsche Diplomat durchaus richtig. Denn im ideologischen Design des argentinischen Rechtsnationalismus besaß der Klerus eine privilegierte

Position. Ziemlich gerupft aus den politischen Wirren der postkolonialen Dekaden hervorgegangen, hatte der organisierte Katholizismus schon seit den 1920er Jahren einen Großteil seines verlorenen Terrains zurückgewonnen. Das üppige Korpus der nationalistischen Literatur, von politischen Pamphleten bis zu Lyrik und Romanen, atmete überwiegend einen religiösen Geist, auch den gängigen Ungeist des Antisemitismus. Mit dem Internationalen Eucharistiekongress, den der Vatikan 1934 in Buenos Aires zelebrierte, erlebte der argentinische Klerus eine seiner Sternstunden.

Der katholische Grundkonsens, der das rechtsnationalistische Lager unter anderem einte, zeigte indessen dort deutliche Risse, wo es um die Leitlinien der Wirtschaftspolitik ging. Die desaströsen Folgen der Weltwirtschaftskrise waren zwar Mitte der 1930er Jahre einigermaßen überwunden; das alte Damoklesschwert der ökonomischen Abhängigkeit von den Weltmarktzentren hing freilich noch immer über Argentinien. Das zarte Pflänzchen der Importsubstitution, das nach der Großen Depression in ganz Lateinamerika nur zu äußerst bescheidenen Industrialisierungsschritten führte, gedieh auch in Argentinien mehr schlecht als recht – wenn überhaupt. Die ökonomische Trumpfkarte sahen die *Concordancia*-Regenten auch in Zukunft in der Londoner Wirtschaftsaristokratie. Mit einem neuen Handelsvertrag, bereits 1933 abgeschlossen, brachte man diese Karte nun ins Spiel. Das bilaterale Vertragswerk, theoretisch ein Geschäft auf Gegenseitigkeit, fand indessen nur ein geteiltes Echo in den Reihen der konservativen Eliten. Rodolfo Irazusta, ein stramm rechtsnationalistischer Publizist, brachte den Argwohn derer, die sich von der britisch-argentinischen Wirtschaftsliaison wenig versprachen, exemplarisch auf den Begriff: England habe Argentinien im frühen 19. Jahrhundert zwar geholfen, sich von Spanien zu befreien, aber nur deshalb, um sein eigenes «Monopol» zu errichten – ein Monopol, so fügte er hinzu, das «weniger sichtbar, doch noch viel schädlicher» sei als das alte. Harter Tobak für eine nationalistisch-konservative Regierung, die sich als Hort des Patriotismus ausgab. Der fand jedoch, so schien es, an ihren ökonomischen Interessen seine Grenzen. Vizepräsident Julio Roca, der den Vertrag für Argentinien unterschrieben hatte, brachte das nicht eben patriotische Credo seiner Regierung auch unverblümt zum Ausdruck: Durch das Handelsabkommen, so ließ er seine Landsleute mit unverkennbarem Stolz wissen, gehöre Argentinien zumindest de facto zum Londoner Herrschaftsbereich …

Bevor die «infame Dekade», wie die 1930er Jahre von kritischen Beobachtern bezeichnet wurden, zu Ende gegangen war, erlebte die enge Liaison mit England jedoch bereits eine tiefe Zäsur. Der Ausbruch des Zweiten Weltkriegs brachte Argentinien erneut in eine äußerst ungemütliche Lage. Daran änderte auch die offizielle Neutralitätspolitik der konservativen Regierung nur wenig. Die Preise für argentinisches Fleisch und Getreide, die man in London zahlte, kletterten zwar in astronomische Höhen; und Argentinien mauserte sich dadurch sogar zur Gläubigernation der Engländer; die sonstigen Märkte Europas, vor allem für Getreide, brachen infolge des Kriegs jedoch weg. Mitte 1940, als die deutschen Truppen die westlichen Nachbarländer, unter anderem Frankreich, kontrollierten und die Alliierten Kontinentaleuropa blockierten, kollabierte der argentinische Außenhandel.

Das hybride Politgemisch der *Concordancia*, das Argentinien noch immer regierte, geriet durch den Sturzflug der Exportbilanzen nun unter heftigen Druck. Gleichzeitig wuchs der Einfluss der nationalistischen Bewegung. Der eher diffuse Nationalismus dieser Bewegung, der sich vor allem in den Kasernen und in den Großbürgerpalästen eingenistet hatte, betrachtete das betrügerische Treiben der herrschenden Politikercliquen ohnehin mit Argwohn und Verachtung. Besonders die Militärs: Als Repräsentanten «höherer Werte», unter Einschluss klarer Hierarchien, sahen sie in den Machinationen der Clase política ein degoutantes Schauspiel, das in Italien und Deutschland, trotz aller religiösen Kautelen zwei Vorbildnationen, schon längst vom politischen Spielplan abgesetzt worden war. Auch in Spanien, dem sich die argentinische Rechte kulturell, nach dem Sieg Francos im Bürgerkrieg auch politisch, eng verbunden fühlte, hatte der Neue Staat (Estado Nuevo) die liberale Parteiendemokratie durch eine «organische Ordnung» ersetzt. Was lag da näher, als dem europäischen Beispiel zu folgen. Den Ausschlag gab jedoch, paradox genug, eine Gruppe von *Radicales*, die sich von einem Militär an der Spitze des Staats die Rückkehr an die Macht versprachen, von der sie seit 1930 ausgeschlossen waren. Im Juni 1943 war es so weit: Die pseudodemokratische Regierung, immerhin eine zivile, wurde gestürzt. Der zweite Staatsstreich der Generäle im 20. Jahrhundert traf auf keinen nennenswerten

Widerstand. Auch nicht die Maßnahmen, mit denen die neuen Regenten in Uniform ihr politisches Credo offenbarten: Verbot aller Parteien, Verfolgung kritischer Intellektueller, Wiedereinführung des obligatorischen Religionsunterrichts an den Schulen … kurz, ein quasitotalitäres Regiment, das sich – bis auf die katholischen Elemente – auf den Beifall Hitlers und Mussolinis verlassen konnte.

Die Zeiten hatten sich jedoch geändert: Die totalitären Vorbildnationen in Europa saßen aufgrund des Kriegsverlaufs längst nicht mehr so fest im Sattel wie 1939. Dennoch hielten die neuen Machthaber an der offiziellen Neutralitätspolitik fest, selbst dann noch, als sämtliche Länder Lateinamerikas auf Druck der USA ihre Botschafter aus Buenos Aires abberiefen. Damit war Argentinien das einzige Land des Subkontinents, das den Achsenmächten diplomatisch noch die Stange hielt. Das Washingtoner State Department empfand den argentinischen Neutralitätskurs als Affront und betrieb die internationale Isolierung des Putschregimes. Allzu lange hatten die Nordamerikaner gute Miene zum bösen Spiel gemacht. Denn bis 1943 stand nur unter einem verschwindend kleinen Teil der Panamerikanischen Verträge, die stets eine nordamerikanische Handschrift trugen, die Unterschrift Argentiniens – in der Hoffnung und mit dem Plazet Englands, selber zum hegemonialen Superland Lateinamerikas aufzusteigen. Besaßen diese Hoffnungen in den Zeiten boomender Bilanzen eine gewisse Plausibilität, so entpuppten sie sich spätestens jetzt, unter den rauen Winden der europäischen Kriegsökonomie, als Chimäre. Und die USA, ansonsten nicht zimperlich mit den autoritären Regimes ihres Hinterhofs, sahen in dem neutralitätsversessenen Militärregiment nur eine fünfte Kolonne der Nazis, gegen die sie jenseits des Atlantiks einen erbitterten Krieg führten. Der durchaus verständliche Groll der Nordamerikaner wuchs von Monat zu Monat. Selbst die Bitten des britischen Premierministers Winston Churchill, Roosevelt möge den Druck auf den englischen Schützling «nicht übertreiben», zeitigten keine Wirkung. Es sollte indessen noch bis zum Frühling 1945 dauern, bis die Putschregierung merkte, dass sie sich in eine außenpolitische Sackgasse manövriert hatte.

9.3 Politische Promiskuität à la argentina:
der Peronismus

Auch innenpolitisch blieb das Regime weit hinter den Erwartungen der Oligarchie zurück, obwohl es sich mit Fug und Recht als deren Statthalter betrachten konnte. An der programmatischen Blässe und dem politischen Lavieren der autoritären Herrscher änderte auch die Hand voll ziviler Minister nichts, die man aus den Reihen der *Radicales* als willfährige Quislinge gewann. Nur einer, der noch junge Oberst Juan Domingo Perón (1895–1974), ragte aus der mediokren Politlandschaft hervor. Obwohl noch weithin unbekannt, wurde der Name des ehrgeizigen Berufssoldaten noch binnen Jahresfrist zur Personifizierung einer politischen Bewegung, die der politischen Entwicklung Argentiniens die nächsten drei Jahrzehnte ihren Stempel aufdrückte. Als eine Art Staatssekretär für Arbeitsfragen (Secretario de Trabajo) machte sich Perón daran, eine Reihe von Ideen in die Tat umzusetzen, deren geistige Vaterschaft zu einem Gutteil auf Mussolini zurückging. Die faschistischen Ideale eines korporativen Staats, die er als Militärattaché in Rom Ende der 1930er Jahre in situ kennen gelernt hatte, versuchte er nun auf Argentinien zu übertragen. Auf den ersten Blick wirkte sein politischer Programmkatalog, den er mit großem Organisationsgeschick realisierte, freilich wie ein Vademekum für Sozialrevolutionäre: Perón schuf neue Gewerkschaften, dekretierte die Einrichtung staatlicher Gremien für Arbeitsfragen, legte die gesetzlichen Grundlagen für größere soziale Sicherheit im Arbeitsleben und überraschte die Argentinier mit der Einführung von Urlaubsgeld und Weihnachtsgratifikationen. Alles in allem eine sozialpolitische Aktivitätenpalette, die in Lateinamerika fast durchweg ihresgleichen suchte. Doch damit nicht genug: Perón höchstpersönlich sorgte dafür, dass die legislativen Impulse aus seiner Secretaría de Trabajo nicht verpufften. Als oberster Dirigent einer Bewegung, die schon bald seinen Namen trug, organisierte er Versammlungen, hielt Ansprachen und kümmerte sich um die organisatorische Infrastruktur seiner «peronistischen Familie», deren unumschränkter Patriarch er werden sollte.

Die spektakuläre Karriere Peróns vom eher zweitrangigen Staatssekretär zur herausragendsten Figur der Putschistenregierung basierte zum einen auf seiner charismatischen Persönlichkeit und seinen rhetorischen Fähigkeiten, zum anderen auf einer ideologischen Promiskuität, die das schillernde Farbenspektrum des Radicalismo noch deutlich übertraf. Denn trotz der sozialrevolutionär anmutenden Politik, die der Secretario de Trabajo betrieb, war er kein argentinischer Castro – im Gegenteil: «Glauben Sie nicht», bekannte er einem Journalisten, «dass wir Antikapitalisten wären, wir sind es nicht.» Man durfte ihm glauben. Ebenso seinem Bekenntnis, er sei durch und durch «antikommunistisch». Zwar ging es ihm darum, wie er seinem Interviewpartner versicherte, «den Lebensstandard der Arbeiter zu verbessern, aber», und diese Einschränkung war fundamental, «ohne soziale Konflikte zu tolerieren [...].» Mit anderen Worten: ein Sozialstaat ja, aber einer, in dem die sozialen Hierarchien nicht in Frage standen. So sahen es zwar auch viele Sozialdemokraten in Europa; im Unterschied zu ihnen war Perón jedoch gewillt, den sozialen Frieden unter die Kuratel einer rigiden Kommandodemokratie zu stellen. Und die sollte bereits in den Gewerkschaften, die er selber organisierte, ihr getreues Spiegelbild erhalten – Gewerkschaften, so seine Absicht, nach dem Vorbild militärischer Organisationen. Seine politische Lieblingsdevise, «eine Nation in Waffen», brachte den quasitotalitären Charakter seiner Ambitionen deshalb ebenso auf den Begriff wie die «drei Titel», auf die er stets besonders stolz gewesen ist: «Soldat», «Erster Arbeiter Argentiniens» und «Patriot».

In den wenigen Demokratien Europas, die dem faschistisch-autoritären Zeitgeist widerstanden, empfand man die politische Rhetorik und Praxis Peróns deshalb als argentinische Variante dessen, was sich in Deutschland, Italien oder, seit 1939, in Spanien abspielte. Besonders besorgt zeigten sich nordamerikanische Kommentatoren, selbst noch Ende 1945, nachdem der Zweite Weltkrieg längst vorbei und zuvor auch die argentinische Regierung in letzter Stunde auf die Seite der Alliierten gewechselt war. Das «logische Ende» des Peronismus, schrieb etwa die *New York Herald Tribune* im Dezember 1945, «ist eine Tyrannei im Inneren und ein Krieg nach außen». Ein anderer US-Kritiker sah in Peróns Propagandatitel «El Líder» eine direkte Übersetzung von Mussolinis «Il Duce» und in dem Kampflied «Los muchachos peronistas» den getreuen Nachklang des faschistischen Jugendmarsches «Giovinezza». Doch faschistisch, zumindest im Sinne einer halbwegs kohärenten Theorie, geschweige denn einer totalitären, die gesamte Gesellschaft umfassenden

Praxis, war der Peronismus nie, weder in den Anfangsjahren noch später, im Zenit seiner Macht. Der enorme Einfluss dieser Bewegung *à la argentina* lag gerade in ihrem hybriden Charakter, in dem ideologischen Mix aus nationalen und internationalen Zutaten: ein politisches Chamäleon, das sich den veränderten Verhältnissen anzupassen wusste.

Das politische Wechselspiel, das Perón zwischen Oktober 1945 und Juni 1946 inszenierte, ist dafür illustrativ. Zunächst schien alles darauf hinzudeuten, dass die Putschregierung, allen voran der selbst ernannte *Líder*, die neuen Verhältnisse der politischen Weltkarte ignorieren würde. Als Vorbild diente ihm dabei vor allem Spanien: Hatte sich nicht auch Franco, seiner engen Beziehungen zu Hitler und Mussolini zum Trotz, nach deren Niederlage gegen die Alliierten an der Macht gehalten? Entsprechend unbekümmert ging das Militärregime gegen oppositionelle Stimmen vor. Zu der ‹ganz normalen› Repression gesellten sich auch erstmals so genannte Verschwundene – «desaparecidos», die der Schriftsteller Julio Cortázar (1914–1984) rund 30 Jahre später den «argentinischen Tod» nennen sollte. Auch die «Madres de la Plaza de Mayo», die in den 1970er Jahren für ihre verschwundenen Söhne und Töchter in die Öffentlichkeit gingen, erlebten ihre historische Geburtsstunde bereits Ende 1945. Die Mütter, die damals auf dem Platz vor dem Präsidentenpalast demonstrierten, konnten indessen noch hoffen, ihre verhafteten Kinder unversehrt wiederzusehen. Denn im Unterschied zu den uniformierten Mördern der 1970er und 80er Jahre reagierten die militärischen Machthaber von 1945 noch sensibler auf politischen Gegenwind, unter anderem aus den USA: Perón, mittlerweile der mächtigste Mann der Regierung und personifiziertes Symbol des argentinischen ‹Faschismus›, wurde entlassen und arretiert. Der kometenhafte Aufstieg eines noch jungen Politiktalents schien beendet, die totalitären Anwandlungen der Clase política wurden den neuen Koordinaten der Weltpolitik augenscheinlich angepasst.

Der populistische Charme der peronistischen Sozialpolitik hatte jedoch viele Argentinier, besonders aus dem Einwanderungsmilieu, bereits verführt: Tausende von Arbeitern demonstrierten für die Freilassung ihres *Líder*. Mit demokratischen Mitteln war sein Siegeszug nun nicht mehr aufzuhalten. Wieder auf freiem Fuß, demissionierte Perón als Militär und baute seine Bewegung in Windeseile zu einer schlagkräftigen

Organisation aus, die auch Zulauf aus den Reihen der *Radicales* erhielt. Im Februar 1946 erzielte er einen triumphalen Wahlerfolg: Mit rund 52 Prozent der Stimmen und der Mehrheit in 13 von 14 Provinzen war sein Sieg an den Urnen ohne Vergleich in der argentinischen Geschichte.

Als Juan Domingo Perón im Juni 1946 die Präsidentschaft antrat, schien die Ära des alten Argentinien, das die ökonomischen Fesseln der postkolonialen Abhängigkeit trotz temporärer Boomphasen noch nicht abgeschüttelt hatte, definitiv zu Ende zu gehen. Es war vor allem die wirtschaftspolitische Rolle des Staats, die im politischen Drehbuch Peróns ein historisches Novum darstellte. Zu den spektakulärsten Neuerungen zählte die Schaffung eines staatlichen Handelsmonopols, das es der Regierung erlaubte, einen Gutteil der Staatseinnahmen in den noch immer endemisch schwachen Industriesektor umzuleiten – auf Kosten der bis dato dominanten Provinzoligarchien der Viehzüchter und Getreidemagnaten. In die gleiche Richtung zielte die neu gegründete Zentralbank, die u.a. die internationalen Kapitalströme kanalisieren und kontrollieren sollte. Ein weiterer Pfeiler der peronistischen Wirtschaftspolitik bestand in einem breit angelegten Verstaatlichungsprogramm, das darauf abzielte, den ausländischen, namentlich den britischen Einfluss auf die ökonomischen Geschicke des Landes zu reduzieren. Eine Reihe von Schlüsselsektoren, so die französischen Eisenbahnen und das englische Gasleitungsnetz, wurden auf diese Weise nationalisiert, zumindest nominell. Schließlich war das neu geschaffene Arbeits- und Wohlfahrtsministerium damit betraut, das soziale Niveau der Arbeiter, die elektorale Basis des Peronismus, weiter zu heben. Der politische Architekt dieses ökonomisch-sozialen Umbaus fasste seine Ambitionen in dem Slogan zusammen: «Nationale Souveränität, ökonomische Unabhängigkeit und soziale Gerechtigkeit».

Die gesellschaftliche Wirklichkeit brachte dieser Slogan, der übrigens aus dem verbalen Propagandaarsenal rechtsnationalistischer Intellektuellenkreise stammte, jedoch nur sehr verkürzt auf den Begriff. Denn weit davon entfernt, die Bastionen der argentinischen Oligarchie ernsthaft anzutasten, verließ sich der regierende Peronismus auf die herrschende Schönwetterökonomie. Nach dem Ende des Zweiten Weltkriegs stand das Exportbarometer zwar eine Zeit lang auf Hochdruck, es zeigte jedoch schon bald wieder trübere Aussichten an. Bereits 1948 war der Nachkriegsboom vorbei. Jetzt bekam die Regierung auch die Rechnung für ihre Nationalisierungsoffensive präsentiert. Da sie die verstaatlichten Unternehmen großzügig entschädigt hatte, waren die Staatskassen im Handumdrehen leer und die üppigen Devisenpolster aufgebraucht. Jetzt zeigte sich auch, dass es kein Zufall war, wenn in dem zitierten Slogan des Peronismus ein wichtiges Element durch Abwesenheit glänzte: solide demokratische Spielregeln.

Die große Masse der argentinischen Kleinverdiener, die Perón ihre Stimme gegeben hatte, sah ihre sozialen Erwartungen zwar nicht völlig enttäuscht – ihr Lebensstandard war seit 1943 um rund 20 Prozent gestiegen –; als demokratische Staatsbürger musste sich das propagandistisch hofierte Volk allerdings mit einer Statistenrolle bescheiden. Die Fäden der peronistischen Bewegung, die sich inzwischen zum *Partido Peronista* formiert hatte, liefen letztlich immer bei dem selbst ernannten Volkstribun zusammen. Oder bei seiner Frau: In der legendenumwobenen «Evita» (1919–1952), von ihren begeisterten Anhängern als eine Art Jungfrau Maria der Politik verehrt, personifizierte sich das un-, ja antidemokratische Ideologiegemisch des Peronismus besonders augen(ge)fällig. Der attraktiven, redegewandten Präsidentengattin fielen im bizarren Konzert des «Justicialismo», wie sich die peronistische Bewegung fortan selbst verklärte, vor allem drei Funktionen zu: erstens den Kontakt zu den Arbeitern und ihren Organisationen zu knüpfen und zu pflegen; zweitens die Frauensektion der Bewegung zu führen; und drittens die peronistische Gesamtformation mit ihrer oratorischen Begabung in eine politische Dauertrance zu versetzen.

Was die erste Funktion betrifft, so griff sie hauptsächlich auf das reichhaltige Sortiment des ideologischen Gemischtwarenladens ihres Gatten zurück. Dessen schillerndes Gerechtigkeitsvokabular, das sich auch in dem neuen Bewegungsetikett «Justicialismo» artikulierte, war 1949 um einen zentralen Propagandaterminus angewachsen: die so genannte Tercera Posición. Argentinien, so der Slogan, der die spätere Bewegung der «Blockfreien Länder» gleichsam vorwegnahm, gehöre weder zur Einflusssphäre der USA noch zu jener der Sowjetunion. Die alten Hegemonieambitionen des Landes, die in der «Dritten Position» zu einem Gutteil drapiert wurden, erwiesen sich in Wirklichkeit jedoch als bloße Rhetorik: In den internationalen Organisationen, sei es in den Vereinten

Nationen oder im Internationalen Weltwährungsfonds, erwies sich Argentinien fast durchweg als Abstimmungsvasall der USA.

Etwas origineller, wenn auch gleichermaßen ambivalent, erfüllte «Evita» ihre Aufgabe als Organisatorin der peronistischen Frauenbewegung. Als First Lady sorgte sie nicht nur dafür, dass der weibliche Anteil des Justicialismo zu einem wichtigen Faktor wurde. 1949, auf dem Höhepunkt ihrer Macht, erhielten die Frauen des Landes außerdem das Wahlrecht – durchaus ein Meilenstein auf dem langen und dornigen Weg der Geschlechteremanzipation, der auch im ‹europäischen› Argentinien stets von den gängigen Spielarten des lateinamerikanischen Machismo gesäumt war. Evita ging es jedoch nicht darum, die argentinischen Frauen aus ihrem sozialen Korsett zu befreien. Ihr Frauenbild, dem sie bekanntlich selbst nur sehr eingeschränkt entsprach, war durch und durch patriarchalisch. Eine Frau, hämmerte sie ihren weiblichen Zuhörerinnen beständig ein, finde ihre Erfüllung allein im ehelichen Heim. Als Trägerin «geistiger Werte», die aus ihren «unterschiedlichen soziobiologischen Bedingungen» resultierten, sei sie für die Erziehung der Kinder besonders prädestiniert. Die Welt außerhalb der heimischen Idylle bleibe dagegen dem Mann vorbehalten – den nach Kräften zu unterstützen sei ihre vornehmste Bestimmung: «Nur durch große Frauen», so ihr öffentlich propagiertes Credo, «entstehen große Männer.»

Die Konturen ihrer dritten Hauptfunktion sind damit ebenfalls umrissen: Als personifizierter Propagandaapparat des Peronismus trug sie entscheidend dazu bei, die Mehrheit der Argentinier auf den «größten Mann» des Landes einzuschwören. Das fiel ihr umso leichter, als Perón inzwischen auch zu einem Medienzar aufgestiegen war, der die Presse- und Radiolandschaft ziemlich unangefochten beherrschte. In ihren berühmt-berüchtigten Radioreden verklärte Evita den Präsidentengatten zum «providentiellen Führer» Argentiniens und forderte unbedingte Gefolgschaft: «Eine peronistische Frau», appellierte sie an ihre weibliche Zuhörerschaft, sei gleichbedeutend mit «Glauben an Perón, Unterordnung unter Perón und blindem Gehorsam gegenüber Perón.» Dessen Lehrjahre im Italien Mussolinis – im Propagandastakkato seiner Frau wurden sie zur akustischen Dauerlektion für die ganze Nation.

Dennoch verloren die Parolen des «plebiszitären Cäsarismus», wie David Rock den Peronismus taufte, allmählich einen Teil ihrer Wirkung.

Obwohl er 1951 mit rund 60 Prozent wiedergewählt wurde, begann der Stern Peróns zu sinken. Die schwere Wirtschaftskrise, unter anderem eine 30-prozentige Inflation, traf hauptsächlich die peronistische Klientel, also die unteren Einkommensgruppen. Großzügige Konzessionen an einen kalifornischen Erdölmulti sorgten darüber hinaus für Verwirrung an der ideologischen Front: Hatte die «Dritte Position» den Landsleuten Peróns nicht suggeriert, der nationale Ausverkauf würde ein für alle Mal beendet? Nun verkaufte er selber lukrative Erdölrechte an Ausländer, noch dazu an Nordamerikaner. Die patriotischen Gefühle vieler Argentinier, jahrelang ideologisch trainiert, waren tief verletzt. Auch der frühe Tod Eva Peróns, Anfang der 1950er Jahre, galt vielen als böses Omen.

Der Zerfallsprozess des Peronismus zog sich dennoch über mehrere Jahre hin. Die politische Opposition, elektoral nur eine Minderheit, bot keine Alternative und blieb, namentlich der Radicalismo, von den Schaltstellen der Propagandaapparate, Radio und Zeitungen, weitgehend ausgeschlossen. Auch die Geld- und Besitzoligarchie des Landes, hauptsächlich die von Perón geschwächten Agrarbarone, erwies sich als unfähig oder unwillig, ihren Einfluss parteipolitisch zu kanalisieren. Der reichen Hauptstadtbourgeoisie – trotz aller Industrialisierungsambitionen noch immer ein matter Abglanz der europäischen Schwesterklasse – ging der politische Einfluss des ‹Pöbels› zwar gegen den Strich; solange er die Geschäfte nicht störte, machte man indessen gute Miene zum bösen Spiel. So schien es auch die Generalität zu sehen, die seit 1943 keinen Staatsstreich unternommen hatte. Die ideologische Wahlverwandtschaft zwischen den Kasernenkommandeuren und den autoritätsversessenen Ideologen der nationalistischen Intellektuellenzunft war allerdings enger geworden – keine günstigen Aussichten für eine interventionsabstinente Rolle des Militärs.

Der schärfste Gegenwind, der Perón schließlich aus dem Präsidentenamt wehte, hob jedoch im Klerus an, einer längst wiedererstarkten Machtbastion des konservativen Argentinien. Zum Casus Belli wurde eine Reihe antiklerikaler Gesetze, die die Kirchenhierarchie als Sakrileg empfand: Abschaffung des obligatorischen Religionsunterrichts in den Schulen, Streichung der üppigen Subventionen für den privaten, mehrheitlich katholischen Bildungssektor, Einführung der Ehescheidung und – aus der Sicht der Bischöfe und Prälaten ein besonders dreister Frevel –

das gesetzliche Plazet zur Eröffnung von Bordellen. Obendrein gefiel sich der autokratische Volkstribun in der Rolle eines quasi theokratischen Unfehlbarkeitsherrschers. Eine 1955 erarbeitete Verfassungsreform stipulierte, dass die neu gewählten Kongressmitglieder fortan die Option besaßen, ihren Eid entweder auf die Bibel oder auf den Namen der verstorbenen Eva Perón abzulegen … Die politischen Spannungen kletterten damit auf den Siedepunkt. Von den Kanzeln erschallten landesweit Predigten gegen das gottlose Treiben der Peronisten, deren radikalste Gruppen ihrerseits zahlreiche Kirchen plünderten oder in Brand setzten. Nach blutigen Auseinandersetzungen, einschließlich eines Bombardements der zentralen Plaza de Mayo, bei dem mehrere hundert Menschen massakriert wurden, erhob sich im September 1955 das Militär. Die Losung der Putschisten, «Gott ist gerecht», traf den politischen Nerv der antiperonistischen Front. Sie hatten leichtes Spiel: Perón ging ins Exil, zunächst nach Venezuela, später nach Santo Domingo, schließlich ins frankistische Spanien. Nach einigen internen Machtscharmützeln etablierte sich General Pedro E. Aramburu als neuer Interimspräsident. Der dritte Staatsstreich innerhalb eines Vierteljahrhunderts hatte die Argentinier wieder einmal darüber belehrt, dass Gewehre mehr zählten als Stimmzettel.

Diese Lektion beherrschte auch den gesellschaftspolitischen Lehrplan der kommenden drei Jahrzehnte. Das Militär wurde, und zwar kaum noch camoufliert, zum autoritären Schiedsrichter der argentinischen Innenpolitik. Die Ersten, denen die uniformierten Protagonisten der «Befreiungsrevolution» – so die offiziöse Sprachregelung für den Putsch von 1955 – einen Platzverweis erteilten, waren die Peronisten. Ihre Partei samt Gewerkschaften wurde verboten, viele ihrer Aktivisten verfolgt und ins Gefängnis geworfen. Ein Putschversuch peronistischer Offiziere scheiterte kläglich, ihr Anführer, General Juan I. Valle, endete vor einem Exekutionskommando. Der eiserne Besen, mit dem die Militärs die Relikte des Peronismus ausfegten, machte auch vor der Verfassung nicht Halt. An die Stelle der Konstitution von 1949, ein Paragraphenwerk des exilierten Volkstribuns, trat die Verfassung von 1853 – kein Unterpfand für einen Weg in die Zukunft.

Ein stattlicher Teil des argentinischen Volkes hielt dem vertriebenen Populistenführer dennoch die Treue. Bei dem ersten Urnengang, den die Putschregierung Anfang 1957 auf die Agenda setzte, gaben 24 Prozent eine ungültige Stimme ab. Die Protestwähler, sie waren einem Aufruf ihres Idols gefolgt, stellten damit die stärkste Fraktion im politischen Spektrum des Landes. Der alte Radicalismo, inzwischen in zwei Parteien aufgesplittet, rangierte erst an zweiter Stelle; die sonstigen Parteien, unter ihnen die Sozialisten, blieben bedeutungslos. Wie groß der Einfluss des omnipräsent Abwesenden noch immer war, zeigte sich auch bei den folgenden Wahlen, nur ein Jahr später. Arturo Frondizi, der Kandidat des *Radicalismo Intransigente*, eine der beiden UCR-Abspaltungen, konnte fast 50 Prozent der Stimmen einsammeln. Der Exilpräsident, der seine Anhänger für Frondizi mobilisiert hatte, demonstrierte damit erneut sein Geschick mit den Apparaturen politischer Fernbedienung. Vergessen schienen seine ideologischen Pirouetten und erotischen Eskapaden, geblieben war allein die Erinnerung an den sozialen Wohltäter, der den Lebensstandard der Durchschnittsargentinier spürbar angehoben hatte.

9.4 Vom Terror der Diktatoren zum Terror der Ökonomie:
die unaufhaltsame Lateinamerikanisierung Argentiniens

In den herrschenden Kreisen – Militär, Oligarchie und Rechtsintellektuelle – blieb der Name Perón gerade deshalb ein Menetekel. Die Hydra hatte jedoch viele Köpfe, der innere Feind, zwar durch den Sturz Peróns geschwächt, lauerte überall. So sahen es auch einflussreiche Verbündete im Ausland, namentlich die USA, die mit ihrer Kalter-Krieg-Doktrin der «nationalen Sicherheit» auch in Argentinien auf offene Ohren traf. «Subversive Elemente», so das grobschlächtige Elaborat aus dem Ideologielaboratorium des Pentagons, seien Teil einer «weltweiten Konspiration» des Kommunismus gegen den Westen – einer Konspiration, die sich nicht nur politisch, sondern auch und gerade ökonomisch manifestiere, etwa durch Streiks, «überzogene» Lohnforderungen oder den «allzu großen» Einfluss von Gewerkschaften. Sollte dadurch die «nationale Sicherheit» gefährdet werden, dann, so die Quintessenz der Doktrin, habe das Militär das Recht, ja die Pflicht zur Intervention. Auf den ersten Blick stellte das nordamerikanische Strategiedesign eigentlich kein Novum dar. Es ratifizierte lediglich eine Praxis, die längst Usus war, in der nordamerikanischen Außenpolitik des Big Stick ebenso wie in der argentinischen Innenpolitik. Die Autoren des «Sicherheits»-Vademekums erteilten den autoritären Regierungen Lateinamerikas und solchen, die es werden wollten, jedoch nicht allein ihren ideologischen Segen. Eine breit gefächerte Palette von militärischen Unterstützungsprogrammen verbesserte zugleich die Interventionsfähigkeit der Strategieadressaten. Dazu gehörten unter anderem Ausbildungskurse in US-amerikanischen Militärakademien, an denen auch führende Generäle aus der argentinischen Armee teilnahmen. Einer von ihnen, General Juan Carlos Onganía, sollte bereits 1966 unter Beweis stellen, dass er die dortigen Lektionen verstanden hatte.

Für die argentinischen Absolventen der nordamerikanischen Trainingskurse bot das politische Klima der 1960er Jahre ein ideales Praxisfeld. Beunruhigt durch die politische Großwetterlage – die kubanische Revolution von 1959, Che Guevara in Bolivien –, trauten sie den halbwegs zivilen Regierungen immer weniger zu, die «nationale Sicherheit» zu garantieren. Den Staat, einem Termitenhügel ähnlich, wähnten sie schon allenthalben von subversiven Elementen unterwandert, Elemente, die im Dienste von «ideologías exóticas» standen, in ihrem Jargon ein Synonym für Kommunismus. Arturo Illia, der Frondizi 1963 als Präsident ablöste, war in ihren Augen auch nur ein bürgerlicher Politikaster, trotz seiner engen Verbindungen zu rechtsnationalistischen Kreisen – letzten Endes ungeeignet, den «permanenten Krieg», so General Osiris G. Villegas, gegen «die Subversion» zu führen. Dabei waren bis dato nur rechtsradikale Kampfverbände ein Indiz für den Generalverdacht auf staatsfeindliche Konspiration. Die 1957 gegründete «Tacuara-Gruppe der Nationalen Jugend» machte ihrem Namen alle Ehre: Die «Gaucholanzen», so die Bedeutung des Bandennamens, machten Jagd auf Linke oder solche, die sie dafür hielten, attackierten Juden und schändeten Synagogen. Einflussreiche Protegés in Militär und Polizei sorgten dafür, dass die bewaffnete Gang ungehindert operieren konnte. Die Entführung von Eichmann durch den israelischen Geheimdienst, Anfang der 1960er Jahre, war Wasser auf die ideologischen Mühlen der «Gaucho»-Killer und ihrer Sympathisanten. Die Juden als ewige Konspirateure, darin ihren kommunistischen «Freunden» wesensverwandt, hatten die nationale Souveränität und damit das verletzt, was ihnen am heiligsten war: *La Patria*.

Und die, ihre angebliche Raison d'être, sahen ihre uniformierten Beschützer von Tag zu Tag mehr in Gefahr. Auch ohne die subtilen Techniken der politischen Demoskopie war ihnen klar, dass der lange Arm Peróns noch immer seine Wirkung tat, wenn auch nur propagandistisch. Doch wie schnell, Kuba und sein argentinischer Bolivien-Emissär waren dafür warnende Beispiele, konnte sich der lange Arm in eine Faust verwandeln! Dem galt es vorzubeugen. Bestärkt durch den ideologischen Beistand aus den USA, ergriff General Onganía Mitte 1966 die Initiative: Eine weitere «Argentinische Revolution», ganz ohne Barrikaden und rote Fahnen, sorgte dafür, dass im Prinzip alles beim Alten blieb.

Nun sprachen die Regierenden, wie die nationalistische und katholische Presse jubelte, wieder «mit den Worten Gottes». Die Dekrete, mit denen sich Onganía Gehör verschaffte, klangen jedoch mehr nach Kasernenhofton: Der Kongress wurde geschlossen, die Provinzgouverneure wurden abgesetzt und die politischen Parteien verboten. Die nationalistischen Ideologen – eine ihrer Hochburgen waren die Universitäten – hatten sich jedoch zu früh gefreut. Zwar hatte der von ihnen applaudierte Putschgeneral das parlamentarische System liquidiert; wirtschaftspolitisch erwies er sich indessen als gelehriger Schüler der «Nationalen Sicherheits»-Doktrin: Statt auf Autarkie, der ökonomischen Variante des Nationalismus, setzte er auf einen ultraliberalen Wirtschaftskurs, vor allem zu Nutz und Frommen US-amerikanischer Investoren. Ein zeitgenössischer Beobachter beschrieb die krause Ideologiemelange, die die Regierung des Putschgenerals damit ihren Untertanen offerierte, ziemlich treffend als «Mix aus dem zwölften und dem neunzehnten Jahrhundert plus westlicher Technologie».

Bei den Durchschnittsargentiniern, deren Lebensstandard bessere Zeiten gesehen hatte, leuchteten währenddessen die sozialen Warnlampen auf. Im Mai 1969 entlud sich der Zorn der gebeutelten Kleinverdiener, denen die neoliberalen Spardiktate empfindliche Einbußen beschert hatten, im so genannten *Cordobazo* – einer Volkserhebung just in jener zentralargentinischen Großstadt, deren konservatives Image seit den Unabhängigkeitskriegen nur selten in Frage gestanden hatte. Der Aufruhr von Córdoba blieb gleichwohl Episode. Die politischen Parteien, potenzielle Katalysatoren der sozialen Protestbewegung, waren verboten, der noch immer charismatische Führer, Juan Perón, saß im Madrider Exil. Dennoch war der *Cordobazo* ein Fanal: Im geschlossenen Behälter der

Onganía-Diktatur stieg der Druckpegel bedrohlich an. Während sich die Regierung aufs Lavieren verlegte und sogar bei führenden Linksperonisten um Unterstützung buhlte, entstand eine Guerillabewegung, deren Gewaltbereitschaft um ein Vielfaches größer war als ihre politisch-ideologische Kohärenz. Hauptsächlich bekannt geworden als *Montoneros*, überzogen die bewaffneten Gruppen, die sich aus verschiedenen Strömungen des Peronismus speisten, das Land mit Terroranschlägen und Attentaten. Ihre spektakulärste Aktion lancierten sie im Mai 1970, als ein Montonero-Kommando den früheren Präsidenten Pedro Aramburu ermordete. Trotz ihrer revolutionären Rhetorik und des einen oder anderen persönlichen Kontaktes zu Castro oder dem erschossenen Landsmann Che Guevara war die Guerilla ein äußerst hybrides Gebilde. Ihre ideologische Verwandtschaft reichte bis in die rechtsnationalistischen Intellektuellenkreise hinein, die ihrerseits, angespornt durch die neoliberale Wirtschaftspolitik, ‹antikapitalistische› Propaganda betrieben. Ihr publizistisches Flaggschiff, die Zeitschrift *Azul y Blanco*, gefiel sich sogar als Sympathisantin sozialrevolutionärer Regierungen, die, wie 1968 in Peru, gleichzeitig autoritär und nationalistisch waren. Fast ebenso schillernd gerierten sich die Montoneros, die ihre ideologische Herkunft nicht verleugnen konnten: «Si Evita viviera», so einer ihrer Propagandareime, «sería Montonera» (Wenn Evita noch lebte, wäre sie eine Montonera). Gleichzeitig rief ihr Witwer, in weniger gesetzten Worten, zur «totalen Konfrontation» auf. Die herrschende Gewalt, lautete seine Parole, «kann nur durch noch mehr Gewalt zerstört werden.» Der ideologische Flickenteppich, den Perón und die bewaffneten Guerillatruppen webten, lag dabei auf einem ‹soliden› Fundament der Geschichte: Ihr historisches Vorbild war kein Geringerer als José Artigas (1764–1850), der «Nationalheld» der Unabhängigkeitskriege.

Die Strategie des «feudalen Sozialismus», wie Kritiker den Ideologiemischmasch der Montoneros bespöttelten, schien trotz, vielleicht sogar wegen ihrer nationalistischen Vergangenheitsfixiertheit erfolgreich zu sein: Im Juni 1973 kehrte der greise Volkstribun aus seinem spanischen Exil zurück, von Hunderttausenden am Ezeiza-Flughafen von Buenos Aires enthusiastisch bejubelt. Wenige Monate später löste Perón seinen Generalskollegen Onganía als Präsident ab – der Status quo ante, knapp 20 Jahre unterbrochen, war augenscheinlich wiederhergestellt. Die Gewaltspirale drehte sich indessen weiter. Nun waren es aber vor allem rechtsnationalistische Kampfverbände, namentlich die «Triple A» (Alianza Anticomunista Argentina), die an der Spitze der politisch motivierten Terror- und Mordstatistik standen. Allein 1974 wies das traurige Zahlenwerk mehr als fünfhundert Todesopfer auf, die große Mehrheit aus dem linken Spektrum. Ein gefundenes Fressen für das Militär, das seine Schiedsrichterrolle nur allzu gern spielte und nach dem Tod Peróns seine Stunde wieder einmal gekommen sah. Im März des folgenden Jahres war es so weit: Ein erneuter Staatsstreich, diesmal als «Proceso de Reorganización Nacional» semantisch drapiert, suspendierte die demokratischen Spielregeln – zum fünften Mal seit den frühen 1930er Jahren.

Was Zyniker als monotonen Pendelschlag zwischen Demokratie und Diktatur empfinden mochten – ein Pendelschlag, dessen Übergänge nur allzu häufig fließend waren –, entpuppte sich diesmal allerdings als bestialisches Mordregime, das mit den eher ‹weichen› Diktaturen (dictaduras blandas) der zurückliegenden Jahre nicht vergleichbar war. Nun machten die Putschisten unter Führung von General Videla gnadenlos Jagd auf Oppositionelle – Peronisten, Gewerkschafter, Intellektuelle –, deren Opposition zumeist nur einem quasideliranten Kategorienkatalog entsprach. So gut wie jeder Argentinier, der nicht zum bedingungslosen Kotau vor den Uniformen bereit war, konnte ins Visier der omnipräsenten Häscher geraten. Am Ende stand zumeist der Tod – der «argentinische Tod», wie Julio Cortázar die infame Praxis des «Verschwindenlassens» charakterisierte. Rund 30 000 Menschen sollen auf diese Weise gestorben sein, häufig erst nach einem langen Martyrium, das von physischer Folter und psychischer Zerstörung gesäumt war. Um möglichst alle Spuren zu verwischen, wurden die Leichen in anonymen Massengräbern verscharrt oder von Flugzeugen aus ins offene Meer geworfen. Selbst schwangere Frauen, die ihre Kinder in den Folterhöllen der herrschenden Soldateska zur Welt brachten, fanden keine Gnade: Die Mütter wurden zumeist umgebracht, die Babys regimetreuen Adoptiveltern übergeben – einen perverseren Menschenhandel hat es in der Geschichte vermutlich nur selten gegeben.

Doch auch die Masse der Durchschnittsargentinier, die nicht in das Netz der nekrophilen Häscher geriet, bekam die ökonomischen Folgen der Diktatur hautnah zu spüren. Bereits Ende 1976 lagen die Löhne der

Industriearbeiter um knapp die Hälfte unter der Marge von 1974 – ein deutliches Indiz für die «Reorganisations»-Absichten der uniformierten Machthaber. Nach Ansicht von Mónica Peralta Ramos ging es den Generälen indessen nicht allein um eine Umverteilung von unten nach oben, auch ‹das Oben› selber sollte neu geordnet werden: Der Einfluss des Industriesektors, besonders durch Perón gewachsen, sollte zugunsten des Agrobusiness zurückgedrängt werden. Gleichzeitig, so die Autorin, wurden die Schleusen für den Zustrom ausländischen Kapitals weit geöffnet. Demnach zielte das siebenjährige Interregnum der Militärs, das 1983 endete, auch auf ein Revirement der ökonomischen Machtgruppen. Obwohl die statistischen Daten, die Ramos präsentiert, ihre Ansicht durchaus stützen, gab es am Ende des «Proceso» vor allem einen Hauptgewinner: die internationalen Schleusenwächter der frei flottierenden Dollarströme. Damit stand auch der Hauptverlierer fest: Die Hyperinflation, 1983 sage und schreibe 600 Prozent, bedeutete nicht nur den wirtschaftspolitischen Offenbarungseid der Diktatur, sie ruinierte vor allem die argentinischen Durchschnittsfamilien, deren Warenkorb ohnehin nur das Allernötigste enthielt.

Dennoch hielt sich der soziale Protest in engen Grenzen – von politischem Dissens, zumindest einem öffentlich artikulierten, ganz zu schweigen. Das war natürlich ziemlich verständlich, denn Widerstand gegen die Diktatur, selbst in moderatester Form, zeitigte lebensgefährliche Konsequenzen. Doch das ist nur die halbe Wahrheit: Die große Mehrheit der Gesellschaft, so der argentinische Schriftsteller Osvaldo Bayer, verharrte in einem «komplizenhaften Schweigen», das sich gelegentlich sogar, besonders während der Fußballweltmeisterschaft 1978 (Argentinien gewann den Pokal) und bei Ausbruch des Malwinenkriegs 1982, in patriotischen Gefühlsausbrüchen intonierte – einer De-facto-Reverenz an die herrschenden Generäle, die diese befriedigt auf der Haben-Seite ihres ideologischen Kontos verbuchten. Von eher vereinzelten Proteststimmen abgesehen, waren es hauptsächlich die Mütter (und Großmütter) der «Verschwundenen», die den Mut aufbrachten, dem Terrorregime die Stirn zu bieten. Ende April 1977 trafen sich 14 Mütter auf der zentralen Plaza de Mayo, direkt vor dem Präsidentenpalast. Sie protestierten gegen das staatlich organisierte Kidnappertum und verlangten Aufklärung über Aufenthaltsort und Befinden ihrer verschwundenen Töchter und Söhne.

In den folgenden Monaten und Jahren kamen sie, an Zahl und Entschlossenheit gewachsen, jeden Donnerstagnachmittag wieder und zogen ihre stummen Protestkreise auf dem Platz im Herzen der Stadt. Obwohl selber verfolgt und verleumdet – auch eine der Veteraninnen zählt zu den «Verschwundenen» –, gaben sie nicht auf: «Die Kraft, weiterzumachen», schrieb Hebe de Bonafini, eine der bekanntesten Madres, «haben uns schließlich unsere Kinder gegeben. Wir sind die ersten Mütter, die von ihren Kindern geboren wurden.»

Während die Madres de la Plaza de Mayo ihre Kreise um die versteinerte Justitia zogen, gefielen sich namhafte Schriftsteller und Journalisten als intellektueller Zierrat der Diktatur. Ernesto Sábato, späterer Vorsitzender der «Wahrheitskommission», erging sich wenige Monate nach dem Coup d'État in Lobreden auf die herrschende Militärjunta: «General Videla», meinte er nach einem Besuch in der Casa Rosada, dem Amtssitz der Putschisten, «gab mir einen ausgezeichneten Eindruck. Es handelt sich um einen gebildeten, bescheidenen und intelligenten Mann. Mich haben das Urteilsvermögen und das kulturelle Niveau des Präsidenten beeindruckt.» Kurze Zeit später ließ sich Jorge Luis Borges (1899–1986), Pontifex der argentinischen Literatur, von Augusto Pinochet, Videlas Diktaturkollegen im benachbarten Chile, den Orden des «Großen Kreuzes» umhängen und sprach mit Blick auf beide Länder von einem «gerechten Schwert». Auch *La Nación*, eine der renommiertesten Tageszeitungen Lateinamerikas, gab sich wenig Mühe, ihre philodiktatorischen Neigungen zu verschleiern: Im politischen Teil plädierte die Redaktion für gnadenlose Härte, in der Literaturbeilage erlaubte man sich gelegentlich moderate Kritik – bei insgesamt 110 «verschwundenen» Schriftstellern, Journalisten, Malern etc. immerhin ein minimaler Zweifel am «kulturellen Niveau» des Juntachefs und seiner Gefolgsleute.

Ins propagandistische Fadenkreuz der Diktatur und ihrer intellektuellen Souffleure geriet vor allem das Exil, namentlich jene Schriftsteller und Intellektuellen, die sich Hals über Kopf ins Ausland retten konnten oder bereits dort lebten. Zu einer besonders verhassten und verleumdeten Persona non grata wurde der renommierte Boom-Autor Julio Cortázar, der bereits seit längerem über einen Wohnsitz in Paris verfügte und die Junta mit zahlreichen Essays, Vorträgen und Interviews attackierte – mit internationaler Resonanz. Einer seiner bekanntesten Artikel, «América latina:

exilio y literatura», brachte nicht nur die Clique der herrschenden Generäle in Harnisch; auch Ernesto Sábato, namhafter Paladin der nationalen Literaturszene, fühlte sich zu einer Replik auf Cortázar bemüßigt: «Die übergroße Mehrheit seiner Schriftsteller, seiner Maler, seiner Musiker, seiner Wissenschaftler, seiner Denker», hielt er seinem ‹vaterlandsverräterischen› Kollegen vor, «befindet sich im Lande und arbeitet.»

Die Propagandaoffensive des Regimes, einschließlich einer internationalen, mehrsprachigen Imagekampagne, konnte freilich nicht verhindern, dass die Wirtschaft des Landes immer schneller erodierte. Um ihre bröckelnde Machtbasis dennoch zu sichern, setzte die Junta alles auf eine – nationalistische – Karte: Argentinische Marinesoldaten besetzten 1982 die Malwinen und provozierten damit Margaret Thatcher, die Eiserne Lady im fernen London, die «englische Souveränität» über das winzige Südatlantik-Eiland wiederherzustellen. Die britische Militärintervention, ebenso dubios wie die Okkupationsmotive der argentinischen Junta, endete für Letztere in einem Debakel und für mehrere hundert Soldaten, allesamt junge Argentinier, mit dem Tod. Ohne es zu wollen, hatte das anachronistische Kolonialmanöver der Diktatur den Todesstoß versetzt.

Der demokratische Neubeginn, der Ende 1983 mit dem Wahlsieg der Radicales (UCR) eingeleitet wurde, erwies sich dennoch als steiniger Weg in eine Zukunft, die von den Hypotheken der Vergangenheit – den alten, eher strukturellen, und den neuen der zurückliegenden bleiernen Jahre der Diktatur – erdrückt zu werden schien. Die Generäle hatten ein ökonomisch und politisch zerrüttetes Land hinterlassen. Als Mühlstein am dünnen Hals der Demokratie erwiesen sich vor allem die rapide gewachsenen Auslandsschulden und die damit zusammenhängende Hyperinflation. Am Ende des zweiten Amtsjahrs von UCR-Präsident Raúl Alfonsín war die galoppierende Geldentwertungsrate auf die Rekordmarke von 1290 Prozent geklettert – ökonomische Rahmenbedingungen, die den Appetit vieler Argentinier auf Demokratie sicher gedämpft haben dürften.

Dabei war der politische Einstand Alfonsíns durchaus vielversprechend. Bereits kurz nach seiner Amtseinführung standen die führenden Juntamitglieder vor Gericht. Obwohl Videla und seine exponiertesten Konsorten nur wegen Menschenrechtsverletzungen, nicht wegen des Staatsstreichs als solchem, angeklagt wurden, war der Prozess ein juristisch-politisches Novum: Niemals zuvor in Lateinamerika saßen so viele ranghohe Militärs, allein drei De-facto-Präsidenten, auf der Anklagebank, noch dazu vor einem nationalen Gericht. Vielversprechend las sich auch das Urteil für die neun Angeklagten: fünfmal lebenslänglich, viermal langjährige Gefängnisstrafen. Für viele Opfer und ihre Angehörigen zumindest eine symbolische Genugtuung, jenseits aller Zweifel, die mit einer strafrechtlichen «Aufarbeitung der Vergangenheit» verbunden sind. Ein wichtiger Beitrag zur politischen Katharsis war der Prozess gegen die Junta damit allemal. Nahezu tausend Zeugen und mehr als drei Tonnen Dokumente der Anklage machten die argentinische Öffentlichkeit auf schonungslose Art und Weise mit einem Kapitel ihrer jüngsten Geschichte bekannt, dessen Schreckensszenarien Dantes siebten Höllenkreis bei weitem übertrafen. Selbst Jorge Luis Borges, dessen degoutante Schwertmetapher das Terrorregiment als eine Art reinigendes Stahlgewitter verklärt hatte, packte das Entsetzen, als er an einem der Prozesstage den Zeugenaussagen beiwohnte.

Eigentlich vielversprechend für den demokratischen Neubeginn war auch die CONADEP, eine von Alfonsín eingesetzte «Wahrheitskommission», die das Schicksal der «Verschwundenen» unter die Lupe nahm. Obwohl nur mit bescheidenen Befugnissen und einem Vorsitzenden ausgestattet, der anfänglich zu den intellektuellen Komplizen Videlas gehört hatte, trug auch der Kommissionsbericht *Nunca Más* (Nie wieder) zur politischen Katharsis bei. Diejenigen Argentinier, die nicht nur die gefilterten Resümees in der Presse lasen, sondern auch vor der Lektüre des Originalberichts nicht zurückschreckten, dürften viele seiner Fakten als pure Fiktion empfunden haben: Auch hier hätte Dantes Phantasie wohl nicht ausgereicht, um ein Szenario vergleichbarer Höllenqualen zu erfinden, die Tausende von Argentiniern, sieben Jahre lang, in den Folterkellern von Militär und Polizei erdulden mussten.

Zu einer Verurteilung der – namentlich nicht genannten – Folterknechte und uniformierten Mörder kam es jedoch nicht. Zwei Gesetze, das «Schlusspunktgesetz» (Ley de Punto Final) von 1986 und das «Gesetz des pflichtgemäßen Gehorsams» (Ley de Obediencia Debida), schoben der juristischen Verfolgung der mittleren und unteren Chargen der mehr oder minder willigen Vollstrecker der tausendfachen Gräueltaten einen Riegel vor. Mehrere Rebellionen bewaffneter Militäreinheiten sorgten obendrein dafür, dass die Courage der Regierung Alfonsín, die Strafverfolgung auszudehnen, spürbar abnahm. Ein zwar bitterer, aber nötiger Schlussstrich, um die «Versöhnung» von Opfern und Tätern und damit die Stabilität des demokratischen Neubeginns nicht zu gefährden?

Dem smarten Peronistenpräsidenten Carlos Menem, der den *radikalen* Raúl Alfonsín 1989 ablöste, dürfte nur allzu bewusst gewesen sein, dass die große Mehrheit der Argentinier, deren bescheidenes Einkommen von der Hyperinflation aufgefressen wurde, andere Sorgen hatte. Seine Begnadigungsdekrete, die unter anderem die verurteilten Juntamitglieder 1990 wieder auf freien Fuß setzten, stießen deshalb nur bei einer Minderheit auf lautstarken Protest. Ansonsten schaffte es der medienverliebte Präsident, der sich gern mit Mannequins und Filmschönheiten fotografieren ließ, den wirtschaftlichen Niedergang des Landes zu stoppen. Wieder einmal, wie nach dem Zweiten Weltkrieg, wurde der Peronismus, so schien es, zum Synonym für wirtschaftlichen Wohlstand, auch und gerade für «das Volk», in dem die Erinnerung an den legendären Politiker noch immer lebendig war. In der Tat: Menems Rhetorik der Zahlen stand dem rhetorischen Talent seines politschen Ahnherrn um nichts nach. Die Inflation sank von fast 5000 Prozent Ende 1989 auf unter zehn Prozent nur vier Jahre später. In etwa demselben Zeitraum wuchs die Wirtschaft um knapp 35 Prozent, durchaus ein «Wirtschaftswunder», das die Wähler honorierten. Im Mai 1995 wurde Menem mit fast 50 Prozent der Stimmen wiedergewählt – ein argentinisches Traumergebnis, das bis dato nur Perón erzielt hatte. Die wirtschaftliche Erfolgsstory seines Namensepigonen basierte allerdings auf einer Strategie, die den klassischen Peronismus in sein Gegenteil verkehrte: Menems Zauberformeln hießen «Privatisierung» und «Liberalisierung». Zahlreiche Staatsunternehmen – von der Telefongesellschaft über die Wasserwerke bis zum Luftfahrtunternehmen Aerolíneas Argentinas – wurden verkauft, Löhne und Sozialleistungen «dereguliert» und die traditionell breiten Tore für ausländisches Kapital noch weiter geöffnet. Der Clou von Menems Erfolgskonzept bestand jedoch in einer dekretierten Währungsparität mit dem Dollar: Fortan besaßen die Peso-Noten denselben Wert wie die grünen Scheine aus den USA. Sarmientos Herzenswunsch, die Argentinier zu Nordamerikanern zu machen – hundert Jahre nach seinem Tod hatte ihn Menem ein Stück weit realisiert, wenn auch nur monetär.

Während viele seiner Wähler glaubten, die Belle Epoque des späten 19. Jahrhunderts würde eine Neuauflage erleben – Gott war eben immer noch Argentinier! –, brauten sich bereits düstere Wolken am ökonomischen Horizont zusammen. Als unheilvolles Vorzeichen ließ sich zunächst die selbstherrliche Arroganz der Macht deuten, mit der Menem präsidierte: Hunderte von so genannten Notverordnungen hebelten die parlamentarischen Instanzen regelmäßig aus. Noch nie in der argentinischen Geschichte hatte ein Präsident dieses Verfassungsinstrument mit solcher Skrupellosigkeit benutzt – kein Lehrstück für demokratische Spielregeln, die erst wenige Jahre zuvor wieder eingeführt worden waren. Auch andere Ereignisse jener Jahre waren nicht geeignet, das Vertrauen in das demokratische System zu stärken. Zwei blutige Attentate, eines auf die Botschaft Israels (1992), das andere auf das jüdische Zentrum (AMIA) von Buenos Aires (1994) – Terroranschläge, die mehr als hundert Menschenleben kosteten –, warfen dunkle Schatten auf die steinerne Justitia vor dem Präsidentenpalast. Der begründete Verdacht, nicht nur in der jüdischen Gemeinde, die Bombenleger hätten einflussreiche Komplizen im argentinischen Sicherheitsapparat gehabt, wurde nie ausgeräumt, die Prüfung schwerwiegender Indizien extrem dilatorisch behandelt. Obendrein richtete Menem, auch im Falle des AMIA-Attentats, ein Kondolenzschreiben an die israelische (!) Regierung, ganz so, als wären die Toten keine Argentinier gewesen ...

Die innenpolitische Botschaft der beiden Anschläge, die schwersten in der jüdischen Geschichte seit der Unabhängigkeit, war damit eine doppelte: Der Antisemitismus, einst von den Tribunalen der Inquisition inauguriert, trieb noch immer sein Unwesen; und das politische System, aus einer der infamsten Diktaturen des Subkontinents hervorgegangen, litt noch immer unter den Hypotheken der Vergangenheit. Kurz vor der Millenniumswende gesellte sich zum Kontinuitätssyndrom in der Politik sein Pendant in der Ökonomie. Die spektakuläre Hausse der argentinischen Wirtschaft erwies sich – wieder einmal – als Strohfeuer, das sich nun in einen ruinösen Flächenbrand verwandelte. Wenngleich zu den Ursachen der ökonomischen Katastrophe auch Korruption und Inkompetenz zählen, so dürften die Dependenz-Theoretiker, in den zurückliegenden Jahrzehnten als verstaubte Denkruinen des Marxismus ausgemustert, vielleicht doch ein bisschen Recht behalten. Die «nachholende Modernisierung» der argentinischen Wirtschaft gleicht noch immer, getreu den internationalen Terms of Trade, der alten Fabel vom Hasen und vom Igel. Neu sind allerdings die Konsequenzen, die der Verlierer des ungleichen Wettrennens nun zu erleiden hat. Nach der Wiederabkopplung des Peso vom Dollar, zu der sich die politischen Erben Menems zu Beginn des neuen Jahrtausends gezwungen sahen, hat die Landeswährung rund 40 Prozent ihrer Kaufkraft verloren – ein monetäres Waterloo der liberalisierungsobsessiven Statthalter des Weltwährungsfonds, dessen finanzielle Last freilich in erster Linie die Durchschnittsargentinier tragen müssen.

Armut, ja sogar Misere, in der Vergangenheit eher selten benutzte Vokabeln, gehören inzwischen zum gängigen Wortschatz vieler Argentinier. Aus einigen Landesteilen kommen mittlerweile sogar Schreckensmeldungen, die sich wie eine böse Parodie auf die saftigen, argentinischen Rindersteaks lesen: chronisch unterernährte Kinder, die an Hunger sterben. Zu Beginn des neuen Millenniums ist Argentinien, Anfang des 20. Jahrhunderts eines der reichsten Länder der Welt, augenscheinlich auf dem besten Weg, zu einem ‹ganz normalen Land› Lateinamerikas zu werden: «Seamos americanos» (Werden wir zu Amerikanern) – Zyniker könnten den berühmten Leitspruch Sarmientos damit als realisiert ad acta legen.

9.5 Das «Freud'sche Paradies»:
argentinische Identitäten im 20. Jahrhundert

Besonders kühne Prognostiker würden diese Bilanz vielleicht auch auf die kulturelle Sphäre übertragen. Denn möglicherweise trägt die ökonomische Katastrophe der vergangenen Jahre erheblich dazu bei, dass der nationale Identitätsdiskurs, wie er einst von Sarmiento und seinen Epigonen begonnen wurde, seine Richtung ändert – im Unterschied zu den Akzentverschiebungen des 20. Jahrhunderts diesmal vermutlich ziemlich radikal. Dabei wäre der berühmte Zivilisationstheoretiker, hätte er die Debatten um die kulturelle Identität Argentiniens im kürzlich zu Ende gegangenen Säkulum verfolgt, bereits ziemlich erschrocken gewesen: Die Mehrheit der intellektuellen Wortführer war zwar auch weiterhin davon überzeugt, dass Argentinien einen kulturellen Sonderstatus in Lateinamerika besitze; vieles von dem, was im 20. Jahrhundert zur «Argentinidad» gerechnet wurde, hätte Sarmiento indessen als nationalkulturellen Hochverrat empfunden.

Zornige Attacken aus seiner polemischen Feder wären zum Beispiel einem jungen Schriftsteller sicher gewesen, der 1926 den Kreolen, auch und gerade den argentinischen, ins Stammbuch schrieb, *sie* seien «die wirklichen *gringos*», weil sie noch immer glaubten, «die Sonne und der Mond befinden sich in Europa». Mit diesen «Nostalgikern des Fernen und des Fremden», so der Kritiker, wolle er nichts zu tun haben. Der Autor dieser Zeilen, kein Geringerer als Jorge Luis Borges – neben Cortázar *das* literarische Aushängeschild Argentiniens im 20. Jahrhundert –, änderte seine Ansichten allerdings in reiferen Jahren: «Ich glaube», so sein späteres Credo, dem er treu geblieben ist, «unsere Tradition ist Europa».

Dieses Credo blieb auch in Zukunft tonangebend. Umstritten war jedoch, welche Gegenden Europas als die besten Lieferanten kultureller Traditionen gelten sollten. Nicht sonderlich beliebt, da wusste man sich mit Sarmiento durchaus einig, war ein Gutteil derjenigen europäischen Einwanderer, die bereits den ‹rassischen› Präferenzen der «gobernar es poblar»-Strategen widersprachen. Während die eher liberalen Gründungsväter des modernen Argentinien die Immigranten als billige Arbeitskräfte akzeptierten und auf den Legierungseffekt des argentinischen Schmelztiegels vertrauten, sahen namhafte Intellektuelle des frühen 20. Jahrhunderts in den Neuankömmlingen eine gravierende Gefahr für den kulturellen Bestand der Nation: «Lasst uns das Land von all dem plärrenden Unrat reinigen», der Argentinien hunderttausendfach verschmutze, gab etwa der renommierte Schriftsteller Leopoldo Lugones als Parole aus. Die rassistischen Parolen des stockkonservativen Autors, zusammen mit Manuel Gálvez die namhafteste Feder unter den Nacionalistas, fanden ein lebhaftes Echo in ihren weitverzweigten Epigonenkreisen. Die permanente «Invasion der argentinischen Küsten» durch «Immigrantenheere» aus Russland, Polen und anderen Ländern Osteuropas empfand man dort als gefährlichen Angriff auf die nationale Identität. Ins Visier der nationalkulturellen Verteidigungsfront gerieten vor allem die jüdischen Einwanderer. Als «tödliche Feinde der Nation und des katholischen Glaubens des Volkes», so die nationalistischen Journaillen, wurden gerade sie zum Inbegriff der Anti-Argentinidad. Selbst nach 1945 blieb der

Antisemitismus eine bestimmende Note im ideologischen Repertoire des wachsenden Nationalismus konservativer Fasson: Argentinien war auch weiterhin eines der wenigen Länder der Welt, in denen die *Protokolle der Weisen von Zion*, das infamste Machwerk des europäischen Judenhasses, in vielen Buchgeschäften zum Sortiment gehörten. Das nationalkulturelle Korsett wurde freilich nicht immer sonderlich eng geschnürt: Lugones höchstpersönlich tadelte den Antisemitismus seiner Gesinnungsgenossen als «barbarisch». Doch auch die gaben sich gelegentlich ‹tolerant›: Mit Alberto Gerchunoff (1883–1950), dem Autor der *Gauchos Judíos*, akzeptierten sie sogar einen Juden in ihren Reihen.

Die ideologische Brücke, die das nationalistische Lager mit jüdischen Intellektuellen – zeitweise! – verband, basierte zum einen auf der Reverenz, die u. a. Gerchunoff den «Gauchos» erwies – jenen legendären Pampabewohnern, die durch das berühmte Versepos *El gaucho Martín Fierro* von José Hernández mittlerweile zu einem nationalen Emblem geworden waren. Denn gerade die Figur des Gaucho, schrieb zum Beispiel Lugones, verkörpere die «Entstehung eines Volkes und das Geheimnis seines Schicksals», also jenes «eigentlich Nationalen», aus dem das Substrat Argentiniens bestehe. Der Rekurs auf das «Nationalepos» *Martín Fierro* fiel konservativen Intellektuellen vom Schlage eines Lugones umso leichter, als bereits Hernández seine Ressentiments gegen die «Schar der Gringos», gemeint waren die Einwanderer, nicht verschwiegen hatte. Außerdem hatten die Gauchos, so, wie Lugones sie interpretierte, die indianischen Anteile ihrer Identität längst abgelegt. In letzter Instanz, wähnte er sich sicher, stammten auch die hybriden Pampacowboys und damit die modernen Argentinier aus Europa: «Wir haben lateinisches Blut [und] gehören zu den Völkern der Schönheit und stammen folglich in direkter Linie von den Griechen ab, den Vorfahren der Schönheit.»

Zum anderen bestand die Brücke, die den namhaften Schriftsteller der jüdischen Gemeinde mit den nationalistischen Intellektuellenkreisen im Umfeld von Lugones und Gálvez verband, in einer schillernden Hispanophilie. Während Gerchunoff und viele seiner Glaubensgenossen mit Spanien zuallererst die jüdische Vergangenheit des mittelalterlichen «Landes der drei Kulturen» verbanden, suchten seine katholischen Spanienfreunde dort einen Gutteil der nationalen Wurzeln Argentiniens – Sarmiento, der Spanienhasser par excellence, hätte sich im Grabe umgedreht! Besonders großer Beliebtheit in den nationalistischen Reihen erfreute sich der spanische Kulturhistoriker Marcelino Menéndez Pelayo (1856–1912), der bekannteste und wortgewaltigste Verteidiger der Inquisition im späten 19. Jahrhundert. Im ideologischen Kielwasser des berühmt-berüchtigten «Hammers der Häretiker», wie Pelayo das Glaubenstribunal gefeiert hatte, entdeckten in den 1930er Jahren auch immer mehr argentinische Rechtsintellektuelle den «Mythos Kastiliens». In dem alten «apostolischen Kriegergeist des Mittelalters und der katholischen Könige» sahen sie das nationale Ferment ihres eigenen Landes: «Wir gehören zum christlichen Westen», so das Credo eines nationalistischen Autors, «denn Spanien pflanzte auf dieser Erde den Geist der beiden Roms, den menschlichen Geist von Cäsar und den göttlichen Geist des Heiligen Peter.»

Die kulturhistorische Renaissance jenes Landes, das Sarmiento und seine liberalen Gesinnungsfreunde für so gut wie alle Übel des zeitgenössischen Argentinien verantwortlich gemacht hatten, konnte spektakulärer kaum ausfallen. Der geschichtliche Revisionismus, der seit den 1930er Jahren tonangebend wurde, wies freilich einige Tücken auf, die seiner wechselnden Schar von Verfechtern durchaus Kopfzerbrechen bereiteten. Das Kardinalproblem bestand darin, dass die europäischen Konzepte, auf die man rekurrierte, sich auf eine Geschichte bezogen, die es in Lateinamerika, auch im ‹europäischen› Argentinien, beim besten Willen nicht gegeben hatte. Wenn zum Beispiel der spanische Schriftsteller Ángel Ganivet, der sich neben Menéndez Pelayo ebenfalls großer Beliebtheit erfreute, von einem «Territorialgeist» (espíritu territorial) sprach, dann meinte er einen «Nationalcharakter», in dem sich Umwelt und Geschichte zu einer nationalen Synthese vereint hätten. Und diese Synthese, glaubte Ganivet, war das Werk langsam waltender Zeiten auf einem historischen Urgrund, dem sein Zeitgenosse Miguel de Unamuno als «lebendigen Fels der Geschichte» (la roca viva de la historia) metaphorisch Gestalt gab. Die Geschichtsmagie der spanischen Autoren, bereits in deren Heimatland ein kühnes Gedankengebäude, verwandelte sich in Argentinien vollends in eine geschichtsphilosophische Donquichotterie. Denn wie in aller Welt sollte man Ganivets berühmten Leitgedanken «Noli foras ire; in interiore Hispaniae habitat veritas» auf die eigene Geschichte übertragen? Selbst wenn man die Kolonialepoche als pränatale Latenzzeit der nationalen Geburt interpretierte: War das heutige Argentinien etwa nicht eine ziemlich insignifikante Provinz des Vizekönigreichs von Peru gewesen, bevor seine unwirtlichen Landstriche 1776 zu einem selbständigen Vizekönigreich geadelt wurden? Die «nationalen Tiefenschichten», in Spanien und im übrigen Europa eine – zumindest scheinbar – historische Geologie aus der Frühzeit, waren in Argentinien gerade einmal hundertfünfzig Jahre alt, also kein geschichtliches Adelsprädikat, das mit den europäischen Varianten konkurrieren konnte. Die konservativen Erfinder der argentinischen Nation lösten das Problem, wenn auch mit akrobatischen Verrenkungen, indem sie Rosas, Sarmientos Gegenspieler aus dem 19. Jahrhundert, zu einem späten Nachfahren der Habsburger umdeuteten. Als Repräsentant jener Dynastie, mit der man sich uneingeschränkt identifizierte, galt der despotische Caudillo fortan als personifiziertes Unterpfand einer langen Nationalgeschichte, die nur zeitweise von dem «bourbonischen» Interregnum der Liberalen im Umkreis von Sarmiento, Mitre und Alberdi unterbrochen wurde. Im Juni 1938 erhielt der historische Erfindergeist auch seine institutionellen Weihen: Mit der Gründung des «Instituto Manuel de Rosas» stand der konservative Geschichtsrevisionismus in seinem Zenit. Im ersten *Bulletin* des Instituts wurde prophezeit: «Mit Rosas' Hilfe werden wir unser Land lieben.»

Zumindest aus der Sicht der rechten Intellektuellen und ihrer ideologischen Abnehmer – konservative Politiker, Klerus, Militär und Agraroligarchie – sollte sich diese Prophezeiung bewahrheiten. Die mit kühnen Federstrichen hispanisierten Nationalhelden der frühen Unabhängigkeitsepoche, mit Rosas an der Spitze, blieben auch in den folgenden Jahrzehnten der historische Leitstern des konservativen, hier und da sogar offen reaktionären Nationalismus. Noch 1978, zwei Jahre nach Beginn des «Proceso de Reorganizacíon Nacional», schrieb ein spanienbeseelter Autor: «Kreuz und Schwert» hätten Spanisch-Amerika einst kolonisiert und zivilisiert. Sichtbarster Ausdruck der politisch-kulturellen Mission Spaniens seien die kolonialen Cabildos gewesen, Prototypen einer «echten Demokratie». Spätestens jetzt, mit den Generälen an der Macht, war allenthalben evident: Die Revision der nationalen Geschichte beschränkte sich nicht nur auf ein akademisches Projekt.

Ein Monopol auf die Definition nationaler Identität besaßen die konservativen Intellektuellen freilich nur dann, wenn sie, wie in den Jahren der Diktatur von 1976 bis 1983, das Argument der Macht auf ihrer Seite hatten. In weniger bleiernen Phasen der neueren Geschichte, vor allem während der Präsidentschaft Peróns, sahen sie sich dagegen mit national-kulturellen Konkurrenzvorstellungen konfrontiert, die der Spanienlastigkeit ihres Identitätskonzepts zumindest in Teilen widersprachen. Denn im Unterschied zu den rassistischen Attitüden der Nacionalistas, die in den Einwanderern eine Bedrohung ihrer Klassenprivilegien sahen, zielte die peronistische Idee der Nation auf Integration – auf ein nationales «Wir», so Leonardo Senkman, dessen Teileelemente im «Schmelztiegel» der Einwanderungsgesellschaft zu einer neuen Legierung verschmelzen sollten. In diesem Amalgam bildeten zwar auch die spanischen Anteile ein wichtiges und kaum weniger ambivalentes Nationalsubstrat, aber nur eines unter mehreren. Das peronistische Gebäude der Argentinidad war insofern kein ethnischer Sperrbezirk wie bei den Nationalisten, zu dem die unerwünschten «Ausländer» eigentlich keinen Zutritt hatten. Obwohl zu den «unerwünschten» Immigranten aus der Sicht Peróns zum Beispiel auch die Juden zählten, billigte er ihnen wenigstens ein Wohnrecht zu. So ist es kein Zufall, dass die AMIA (Asociación Mutual Israelita Argentina) 1949 offiziell anerkannt wurde.

Deutliche Retuschen erfuhren auch die Bilder, die sich die verschiedenen politischen Strömungen von jenen Ländern machten, die in den Augen der liberalen Reformer des späten 19. Jahrhunderts zu den Vorbildnationen gehört hatten und deren Einfluss auf die Geschicke Argentiniens bedeutsam war oder werden sollte. Französisches Savoir-vivre erfreute sich zwar immer noch einer gewissen Beliebtheit in intellektuellen Kreisen; die typische «Reise nach Europa», und das hieß in erster Linie nach Paris, stand jedoch längst nicht mehr so hoch im Kurs wie im 19. Jahrhundert. Das Gleiche galt für England. Die ökonomische De-facto-Mitgliedschaft im Commonwealth hätten etliche Liberale im Umkreis der UCR zwar gern in einen De-jure-Status verwandelt. Unter den konservativen Intellektuellen, die seit den 1930er Jahren tonangebend wurden, kollidierten solche Ideen allerdings mit dem nationalen Pathos. Als beispielsweise Sir Arthur Samuel, ein britischer Minister, ‹obendrein› jüdischer Herkunft, 1939 den Vorschlag machte, Argentinien in das British Empire aufzunehmen, fühlte man sich in der «nationalen Ehre» tief gekränkt. Als schließlich, zu Beginn der 1980er Jahre, britische Kriegs-schiffe die Malwinen zurückeroberten, erreichten die kulturellen Remi-niszenzen der Londoner Gentlemantraditionen am Río de la Plata ihren historischen Tiefstand, auch in liberalen und linken Kreisen.

Ähnliche Gefühle bestimmten das Verhältnis zum nordamerikani-schen Way of Life. Seit der Publikation von Rodós' *Ariel* galten die USA auch in Argentinien als Inbegriff eines «materialismo», der mit dem «espiritualismo» Lateinamerikas unvereinbar war. Während führende Köpfe der Rechtsnationalisten in der nördlichen Supermacht eine «Wall-Street-Plutokratie von Juden und Yankees» am Werk sahen, nahm die Dritte-Welt-Rhetorik des Peronismus die militärische Hegemonialmacht aufs Korn, der sie de facto, vor allem auf internationaler Ebene, aller-dings verbunden blieb. Eine realpolitische Kurskorrektur nahmen jedoch die nationalistischen Kreise vor: Nach 1945, den Spielregeln des Kalten Kriegs gehorchend, avancierten die USA nun zum Protektor jener Wer-te, die sie im eigenen Lande noch immer bekämpften. Der wachsende Einfluss des Pentagons auf die argentinische Innenpolitik unterminierte zwar schmerzhaft die nationale Souveränität; höhere Interessen zwangen indessen zu einer Revision des alten Antiamerikanismus: «Wir müssen entschieden gegen Russland sein», schrieb ein Wortführer der Nacio-nalistas, «und für die Vereinigten Staaten.» Eine durchaus spektakuläre Kehrtwende, die das ideologische Mosaik der konservativen Argentini-dad um ein weiteres Versatzstück bereicherte.

Nur wenig verändert hat sich dagegen das Bild, das sich die ‹euro-päischen› Durchschnittsargentinier von jenen Mitbürgern machen, die die ausgedehnte Geographie des Landes einst bevölkerten: den im späten 19. Jahrhundert überwiegend ausgerotteten Indios und ihren Nachfah-ren, denen der Reisende vor allem im Norden und Süden noch häufig begegnet. Gerade sie, ihre kupferfarbenen Gesichter und ihre kulturelle Lebenswelt, widersprachen dem nationalen Mythos eines europäischen Außenpostens in Lateinamerika. Wohl deshalb wurden «die wirklichen Vorfahren der Argentinier», so ein zeitgenössischer Autor aus Buenos Aires, «ignoriert und versteckt, und ihre Sprache fiel der Vergessenheit anheim». Ein Teil der heutigen Intellektuellen, sicher noch eine Minder-heit, verleiht den indigenen Traditionen mittlerweile jedoch eine Stim-me – wohl nicht zufällig auch und gerade jüdische Autoren, die, wie der

Schriftsteller Ricardo Feierstein, die multiethnische Realität ihres Landes besonders sensibel registrieren.

Kein Zufall ist es wohl auch, wie derselbe Autor mit hintergründiger Ironie bemerkt, dass der heutige Argentinier ein «Freud'sches Paradies» geworden sei: Fast 50 000 Psychoanalytiker, so Feierstein, kommen auf rund 150 000 Patienten, mit steigender Tendenz auf und hinter der Couch … Das ‹europäischste› Land Lateinamerikas hätte demnach auch die größten Probleme mit seiner kulturellen Identität. Die Argentinier – ein besonders eklatanter Fall von kultureller Hochstapelei? So könnte es scheinen. Die sprichwörtliche Selbstironie vieler Argentinier lässt indessen eher vermuten, dass sie ihre Identitätsprobleme auch ohne Hilfe der Psychoanalyse lösen werden. Ein illustratives Beispiel für diese Fähigkeit stammt aus der Feder von Abel Posse, einem der bekanntesten Vertreter der argentinischen Gegenwartsliteratur. Während die meisten Menschen bei einem Gewitter den Regenschirm öffneten, interpretiere der durchschnittliche Argentinier, so Posse, die Blitze auf eine sehr eigentümliche Art: Er rücke seine Krawatte zurecht und schaue nach oben – denn schließlich sei er sicher, dass der liebe Gott ein Foto von ihm machen wolle.

10. Die «permanente Revolution»: das Beispiel Mexiko im 20. Jahrhundert

10.1 Die «Assimilation unserer Geschichte»: das Revolutionsjahrzehnt

Für nationale Frivolitäten *à la argentina* hatten die Mexikaner des 20. Jahrhunderts nur selten den geeigneten Anlass. Im Unterschied zur Belle Epoque am Río de la Plata, in deren Gefolge auch politische Stabilität und ökonomische Prosperität ihren Einzug hielten, begann das neue Säkulum in Mexiko mit einer schweren Krise – in Ökonomie und Politik. Der «aufgeklärte Despotismus» des Regimes von Porfirio Díaz, immerhin seit drei Jahrzehnten an der Macht, hatte seine hoch gesteckten Ziele nicht erreicht. Trotz eines deutlichen Industrialisierungsschubs fanden noch immer zwei Drittel der Mexikaner ihr miserables Auskommen in der Landwirtschaft. Der Anteil bettelarmer Tagelöhner und Campesinos war seit Beginn der Langzeitdiktatur sogar gewachsen. Statt «pan y palo», der allseits propagierten Modernisierungsdevise, blieb ihnen meistens nur der Knüppel vorbehalten. Ebenso düster war das Bildungspanorama, das die vom Positivismus inspirierten Denkkohorten Auguste Comtes (1798–1857) drastisch verbessern wollten. Das riesige Heer der Analphabeten, gegen Ende der Diktatorenära noch immer knapp 80 Prozent der Bevölkerung, war eine traurige Parodie auf die kühnen Träume vom technischen Fortschritt, der Mexiko zum Abziehbild der Vereinigten Staaten machen sollte. Statt «Yanquis des Südens», so der Slogan der Positivismusgarde des Porfiriats, bildeten die Bewohner der politischen Geographie, die sich südlich des Río Grande erstreckte, noch immer den Hinterhof der nördlichen Supermacht. Hinzu kamen die üblichen Aufs und Abs der launischen Weltkonjunktur, die den schwächelnden Ökonomien der Peripherie schwer zu schaffen machten. Besonders schlimm kam es 1905. Die weltweite Überproduktion von Silber nötigte das Díaz-Regime dazu, vom Silber- auf den Goldstandard umzusteigen. Die Folgen waren katastrophal: Der Peso verlor die Hälfte seiner Kaufkraft, die Auslandsschulden kletterten bis 1910 auf 250 Millionen Dollar, und die galoppierende Inflation ruinierte auch jene Bevölkerungsschichten – Bauern, Händler und Handwerker –, die über der nicht sonderlich hohen Armutsgrenze lebten. Kein Wunder, dass die Unabhängigkeitsfeiern aus Anlass von Hidalgos berühmtem «Schrei von Dolores» im Jahre 1810 keine Feststimmung aufkommen ließen.

Auch die Feierlaune des Diktators, der im selben Jahr seinen 80. Geburtstag zelebrierte, wurde stark getrübt. Bereits seine sechste Wieder-‹Wahl›, inmitten von Streiks und Gewaltausbrüchen, war auf Widerstand gestoßen, auch im Umkreis seines politischen und intellektuellen Hofstaats, der dem greisen Caudillo immer weniger zutraute, die rebellisch gewordenen Untertanen zu kujonieren. Als er nach zwei Jahren gar ankündigte, 1910 eine siebente Amtszeit anzutreten, brachte er das Fass zum Überlaufen. Eine Anti-Wiederwahl-Koalition unter Führung von Francisco I. Madero, dem Enkel eines reichen Latifundisten und Bankengründers, ging in die politische Offensive. Die Wiederwahl des Dauertyrannen verhinderten die Anhänger Maderos zwar nicht, dessen Freude an seinem usurpierten Amt währte indessen nicht lange: Ende 1910 griffen seine Widersacher zu den Waffen – die blutigste Periode der neueren Geschichte Mexikos, sie kostete mehr als eine Million Menschen das Leben, sollte beginnen.

Leopoldo Zea, der namhafteste Kulturphilosoph Mexikos im 20. Jahrhundert, sah in der nun beginnenden Revolution den Versuch, «unsere Geschichte zu assimilieren». Damit meinte er vor allem die indigene Vergangenheit, die die Modernisierungseuphoriker des 19. Jahrhunderts eher als historischen Schandfleck empfunden hatten. Dementsprechend waren die Nachfahren der präkolumbischen Kulturen behandelt worden, ethnisch und sozial. Noch die Romane des berühmten Mexiko-Kenners B. Traven (1882–1969), in den ersten Jahrzehnten des 20. Jahrhunderts geschrieben, zeigen eine von Rassismus und Elend gezeichnete Indiobevölkerung, deren tristes Dasein sich kaum von anderen Ländern des Subkontinents unterscheidet. Den liberalen Initiatoren der Revolution ging es denn auch weniger um die ethnischen und sozialen Underdogs: Der

«Maderismo», dessen Namensgeber in den ersten beiden Jahren der revolutionären Turbulenzen als Präsident fungierte, war in erster Linie eine konstitutionelle Bewegung. Ihre sozialen Ziele gingen dagegen über den Klassenradius ihrer Anhänger, fast durchweg aus den oberen und obersten Schichten, nicht sonderlich weit hinaus. Der sozialdemokratisch eingefärbte Touch der Madero-Administration – etwa gesetzlich verankerte Mindestlöhne, die Sechstagewoche und ein jährlicher Zweiwochenurlaub – war kaum mehr als sozialer Kitt, der das luftige Gebäude der mexikanischen Nation klassenverträglich zusammenhalten sollte. Obendrein änderte er an den alten Machtstrukturen, hauptsächlich in Verwaltung und Armee, keinen Deut. Der Erste, der gegen die Fassadendemokratie der Madero-Anhänger rebellierte, war Emiliano Zapata (1883–1919). Der legendäre Bauernführer, Spross einer Familie, die unter Porfirio Díaz einen moderaten Aufstieg erlebt hatte, setzte sich an die Spitze einer *Junta Revolucionaria de Morelos* und proklamierte eine radikale Landreform. Mit dem Kampfruf «Tierra y Libertad» auf den Lippen griffen die Zapatistas, auf ihrem Höhepunkt rund 20 000 bewaffnete Freischärler, reiche Haciendas an und okkupierten ihre Ländereien. Unterstützung erhielt die Rebellenarmee, die ausgedehnte Provinzen südlich der Hauptstadt kontrollierte, von dem «mexikanischen Robin Hood» Francisco Pancho Villa (1877–1923). Der einstige Bandit, der mit seinen Truppen in den nördlichen Bundesstaaten operierte, kämpfte ebenfalls unter dem Banner radikaler Sozialreformen. Im Unterschied zur zapatistischen Südfront, deren soziales Hinterland aus einem homogenen Block armer Campesinos bestand, die von indianischen Traditionen geprägt waren, bot sich im Norden ein kompliziertes Panorama. Dort gab es, außer kleinen Gruppen nomadisierender Indios, kaum noch indianische Kulturen, für die der zapatistische Slogan «Tierra y Libertad» eine politische Perspektive bot. In der programmatischen Blässe des «Villismo», erkennbar an dem bunten Sortiment gruppenspezifischer Forderungen – Verbesserung der Lebens- und Arbeitsbedingungen städtischer Industriearbeiter, Verstaatlichung der Eisenbahnen oder die Enteignung nicht kultivierter Ländereien –, spiegelt sich die heterogene Anhängerschaft der nördlichen Revolutionsbewegung wider. Ihre numerische Stärke, rund 40 000 Mann, verlor dadurch erheblich an Gewicht.

Erfolgreicher, zunächst militärisch, waren dagegen die Anhänger des sozialen Status quo, denen selbst noch die moderate Hauptstadtregierung von Präsident Madero ein Dorn im Auge war. Ihr bewaffneter Arm, General Felix Díaz, ein Neffe des Dauerdespoten Porfirio Díaz, putschte Anfang 1913 gegen das Madero-Regime. Sein erhoffter Retter, General Victoriano Huerta, vom Präsidenten höchstpersönlich zur Niederschlagung des Putsches beauftragt, erwies sich als sein Totengräber. Nach zehntägigen Häuserkämpfen zwischen Putschisten und Bundesarmee, die auch Hunderte ziviler Mexikaner das Leben kostete, übernahm Huerta selber die Präsidentschaft. Hinter ihm standen die konservativen Eliten aus Armee, Verwaltung und Ökonomie, denen bereits die «sozialpolitischen Experimente» Maderos – er wurde auf dem Weg ins Gefängnis von Huerta-Schergen ermordet – zu weit gegangen waren.

Dem neuen Präsidenten in Uniform gelang es indessen ebenso wenig wie seinem glücklos lavierenden Amtsvorgänger, die revolutionären Armeen im Süden und Norden zu schlagen. Obendrein machten ihm die verbitterten Anhänger des alten zu schaffen. Bereits im Sommer 1914 stand Alvaro Obregón, der Chef der «Nordwestarmee», vor den Toren der Hauptstadt. Der Präsidentengeneral, nur ein gutes Jahr im Amt, flüchtete nach Spanien. Auch für seinen Nachfolger, den reichen Hacendado Venustiano Carranza, standen die politischen Wetten eher schlecht. Denn nur wenige Monate später, im Herbst 1914, verbündeten sich Villa und Zapata gegen den neuen Regierungschef, von dem sie ebenso wenig zu erwarten hatten wie von seinen Amtsvorgängern. Bereits im Dezember desselben Jahres saßen die beiden Revolutionsführer im Präsidentenpalast – umgeben von enthusiastischen Mitstreitern, für die der Traum einer egalitären Gesellschaft augenscheinlich Wirklichkeit geworden war.

Der Traum verwandelte sich indessen im Handumdrehen in einen Albtraum. Unfähig, ihre politischen und militärischen Schritte aufeinander abzustimmen, wurden Villistas und Zapatistas von Carranzas Streitkräften einzeln geschlagen. Bereits im Sommer 1915, nur ein halbes Jahr nach ihrem triumphalen Einmarsch in die Kapitale, war ihre Niederlage im Grunde besiegelt. Auf die folgenden Ereignisse hatten die legendären Helden der mexikanischen Revolution, der ersten in Lateinamerika, keinen nennenswerten Einfluss mehr. Für die politische Zukunft des Landes, die sich hinter dem langsam nachlassenden Pulverdampf bereits abzuzeichnen begann, waren revolutionäre Ideen, namentlich soziale Gerechtigkeit, nur noch dann gefragt, wenn sie mit dem politischen Schnittmuster der «Institutionalisierten Revolution» und ihrer Partei harmonierten. Emiliano Zapata und Pancho Villa sollten das mexikanische Revolutionsunikat nicht mehr erleben: Der eine wurde 1919, der andere 1923 ermordet.

Ganz ohne Folgen war die revolutionäre Erhebung des Pueblo allerdings nicht geblieben. In der Verfassung von 1917, die den liberalen Horizont des Präsidenten Carranza in Teilen überschritt – bei ihrer Ausarbeitung hatten sich die «Jakobiner» im Umkreis von General Obregón in etlichen Punkten durchgesetzt –, standen sozialpolitische Bestimmungen, die Mexiko zum fortschrittlichsten Land des Subkontinents machten, zumindest auf dem Papier: Gewerkschaftsfreiheit, Tarifverträge, Streikrecht und Acht-Stunden-Tag; außerdem das Recht auf einen Monat Urlaub, einen Ruhetag pro Woche und gleichen Lohn für Männer und Frauen – soziale Errungenschaften, die durch die Ausweitung von Staatsbesitz, die Verkleinerung des Großgrundbesitzes und die Förderung von kleinem Landeigentum, den so genannten *ejidos*, durchaus eine Zäsur markierten. Während viele Bestimmungen des reformerischen Paragraphenwerks mit der zukünftigen Realität des Landes kollidieren sollten, wurden andere fast buchstabengetreu realisiert. Ins Fadenkreuz der Reformer geriet vor allem der Klerus. Sein stattlicher Besitz, bereits in der «Reform-Ära» des 19. Jahrhunderts attackiert, fiel an den Staat, ohne einen Peso Kompensation. Auch im gesellschaftlichen Leben musste die Kirche viele Federn lassen: Die religiöse Grundschulerziehung wurde verboten, die Zahl der Priester drastisch reduziert, und die Mönchsorden wurden aufgelöst. Keine Frage, in ihrer antiklerikalen Stoßrichtung war die Verfassung von 1917 dem revolutionären Geist ihrer Zeit treu geblieben.

Selbst auf einem Terrain der Wirtschaftspolitik, das wegen seiner außenpolitischen Bedeutung besonders stark vermint war, zeigten die Verfassungsväter Courage: Ausländern wurde der Landbesitz verboten und die Eigentumsrechte an Großunternehmen, namentlich an den lukrativen Erdölfirmen, drastisch eingeschränkt. Dabei war den Legislatoren durchaus klar, dass sie damit auch und gerade dem Koloss aus dem Norden auf die Füße traten. Der hatte das revolutionäre Treiben in seinem

Hinterhof verständlicherweise mit Argusaugen betrachtet. Südlich des Río Grande befürchtete man deshalb, die traumatischen Erfahrungen des 19. Jahrhunderts könnten sich wiederholen. Dabei hatte die US-Regierung – paradox genug – die liberalen Gegner von Porfirio Díaz zunächst sogar unterstützt: Besorgt über den schrillen Nationalismus des «Entwicklungsdiktators», versprachen sich die Diplomaten im State Department von Madero moderatere Töne und bessere Geschäfte. Die Reformprojekte, die im Umkreis des neuen Präsidenten diskutiert wurden, schürten indessen schon bald das Misstrauen der US-Strategen. Sein Sturz, an dem auch nordamerikanische Drahtzieher beteiligt waren, passte ihnen deshalb durchaus ins Konzept. Als unsicherer Kantonist erwies sich jedoch auch General Huerta, der Madero aus dem Amt geputscht hatte. Dessen politische Sympathien für das kaiserliche Deutschland, das den Mexikanern umfangreiche Waffenlieferungen in Aussicht stellte, empfand die Regierung in Washington – man schrieb das Jahr 1914 – verständlicherweise als Affront. Die alten Dämonen des postkolonialen Mexiko, die Furcht vor einer erneuten Militärexpansion der Nordamerikaner, kehrten zurück. Im April 1914 landeten US-Marines in Veracruz, töteten über hundert Mexikaner, zogen aber ein halbes Jahr später wieder ab. Für den durchschnittlichen Mexikaner dürften die außenpolitischen Präferenzen ihres nördlichen Nachbarn ein Rätsel gewesen sein: Von Díaz über Madero bis zu Huerta – keiner aus der politischen Garde des Landes, und sei er noch so konservativ, konnte es ihnen augenscheinlich recht machen. Der Zickzackkurs der nördlichen Supermacht, mehr spontanes Lavieren als politische Strategie, schloss sogar ein temporäres Tête-à-Tête mit Pancho Villa ein. Das durchsichtige Kalkül der US-Amerikaner, den revolutionären Exbanditen zur Schwächung der liberalen Reformer zu instrumentalisieren, ging allerdings nicht auf. Pancho Villa führte sogar einen Beutezug auf nordamerikanischen Territorien durch – die erste und wohl auch letzte ‹Invasion› von Süden nach Norden. In seinem Revolutionsroman *Gringo viejo* hat der mexikanische Schriftsteller Carlos Fuentes den unerhörten Streifzug mit einem Schuss Ironie in Erinnerung gerufen: «Warum überfallen wir sie nicht einfach mal», so die literarische Revolutionsfigur, «damit sie merken, wie das ist.» Die derart in ihrer nationalen Souveränität Düpierten rächten sich im Handumdrehen: Im Herbst 1915 überquerte eine Strafexpedition nordamerikanischer Soldaten die Grenze. Den kühn-dreisten Grenzgänger erwischten sie allerdings nicht.

Alles in allem hatten die mächtigen Nachbarn im Norden jedoch wenig Anlass, um ihren Einfluss im südlichen Hinterhof zu fürchten. Präsident Carranza, dessen Amtsgewalt auf der Verfassung von 1917 basierte, hatte ihnen glaubhaft versichert, dass die nordamerikanischen Interessen nicht verletzt würden – trotz der Verfassungsparagraphen, die den Aktionsradius ausländischer Unternehmen eigentlich drastisch reduzierten. Im Übrigen war der revolutionäre Elan bereits seit 1915 deutlich erlahmt, lange vor dem physischen Ende der Revolutionsführer. Damit stand auch nicht zu befürchten, dass die Regierung von 1917 eine ‹russische Wendung› nehmen würde. Im Gegenteil, das neue Klassenbündnis, das die Carranza-Administration repräsentierte – schon die Mitglieder der verfassunggebenden Versammlung reichten von Arbeitern und Bauern über Akademiker bis hin zu Unternehmern und reichen Landeigentümern –, gab das Zepter nicht mehr aus der Hand. Die neue Machtelite, hauptsächlich aus den Protagonisten der Revolutionswirren und den Armeekommandeuren hervorgegangen, versprach politische Kontinuität. Das Ende der turbulenten Dekade markierte deren Anfang: Mit dem Sturz Carranzas, er fiel im April 1920 internen Machtrivalitäten zum Opfer, begann die eher friedliche Etappe der mexikanischen Revolution.

10.2 Der Pulverdampf verzieht sich:
die 1920er und 30er Jahre

Der neue starke Mann hieß Alvaro Obregón, ein General aus dem Nordwesten des Landes, wo die Opposition gegen Porfirio Díaz zehn Jahre zuvor begonnen hatte. Die Erfolgsaussichten des Putschpräsidenten waren eigentlich nicht schlecht. Die Gewaltexzesse der vergangenen zehn Jahre – jeder achte Mexikaner, so wird geschätzt, fiel den Kämpfen zum Opfer – hatten die Sehnsucht nach Frieden geschürt. Auch ökonomisch gab es Anlass zur Hoffnung. Die Verwüstungen, die der Bürgerkrieg hinterlassen hatte, beliefen sich zwar auf Abermillionen, ein regelrechter Erdölboom hatte das Land, trotz aller Wirren der Revolution, jedoch zu einem der weltweiten Hauptexporteure des flüssigen Goldes gemacht. Anfang der 1920er Jahre, Obregón hatte seine Präsidentschaft gerade angetreten, lieferte Mexiko rund ein Viertel der Welt-Fördermenge – blendende Aussichten für den kriegszerrütteten Staatshaushalt, der rund zwei Drittel seiner Exporteinnahmen aus dem Boomgeschäft bezog. Schnell erschöpfte Förderreservoirs und Vertragsstreitigkeiten mit den Ölmultis verursachten jedoch schon Mitte der 1920er Jahre einen steilen Absturz der Bilanzen. Einen harten Schlag ins Kontor der nationalen Wirtschaft bewirkte außerdem ein drastischer Preisverfall für Silber und Kupfer, gleichfalls wichtige Exportprodukte des Landes. Die Weltwirtschaftskrise tat ein Übriges: Der Außenhandel, Hauptpfeiler des Staatsbudgets, brach um die Hälfte ein, die Auslandsschulden, bereits 1920 rund 500 Millionen US-Dollar, kletterten sprunghaft in die Höhe. Auch hundert Jahre nach der politischen Independencia lag die ökonomische Unabhängigkeit augenscheinlich noch in weiter Ferne. Trotz der Dauer-Drohkulisse des Weltmarkts, die das zarte Pflänzchen der langsam wachsenden Nationalökonomie tiefschwarz überschattete, trieben einige Zweige der Wirtschaft erste Blüten, deren Nährboden die Verfassung von 1917 darstellte: die Landverteilung. Auf der Basis von Nachfolgegesetzen, namentlich dem so genannten Ejido-Gesetz von 1920, wechselten in den folgenden anderthalb Jahrzehnten mehrere Millionen Hektar Land in Form von Kleinparzellen die Eigentümer. Hatte der Ejido-Anteil der landwirtschaftlich kultivierten Ländereien am Ende der militärischen Revolutionsdekade nur magere 0,3 Prozent betragen, kletterte er bis 1934 auf immerhin 13,6 Prozent – durchaus erste Schritte auf dem steinigen Weg zum sozialen Frieden.

Doch auch der politische Frieden hatte noch einige Feuerproben zu bestehen. Der nächste Regierungschef Plutarco Elias Calles, der General Obregón 1924 ablöste, hatte den Regierungspalast am Zócalo-Platz zwar nur unter den feierlichen Salutschüssen der Präsidentengarde bezogen. Die friedliche Rotation im Sessel des obersten Regenten wurde jedoch schon zwei Jahre später durch scharfe Gewehrsalven auf eine harte Probe gestellt: Die so genannte Cristero-Rebellion, deren Schlachtruf «Viva Cristo Rey» im August 1926 ertönte, brachte das Land erneut an den Rand eines blutigen Bürgerkriegs. Aus der konservativen Liga zur Verteidigung der Religionsfreiheit von 1925 hervorgegangen, rebellierten die fanatischen Christus-Krieger gegen die antiklerikale Verfassung von

1917. Im Namen ihres Glaubensidols, das sie bereits 1914 zum «König von Mexiko» ausgerufen hatten, formierten sie in den nördlichen und westlichen Bundesstaaten eine gut bewaffnete Guerilla, die Schulen und Regierungseinrichtungen attackierte, Sprengstoffanschläge verübte und Züge zum Entgleisen brachte. Der Violencia-Spirale von Terror und Gegenterror, die sich bis 1929 immer schneller drehte, fielen rund 50 000 Menschen zum Opfer. Erst nach geheimen Verhandlungen zwischen dem Präsidenten und der Kirchenhierarchie, übrigens unter Vermittlung des US-Botschafters, gab die Christus-Guerilla ihre Waffen ab.

Auf weniger Hindernisse stießen die Politikarchitekten des postrevolutionären Mexiko dagegen auf dem Terrain der Kultur. Im Unterschied zu den Positivismusaposteln des Porfiriats, die eine elitäre, an den Leitbildern der europäischen und nordamerikanischen Modernisierung ausgerichtete Kultur auf den Schild gehoben hatten, versuchten die neuen Machteliten, das ganze Land kulturell zu integrieren. Einer ihrer intellektuellen Köpfe, der Philosoph und Rechtsanwalt José Vasconcelos, übernahm Anfang der 1920er Jahre das neu gegründete Erziehungsministerium. In nur wenigen Jahren entstanden mehr als tausend Schulen, hauptsächlich in den ländlichen Regionen, in denen sich soziale Misere und Analphabetismus ziemlich genau die Waage hielten. Zur Zielgruppe der ministeriellen *Misiones Culturales* gehörten auch und gerade die Indiogemeinschaften, die unter dem Zepter von Porfirio Díaz noch als ethnischer Schandfleck ignoriert, gelegentlich sogar eliminiert worden waren. Nun, im Rahmen der Bildungsoffensive des Philosophen-Ministers, wurden sie nicht länger ignoriert, stattdessen integriert oder besser: assimiliert. In seinem berühmten Buch von 1925, *La raza cósmica*, entwarf Vasconcelos die kulturellen Leitlinien der modernen Mexicanidad: Die «ethnische Mission» des neuen Mexiko, schrieb er, bestehe zwar in der Integration aller «Rassen»; deren zukünftige Legierung, die so genannte Fünfte Rasse, habe sich indessen an den «überlegenen Idealen» der weißen, europäischen «Rasse» zu orientieren, wenn auch ohne deren «Arroganz». Ein Fortschritt gegenüber dem revolutionären Mexiko, gewiss, aber um den Preis einer ethnischen Homogenisierung, der sich als ziemlich hoch erweisen sollte.

Bereits zahlreiche Zeitgenossen Vasconcelos', die er selber aufgefordert hatte, sich an dem kulturellen Nationbuilding zu beteiligen, ließen erkennen, dass sie die ethnischen Traditionsbestände des Landes anders gewichteten als der ministerielle Spiritus Rector. Neben der Literatur, etwa Mariano Azuelas (1873–1952) Roman *Los de abajo*, waren es hauptsächlich die Muralisten im Umkreis von José Clemente Orozco (1883–1940), David Alfaro Siqueiros (1886–1974) und Diego Rivera (1886–1957), deren Wandgemälde in öffentlichen Gebäuden als «visuelle Lesebücher» für das riesige Heer der Analphabeten dienen sollten, die die Akzente anders setzten. Als Problem dürfte der im Grunde hispanophile Autor der *Raza cósmica* vor allem die Fresken von Diego Rivera empfunden haben, dessen antispanische Verve die obersten Repräsentanten der Konquista, namentlich Hernán Cortés, auf groteske Weise deformierten. Auch für die Abertausende Exilspanier, die Ende der 1930er Jahre in Mexiko ein sicheres Refugium fanden, kollidierten die monsterhaften Züge des Tenochtitlán-Eroberers drastisch mit ihren Vorstellungen von einem «verlängerten Spanien», das sie jenseits des Atlantiks anzutreffen hofften. Der mexikanische Nationalismus, nirgendwo deutlicher als in den Fresken der Muralisten, nahm eine Richtung, die den Enkeln der einstigen Madre Patria zutiefst missfiel.

Dennoch war es gerade jener Nationalismus, der Mexiko in den 1930er Jahren zu einem transatlantischen Fluchtort der europäischen Opfer blutiger Diktaturen machte – weit über die Reihen der Franco-Gegner hinaus. Trotz restriktiver Quotenregelungen, die vor allem die europäische, nichtspanische Masseneinwanderung bremsen sollten, verwandelte sich die mexikanische Hauptstadt in ein sicheres Asyl für Tausende verfolgter Antifaschisten und Juden. Zu ihnen zählten, was das deutsche Exil betraf, so illustre Namen wie Anna Seghers, Egon Erwin Kisch und Ludwig Renn, Schriftsteller, in deren Œuvre das Exilland tiefe Spuren hinterlassen sollte. Trotz aller Exotismusneigungen, in denen sich der europäische Ethnozentrismus in seiner linken Spielart artikulierte, setzten sich die Exilautoren mit Land und Leuten intensiv auseinander.

Kisch, der wortgewandte Prager Jude, stieß in seinen *Entdeckungen in Mexiko* sogar auf ein *Indiodorf unter dem Davidstern*, das seiner jüdischen Identität wichtige Impulse gab. Andere deutsche Autoren, namentlich der brillante Kunstkritiker und renommierte Kenner der altamerikanischen Kulturen Paul Westheim (1886–1963), er war von 1917 bis 1939 der Herausgeber des Berliner *Kunstblattes* gewesen, wurden gar zu ‹kulturellen Mexikanern›: Westheims *Versuch einer Ästhetik der Pyramide*, der u. a. den jungen Octavio Paz zu einem Lobesbrief animierte, kann als schriftliches Zeugnis einer mexikanisch-deutschen Symbiose gelten, die den eher kurzsichtigen Eurozentrismus vieler Durchschnittsemigranten, der spanischen inklusive, hinter sich ließ: «[...] ich lerne verstehen», schrieb zum Beispiel Heinrich Mann (1871–1950) aus seinem kalifornischen Exil an Paul Westheim, «Sie sind ein berufener Wegweiser».

Dass diese Wegweiser nur eine Minderheit blieben, lag freilich auch an den politischen Sensibilitäten des Gastlandes – der postrevolutionäre Nationalismus löste unter den linken Intellektuellen aus Europa höchst gemischte Gefühle aus. Denn in den 1930er Jahren schwoll die sozialistische Rhetorik, begleitet von spektakulären Maßnahmen der Regierung, zwar sprunghaft an; die soziale Misere der Mehrheitsmexikaner blieb davon jedoch unberührt. Dabei waren die Reform-Hoffnungen, als Lázaro Cárdenas 1934 die Präsidentschaft übernahm, zunächst sehr groß gewesen. Und in der Tat: Während der sechsjährigen Amtszeit des ehemaligen Gouverneurs von Michoacán, dem der Ruf eines sozial engagierten Politikers vorausgegangen war, wurden die Eisenbahngesellschaften und – noch brisanter – die Erdölindustrie des Landes verstaatlicht. Knapp zwei Jahrzehnte nach dem Ende ihrer militärischen Phase brachte sich die soziale Dimension der Revolution, so schien es, wieder in Erinnerung. Darauf deutete auch die Agrarpolitik von Cárdenas hin: Rund 20 Millionen Hektar Land wechselten die Eigentümer – auf Kosten der großen Haziendas. Nutznießer der Enteignungsdekrete waren vor allem die Kommunen und die neu gegründeten Agrargenossenschaften, die so genannten *Ejidos colectivos*. Sechs Jahre später, als Cárdenas den Präsidentensessel wieder räumte, belief sich der Anteil der Ejido-Ländereien auf rund die Hälfte der landwirtschaftlich kultivierten Flächen. Nirgendwo sonst in Lateinamerika waren die Latifundien damit mehr geschrumpft als im südlichen Nachbarland der USA. Großzügige Entschädigungsregelungen sorgten im Übrigen dafür, dass der Koloss aus dem Norden, der vor allem die Verstaatlichung der Erdölindustrie mit Argusaugen betrachtete, den Río Grande diesmal nicht überschritt.

Auch außenpolitisch machte der Präsident seinem Fortschrittsnimbus alle Ehre. Mexiko war das einzige Land Lateinamerikas, das die spanische Republik im Kampf gegen die Franco-Putschisten mit Waffenlieferungen unterstützte. Diplomatische Beziehungen, durch den Bürgerkrieg suspendiert, nahmen die Nachfolger von Cárdenas erst 1975, nach dem Ende der Franco-Diktatur, wieder auf. Im Kontext des Kalten Kriegs, als sich das spanische Despotenregime rasch vom Boykottierten zum Alliierten mauserte, durchaus eine symbolische Geste mit Seltenheitswert. Im State Department, dem internationalen Hauptprotegé des Madrider Diktators, war man über die eigenwilligen Eskapaden der mexikanischen Diplomatie verständlicherweise nicht erfreut. Größeren Schaden erlitten die bilateralen Beziehungen dadurch jedoch nicht. Als deeskalierend dürfte dabei der Umstand gewirkt haben, dass sich die ungleichen Nachbarn während der Amtszeit von Cárdenas' Nachfolger ungewöhnlich nah gekommen waren: Im Zweiten Weltkrieg, der gemeinsame Feind machte es möglich, halfen die Nordamerikaner bei der Modernisierung der mexikanischen Streitkräfte. Deren Oberbefehlshaber revanchierte sich mit einem kleinen Kampfgeschwader, das im Pazifik, an der Seite der USA, seine Kanonen auf die japanische Kriegsflotte abschoss. Obendrein schickte die mexikanische Regierung rund 300 000 Arbeiter über den Río Grande. Sie sollten jene Amerikaner ersetzen, vor allem in der Landwirtschaft der Südstaaten, die an den europäischen Fronten kämpften. Ein denkwürdiger Schulterschluss, der freilich Episode blieb.

Denn die ferne Nähe zu den USA, wiewohl ihre Ultima Ratio in der hegemonialen Arroganz der Monroe-Erben lag, wurde durch die nationalistische Verve der postrevolutionären Eliten in Mexiko stets mitbefördert – zu groß war der Abstand, der die liberale *Democracy* im Norden von der nicht sonderlich demokratischen Einparteienherrschaft im Süden trennte. Das Parteienkürzel, das die politische Zukunft des Landes mehr als ein halbes Jahrhundert dominieren sollte, bestand aus drei Buchstaben: PRI – Partei der Institutionalisierten Revolution. Aus der Nationalrevolutionären Partei (PNR) der 1920er Jahre hervorgegangen, war sie zunächst das politische Sammelbecken der postrevolutionären *caciques*, lokaler und regionaler Provinzfürsten, in denen ein Gutteil der alten Caudillo-Traditionen fröhliche Urständ feierte. Die «kuriose Kreuzung aus dem faschistischen Italien und der Sowjetunion, aber ohne Faschismus noch Sozialismus», wie Brian Hamnett die neue Politformation charakterisierte, wurde dann von Cárdenas zu einer korporativen Staatspartei ausgebaut. Der Partei der Mexikanischen Revolution (PRM), wie sie Ende der 1930er Jahre umgetauft wurde, gehörten vor allem vier «Sektoren» der Gesellschaft an, deren höchst unterschiedliche Interessen von den Parteioberen auf geschickte Weise austariert wurden: die Gewerkschaftsverbände, die neu gegründeten Bauernorganisationen, die Armee und der so genannte Volkssektor, namentlich das wachsende Heer von Staatsbeamten, dessen politische Loyalität durch Postenschacher erkauft wurde. Gleichzeitig füllte sich auf diese Weise die Parteikasse: Jeder Staatsangestellte war verpflichtet, einen bestimmten Prozentsatz seines Gehalts an seinen De-facto-Arbeitgeber abzuführen. Das korporative Parteigebilde, in dem alle Fäden der Macht zusammenliefen, machte den Staat schon bald zu seinem Ebenbild. Auch die Unternehmer des Landes, wiewohl überwiegend Nutznießer der «organischen Gesellschaft» unter dem Zepter der PRI, wurden «zu Organen der Zusammenarbeit mit dem Staat» und damit an die politische Leine der Partei gelegt. Nennenswerten Widerstand gegen die korporative Zwangsvereinigung der mexikanischen Gesellschaft mussten die PRI-Funktionäre nicht befürchten. Parteipolitische Konkurrenten, etwa die katholisch-konservative Partei der Nationalen Aktion (PAN) oder die faschistische Sinarquistische Nationalunion (UNS), verfügten zwar über ein stattliches Mitgliederreservoir, wurden dem De-facto-Monopol der Staatspartei aber nie gefährlich. Als Cárdenas das präsidiale Rotationssystem 1940 wieder in Gang setzte, konnte er seinem Nachfolger ein politisches Erbe übertragen, von dem mehrere Generationen seiner politischen Söhne und Enkel zehren sollten. Mit dem Ende der Ära Cárdenas begann nun das «neue Mexiko», die Dauerherrschaft der «institutionalisierten Revolution» – ein Unikat im bunten Sortiment der autoritären Politikdesigner in Lateinamerika.

10.3 Der Nepotismus an der Macht:
«Wirtschaftswunder» und Monopolpartei

Mit der Übernahme des Präsidentenamtes durch Avila Camacho – die Nachfolgeregelung blieb fortan das Privileg des scheidenden Chefregenten (der berühmte Fingerzeig «dedazo») – ließ Mexiko seine postrevolutionäre Phase definitiv hinter sich. Spektakuläre Maßnahmen wie die Verstaatlichung der Erdölindustrie, mit denen sich Cárdenas ein linkspopulistisches Denkmal gesetzt hatte, gehörten nicht mehr zur politischen Agenda späterer Präsidenten. Die folgenden drei Jahrzehnte standen ganz im Zeichen politischer Stabilität und wirtschaftlicher Prosperität. Endlich fand auch Mexiko, so schien es, Anschluss an die zivilisierte Welt – ganz so, wie es sich José Vasconcelos in den 1920er Jahren gewünscht hatte, als er Argentinien, der lateinamerikanischen Vorbildnation, zu ihrer Erfolgsgeschichte gratulierte. In der Tat sprach alles dafür, dass auch Mexiko eine vergleichbare Zukunft bevorstand. Die üblichen Prosperitätsindikatoren – drastische Gewichtsverlagerung vom Primär- zum Sekundärsektor, rapide Urbanisierung, steiler Anstieg der durchschnittlichen Lebenserwartung, deutlicher Rückgang des Analphabetismus etc. – ließen keinen Zweifel zu: Mexiko befand sich auf dem argentinischen Weg.

Dafür sprach auch die rasante Aufwärtskurve des demographischen Wachstums, in der der berühmte Slogan der Modernisierer am Río de la Plata, «gobernar es poblar», ein getreues Echo fand. Standen Ende des 19. Jahrhunderts nur 13 Millionen Mexikaner unter der Kuratel von Porfirio Díaz, herrschten seine Nachfolger von 1970 bereits über knapp 50 Millionen Untertanen, gegen Ende des Jahrhunderts sollte sich ihre Zahl abermals verdoppelt haben. Schwindelerregend auch die Kletterpartie der Wirtschaftsdaten: Bis in die 1970er Jahre durchschnittliche Wachstumsraten von sechs oder sieben Prozent – das «mexikanische Wirtschaftswunder», wie es allenthalben gefeiert wurde, hatte mit den ökonomischen Strohfeuern, die im übrigen Lateinamerika entzündet wurden, augenscheinlich nichts zu tun. Die vom PRI gesteuerte Staatsmaschine lief auch ökonomisch wie geschmiert. Massive Investitionen in die öffentliche Infrastruktur – Straßen, Flughäfen und Stromversorgung – lockten ausländisches Kapital an, das trotz der omnipräsenten Staatskontrolle günstige Bedingungen vorfand: Unter dem Monopol der korporativen Staatspartei und ihrer politischen Satelliten lag die Streikquote weit unter dem lateinamerikanischen Durchschnitt. Kein Wunder, dass schon Mitte des Jahrhunderts rund die Hälfte des prosperierenden Industriesektors von multinationalen Unternehmen kontrolliert wurde – ein greller Kontrast zur nationalen Rhetorik einer «Mexikanisierung der Ökonomie».

Der positivistische Traum des späten 19. Jahrhunderts, die Mexikaner zu Yankees des Südens zu machen, schien vor allem in den nördlichen

Landesteilen Wirklichkeit zu werden. In der weiland eher öden Grenzregion, in deren Weiten sich noch Pancho Villa gut verstecken konnte,
schossen Städte und Produktionsanlagen wie Pilze aus dem Boden. Die
imposante «Border Economy», wie sie in Fachkreisen heißt, symbolisiert
vielleicht am augenfälligsten die Achillesferse der mexikanischen Wirtschaft: ihre notorische Abhängigkeit von den ökonomischen Machtzen-
tren außerhalb der Landesgrenzen und – damit aufs engste verknüpft
– die gravierenden Strukturprobleme aus der Vergangenheit. Etwa der
technologische Rückstand im Vergleich zu Europa und den USA oder
die extremen Disparitäten zwischen Stadt und Land. Die tiefe Kluft zwischen dem urbanen und dem ländlichen Mexiko wurde zwar geringer;
sogar die Zahl der *ejidatarios* wuchs noch einmal kräftig an – von 1940
bis 1960 kam rund eine Million Kleinparzelleneigentümer hinzu –; das
ökonomische Gewicht der Mini-Landwirtschaft nahm indessen weiter
ab. Der technologische Standard, mit dem sich die meisten Campesinos
bescheiden mussten, war hoffnungslos veraltet, die soziale Misere, in der
ein Großteil der Landbevölkerung dahinvegetierte, bildete einen krassen
Gegensatz zu den glitzernden Glaspalästen der Metropolenarchitektur,
vor allem in der Kapitale. Als Juan Rulfo (1918–1986) in den 1950er Jahren mit seinen Romanen über das mexikanische ‹Landleben› debütierte,
dürften die gebildeteren Hauptstadtleser geglaubt haben, der Autor hätte
sich im Jahrhundert geirrt: «Hier wird alles immer schlimmer», bilanziert der Protagonist von *El llano en llamas* die erste Dekade des «modernen Mexiko». Für ihn ist die Gegend, in der er sein ärmliches Dasein
fristet, noch immer «der Ort, wo die Traurigkeit nistet». Zur sozialen Misere war die politische Hoffnungslosigkeit bereits hinzugekommen. Die
«institutionalisierte Revolution» hatte sich, zumindest auf dem flachen
Land, längst totgelaufen – selbst Nicolás Zapata, der Sohn des legendären
Bauernführers, gehörte inzwischen zur Oligarchie. Besonders schreiend
war das soziale Elend in Chiapas, jenem südlichen Armenhaus, das Ende
des Jahrhunderts durch einen bewaffneten Aufstand eine Zeit lang in die
Schlagzeilen der Weltpresse geraten sollte. Mit einer Infrastruktur, die
ihrem Namen spottet, hatten sich die erbärmlichen Lebensbedingungen
der dortigen Bevölkerung während der Boom-Dekaden sogar noch ver-
schlechtert – obwohl Chiapas zu den wichtigsten Landwirtschaftsregio-
nen Mexikos gehört.

Viele suchten ihr Heil deshalb in den Städten. Vor allem die Hauptstadt, bereits um 1960 eine Fünf-Millionen-Metropole, platzte aus allen Nähten. Nur anderthalb Jahrzehnte später lebten zehn Millionen Mexikaner im ausgedehnten Tal von Anáhuac, in dem einst die Azteken eine blühende Lagunenstadt errichtet hatten. Der Kontrast zu damals konnte größer kaum sein: Ein immer breiterer Gürtel von Baracken- und Wellblechsiedlungen säumte den barocken und modernen Innenstadtkern, auf dessen prächtigen Avenidas sich Wohlstands- und Armutsmexikaner täglich begegneten. Für viele Bewohner der hauptstädtischen Nobelviertel dürfte der visuelle Alltagskontakt mit ihren zerlumpten Landsleuten, die mit ihren ambulanten Verkaufsständen mehr und mehr die Bürgersteige der Prachtstraßen okkupierten, nicht angenehm gewesen sein. Umso gereizter reagierten sie, wenn ihnen das alltägliche Elend auch noch auf der Leinwand begegnete. Als der spanische Regisseur Luis Buñuel, er gehörte zu den geflüchteten Franco-Gegnern, seinen Film über *Die Vergessenen* drehte, schlug ihm offene Feindschaft entgegen. Knapp 20 Jahre später, die drei Boom-Dekaden seit 1940 neigten sich ihrem Ende zu, zeigte die nationale Wirtschaftsbilanz auch für die Durchschnittsmexikaner ernüchternde Zahlen. Das Pro-Kopf-Einkommen hatte sich zwischen 1950 und 1970 zwar auf 600 US-Dollar verdoppelt, der Abstand zu den USA war jedoch immer noch unüberbrückbar. Kein Wunder, dass sich viele Mexikaner bemühten, auf eigene Faust in den Besitz der begehrten Dollarscheine zu gelangen. Bereits in den 1980er Jahren lebten mehr als vier Millionen in den USA, rund ein Drittel hatte den Río Grande ohne die üblichen Einreisepapiere überquert.

Den politischen Protagonisten des Landes, deren Machtmonopol noch immer unangefochten war, passte die wachsende Schar der Arbeitsemigranten durchaus ins Kalkül. Die Staatsbilanzen profitierten von den Dollartransfers der ‹Gastarbeiter›, und das soziale Protestpotenzial wurde nach Norden ventiliert. Die Wahlergebnisse der omnipräsenten Staatspartei oszillierten zwar stets zwischen 80 und 98 Prozent. Ein schwer kalkulierbarer Teil ging dabei auf das Konto offener und verdeckter Manipulationen – das «elektorale Empire in der Pose einer Föderalen Republik» (Brian Hamnett) wies jedoch bereits deutliche Blessuren auf. Der aufgeklärte Despotismus einer pseudodemokratischen Präsidialdiktatur wurde, wenn auch noch minoritär, zur Zielscheibe von Intellektuellen. In *La muerte de Artemio Cruz*, Carlos Fuentes' Roman von 1962, wurden Despotie und Bereicherungsgier der PRI-Eliten schonungslos decouvriert. Die Lebensbilanz des Romanprotagonisten, eines eher mittleren Parteikaders auf dem Sterbebett, fällt vernichtend aus. Die Herrschaft unter dem Zepter der «Sechs-Jahres-Napoleone», wie Fuentes an anderer Stelle schrieb, hatte Mexiko in ein Eldorado von Karrieristen und autoritären Parteioligarchen verwandelt. Auch Fuentes' späterer Gegenspieler in der intellektuellen Arena der PRI-Domäne, der zu konservativen Positionen konvertierte Octavio Paz, sprach in seinem berühmten Essay *El laberinto de la soledad*, schon 1950 erschienen, von «unterschiedlichen historischen Ebenen», die zeitgleich im Lande koexistierten, häufig nur «wenige Kilometer voneinander entfernt».

10.4 Stabilität auf tönernen Füßen:
das langsame Ende der PRI-Dominanz

Die sozialen Abgründe, die Mexiko geradezu zerrissen, wurden durch die politische Arroganz, in der sich die obersten PRI-Despoten gefielen, Ende der 1960er Jahre zu einem explosiven Gemisch. Dreiste Wahlbetrugsmanöver, Obstruktion der Oppositionsparteien und Soldaten in der Zentraluniversität führten zu Massendemonstrationen, die das Regime der Autokraten provozierte: Am 2. Oktober 1968 nahmen Militär- und Polizeieinheiten eine Studentendemonstration auf dem zentralen Platz der drei Kulturen unter Feuer. Als die Orgie der uniformierten Todesschützen vorüber war, lagen die Leichen von mehr als dreihundert jungen Mexikanern auf dem symbolträchtigen Hauptstadtplatz: «Eine aztekische Pyramide, eine spanische Kirche und ein nordamerikanischer Wolkenkratzer», schrieb Carlos Fuentes mit bitterem Sarkasmus, «waren die ironischen Zeugen des rituellen Opfers.» Die offiziellen Rechtfertigungsphrasen des Massakers aus dem Mund des Turnuspräsidenten Díaz Ordaz klangen dagegen wie eine zynische Parodie auf den politischen Status quo: Man habe das Land vor einem drohenden Bürgerkrieg retten wollen – angezettelt von ausländischen Konspiratoren. Gemeint waren vermutlich die Akteure des Pariser Mai desselben Jahres, deren Rebellion die PRI-Bürokraten in Angst und Schrecken versetzt hatte. Nun waren es also nicht mehr französische «Tortenkriege» und Pariser Importkaiser, die im 19. Jahrhundert den nationalen Frieden gestört hatten, sondern Daniel Cohn-Bendit und seine aufrührerischen Ideen …

Zu den dumm-dreisten Parolen, mit denen das korrupte Präsidialregime den Massenmord als staatliche Notwehr verklärte, passte die völlige Straflosigkeit der Verantwortlichen: Keiner trat von seinem Posten zurück, keiner wurde vor Gericht gestellt. Ein Teil der politischen Verbitterung, die das Massaker erzeugte, sollte sich rund 20 Jahre später in Chiapas artikulieren. Namhafte Intellektuelle, die zu den Rebellengruppen der 1990er Jahre auf Distanz gingen, zeigten damals indessen Solidarität mit den Opfern der Willkürherrschaft. Octavio Paz, der bekannteste Dichter und Denker des Landes, trat von seinem Botschafterposten in Indien zurück.

Die moralische und politische Katastrophe, die das Massaker auf dem Platz der drei Kulturen bewirkte, markierte eine tiefe Zäsur, weit über vereinzelte Demissionen und intellektuellen Protest hinaus. Fortan gewannen oppositionelle Strömungen, linker und rechter Couleur, deutlich an Boden. Gleichzeitig begann das Machtmonopol der «Revolutions»-Partei langsam, aber sicher zu erodieren. Sichtbarster Ausdruck des politischen Überdrusses, den die Parteidespotie unter vielen Mexikanern erzeugte, ist der «absentismo»: 1979, ein gutes Jahrzehnt nach den blutigen Oktoberereignissen, ging nur noch die Hälfte aller Wahlberechtigten zur Urne. Trotzdem behielten die PRI-Präsidenten das Hausrecht im Regierungspalast, dessen Innenhofwände Diego Rivera einst mit revolutionären Bildern geschmückt hatte. Zu Hilfe kam ihnen dabei vor allem der Zufall. Anfang der 1970er Jahre wurden riesige Erdölvorkommen entdeckt, unter anderem im südlichen Armenhaus Chiapas. Das flüssige Gold, Unterpfand eines üppigen Devisenstroms, verschaffte der gebeutelten Ökonomie eine weitere Gnadenfrist. In Rekordzeit avancierte Mexiko zum viertwichtigsten Erdölexporteur der Welt. Das neue Wirtschaftswunder, jährliche Wachstumsraten von neun Prozent, war jedoch schon bald wieder zu Ende. Als Anfang der 1980er Jahre die weltweiten Ölpreise drastisch fielen, die Zinsen für die riesigen Auslandsschulden – sie hatten sich allein in den 1970er Jahren auf über 20 Milliarden Dollar vervierfacht – aber ebenso drastisch stiegen, zerplatzte der Traum von ölsanierten Staatsbilanzen im Handumdrehen. Der Regierung blieb nur noch der wirtschaftspolitische Offenbarungseid. Die Zahlungsunfähigkeit, die sie gegenüber den internationalen Gläubigerbanken erklärte, riss ganz Lateinamerika in den Strudel einer schweren Wirtschaftskrise.

Danach lagen die ökonomischen Blößen des Landes offen zutage. Schon Mitte der 1980er Jahre galten mehr als 60 Prozent der Mexikaner als arm. Die Inflation, ökonomische Fieberschübe, von denen andere Länder Lateinamerikas schon länger heimgesucht wurden, kletterte 1987 auf 160 Prozent. Hatte López Portillo, der von 1976 bis 1982 im Präsidentenpalast residierte, die Krise noch mit Rezepten à la Cárdenas – Verstaatlichung der Privatbanken – zu überwinden versucht, setzten seine Nachfolger auf die bittere Medizin neoliberaler Strategien. Die Rosskur der ideologischen Wunderpillen, deren sattsam bekannte Nebenwirkungen hauptsächlich die Armen des Landes trafen, führte indessen nicht zu einer nachhaltigen Besserung der ökonomischen Dauermalaise. Die Auslandsschulden kletterten weiter (1994 auf 160 Milliarden Dollar), und die Inflation, nach ihrem Höhepunkt in den späten 1980er Jahren wieder gefallen, überschritt im folgenden Jahrzehnt erneut die 50-Prozent-Marge.

Ein besonders schweres Krisengewitter entlud sich just im Jahr 1994, als NAFTA in Kraft trat, das als «Eintrittskarte in die Erste Welt» gefeierte Freihandelsabkommen mit Kanada und den USA. Zu den ökonomischen Kalamitäten gesellte sich eine bewaffnete Rebellion im Süden. Die «Zapatistische Armee zur nationalen Befreiung» (EZLN) betrat – die Böllerschüsse der Silvesternacht waren kaum verhallt – am 1. Januar die politische Bühne. Ihrem legendären Anführer, «Subcomandante Marcos», der seine politischen Sporen zunächst als Guerillero, später in Nicaragua und Kuba verdient hatte, gelang es sogar, internationale Fernsehkanäle und die Weltpresse für die Elendsregion zu interessieren. Spektakuläre Aktionen, ein geschicktes Spiel auf der Klaviatur professioneller Öffentlichkeitsarbeit und kreative Statements des philosophisch geschulten Rebellenführers machten jahrelang Schlagzeilen im In- und Ausland und heizten die innenpolitischen Diskussionen an. Eine substanzielle Verbesserung erreichten die bewaffneten Enkel Zapatas bisher jedoch nicht. Chiapas ist noch immer ein soziales Notstandsgebiet, dessen Bewohnern auf absehbare Zeit wohl nur die zweifelhafte Hoffnung bleibt, in die Wellblechhütten von Mexiko City umzuziehen.

Markierte der Neoliberalismus den definitiven Abschied von der postrevolutionären Wirtschaftspolitik à la Cárdenas, symbolisierte das neue Tête-à-Tête mit der Kirche, das Präsident Salinas Anfang der 1990er Jahre inaugurierte, das Ende der antiklerikalen Traditionen. Die Wiederaufnahme diplomatischer Beziehungen mit dem Vatikan, immerhin seit mehr als hundert Jahren unterbrochen, und der Wiedereintritt des Klerus in das öffentliche Leben dürften selbst eingefleischte Kader der «Revolutions»-Partei mit Unbehagen erfüllt haben. Die ersten öffentlichen Erklärungen der katholischen Würdenträger verrieten denn auch einen Zeitgeist, der im 19. Jahrhundert zu Hause war: Auf den Kondompackungen, forderte beispielsweise Kardinal Rivera Carrera, sollten künftig die gleichen Gesundheitswarnungen stehen wie auf Zigarettenschachteln …

Ein Gutteil der religiösen Kehrtwende des PRI-Regimes ging dabei auf das Konto politischer Überlebensstrategien. Denn erstmals seit vielen Jahrzehnten wurde das De-facto-Monopol einer Partei ernsthaft in Frage gestellt. Der Sieg eines PAN-Kandidaten bei den Gouverneurswahlen in Baja California Norte – 1989 – war ein Fanal, der Weg zu einer normalen Parteienrotation jedoch noch lang. Erst nach einem Machtwort des Präsidenten in der fernen Hauptstadt waren die regionalen Parteibonzen bereit, das Wahlergebnis zu akzeptieren.

Doch auch in der Kapitale trat die Institutionalisierte Revolution in eine Phase der Agonie ein, die von unappetitlichen Skandalen gesäumt war. Im Laufe des Jahres 1994 wurden zwei hochrangige PRI-Politiker auf mysteriöse Weise ermordet: Der offizielle Präsidentschaftskandidat starb im März, im September ereilte einen exponierten Parteisekretär das gleiche Schicksal – zumindest im letzten Fall, so gewichtige Verdachtsmomente, hatte der Bruder des amtierenden Präsidenten seine Hand im Spiel. Das Ende der monolithischen Dauerherrschaft des PRI war indessen nur noch eine Frage der Zeit. War etwa Cuauhtémoc Cárdenas, der Sohn des legendären Präsidenten der 1930er Jahre und Führer einer Linkskoalition, 1988 nur durch Wahlbetrug, so sämtliche Indizien, daran gehindert worden, in den Regierungspalast einzuziehen, eroberte er 1997 das Amt des Oberbürgermeisters von Mexiko City. Nur drei Jahre später, im Juli 2000, war auch das Dauerabonnement des PRI auf den Präsidentensessel ausgelaufen. Mit dem Sieg des Coca-Cola-Managers Vicente Fox und Führers der rechtskonservativen Partido Acción Nacional (PAN) hatten die Mexikaner eine politische Ära abgewählt, in der das Land mehr und mehr zur Beute einer Partei verkommen war. Ob sie bei ihrer Stimmabgabe aber mehrheitlich davon überzeugt waren, dass sich das Blatt tatsächlich zum Besseren wendet, darf indes bezweifelt werden. Für die politische Kultur des Landes war die Niederlage des PRI zwar ein Segen. Die stockkonservativen Konzepte, die Fox dem Wahlvolk bisher offerierte, lösten allerdings nur in den betuchteren Kreisen der Bevölkerung enthusiastische Gefühle aus.

10.5 Von der «kosmischen Rasse» zu den «hybriden Kulturen»: *Identitätsdiskurse im 20. Jahrhundert*

Stand das politische und ökonomische Barometer des 20. Jahrhunderts nur wenige Jahrzehnte auf Sonnenschein, so hat sich auch die kulturelle Wetterfront als turbulent und wechselhaft erwiesen. Im Unterschied zum 19. Jahrhundert, das trotz erster Schritte auf dem Weg zu einer nationalen Identität ein europäisch-französisches Strickmuster aufwies, rückten jedoch allmählich die eigenen Traditionen ins Blickfeld der positivismusmüden Eliten. Es war vor allem das Gewitter der Revolution von 1910, in dem sich kulturelle Elemente entluden, die sich seit langem zusammengebraut hatten. Eine reinigende Wirkung, die den nationalkulturellen Horizont aufgehellt hätte, war jedoch auch dann nicht sichtbar, als sich der Pulverdampf über den militärischen Schlachtfeldern allmählich verzog. Auch nach 1920 glich die nationale Färbung Mexikos einer bunten Palette schroffer Kontraste – weit entfernt von einem harmonischen Gesamtbild, das die Rhetorik des postrevolutionären Nationalismus gleichwohl suggerierte. Das konnte wohl zunächst nicht anders sein: «Jedes Volk», schrieb Octavio Paz im Rückblick auf die kulturellen Agonien der letzten zweihundert Jahre kurz vor der Jahrtausendwende, «hat seine Gespenster: Frankreich für die Spanier, Deutschland für die Franzosen; unsere sind Spanien und die Vereinigten Staaten gewesen.» Im Falle Mexikos wurde das nationale Pandämonium, um im Bild zu bleiben, allerdings noch von weiteren Gespenstern bevölkert, zu deren kultureller Entdämonisierung der junge Paz rund 50 Jahre zuvor selber beigetragen hatte: den indigenen Traditionen, denen namhafte Denker der 1920er Jahre erstmals einen festen Platz im nationalen Patrimonium zugewiesen hatten.

Um einen nationalen Logenplatz handelte es sich dabei freilich nicht. Das zeigt bereits ein Blick in *das* postrevolutionäre ‹Gründungsmanifest› der Mexicanidad: José Vasconcelos' berühmter Essay über *Die kosmische Rasse* verortet die nationalen Wurzeln des Landes zwar «in Cuauhtémoc und in Atahualpa»; auf dem kulturhistorischen Mutterboden fristen die zeitgenössischen Erben der präkolumbischen Kulturen dennoch eine marginale Existenz, trotz aller Rassenvermischungskasuistik, mit der Vasconcelos sein Ideal einer «kosmischen Rasse» verklärt. Denn auch «die fünfte», die «definitive Rasse», die er am Horizont einer mehrstufigen, bewusst geplanten Rassenvermischung – er nennt sie die «ethnische Mission» einer langfristigen «Kreuzungs»-Politik – auszumachen glaubt, trägt eine unverkennbar weiße Grundierung. Weit davon entfernt, die indianischen Traditionen als gleichberechtigte Elemente in der nationalen Ethnographie zu betrachten, relegiert er sie auf die nachgeordneten Plätze. Im System seiner – stellenweise offen rassistischen – Legierungsarithmetik spielen dagegen die europäischen Elemente die Rolle einer kulturhistorischen Leitethnie, die alle anderen Rassen letzten Endes veredelt. Denn «Lateinamerika schuldet das, was es ist, dem weißen Europäer [...].» Deshalb würden dessen «überlegene Ideale» auch weiterhin akzeptiert. Als störend empfand der Rassenalchemist, der die «niederen Rassen» (u. a. Indios und Schwarze) mit Hilfe einer «ästhetischen Eugenik» verbessern wollte, lediglich «die Arroganz» der Europäer, deren ethnische Monopolansprüche man nicht akzeptieren könne. Es sei denn, sie bezögen sich auf ausgesprochen «inferiore» Völker, etwa die Chinesen. Diese, so war er überzeugt, «multiplizieren sich wie die Mäuse» und trügen auf diese Weise dazu bei, «die menschliche Existenz zu erniedrigen».

Keine Frage, eines der wichtigsten Bücher, das in den 1920er Jahren die nationalen Seelenschichten sondierte, war nur sehr bedingt geeignet, der ethnischen Pluralität des Landes gerecht zu werden. Dennoch artikulierte sein Autor, der u. a. als Bildungsminister fungierte, eine Art Common Sense unter den postrevolutionären Eliten Mexikos, dessen gedankliches Grundinventar die Institutionalisierte Revolution noch jahrzehntelang dominieren sollte. Die geistige Patenschaft seiner Ideen wird sogar von namhaften Gegenwartsautoren wie Leopoldo Zea anerkannt, der dem Verfasser der *Kosmischen Rasse* noch in den 1970er Jahren attestierte, zu den herausragenden Vertretern der lateinamerikanischen «Schmelztiegel»-Theorien zu gehören. Übrigens ohne ein kritisches Wort über die «ethnische Mission» zu verlieren, die Vasconcelos propagierte. Der zwiespältige Charakter der indigenen Traditionen zeigte sich auch an anderen Beispielen: Als 1947 die Gebeine des letzten Aztekenherrschers Cuauhtémoc gefunden wurden, war das ein Tag des nationalen Stolzes und der Erinnerung an Zeiten, als die Indios noch nicht als «niedere Rassen» galten.

Dagegen dürfte ein anderes «Gespenst», das Octavio Paz zu den nationalen Poltergeistern rechnete, bereits damals, zu Lebzeiten José Vasconcelos', für größere Unruhe gesorgt haben: die spanischen Traditionen, mit denen sich der Autor der *Kosmischen Rasse* nahezu uneingeschränkt identifizierte. In den turbulenten Jahren nach dem militärischen Ende der Revolution, als Diego Rivera den Mexikoeroberer Hernán Cortés mit einer dämonischen Fratze an die Wände des Präsidentenpalastes malte, trafen Sätze wie der folgende sicher nicht auf ungeteilte Zustimmung: «Durch eine Religion wie die christliche», heißt es gleich am Anfang des Buchs, «entwickelten sich die amerikanischen Indios in wenigen Jahrhunderten vom Kannibalismus bis zu einer relativen Zivilisation.» In den Augen vieler Mexikaner, die in der kolonialen Epoche eine tyrannische Fremdherrschaft sahen, musste diese Eloge auf den spanischen Zivilisator nachgerade provozierend wirken, weit über die religiöse Lobpreisung hinaus. Denn Vasconcelos empfand sich und seine Zeitgenossen nicht nur als Erbe des iberischen Katholizismus – nach seiner Lesart der eigentliche «Gärstoff» der mexikanischen Kultur –, er empfand sich selber durch und durch als Spanier: «Wir werden nicht erst zu unserer Größe finden», schrieb er, «bis sich der Spanier Amerikas so spanisch fühlt wie die Söhne Spaniens.» Seine Begeisterung für die einstige Madre Patria ging gar so weit, dass er sich auch mit ihren historischen Niederlagen identifizierte. Die antispanischen Predigten zahlreicher Kompatrioten, warnte er seine Landsleute, «ließen uns vergessen, dass die Beleidigung von Trafalgar auch uns getroffen hat». Die spanische Schlappe in der berühmten Seeschlacht gegen England machte die «Verenglischung» (el inglesamiento) vieler Mexikaner aus der Sicht Vasconcelos' deshalb zu einer besonders traurigen Parodie auf die nationale Würde. Die «Perversion unseres [historischen] Bewusstseins», von den Engländern «geschickt» betrieben, habe schließlich dazu geführt, eine geschichtliche Grundwahrheit zu übersehen: «Die spanische Kolonisierung schuf Rassenvermischung. Das zeigt ihren Charakter, fixiert ihre Verantwortung und bestimmt ihre Zukunft.»

Obwohl die Geschichte des mexikanischen (und lateinamerikanischen) Spanienbildes noch zu schreiben bleibt: Die heiteren Pastelltöne in Vasconcelos' Version bieten sicher nur einen Ausschnitt des bunten Meinungsspektrums vis-à-vis der einstigen Metropole. Wie konfliktreich die mexikanisch-spanische Selbst- und Fremdwahrnehmung auch weiterhin blieb, stellten vor allem die republikanischen Flüchtlinge unter Beweis, die Ende der 1930er Jahre zu Tausenden den Atlantik überquerten. Neben besonders medienträchtigen Eklats wie dem erwähnten Film von Luis Buñuel war es vor allem die Alltagskultur, die das spanische Exil in Mexiko auf eine harte Probe stellte. Zum Beispiel in der Sprache: Das harte, metallische Kehlkopfspanisch der Peninsulaner, von den Mexikanern als akustische Schläge («golpear») empfunden, vertrieb die Einheimischen aus den Innenstadtcafés der Kapitale, führte zu polemischen Attacken in der Presse und provozierte gereizte Reaktionen namhafter Exilschriftsteller. Im üppigen Œuvre der spanischen Schriftsteller fehlt deshalb nur selten ein Hinweis auf den ‹Sprachenkrieg›, zumeist in der Pose gekränkter Rechthaberei. Als Entdecker der Neuen Welt, belehrte zum Beispiel der Dichter León Felipe (1884–1968) die Bewohner seines Exillandes, seien die kräftigen Stimmbänder der Peninsulaner verständlich: «Es gab Gründe zum Schreien!»

Die kulturellen Konflikte zwischen dem spanischen Exil und der mexikanischen Mehrheitsgesellschaft markierten indes nur die Spitze eines Eisbergs, dessen subkutane Schichten weit in die Geschichte zurückreichten. So war es nur logisch, dass sich die Auseinandersetzung über Spanien vor allem auf die Kolonialzeit konzentrierte. Auch hier klafften die Positionen verständlicherweise weit auseinander: Die Kluft zwischen der rosafarbenen Legende, die Vasconcelos präsentierte, und den visuellen Genozid-Anklagen, die Diego Rivera in Szene setzte, war unüberbrückbar. Außerdem fußte der Antihispanismus auf höchst unterschiedlichen Motiven. Verurteilten die einen, vor allem linke Künstler und Intellektuelle, die Konquista, weil sie die indigenen Kulturen bewunderten, sahen die anderen, hauptsächlich die liberalen Enkel des Porfiriats, in den spanischen Kolonisatoren die historische Hauptbarriere für die Modernisierung des Landes.

Im peninsularen Geist der Gegenreformation, der Spanien zu einer «exzentrischen Nation» machte, verortete auch der junge Octavio Paz die kolonialen Hypotheken des modernen Mexiko. In seinem berühmten Essay *Das Labyrinth der Einsamkeit*, nach Vasconcelos' *Kosmischer Rasse* das zweite Glied in der Kette herausragender Erkundungen der kulturhistorischen Idiosynkrasien, macht die Schwarz-Weiß-Dichotomie jedoch bereits einer differenzierteren Betrachtung Platz: «Es gibt zwei Spanien», schrieb Paz 1950, «das gegenüber der Welt verschlossene, und das offene Spanien, das heterodoxe, das sein Gefängnis öffnet, um die freie Luft des Geistes zu atmen.» Am kolonialen Charakter Neu-Spaniens ließ Paz damals jedoch keinen Zweifel: Das von Cortés eroberte Territorium war eine «wirkliche Kolonie», der «systematischen Ausbeutung» der zentralen Macht unterworfen. Später, in den 1980er Jahren, sprach er die einstige Metropole vom Vorwurf des Kolonialismus allerdings frei. Neu-Spanien «war keine wirkliche Kolonie», lautete nun seine Bilanz der spanischen Epoche, «sondern ein Reich, das der Krone Spaniens ebenso unterworfen war wie die anderen, die das spanische Imperium bildeten: Galicien, Aragonien, Navarra, Sizilien, Andalusien, Asturien».

Trotz dieser mehr als fragwürdigen Nivellierung, die selbst aus der Sicht eines «internen Kolonialismus» Kastiliens nicht plausibler würde, war es vor allem Octavio Paz, dessen Essay über die «psicología nacional» die Folgen der Kolonialepoche bis in die feinsten Verästelungen der Alltagskultur sondierte. Die «mexikanischen Masken», jenes reichhaltige Arsenal kultureller Distanzierungs- und Dissimulationsmechanismen, das laut Paz den Durchschnittsmexikaner des 20. Jahrhunderts charakterisiert, sei wahrscheinlich während der Kolonie entstanden: «Die koloniale Welt ist verschwunden, aber nicht die Furcht, das Misstrauen und der Argwohn.» Auch in der Sprache klinge das verbale Echo der kolonialen Gewalt noch immer nach. Etwa in der breiten Palette von Fluch- und Schimpfvokabeln im semantischen Umfeld des berühmt-berüchtigten «Chingada»-Begriffs: «Wenn die Chingada eine Repräsentation der vergewaltigten Mutter ist», so Paz, «dann erscheint es mir nicht übertrieben, sie mit der Konquista zu assoziieren, die auch eine Vergewaltigung war, nicht nur im historischen Sinne, sondern auch im Fleisch der Indianerinnen.»

Ähnlich argumentiert Carlos Fuentes, der politische Gegenspieler des *Labyrinth*-Autors, deren langjährige Zwietracht in politischen Fragen der Eintracht auf kulturellem Terrain jedoch nie im Weg stand. Auch Fuentes, der sich stets mit gleicher Vehemenz der Mexicanidad-Thematik widmete, betonte immer wieder die «Exzentrizität Spaniens» gegenüber dem «modernen Europa» – eine kulturelle Randlage mit dramatischen Folgen für Lateinamerika: Der spanische Einfluss, so der Schriftsteller, «offeriert uns das Schlimmste und negiert uns das Beste von Spanien». Die Zwei-Spanien-Theorie, die in diesem Satz anklingt, bestimmt allerdings auch seine Sicht der einstigen Kolonialmetropole. Dem Spanien der Gegenreformation und der Bluthunde – koloniale Importprodukte, die Seelen und Körper der Indios traktierten – steht das andere Spanien der «wohlwollenden Missionare» vom Schlage eines Las Casas gegenüber. Und wie Paz plädiert auch Fuentes dafür, sich den dramatischen Ambivalenzen des spanischen Erbes zu stellen: «Woher kommt die Legitimität eines Landes», lautet eine seiner Schlüsselfragen, «das seinen Vater, den spanischen Vergewaltiger, negiert und seine Mutter, die indigene Verräterin [Malinche; N. R.], verurteilt?»

Ein Blick auf die Bücher der namhaftesten Wissenschaftler, die Mexiko im 20. Jahrhundert hervorgebracht hat, macht deutlich, dass solche Appelle aus der Feder von Schriftstellern auch unter Anthropologen, Kulturwissenschaftlern und «Ideenhistorikern» längst auf fruchtbaren Boden gefallen sind. Mit der 1948 geschaffenen Professur für die «Geschichte der Ideen in Amerika», die ihr Stelleninhaber Leopoldo Zea zu internationalem Ansehen brachte, erhielt der Identitätsdiskurs einen soliden akademischen Unterbau. Zea, übrigens ein Schüler des spanischen Exilphilosophen José Gaos, setzte sich in den vergangenen fünf Jahrzehnten intensiv mit dem spanischen Erbe auseinander. Man mag zwar darüber streiten, ob bestimmte Seiten dieses Erbes, etwa das des Exils von 1939, tatsächlich so positiv zu Buche schlagen, wie Zea zu sehen vermeint; seine instruktiven und stets brillant geschriebenen Analysen der postkolonialen Ideengeschichte haben den Identitätsdiskurs jedoch ein gutes Stück vorangebracht.

Das gilt nicht zuletzt für die Auseinandersetzung mit Nordamerika, das andere «Gespenst» (Paz) im kulturellen Pandämonium Mexikos. Amerika, lange Zeit nur «ein Monolog Europas», so Zea, verwandelte sich auch durch seine Bücher in einen Kontinent, der die kulturelle Einbahnstraße früher Zeiten nicht mehr akzeptiert. In seinen Betrachtungen über «Die beiden Amerikas» führt Zea den mexikanischen «Minderwertigkeitskomplex» gegenüber den USA vor allem auf die «großen technischen und materiellen Fähigkeiten» des nördlichen Nachbarn zurück: Seit dem 19. Jahrhundert markierten Wissenschaft und Technik die eigentliche Scheidelinie zwischen den beiden Amerikas – Gradmesser für Modernität, an deren Elle gemessen Mexiko ebenso minderwertig anmutet wie einst die lateinamerikanische Natur. Waren die Inferioritätsphantasien, in denen sich die Wortführer des europäischen Ethnozentrismus gefielen, reine Kopfgeburten, bar jedweder Empirie, lag die technische Unterlegenheit indessen auf der Hand.

Insofern waren und sind, wie der ‹Identitätssucher› Octavio Paz bemerkte, die Unterschiede zwischen Mexiko und den Vereinigten Staaten «keine imaginären Projektionen, sondern objektive Realitäten». Realitäten freilich, die durch ein Prisma unterschiedlicher Traditionsbestände, kultureller Erinnerungen und Alltagserfahrungen gebrochen wurden. Einen «fundamentalen Unterschied», was die Traditionen betrifft, sieht Paz deshalb zu Recht in der Kolonialgeschichte: Erben der englischen «Moderne» die einen, Nachfahren der «Vorkämpfer der Gegenreformation» die anderen. Kaum weniger prägend war die kollektive Erinnerung an die militärische Präponderanz des Kolosses aus dem Norden, der sich Mitte des 19. Jahrhunderts rund die Hälfte des mexikanischen Territoriums einverleibt hatte. Die «ambivalente Faszination», so Paz, die man seither für den nördlichen Nachbarn empfinde – und das keineswegs nur in den Reihen der liberalen Nachlassverwalter des Porfiriats –, sei deshalb eine Konstante im mexikanischen Nordamerika-Bild: «Der Titan war gleichzeitig der Feind unserer Identität und das uneingestandene Modell dessen, was wir selber wollten.» Vor allem im Norden des Landes, wo die geographische Nachbarschaft vielfältige Alltagserfahrungen produziert – verstärkt durch den Dauertransfer mexikanischer ‹Grenzgänger› –, werden die Nordamerikaner zum Inbegriff des Anderen. Besonders dort, in der Grenzregion des Río Grande, bezeichne der Ausdruck «die andere

Seite» gleichsam eine andere Welt: «Die andere Seite ist geographisch: eine andere Sprache; historisch: eine andere Zeit (die Vereinigten Staaten steuern auf die Zukunft zu, während wir noch immer an unsere Vergangenheit gebunden sind); metaphorisch: Sie sind das Bild all dessen, was wir nicht sind.»

Auch wenn solche Dualismen, mit denen der prominenteste Erkunder der mexikanischen Identität im 20. Jahrhundert das ungleiche Nachbarschaftsverhältnis beschreibt, den kulturellen Grenzverlauf womöglich überpointieren: Die Aporien, die im kulturellen Selbstverständnis Mexikos vis-à-vis der USA zutage traten, sind keine bloßen Erfindungen phantasiebegabter Dichter. Die ferne Nähe zum anderen Amerika, bereits im 19. Jahrhundert die größte Herausforderung für die Architektur der politisch-kulturellen Mexicanidad, ist noch immer das Hauptproblem im nationalen Selbstverständnis vieler Mexikaner. Ob die *kulturelle* Lösung dieses Problems in einer Neuauflage des «Arielismus» besteht, den der Uruguayer José Enrique Rodó im Jahre 1900 propagierte – die spanisch-idealistische Software des Geistes im Süden, die technisch-militärische Hardware im Norden –, erscheint indessen fraglich. Doch genau diese Botschaft klingt im *Alten Gringo* an, Carlos Fuentes' Roman über einen betagten Nordamerikaner, der sich an der Seite Pancho Villas den Revolutionären von 1910 anschließt. In Mexiko kämpft der alternde Gringo nicht nur für politische Ideale, dort findet er auch die andere Hälfte seiner Persönlichkeit, die auf dem nützlichkeitslastigen American Way of Life verkümmert war: Sinnlichkeit und Idealismus. Unter seinen Kampfgefährten registriert er nun jene starken Gefühle – Liebe, Leidenschaft und Todesmut –, die seine eigenen «Sinne erwecken». Und von ihnen erhält er obendrein eine Lektion in Idealismus, für die er jedoch bereits empfänglich war: In seinem Reisegepäck befindet sich ein Exemplar von Cervantes' *Don Quijote*, das er nun, auf mexikanischem Boden, endlich zu lesen gedenkt.

So sympathisch die Idealismuskur, die der mexikanische Schriftsteller seinem nordamerikanischen Protagonisten verordnet, auch immer ist: Die Identitätsaporien Mexikos lassen sich unter Berufung auf einen wichtigen Strang der spanischen Kulturtraditionen allenfalls lindern, beseitigen lassen sie sich auf diese Weise nicht. Denn auch die differenzierte Hispanophilie von Carlos Fuentes, einem eher linksliberalen Vertreter der nachrevolutionären Mexicanidad, wird der ethnischen Pluralität seines Landes nur eingeschränkt gerecht, trotz aller Sympathien, die er für die indigenen Traditionen empfindet. Eine «Rückkehr zu den präkolumbischen Wurzeln» ist zwar ebenso weltfremd wie die Scheinalternative «Quetzalcóatl [oder] Pepsicóatl», so eine griffige Formel des Schriftstellers, mit der er die Nordomanie vieler Mexikaner parodiert. Als kultureller Gegenspieler des alten Aztekengottes ist Don Quijote indessen ebenso ungeeignet wie die Modernisierungsverve nach nordamerikanischem Vorbild. Denn noch immer ist die indigene Frage, allen gegenteiligen Beteuerungen zum Trotz, nicht gelöst. Gerade heute, nach den blutigen Ereignissen in Chiapas, klingt die Behauptung von Leopoldo Zea, dem großen alten Mann der mexikanischen Kulturphilosophie, «der Indio hat aufgehört, Indianer zu sein», wie bitterer Sarkasmus. Obwohl es sicher stimmt, wie Zea in den 1950er Jahren schrieb, dass «die Unterschiede heutzutage mehr ökonomisch als rassisch sind», so sind die Indianer, schätzungsweise rund ein Zehntel der Bevölkerung Mexikos, noch weit davon entfernt, «einfach zum Volk» zu gehören. Ebenso wenig verschwunden ist die «expresión denigratoria», die rassistisch herabsetzende Haltung, mit der viele Mestizen, die Mehrheit aller Mexikaner, den Indios begegnen. Freilich ‹nur› denen aus Fleisch und Blut. Denn deren präkolumbische Vorfahren haben längst einen festen Platz auf der nationalen Bühne, allerdings überwiegend als historische Schmuckkulisse, deren ethnisches Dekor die Gegenwart verziert, aber nicht belebt – auch nicht beleben soll.

Am Beispiel des bekannten Museo Nacional de Antropología, seit den 1960er Jahren ein Besuchermagnet im musealen Angebot der Hauptstadt, hat der Kulturwissenschaftler Nestor García Canclini den modernen Ritualcharakter der offiziellen Vergangenheitsinszenierung untersucht. Das Museum, so Canclini, sei ein geschickt arrangiertes «Zeremonialgebäude», in dem die präkoloniale Vergangenheit monumentalisiert und gerade dadurch von der Gegenwart isoliert werde, noch dazu auf eine Weise, die primär den Azteken die pränationale Vaterschaft des modernen Mexiko attestiert. Die anderen Kulturen, über die sich die Herrscher von Tenochtitlán erhoben hatten, firmieren dagegen eher als Appendix des «pränationalen» Hochkulturimperiums. Allen gemeinsam, dem aztekischen Leitgestirn ebenso wie seinen angeblichen Satelliten, ist allerdings ihre Musealisierung: Die vorkolumbische Welt Mexikos wird als eine Art archäologisches Stillleben inszeniert, in dem die Verbindungen zur ethnischen «Hybridität» der Gegenwart, so die Bilanz Canclinis, bewusst unterbrochen wurden. Die zentrale Botschaft des Museums, das jedes Jahr Abertausende Mexikaner und Ausländer besuchen, zielt deshalb nicht auf eine kritische Aneignung der Geschichte, sein Hauptanliegen besteht vielmehr darin, der dominanten Version des mexikanischen Nationalismus ein historisches Adelsprädikat zu verschaffen. So sah es auch der damalige Präsident, der das imposante «Zeremonialgebäude» feierlich inaugurierte: Er wünsche sich, dass seine Landsleute, die das Museum besuchen, «Stolz empfinden, Mexikaner zu sein».

Dieses Ziel, so darf man vermuten, haben die politischen Erben der Revolution von 1910 weitgehend erreicht. Die Berufung auf eine Vergangenheit, deren Gegenwartsbezug archäologisch erstarrt ist, bildet einen festen Bestandteil im Kultur- und Bildungssektor des Landes. Eine viel beachtete Ausstellung über die Azteken, die kürzlich in Berlin und Bonn gezeigt wurde, passt durchaus in dieses Bild, mit dem das offizielle Mexiko im Ausland für sich wirbt. Ob die acht bis zehn Millionen Indios, auf die ihr Anteil an der Gesamtbevölkerung geschätzt wird, den gleichen Stolz über die Exponate empfinden, den sich weiland der mexikanische Präsident wünschte, steht indes auf einem anderen Blatt. Sie kämpfen, häufig genug, nicht nur um ihre soziale Existenz. Sie müssen auch befürchten, wie der mexikanische Anthropologe Guillermo Bonfil Batalla Ende des 20. Jahrhunderts schrieb, Opfer eines «statistischen Genozids» zu werden: Vielen Mexikanern sei beispielsweise nicht bekannt, dass noch immer mehr als 50 indigene Sprachen mit dem spanischen Hauptidiom koexistierten.

In seinem viel beachteten Buch *México profundo* kritisiert auch Bonfil Batalla die «ideologische Alchemie» des dominanten Identitätsdiskurses, in dessen «Tempeln der Nationalität» die indigenen Traditionen zum kulturhistorischen Zierrat schrumpften. Er schlägt stattdessen vor, der Titel seines Buchs deutet es an, das «substrato fundamental» der indigenen Gegenwart für eine «Rückkehr zur Vergangenheit» zukunftsträchtig zu nutzen. Zumindest sein Vokabular, das einen zweifelhaften Wurzelmythos suggeriert, bietet jedoch Angriffspunkte, die auch wohlmeinende Kritiker des *México profundo* zu Recht als Vergangenheitsromantik empfinden. Dagegen trifft Bonfil Batallas Plädoyer für einen ethnischen Pluralismus, der Soll und Haben des indigenen Erbes unvoreingenommen bilanziert, durchaus auf offene Ohren. Das gilt auch für seine Sicht des «Westens», sicher noch immer der kulturgeographische Leithorizont der meisten Mexikaner: «Wir müssen lernen, den Westen von Mexiko aus zu sehen, statt Mexiko weiterhin vom Westen her zu betrachten.»

Statt eines Epilogs:
«Würfelspiele der Zukunft» – *Entwicklungstendenzen*
nach der Jahrtausendwende

In seinem Essay *Vom Nutzen und Nachteil der Historie für das Leben* spricht Nietzsche vom «Wohlgefühl des Baumes an seinen Wurzeln» und damit von dem «Glück», nicht willkürlich und zufällig, sondern aus einer Vergangenheit «als Erbe, Blüte und Frucht» herausgewachsen zu sein. Die schöne Metapher ist freilich trügerisch. Denn «der Baum fühlt seine Wurzeln mehr, als dass er sie sehen könnte». Irrtümer über Größe und Kraft, nur an den sichtbaren Ästen ablesbar, seien deshalb die wahrscheinliche Folge. Und wenn der Baum schon darin irre – «wie wird er erst über den ganzen Wald um sich herum im Irrtum sein!» Nietzsches Aperçu, eine luzide Warnung vor allwissenden Geschichtspropheten, gilt auch für das hier untersuchte Wurzelwerk. Ich war zwar stets bemüht, die eine oder andere Erkenntnisschneise in das chaotische Durcheinander von Fakten und Fiktionen zu schlagen. Dennoch ist nicht auszuschließen, dass ich mich hier und da verirrt, auch geirrt habe. Vieles bleibt außerdem unerwähnt oder konnte im engen Rahmen einer Überblicksdarstellung nur in groben Zügen nachgezeichnet werden. Einige Themenakzente dieser Geschichte gehorchen im Übrigen eher persönlichen Interessen ihres Autors. Vor allem der Versuch, politisch-ökonomische Aspekte mit kulturwissenschaftlichen Fragestellungen zu verbinden – angesichts der hierzulande noch immer recht hohen ‹Kulturschranken› zwischen den akademischen Einzeldisziplinen sicher ein überfälliger Versuch. Insofern wäre der vielleicht treffendste Titel: *Eine* Überblicksgeschichte Lateinamerikas. Ihr sollten, gelungen oder nicht, weitere folgen.

Zu den eher persönlichen Noten des Buchs gehört auch der Versuch, Nietzsches Warnung vor den «Begriffsdrachen» in den Wissenschaftssprachen ernst zu nehmen. Der gedrillte Sachlichkeitsjargon auf dem Exerzierplatz akademischer Wortuniformen, angeblich ein Basiselement wissenschaftlicher Erkenntnis, war schon Alexander von Humboldt zuwider. Der «zweite Entdecker Amerikas», auch in diesem Buch mehrmals zitiert, verließ deshalb die ausgetretenen Pfade ungelenkiger Wissenschaftsidiome – ohne Nachteil für den Gehalt seiner Bücher, aber zum Vorteil ihrer Leser. In Geschichtsbüchern trägt ein uniformiert-gestanzter Stil sicher besonders dazu bei, die von Nietzsche kritisierte «Grauhaarigkeit» historischer Bildung zu verstärken. Zu der Absicht, ein halbwegs lesbares Buch zu schreiben, gehörte selbstredend der Versuch, Synthese und Zusammenhang an die Stelle dessen zu setzen, was der berühmte Geschichtskritiker als «blinde Sammelwut» historischer Fakten bezeichnete. Statt «antiquarischer Geschichte» und ihrer Lust am «Staub bibliographischer Quisquilien», das Bemühen, die roten Fäden der Vergangenheit zu finden und sie im Sinne Nietzsches als «Würfelspiele der Zukunft» zu verwenden. Auch deshalb zum Schluss der Versuch, einige Entwicklungstendenzen der letzten Jahre (bis Anfang 2005) zu skizzieren – ein naturgemäß gewagtes Unterfangen, das sich auf neuere Studien und Artikel aus der überregionalen und internationalen Presse stützt. Ich konzentriere mich dabei auf illustrative Beispiele und auf solche Aspekte, die ich für besonders ‹geschichtsnotorisch› halte.

Zunächst die ökonomische Dauermalaise, die wohl wichtigste und folgenreichste ‹Idiosynkrasie› Lateinamerikas. Der Tenor von Wissenschaftlern und Journalisten lautet: Lateinamerika, seinen nationalen Ökonomien und der übergroßen Mehrheit seiner Menschen, geht es schlecht, überwiegend sehr schlecht. Die von Globalisierungskritikern wie A. G. Hopkins oder Aldo Ferrer konstatierten Krisen- und Verarmungstrends der vergangenen zwei bis drei Jahrzehnte setzten sich nach der ‹Jahrtausendschwelle› augenscheinlich fort: «250 der 430 Millionen Lateinamerikaner leben in Armut», so eine Zeitungsnotiz von 2003, «die Auslandsschuld lag im vorigen Jahr bei 800 Milliarden Dollar, die Rezession der vergangenen fünf Jahre hat die Fortschritte der frühen Neunziger zunichte gemacht.» Einige Silberstreifen am düsteren Gesamthorizont zeigten lediglich Brasilien – «Der Agrarriese strotzt vor Kraft», titelte eine

Frankfurter Zeitung im Herbst 2004 – und, mit einigem Abstand, Mexiko und Chile, unbeschadet der elenden Verhältnisse, in denen auch dort die Mehrheit der Menschen lebt. In den anderen Ländern dominieren dagegen Schuldenspirale, Preisverfall für Exportprodukte und Verarmung bzw. Verelendung der Bevölkerungsmehrheiten … Kurz, ein wirtschaftliches Horrorszenario, das jeder Besucher Lateinamerikas auf Schritt und Tritt zu sehen bekommt. Die «Grundarten der Armut», wie sie Bertolt Brecht (1898–1956) in seiner *Mutter Courage* beschreibt – in den Elendsgürteln von Mexiko D. F. bis Santiago de Chile muss man sie nicht erst erfinden, um das Mitleid der Passanten zu erwecken. Einige Beispiele: In Nicaragua, wo man 2004 des 25. Jahrestags der Sandinisten-Revolution gedachte, lagen die Kaffeepreise unter dem Niveau von 1975. In Bolivien, schon lange das Armenhaus Lateinamerikas, galten 2003 mehr als 90 Prozent der Landbevölkerung als arm, in den Städten lag die Quote bei drei Viertel. Nur wenig besser ging es dem Durchschnittsperuaner. Im Frühling 2004 verdiente ein peruanischer Lehrer 600 Soles, das entspricht 171 Dollar – die Armutsschwelle liegt bei 176 Dollar. Ebenso oder noch schlechter leben rund 60 Prozent der Bevölkerung, nur zwölf Prozent aller Haushalte verfügen über mehr als 800 Dollar im Monat. Im nördlichen Nachbarland Perus spricht man neuerdings von der «Mexikanisierung der kolumbianischen Landwirtschaft»: Die abrupte Öffnung der Agrarmärkte zu Beginn der 1990er Jahre hat das Andenland inzwischen vom Selbstversorger zum Importeur von Mais und Getreide gemacht. Dabei ist die Anspielung auf Mexiko kein Zufall, hat der südliche Handelspartner der USA und Kanadas seit dem Abschluss des Freihandelsabkommens NAFTA (1994) doch mehr als eine Million Arbeitsplätze verloren. Selbst der mächtige Industrieverband des Landes bilanzierte die ungleiche Partnerschaft im Frühjahr 2004 mit drastischen Worten: «Mexiko ist höchst wettbewerbsfähig beim Erzeugen von Auswanderung und Armut.» Ganz zu schweigen von Argentinien, einem der ehemals reichsten Länder der Welt. Der Staat am Río de la Plata hat sich zwar von den schlimmsten Schlägen der Krise, die Ende der 1990er Jahre hereingebrochen war, inzwischen wieder erholt; Anfang 2004 lebte allerdings noch immer mehr als die Hälfte der Argentinier unterhalb der Armutsgrenze – ein «irreales Universum», schrieb der Korrespondent einer großen deutschen Tageszeitung, das an die literarischen Welten von Jorge Luis Borges erinnere.

Die zitierten Beispiele zeigen zur Genüge: Das ökonomische Dauer-desaster Lateinamerikas hat die Jahrtausendschwelle längst passiert. Gewachsen ist indessen, so mein Eindruck, das Bewusstsein für die historische Dimension der skizzierten Probleme. Einerseits für die Geschichte der letzten Jahrzehnte: Inzwischen scheint selbst neoliberalen Hardcore-Ökonomen zu dämmern, dass nicht jedes wirtschaftliche Strohfeuer den Durchbruch zu stabiler Langzeitprosperität markiert. So nimmt es nicht wunder, wenn man im Wirtschaftsteil einer überregionalen Zeitung liest: «Die wirtschaftlichen Probleme in Südamerika dürfte es eigentlich gar nicht geben. Denn die Regierungen zwischen dem Karibischen Meer und Feuerland handelten jahrzehntelang genau so, wie ihnen der Internationale Währungsfonds (IWF) geraten hatte: Sie beseitigten die Zollschranken, garantierten die Freiheit des Kapitals, privatisierten öffentliche Unternehmen, ließen ausländische Banken ins Land und wählten das Wechselkurssystem, das ihnen die Washingtoner Experten ans Herz gelegt hatten.» Und dennoch, so das Blatt, «ächzen die Staaten unter einer so schweren Wirtschaftskrise, dass Beobachter bereits von einem neuen ‹verlorenen Jahrzehnt› Südamerikas unken». Andererseits hat auch das historische Langzeitgedächtnis Fortschritte gemacht: Die koloniale und neokoloniale Vergangenheit des Subkontinents scheint häufiger in den Blick von Ökonomen, Globalisierungstheoretikern oder Fachjournalisten zu geraten als in den 1990er Jahren. Sicher ist dabei die griffige Gleichung: «the rise of the West = the fall of the rest», die einige Globalisierungskritiker aufgestellt haben, ziemlich monokausal und damit unzureichend, die vielschichtigen Realitäten zu erklären. Ebenso zweifelhaft ist der Versuch prominenter Politiker, die Geschichte als ewige Berufungsinstanz für mangelnde Reformbereitschaft zu missbrauchen. Und doch lässt sich der Meinung von Lula Ignácio da Silva nur schwerlich widersprechen: «Wir können in vier Jahren», so der ‹Arbeiter-Präsident› Brasiliens im Sommer 2004, «nicht alle Fehler der letzten 500 Jahre wieder gutmachen.» Dass inzwischen auch immer mehr journalistische Lateinamerikakenner historische Tiefenschärfe erkennen lassen, darf man als positives Zeichen verbuchen. Etwa in einem Artikel von 2002 über die berühmt-berüchtigten Silberminen von Potosí, in denen noch heute mehr als 8000 bolivianische Mineros nach Spurenelementen des Edelmetalls suchen – unter erbärmlichsten Bedingungen, die sich von den kolonialen Verhältnissen dadurch unterscheiden, dass das Risiko, im «Cerro» umzukommen, heute geringer ist. Vergessen ist das historische Massensterben, so der Autor, aber nicht: «Die Leute [in der Umgebung des Hügels, N. R.] sagen, mit dem Silber des Cerro Rico hätte man eine Brücke von Lateinamerika nach Europa bauen können. Die Knochen der Toten hätten für zwei Brücken gereicht [...].» Südamerika als großes ‹Kolonialwarenlager› – die alte Arbeitsteilung zwischen Zentrum und Peripherie, so ein Bericht von 2004 über den Preisverfall für Produkte der Dritten Welt, dominiert noch immer das Bild: «In vielen Ländern Lateinamerikas hat sich das Grundmuster des Außenhandels», so die triste Bilanz des Artikels, «noch nicht allzu weit von dem ‹Kolonialzeittyp› entfernt: unverarbeitete Rohstoffe und Agrarprodukte werden gegen Industriegüter getauscht.» Diese Bilanz gelte auch für solche Länder, die dem einen oder anderen Beobachter als Paradebeispiel einer gelungenen Befreiung aus den kolonialen Fesseln gelten: «Auch das Schwellenland Brasilien hat sich von der traditionellen Rolle als Primärgüterexporteur noch keineswegs verabschiedet.»

Darf man das hier und da gewachsene Bewusstsein für die strukturellen Probleme der lateinamerikanischen Ökonomien also als Fortschritt interpretieren, so stimmen die politischen Veränderungen in mehreren Ländern nicht weniger optimistisch. In Argentinien, Brasilien, Chile und Peru sind in den vergangenen Jahren linksorientierte Präsidenten gewählt worden, die ein gemäßigt sozialistisches Credo vereint. Mit dem Wahlsieg von Tabaré Vázquez hat sich Ende 2004 auch Uruguay, die einstige «Schweiz Lateinamerikas», der Phalanx sozialdemokratischer Regierungen angeschlossen. Im Unterschied zu den 1970er Jahren, etwa zur Regierung von Salvador Allende in Chile, verliefen die Regierungswechsel der vergangenen Jahre eher unspektakulär und lösten bislang kaum Polarisierungstendenzen aus. Das liegt wohl, einerseits, an der durchweg moderaten Reformpolitik: Die «Systemfrage», in früheren Jahren offen aufgeworfen, steht heute nicht mehr zur Debatte. Die erste Auslandsreise des frisch gewählten Präsidenten Uruguays, er machte dem Weltwährungsfonds in Washington seine Aufwartung, ist dafür illustrativ. Andererseits hat ein Großteil der Linken aus den Gewaltexzessen früherer Jahre augenscheinlich die Lehre gezogen – die in Kapitel 9 skizzierte Atmosphäre in Argentinien am Vorabend der Diktatur kann dafür als Beispiel dienen –, dass Demokratie einen Wert an sich darstellt, auch ohne die wünschenswerte Verankerung in der Ökonomie. Zur demokratischen Kultur, ein Novum in vielen Ländern Lateinamerikas, gehört natürlich der Dissens. So werfen zahlreiche Kritiker, beispielsweise der renommierte Befreiungstheologe Leonardo Boff Ende 2004, ihren Regierungen vor, allzu moderat zu sein, hauptsächlich in der Wirtschafts- und Sozialpolitik. Hinzu kommen, etwa in Peru, Korruption und Bereicherungsambitionen der ehemaligen «Hoffnungsträger» – Begleiterscheinungen politischer Macht, die heutzutage immerhin öffentlich angeprangert werden können. Positiv auch das Engagement dieser Regierungen, sich der blutigen Vergangenheit ihrer Länder zu stellen. Beispielsweise in Chile. Es ist zwar zweifelhaft, ob der Exdiktator Pinochet aufgrund seines hohen Alters jemals vor einem Richter stehen wird. Die entschiedenen, zuweilen couragierten Schritte, die die Regierung von Präsident Lagos zur «Aufarbeitung der Vergangenheit» unternimmt, verdienen jedoch allemal Respekt. Ende 2004 kam eine besonders symbolische Maßnahme hinzu: Die uniformierten Mörder Victor Jaras, des neben Pablo Neruda wohl bekanntesten Künstlers der Allende-Zeit, sollen vor Gericht gestellt werden.

Ziemlich trostlos ist das politische Panorama dagegen nach wie vor in Ländern wie der Dominikanischen Republik, Honduras oder Kolumbien. In dem karibischen Urlaubsparadies, in dem immer mehr Deutsche ihre Ferien verbringen, gewann mit Leonel Fernández im Frühsommer 2004 ein neoliberaler Kandidat die Präsidentschaftswahlen. Ob seine Rezepte den verarmten Inselstaat sanieren werden, ob sie wenigstens die grassierende Korruption – Fernández' Amtsvorgänger hatte seine potenziellen Wähler noch mit Motorrädern im Wert von 8,5 Millionen Euro beglückt – stoppen können, ist höchst fraglich. Wenig Hoffnung auf politische Veränderungen zum Besseren auch in Honduras. Aus dem kleinen mittelamerikanischen Land kamen in den vergangenen Jahren besonders schlimme Nachrichten: Straßenkinder, die jüngsten Opfer des Elends, werden systematisch ermordet, unter Verdacht stehen auch zahlreiche Polizisten. Reicht zur Beschreibung der zitierten Länder noch der Komparativ, bleibt Kolumbien wohl noch immer der Superlativ vorbehalten. Von den acht bewaffneten Konflikten, die Ende der 1980er Jahre in Lateinamerika gezählt wurden, ist nur der kolumbianische übrig geblieben.

Die harte Hand von Präsident Alvaro Uribe kann zwar im Kampf gegen die Guerilla einige Erfolge verbuchen – viele Straßen, ehemals unpassierbar, werden mittlerweile wieder befahren, die Kriminalität ging deutlich zurück –, große Teile des Landes werden aber immer noch von den Guerilleros kontrolliert. Die rund 200 000 Toten, die der Gewaltspirale in den letzten vier Jahrzehnten zum Opfer fielen, müssen wohl noch lange warten, bis eine Politik der nationalen Versöhnung wie in Chile ihr Schicksal in Erinnerung ruft. In vielen Familien Kolumbiens kämpft bereits die dritte Generation in den Reihen der Guerilla. Einen Hoffnungsschimmer gibt es aber sogar in diesem geschundenen Land: Im Herbst 2003 gewann ein Kandidat der demokratischen Linken das Bürgermeisteramt von Bogotá. Der Sohn einer Putzfrau, für kolumbianische Verhältnisse unerhört, gleicht seitdem allerdings Sisyphus; ob er auch glücklich ist, darf man bezweifeln.

Einen Sonderfall stellt die «Bolivarische Republik» Venezuela dar. Ihr oberster Repräsentant, der im Sommer 2004 siegreich aus einem Referendum hervorgegangene Hugo Chávez, ist, wie viele seiner Anhänger, eine schillernde Figur. Sein sozialrevolutionäres Pathos, er beruft sich dabei auf den «Amerika-Befreier» Simón Bolívar, wirkt zwar wie ein Remake der politischen Folklore Kubas, kommt aber bei der Mehrheit seiner bettelarmen Landsleute (ca. 70 Prozent des 25-Millionen-Volks) bis dato gut an. Die Sympathien für den «Perón am Orinoco» *(El País)* sind dabei vor allem der Tatsache geschuldet, dass er die Sozialausgaben kräftig erhöhte, zumindest für venezolanische Verhältnisse: «Ärztliche Betreuung, subventionierte Lebensmittel, Alphabetisierungskampagnen, öffentlicher Wohnungsbau und ähnliches», so ein deutscher Lateinamerika-Korrespondent im Sommer 2004, «erreichen plötzlich jene Venezolaner, denen der Staat noch nie etwas geschenkt hat.» Die Mittel- und Oberschicht des Landes klagt zwar über «kubanische Verhältnisse», muss hier und da, etwa bei der Devisenbewirtschaftung, auch einige Härten verkraften; bislang hat die «bolivarische Revolution» die Ausgaben für soziale Projekte allerdings nicht durch Enteignungen oder sonstige Eingriffe in die bestehende Eigentumsordnung bestritten. Haupteinnahmequelle des Staates ist nach wie vor das «flüssige Gold»: Rund die Hälfte der Staatseinkünfte und 80 Prozent der Exporterlöse werden im Erdölsektor erwirtschaftet. Solange diese Quellen weitersprudeln, dürfte die Machtbasis von Chávez wohl stabil bleiben. Auf einem anderen Blatt steht die Frage, was aus den demokratischen Strukturen, auch in Venezuela noch ein zartes Pflänzchen, werden wird. Die monatelangen Auseinandersetzungen um das Referendum im Sommer 2004 – brennende Barrikaden, von den zumeist besser betuchten Chávez-Gegnern errichtet, brutale Übergriffe der regierungstreuen Sicherheitskräfte, Tote und Verletzte – haben das Land stark polarisiert. Wenig Gutes verspricht dabei auch der aggressive Ton, in dem sich Chávez-Anhänger und Opposition verbal traktieren. Die berühmt-berüchtigten Sonntagsansprachen des Präsidenten im staatlichen Fernsehkanal machen dabei keinerlei Ausnahme: Als Lehrstunden für Demokratie können die oft stundenlangen, in der Pose narzisstischer Unfehlbarkeit inszenierten Medienauftritte jedenfalls kaum bezeichnet werden. Ein «als Sozialrevolution verkleideter Faschismus», wie der Autor einer deutschen Wochenzeitung unlängst zu sehen vermeinte, ist die «Bolivarische Republik» allerdings nicht. Der nächste Wahltermin steht bereits fest. Dann könnte die bunt gemischte Opposition ja ihren politischen Hauptjoker ins Spiel bringen: Demokratie *und* soziale Gerechtigkeit. Dass sie es tut, darf indes bezweifelt werden.

Zum Schluss ein Blick auf die ethnische Geographie Lateinamerikas, die in früheren Zeiten als stark hierarchisierte «Pigmentokratie» berüchtigt war. Auch hier lassen sich, summa summarum betrachtet, zahlreiche Fortschritte konstatieren. Ein medienträchtiges Ereignis in Bolivien ist dafür illustrativ: Die hellhäutige, hochgewachsene Kandidatin für den Miss-World-Titel sorgte in dem armen, stark indigen geprägten Land 2004 für einen Eklat, als sie ihre Teilnahme an dem Schönheitswettbewerb damit begründete, nicht alle Bolivianerinnen seien klein, kupferfarben und indianischer Herkunft. Was die einen, etwa der bekannte Schriftsteller Mario Vargas Llosa aus Peru, als «eine zutiefst verstörende Entwicklung» empfinden, ist für andere, hier den Korrespondenten einer Frankfurter Tageszeitung, ein eher positives Indiz für das «Erstarken der Indianer-Bewegung» in ganz Lateinamerika. Tatsächlich haben die rund 50 Millionen Indígenas, die sich auf gut 400 Völker verteilen, in den vergangenen Jahren weiter an Selbstbewusstsein gewonnen. Ein Gipfeltreffen von 300 Indio-Frauen aus ganz Lateinamerika zeigte Ende 2002, dass sich die emanzipatorischen Bestrebungen der Urbevölkerung inzwischen nicht mehr nur auf kulturelle und soziale Fragen beschränken. In die gleiche Richtung zielen die Dauerproteste der chilenischen Mapuche-Indianer, der heutzutage vermutlich größten Indio-Ethnie Südamerikas. Die einst besonders kämpferischen Bewohner Chiles (und Argentiniens), die den Spaniern jahrhundertelang Paroli boten, sind augenscheinlich nicht länger bereit, die soziale und kulturelle Diskriminierung hinzunehmen. Ob sie, wie im nördlicheren Ekuador 2003, demnächst sogar eine Außenministerin stellen – auch dort ein spektakuläres Novum –, ist deshalb vielleicht nur eine Frage der Zeit. Durchaus vergleichbar die Bilanz, die sich für Brasilien ziehen lässt, vor allem mit Blick auf die afrikanischen Traditionen des Landes. Das «Besondere am brasilianischen Rassismus», so der Autor einer deutschen Wochenzeitung, nämlich «dass er bis heute geleugnet» werde – diese Besonderheit existiert zwar noch immer, aber mit deutlich abnehmender Tendenz. Ein Beispiel: Im Herbst 2004 versammelten sich im Rathaus von Salvador da Bahia zum ersten Mal schwarze Politiker, schwarze Künstler und schwarze Frauenrechtlerinnen, um über Probleme zu beraten, die es angeblich nie gab. Sicher ein Hoffnungszeichen, dass Brasilien irgendwann einmal so sein wird, wie Stefan Zweig es in den 1930er Jahren zu sehen vermeinte.

Weniger optimistisch nimmt sich das ethnische Panorama dagegen in anderen Ländern aus. Beispielsweise in Panama, das 2003 seinen Unabhängigkeits-Centenario feierte. Das ‹nationale Kunstprodukt›, wegen seines Kanals erst vor hundert Jahren mit staatlichen Würden ausgestattet, hat bislang keinen offiziellen «Nationalhelden» aus den Reihen der Urbevölkerung oder der afrikanischen Sklaven. Selbst im ‹indigenen Mexiko›, seit der Revolution zu Beginn des 20. Jahrhunderts stolz auf seine aztekische Vergangenheit, empfinden viele Nachfahren der einstigen Hochkultur Mittelamerikas – einschließlich vieler Weißer und Mestizen – den Widerspruch zwischen musealer Wertschätzung und realer Diskriminierung zunehmend als Problem. Der bewaffnete Konflikt in Chiapas hat zwar – einer vielleicht trügerischen – Ruhe Platz gemacht. Neue Konflikte, etwa um das Supermarkt-Projekt einer nordamerikanischen Handelskette in unmittelbarer Nähe der berühmten Sonnenpyramide, zeigen indessen: Auch hundert Jahre nach der ersten Revolution Lateinamerikas mit indigenistischer Färbung ist das indianische Erbe Mexikos durchaus noch bedroht. Zur Ironie der Geschichte gehört allerdings, dass der ethnische Pluralismus hier und da auch von denen bedroht wird, die zu den primären Opfern der alten «Pigmentokratie» gehörten. Namentlich in Bolivien, wo einige indigene Führer, die in den vergangenen Jahren den räuberischen Export von Erdgas angeprangert haben, «die Weißen» in toto zu Schuldigen stempeln – ein durchaus negatives Abziehbild des dominanten Rassismus, in dem wohl auch das zum Vorschein kommt, was Thomas Meyer unlängst als «Identitäts-Wahn» bezeichnet hat: die Politisierung kultureller Unterschiede, nun gewissermaßen seitenverkehrt. Bleibt zu hoffen, dass solche Epigonen Samuel Huntingtons eine Ausnahme bleiben.

Auf *die* Geschichte Lateinamerikas, hier nur in einigen Grundtendenzen skizziert, können sich jedenfalls weder die einen noch die anderen berufen. Für monokausale Geschichtsprophetien waren die historischen Ereignisse stets viel zu komplex, gerade in Lateinamerika. Die tiefen Zäsuren, die etwa der iberische Kolonialismus, seine lange Dauer und sein überwiegend gewaltvolles Ende, in den Ländern des Subkontinents bewirkten, sind zwar unübersehbar. Ebenso die ökonomischen und politischen Dauerinterventionen von außen oder die massiven Kulturimporte, mit denen sich die kreolischen Eliten lange Zeit als Europäer Südamerikas drapierten. Als historische Berufungsinstanz, die gegenwärtiges Versagen mit Vergangenheitsmythen verklärt, taugt die Geschichte jedoch nicht. Es gibt ihn zwar, den «wahrhaft geschichtliche[n] *Connexus* von Ursachen und Wirkungen», wie Nietzsche schrieb. Die historische Kette, weit davon entfernt, aus gusseisernen Gliedern zu bestehen, ist jedoch immer für eine Überraschung gut. Der Augenblick, «im Husch da, im Husch vorüber», so der Weimarer Meisterkritiker historischen Denkens, komme vor allem als Gespenst immer wieder und störe die Ruhe eines späteren Augenblicks: «Fortwährend löst sich ein Blatt aus der Rolle der Zeit, fällt heraus, flattert fort – und flattert plötzlich wieder zurück, dem Menschen in den Schoß.»

Anhang

Literatur

Die folgende Bibliographie, selbstredend nur ein kleiner Ausschnitt aus der üppigen Fülle internationaler Lateinamerika-Studien, enthält vor allem solche Titel, die ihren Gegenstand relativ allgemein behandeln. Neben Übersichtsdarstellungen der lateinamerikanischen (Kultur-)Geschichte und bestimmter Themengebiete präsentiert die Liste einige länderspezifische Werke, die sich, ihrer Bedeutung im vorliegenden Buch folgend, auf Mexiko, Argentinien und auf Brasilien beschränken. Den Abschluss bildet eine kleine Zeitschriftenauswahl.

Historische Übersichtsdarstellungen
Bernecker, Walther L. (Hg.) (1992–1996): Handbuch der Geschichte Lateinamerikas, 3 Bde., Stuttgart

Bethell, Leslie (ed.) (1985–1995): The Cambridge history of Latin America, 11 Bde., Cambridge

Blackwell, Peter J. (1997): A history of Latin America: empires and sequels, 1450–1930, Oxford

Blas, Patricio de, u. a. (2000): Historia común de Iberoamérica, Madrid

Bouchard, Gérard (2003): Génesis de las naciones y culturas del Nuevo Mundo, México D. F.

Galeano, Eduardo (2003): Die offenen Adern Lateinamerikas. Die Geschichte eines Kontinents von der Entdeckung bis zur Gegenwart, (Las venas abiertas de América Latina),17. erw. Aufl., Wuppertal

Kahle, Günter (1999): Geschichte der lateinamerikanischen Staaten zum Nachschlagen, (2. aktual. Aufl.) Freiburg

Navarro García, Luis (1991): Historia de las Américas, 4 Bde., Madrid

Niess, Frank (1991): Am Anfang war Kolumbus. Geschichte einer Unterentwicklung – Lateinamerika 1492 bis heute, München/Zürich

Nohlen, Dieter/Nuscheler, Franz (Hg.) (1992): Handbuch der Dritten Welt, Bd. 2 (Südamerika), Bd. 3 (Mittelamerika und Karibik), 3. Aufl., Bonn

Schüller, Karin (2000): Einführung in das Studium der iberischen und lateinamerikanischen Geschichte, Münster

Tenenbaum, Barbara A. (ed.) (1996): Encyclopedia of Latin American History and Culture (5 Bde.), New York

Vázquez, Germán/Martínez Díaz, Nelson (2003): Historia de América Latina, Madrid

Williams, Eric (1978): From Columbus to Castro: The history of the Caribbean 1492–1969, 5. Aufl., London

Kulturhistorische Übersichtsdarstellungen

Avni, Haim (1992): Judíos en América. Cinco siglos de Historia, Madrid

Berg, Walter Bruno (1995): Lateinamerika: Literatur, Geschichte, Kultur. Eine Einführung, Darmstadt

Bitterli, Urs (1991): Die Entdeckung Amerikas. Von Kolumbus bis Alexander von Humboldt, München

Bouchard, Gérard (2003): Génesis de las naciones y culturas del Nuevo Mundo, México D. F.

Curiel, Gustavo u.a. (eds.) (1994): Arte, historia e identidad en América: visiones comparativas, 4 Bde., México D. F.

Delgado, Mariano (1991): Gott in Lateinamerika: Texte aus 5 Jahrhunderten. Ein Lesebuch zur Geschichte, Düsseldorf

Dussel, Enrique (1988): Die Geschichte der Kirche in Lateinamerika, Mainz

Egido, Teófanes (coord.) (2004): Los jesuitas en España y en el mundo hispánico, Madrid

Fernández Retamar, Roberto (1979): Calibán y otros ensayos, La Habana, dt. (1988): Kaliban. Essays zur Kultur Lateinamerikas. Aus dem kubanischen Spanisch übersetzt und mit Anmerkungen versehen von Martin Franzbach, München/Zürich

Ferrer, Aldo (1999): De Cristóbal Colón al Internet: América Latina y la globalización, México D. F.

Fuentes, Carlos (1992): Burried Mirror. Reflections on Spain and the New World, Boston/New York/London

Laikin Elkin, Judith (1996): 150 Jahre Einsamkeit. Geschichte der Juden in Lateinamerika, Hamburg

Mires, Fernando (1996): Ökologie und Politik. Der Diskurs der Natur: das Beispiel Lateinamerika, Luzern

Prien, Hans-Jürgen (1978): Die Geschichte des Christentums in Lateinamerika, Göttingen

Rojas Mix, Miguel (1991): Los cien nombres de América. Eso que descubrió Colón, Barcelona

Tietz, Manfred (ed.) (2001): Los jesuitas españoles expulsos. Su imagen y su contribución al saber sobre el mundo hispánico en la Europa del siglo XVIII, Frankfurt/Madrid

Vitale, Luis (1983): Hacia una historia del ambiente en América Latina. De las culturas aborígenes a la crisis ecológica actual, México D. F.

Zea, Leopoldo (1956): Esquema para una historia de las ideas en Iberoamérica, México D. F.

Präkolumbisches Amerika

Aguirre, Mariano A. (1978): Historia de América Latina. Hechos, documentos, polémica. II: América antes del descubrimiento, Madrid

Azteken (Katalog der Ausstellung im Martin-Gropius-Bau in Berlin 17.5. – 10.10. 2003)

Eich, Dieter (1983): Ayllu und Staat der Inka, Frankfurt/M.

Galeano, Eduardo (1982): Memoria del fuego (I): Los nacimientos, Madrid/México D. F.

Hassler, Peter (1992): Menschenopfer bei den Azteken? Eine quellen- und ideologiekritische Studie, Bern/Frankfurt/New York/Paris/Wien

León-Portilla, Miguel (1964): Las literaturas precolombinas de México, México D. F.

Pörtner, Rudolf/Davies, Nigel (Hg.) (1982): Alte Kulturen der Neuen Welt. Neue Erkenntnisse der Archäologie, Frankfurt/Berlin/Wien

Prem, Hanns J./Dyckerhoff, Ursula (1986): Das alte Mexiko. Geschichte und Kultur der Völker Mesoamerikas, München

Rätsch, Christian (Hg.) (1986): Chactun – Die Götter der Maya. Quellentexte, Darstellung und Wörterbuch, Köln

Rivet, Paul (1974): Los orígenes del hombre americano, México D. F.

Übersee-Museum Bremen (Hg.) (1986): Lebende Tote. Totenkult in Mexiko. Die andere Ausstellung. Katalog zur Ausstellung, Bremen

Westheim, Paul (1966): Die Kunst Alt-Mexikos, Köln

Westheim, Paul (1989): Der Tod in Mexiko. La Calavera, Hanau

Eroberung und Kolonialzeit

Bennassar, Bartolomé (1975): La América española y la América portuguesa (siglos XVI–XVIII), Madrid

Bonilla, Heraclio (1991): El sistema colonial en la América Española, Barcelona

Elliot, John H. (1992): Die Neue in der Alten Welt. Folgen einer Eroberung 1492–1650, Berlin

Galeano, Eduardo (1984): Memoria del fuego (II): Las caras y las máscaras, Madrid/México D. F.

Janik, Dieter/Lustig, Wolf (Hg.) (1989): Die spanische Eroberung Amerikas. Akteure, Autoren, Texte, Frankfurt/M.

León-Portilla, Miguel (1985): Crónicas indígenas. Visión de los vencidos, Madrid; dt. (1986): Rückkehr der Götter. Die Aufzeichnungen der Azteken über den Untergang ihres Reiches. Hg. von Miguel León-Portilla und Renate Heuer, Frankfurt/M.

Lynch, John (1962): Administración colonial española, Buenos Aires

Lynch, John (2001): América Latina, entre colonia y nación, Barcelona

Mires, Fernando (1991): Die Kolonisierung der Seelen. Mission und Konquista in Spanisch-Amerika, Fribourg/Luzern

Schnurrmann, Claudia (1998): Europa trifft Amerika. Atlantische Wirtschaft in der Frühen Neuzeit 1492–1783, Frankfurt/M.

Strosetzki, Christoph (Hg.) (1991): Der Griff nach der Neuen Welt. Der Untergang der indianischen Kulturen im Spiegel zeitgenössischer Texte, Frankfurt/M.

Thomas, Hugh (1993): Conquest. Montezuma, Cortés, and the fall of Old Mexico,

London; dt. (1998): Die Eroberung Mexikos. Cortés und Montezuma, Frankfurt/M.

Todorov, Tzvetan (1985): Die Eroberung Amerikas. Das Problem des Anderen, Frankfurt/M.

Von der Unabhängigkeit bis zur Gegenwart

Bushnell, David/Macaulay, Neill (1994): The emergence of Latin America in the nineteenth century, Oxford

Carmagnani, Marcello (1984): Estado y sociedad en América Latina, 1850–1930, Madrid

Galeano, Eduardo (1986): Memoria del fuego (III): El siglo del viento, Madrid/México D. F.

Halperin Donghi, Tulio (1972): Hispanoamérica después de la independencia, Buenos Aires

Halperin Donghi, Tulio (1981): Historia contemporánea de América Latina (novena ed.), Madrid; dt. (1994): Geschichte Lateinamerikas. Von der Unabhängigkeit bis zur Gegenwart, Frankfurt/M.

Lucena Salmoral, Manuel (coord.) (1988): Historia de Iberoamérica, Bd. III: Historia contemporánea, Madrid

Lynch, John (1976): Las revoluciones hispanoamericanas, 1808–1826, Barcelona

Martínez Díaz, Nelson (1986): América Latina en el siglo XX, Barcelona

Martínez Díaz, Nelson (1989): La independencia hispanoamericana, Madrid

Mora Rubio, Juan (2000): Reflexiones sobre América Latina, México D. F.

Rama, Carlos (1978): Historia de América Latina, Barcelona

Stanley, J./Stein, Bárbara (1970): La herencia colonial de América Latina, México D. F.

Touraine, Alain (1989): América Latina: política y sociedad, Madrid

Verschiedene Themen der Zeitgeschichte

Bendel, Petra/Krennerich, Michael (Hg.) (2002): Soziale Ungerechtigkeit. Analysen zu Lateinamerika, Frankfurt/M.

Bowman, Kirk (2002): Militarization, democracy, and development: the perils of praetorianism in Latin America, Pennsylvania

Castañeda, Jorge G. (1995): La utopía desarmada. Intrigas, dilemas y promesa de la izquierda en América Latina, Barcelona

Collier, Simon (ed.) (1992): The Cambridge encyclopedia of Latin America and the Caribbean, Cambridge

Favre, Henri (1998): El indigenismo, México D. F.; franz. (1996): L'indigènisme, Paris

García, Juan Andreo/Guardia, Sara Beatriz (eds.) (2002): Historia de las mujeres en América Latina, Murcia

Greinacher, Norbert (Hg.) (1990): Leidenschaft für die Armen: Die Theologie der Befreiung, München

Mariátegui, José Carlos (1986): Sieben Versuche, die peruanische Wirklichkeit zu verstehen, Berlin/Freiburg (Schweiz)

Martin, Peter (1985): Das rebellische Eigentum. Vom Kampf der Afroamerikaner gegen ihre Versklavung, Hamburg

Nolte, Detlef (Hg.) (1996): Vergangenheitsbewältigung in Lateinamerika, Frankfurt/M.

Potthast, Barbara (2003): Von Müttern und Machos: Eine Geschichte der Frauen Lateinamerikas, Wuppertal

Potthast, Barbara/Scarzanella, Eugenia (eds.) (2001): Mujeres y naciones en América Latina. Problemas de inclusión y exclusión, Madrid/Frankfurt

Rama, Carlos (1981): Nacionalismo e historiografía en América Latina, Madrid

Scharlau, Birgit/Münzel, Mark (1986): Qellqay. Mündliche Kultur und Schrifttradition bei Indianern Lateinamerikas, Frankfurt/M.

Scharlau, Birgit/Münzel, Mark/Garscha, Karsten (Hg.) (1991): ‹Kulturelle Heterogenität› in Lateinamerika (Bibliographie mit Kommentaren), Tübingen

Suter, Christian (1999): Gute und schlechte Regimes. Staat und Politik Lateinamerikas zwischen globaler Ökonomie und nationaler Gesellschaft, Frankfurt/M.

Wilke, Jürgen (Hg.) (1992): Massenmedien in Lateinamerika, 2 Bde., Frankfurt/M.

Zea, Leopoldo (1989): Signale aus dem Abseits. Eine lateinamerikanische Philosophie der Geschichte, München

Europa und Amerika

Acosta, Vladimir (1992): El continente prodigioso. Mitos e imaginario medieval en la conquista americana, Caracas

Arciniegas, Germán (1986): America in Europe. A History of the New World in Reverse, San Diego/New York/London

Bitterli, Urs (1991): Die ‹Wilden› und die ‹Zivilisierten›. Grundzüge einer Geistes- und Kulturgeschichte der europäisch-überseeischen Begegnung, München

Gerbi, Antonello (1993): La disputa del Nuevo Mundo. Historia de una polémica 1750–1900, (segunda ed.), México D. F./Madrid

Gewecke, Frauke (1986): Wie die neue Welt in die alte kam, Stuttgart

Hanke, Lewis (1959): Aristotle and the American Indians. A Study in Race Prejudice in the Modern World, London

Heydenreich, Titus (Hg.) (1992): Columbus zwischen zwei Welten. Historische und literarische Wertungen aus fünf Jahrhunderten, Frankfurt/M.

Honour, Hugh (1976): The New Golden Land. European Images of America from the Discoveries to the Present Time, London

Kohut, Karl (Hg.) (1991): Der eroberte Kontinent. Historische Realität, Rechtfertigung und literarische Darstellung der Kolonialisierung Amerikas, Frankfurt/M.

Meyer-Clason, Curt (Hg.) (1987): Lateinamerikaner über Europa, Frankfurt/M.

Nippel, Wilfried (1990): Griechen, Barbaren und «Wilde»: Alte Geschichte und Sozialanthropologie, Frankfurt/M.

O´Gorman, Edmund (1950): La invención de América, el universalismo de la cultura de Occidente, México D. F.

Pagden, Anthony (1996): Das erfundene Amerika. Der Aufbruch des europäischen Denkens in die Neue Welt, München

Ramírez Alvarado, María del Mar (2001): Construir una imagen. Visión europea del indígena americano, Sevilla

307

Spanien und Amerika

Aken, Mark I. (1959): Pan-Hispanism. Its origins and development to 1866, Berkeley

González de Oleaga, Marisa (2001): El doble juego de la hispanidad: España y Argentina durante la Segunda Guerra Mundial, Madrid

Pagden, Anthony (1995): Lords of all the World. Ideologies of Empire in Spain, Britain and France c. 1500 – c. 1800, New Haven/London

Pike, Frederick (1971): Hispanismo 1898–1936. Spanish conservatives and Liberals and their Relations with Spanish America, London

Rama, Carlos M. (1982): Historia de las relaciones culturales entre España y la América Latina, México/Madrid/Buenos Aires

Rehrmann, Norbert (1996): Lateinamerika aus spanischer Sicht. Exilliteratur und Panhispanismus zwischen Realität und Fiktion (1936–1975), Frankfurt/M.

Schumm, Petra (1990): Exilerfahrung und Literatur. Lateinamerikanische Autoren in Spanien, Tübingen

Deutschland und Amerika

Eißenberger, Gabi (1996): Entführt, verspottet und gestorben. Lateinamerikanische Völkerschauen in deutschen Zoos, Frankfurt

Greive, Wolfgang (Hg.) (1992): Alexander von Humboldt. Die andere Entdeckung Amerikas, Loccum

Grenz, Wolfgang (Hg.) (1993): Deutschsprachige Lateinamerika-Forschung. Institutionen, Wissenschaftler und Experten in Deutschland, Österreich und der Schweiz. Neuere Veröffentlichungen, Frankfurt/M.

Hielscher, Martin (Hg.) (1992): Fluchtort Mexiko. Ein Asylland für die Literatur, Hamburg/Zürich

Kirsten, Jens (2004): Lateinamerikanische Literatur in der DDR. Publikations- und Wirkungsgeschichte, Berlin

Kohut, Karl/Mühlen, Patrik von zur (Hg.) (1994): Alternative Lateinamerika. Das deutsche Exil in der Zeit des Nationalsozialismus, Frankfurt/M.

Kossok, Manfred (1964): Im Schatten der Heiligen Allianz. Deutschland und Lateinamerika 1815–1830. Zur Politik der deutschen Staaten gegenüber der Unabhängigkeitsbewegung Mittel- und Südamerikas, Berlin/DDR

Maihold, Günther (Hg.) (2001): Ein «freudiges Geben und Nehmen»? Stand und Perspektiven der Kulturbeziehungen zwischen Lateinamerika und Deutschland, Frankfurt/M.

Mühlen, Patrik von zur (1988): Fluchtziel Lateinamerika. Die deutsche Emigration 1933–1945: politische Aktivitäten und soziokulturelle Integration, Bonn

Pohle, Fritz (1986): Das mexikanische Exil. Ein Beitrag zur Geschichte der politisch-kulturellen Emigration aus Deutschland (1937–1946), Stuttgart

Salas, Jaime de/Briesemeister, Dietrich (eds.) (2000): Las influencias de las culturas académicas alemana y española desde 1898 hasta 1936, Frankfurt/M. 2000

Siebenmann, Gustav/Rössner, Michael (Hg.) (2003): Suchbild Lateinamerika: Essays über interkulturelle Wahrnehmung (Beihefte zur Iberomania; Bd. 19), Tübingen

Sperschneider, Anne (1999): Zum Rezeptionsverlauf der hispanoamerikanischen Literatur in Deutschland 1950–1990: Übersetzungsgeschichte – Fremdwahrnehmungsstrukturen, Hamburg

Walter, Hans-Albert (1978/84): Deutsche Exilliteratur 1933–1950, Bd. 2: Europäisches Appeasement und überseeische Asylpraxis, Bd. 4: Exilpresse, Stuttgart

Literatur- und Kunstgeschichte

Ainsa, Fernando (1986): Identidad cultural de Iberoamérica en su narrativa, Madrid

Castedo, Leopoldo (1988): Historia del arte iberoamericano (3 Bde.), Madrid

Dill, Hans-Otto (1999): Geschichte der lateinamerikanischen Literatur im Überblick, Stuttgart

Frank, Patrick (ed.) (2004): Readings in Latin American modern art, New Haven [u.a.]

González Echevarría, Roberto/Pupo-Walker, Enrique (eds.) (1996): The Cambridge History of Latin American Literature (3 Bde.), Cambridge

Lucie-Smith, Edward (1997): Die Kunst Lateinamerikas, München

Reichardt, Dieter (Hg.) (1994): Autorenlexikon Lateinamerika, Frankfurt/M.

Rith-Magni, Isabel (1994): Ancestralismo: kulturelle Identitätssuche in der lateinamerikanischen Kunst des 20. Jahrhunderts, München

Roloff, Volker/Wentzlaff-Eggebert, Harald (Hg.) (1992): Der hispanoamerikanische Roman (2 Bde.), Frankfurt/M.

Rössner, Michael (Hg.) (2002): Lateinamerikanische Literaturgeschichte, 2. Aufl., Stuttgart/Weimar

Mexiko

Bazant, Ian (1977): A concise history of Mexico from Hidalgo to Cárdenas: 1805–1940, Cambridge

Bernecker, W. L./Braig, M./Hölz, K./Zimmermann, K. (Hg.) (2004): Mexiko heute. Politik, Wirtschaft, Kultur, 3. Aufl., Frankfurt/M.

Bernecker, Walther L./Pietschmann, Horst/Tobler, Hans Werner (2004): Eine kleine Geschichte Mexikos, Frankfurt/M.

Bonfil Batalla, Guillermo (1990): México profundo. Una civilización negada, México D. F.

González, Stella M./Blázquez, Carmen G. (1991): History of Mexico. From pre-hispanic times to the present day, México D. F.

Hamnett, Brian (1999): A Concise History of Mexico, Cambridge

Leinen, Frank (2000): Visionen eines neuen Mexiko. Das aus dem «Ateneo de la Juventud» hervorgegangene Kulturmodell im Kontext der mexikanischen Selbstsuche. Eine identitätstheoretische Analyse, Frankfurt/M.

Ruhl, Klaus-Jörg/Ibarra García, Laura (2000): Kleine Geschichte Mexikos. Von der Frühzeit bis zur Gegenwart, München

Sommerhoff, Gerhard/Weber, Christian (1999): Mexiko: Geographie, Geschichte, Wirtschaft, Politik, Darmstadt

Zea, Leopoldo (1953): El Occidente y la conciencia de México, México D. F.

Argentinien

Biggins, Alan (1991): Argentina, Oxford

Bodemer, Klaus/Pagni, Andrea/Waldmann, Peter (Hg.) (2000): Argentinien heute. Politik. Wirtschaft. Kultur, Frankfurt/M.

Feierstein, Ricardo (1999): Historia de los judíos argentinos, Buenos Aires

García Belsunce, César A./Floria, Carlos A. (1983): Historia política de la Argentina contemporánea 1880–1983, Buenos Aires

Luna, Félix (1993): Breve historia de los argentinos, Buenos Aires

Rock, David (1987): Argentina 1516–1987: from Spanish colonization at the Falklands War and Alfonsin, London

Rock, David (1993): Authoritarian Argentina: the nationalist movement, its history and its impact, Berkeley

Romero, Luis Alberto (1998): Breve historia contemporánea de la Argentina, México D. F.

Schumway, Nicolas (2001): The invention of Argentina, Berkeley 2001

Senkman, Leonardo (1983): La identidad judía en la literatura argentina, Buenos Aires

Senkman, Leonardo (ed.) (1989): El antisemitismo en la Argentina, Buenos Aires

Brasilien

Bernecker, Walther L./Pietschmann, Horst/Zoller, Rüdiger (2000): Eine kleine Geschichte Brasiliens, Frankfurt/M.

Briesemeister, Dietrich u. a. (Hg.) (1994): Brasilien heute. Politik, Wirtschaft, Kultur, Frankfurt/M.

Buarque de Holanda (1992): Visão do Paraíso. Os motivos endênicos no descobrimento e colonização do Brasil, São Paulo (5 a. edição)

Donato, Hernâni (1995): Breve História do Brasil (1500–1995), São Paulo

Kohlhepp, Gerd (coord.) (2001): Brasil: Modernização e Globalização, Frankfurt/M.

Lévi-Strauss, Claude (1978): Traurige Tropen, Frankfurt/M.

Ribeiro, Darcy/Araujo, Carlos (eds.) (1992): La fundación de Brasil. Testimonios 1500–1700, Caracas

Zeitschriften/Jahrbücher

América Latina Hoy. Revista de Cienicas Sociales (Universidad de Salamanca)

Anuario Social y Político de América Latina y el Caribe (Caracas)

Arte e cultura da América Latina (Sociedade Científica de Estudos da Arte, São Paulo)

Bulletin of Spanish Studies. Hispanic Studies and Researches on Spain, Portugal and Latin America (University of Glasgow)

Casa de las Américas (La Habana)

Con eñe: revista de cultura hispanoamericana (CEXECI: Centro Extremeño de Estudios y Cooperación Iberoamericanos, Badajoz)

Cuadernos Hispanoamericanos (Madrid)

Estudios interdisciplinarios de América Latina y el Caribe (University of Tel Aviv)

Guaraguano: revista de cultura latinoamericana (Universidad Autónoma de Barcelona)

Hispanic Review (University of Pennsylvania)

Hispanorama. Zeitschrift des Deutschen Spanischlehrer-Verbandes/DSV (Nürnberg)

Iberoamericana: Lateinamerika, Spanien, Portugal (Frankfurt/Madrid)

Ila (Informationsstelle Lateinamerika, Bonn)

Info/ADLAF: Arbeitsgemeinschaft Deutsche Lateinamerikaforschung (Hamburg)

Jahrbuch für Geschichte von Staat, Wirtschaft und Gesellschaft Lateinamerikas: JbLA = Anuario de historia del estado, la economia y la sociedad en América Latina (hg. von Richard Konetzke [u. a.])

Jahrbuch Lateinamerika. Analysen und Berichte (Münster)

Lateinamerika-Analysen (Institut für Iberoamerika-Kunde, Hamburg)

Lateinamerika-Nachrichten: Die Monatszeitschrift zu Lateinamerika (Berlin)

Latin America & Caribbean Review (Essex)

Latin America: interdisciplinary studies (New York)

MEDIAmericana: kultur- und medienwissenschaftliche Studien zu Lateinamerika (Frankfurt/M.)

NACLA. Report on the Americas (New York)

Research on Latin America in the humanities and social sciences (University of London)

Revista Europea de Estudios Latinoamericanos y el Caribe (Amsterdam)

Revista Hispánica Moderna (Columbia University, New York)

Revista Iberoamericana (University of Pittsburgh)

Tiempos de América: revista de historia, cultura y territorio (Universidad Jaume I, Castellón)

Todavía: pensamiento y cultura en América Latina (Fundación OSDE, Buenos Aires)

Zeitschrift für Lateinamerika: Forschung, Berichte, Informationen (Österreichisches Lateinamerika-Institut, Wien)

Namenregister

Aegidius Romanus 41
Aguinis, Marcos 231
Aguirre, Lope de 75
Aguirre, Mariano A. 21
Ailly, Pierre d' 11
Alberdi, Juan Bautista 148, 157, 226, 258
Alexander VI. 77
Alfonsín, Raúl 250–252
Allende, Salvador 189, 297, 298
Altamirano, Ignacio 180
Alvarado, Pedro de 45
Alvarado, Velasco 194
Amado, Jorge 221
Amin, Samir 20
Aquin, Thomas von (heiliger Thomas) 176, 177
Aramburu, Pedro E. 242, 246
Arguedas, José María 216, 217
Artigas, José 246
Atahualpa 46, 51, 52, 283
Azuela, Mariano 271

Bataille, Georges 32
Batista Zaldívar, Fulgencio 188, 189
Battle y Ordóñez, José 191
Baudelaire, Charles 138
Bayer, Osvaldo 248
Beck, Ulrich 9
Belaúnde, Fernando 194
Bennassar, Bartolomé 30, 39, 43, 87, 96
Beresford, William 101

Berkeley, George 118
Bishop, Maurice 190
Bitterli, Urs 42, 44, 90, 91, 111, 112
Bloch, Ernst 9, 11
Boff, Leonardo 199, 298
Bolívar, Simón 95, 97, 98, 103–106, 113, 122, 124, 126, 134, 136, 152, 160, 183, 202, 210, 213, 299
Bonafini, Hebe de 249
Bonfil Batalla, Guillermo 217, 291, 292
Borges, Jorge Luis 249, 251, 255, 295
Bosch, Juan 189
Boxer, Charles 86
Brecht, Bertolt 295
Buarque de Holanda, Sergio 91
Buffon, Georges Louis Leclerc de 115–117, 119
Buñuel, Luis 204, 277, 285
Bustamante, Carlos María de 178

Cabral, Pedro Álvares 53, 54
Calles, Plutarco Elias 269
Calvo, Carlos 223
Camacho, Avila 274
Caminha, Pero Vaz de 55, 71
Camões, Luís Vaz de 54
Canning, George Lord 127, 128
Cárdenas, Cuauhtémoc 281

Cárdenas, Lázaro 272–274, 280, 281
Carlos III. (= Karl III.) 84, 92, 94
Carpentier, Alejo 10, 215
Carranza, Venustiano 265, 266, 268
Carrera, Rivera 281
Castedo, Leopoldo 16
Castro, Fidel 188, 236, 246
Celso, Afonso 220
Chateaubriand, François René Vicomte de 135
Chávez, Hugo 202, 299, 300
Churchill, Winston 234
Cieza de Léon, Pedro 61
Cohn-Bendit, Daniel 279
Comte, Auguste 262
Conder, Josiah 80
Corona, Ramón 173
Cortázar, Julio 10, 237, 247, 249, 250, 255
Cortés, Hernán 19–21, 24, 33, 43–46, 50, 52, 53, 60, 62, 72, 74, 75, 84, 87, 102, 111, 150, 175, 271, 284, 286
Cuauhtémoc 45, 283, 284
Cunha, Euclides da 132, 219, 220

Dallas, Allen 188
Dante Alighieri 36, 251
Darío, Rubén 210, 211, 217
Darwin, Charles 143, 154, 179

Díaz, Felix 265
Díaz, Porfirio 170–174, 262–265, 267, 268, 270, 275
Díaz de Castillo, Bernal 24, 45, 60
Diderot, Denis 110
Dom Pedro (= Pedro I.) 108, 109, 129
Dom Pedro II. 129, 131, 139
Dumont, René 188

Eich, Günther 19
Eichmann, Adolf 244
Eisenhower, Dwight D. 188
Engels, Friedrich 79, 204

Feierstein, Ricardo 261
Feijoo, Benito Jerónimo 110
Felipe, León 285
Ferdinand Maximilian 168, 169, 179
Fernández, Leonel 298
Ferrer, Aldo 205, 294
Fox, Vicente 281, 282
Franco, Francisco 191, 231, 233, 237, 271–273, 277
Franz II., Joseph Karl (Kaiser) 168
Freyre, Gilberto 84, 90, 91
Frondizi, Arturo 243, 244
Fuentes, Carlos 52, 64, 88, 138, 139, 149, 150, 156, 170, 181, 186, 267, 278, 287, 289
Fujimori, Alberto Kaynia 195

Galeano, Eduardo 23, 69, 78, 89, 112, 126, 179, 180, 183, 186, 194, 200
Gálvez, Manuel 230, 231, 255, 256
Gama, Vasco da 53

Ganivet, Ángel 210, 211, 257
Gaos, José 287
García Canclini, Nestor 290, 291
García Márquez, Gabriel 9, 164, 195, 196, 224
Garcilaso de la Vega (el Inca) 68, 69, 72, 88
Gehlen, Arnold 39
Gerbi, Antonello 11, 115, 116, 118, 120
Gerchunoff, Alberto 158, 256
Gewecke, Frauke 114
Ginés de Sepúlveda, Juan 66, 67
Gobineau, Joseph Arthur Comte de 139, 154
Godoy, Manuel 97
Goethe, Johann Wolfgang von 114, 118

Halperin Donghi, Tulio 84, 85, 122, 127, 165, 192, 200
Hamnett, Brian 167, 273, 277
Haren, Onno Zwier van 57
Hassler, Peter 24, 25
Haya de la Torre, Víctor Raúl 193, 194
Hegel, Georg Wilhelm Friedrich 11, 15, 16, 51, 116–121, 213
Hein, Piet 56
Heine, Heinrich 110
Herder, Johann Gottfried 118
Hernández, José 156, 157, 159, 256
Hidalgo, Miguel 102, 103, 162, 263
Hitler, Adolf 231, 234, 237
Hobsbawm, Eric 132, 136, 160
Hopkins, A. G. 294

Hostos, Eugenio María 133, 138
Huáscar 46
Huerta, Victoriano 265, 267
Hugo, Victor 139
Humboldt, Alexander von 11, 12, 63, 81, 83, 113, 96, 118–120, 155, 213, 214, 294
Huntington, Samuel 302

Icaza, Jorge 196
Illia, Arturo 244
Irazusta, Rodolfo 232
Iturbide, Augustín de (Augustín I.) 162, 163, 167
Iturrigaray, José de 162

Jara, Victor 298
Janik, Dieter 62
Jefferson, Thomas 107, 137
João VI. 108, 109
Johann Moritz von Nassau 56
Jovellanos, Caspar Melchior 110
Juárez García, Benito 165, 166, 168, 170, 171, 179
Junot, Jean Andoche 107
Justo, Augustín P. 230

Kant, Immanuel 110, 116–118, 213
Karl III. (= Carlos III.) 84, 92, 94
Karl V. 19, 66, 169
Kennedy, John F. 189, 208
Keynes, John Maynard 203
Kisch, Egon Erwin 12, 271
Kolumbus, Christoph 11, 15, 39, 41, 42, 53, 59, 63, 71, 72, 74, 110, 114, 207

Lamartine, Alphonse-Marie Louis Prat de 135, 139

313

Lanczkowski, Günter 18
Las Casas, Bartolomé de 48–50, 63–67, 85, 112, 287
León-Portilla, Miguel 67, 80
Leonardo da Vinci 35, 36
Leopoldine (Kaiserin von Brasilien) 108
Léry, Jean de 69, 70
Lévi-Strauss, Claude 70, 139, 199, 206, 220
Lipschitz, Alejandro 89
Locke, John 110
López Portillo, I. 280
Louverture, Toussaint 97
Loyola, Ignacio de 85
Ludwig XVI. 97
Lugones, Leopoldo 230, 231, 255, 256
Luna, Félix 149, 223
Lustig, Wolf 62
Lynch, John 51, 93, 99

Madero, Francisco I. 263–265, 267
Malinche 43, 87, 287
Mandel, Ernest 79
Mann, Heinrich 272
Manzoni, Alessandro 135
Mariátegui, José Carlos 104, 193, 215, 216
Martel, Juan 158
Martí, José 22, 209–212
Martínez, Ignacio 173
Marx, Karl 19, 78, 79
Mazoni, Cometta 214
Menem, Carlos 252–254
Menéndez Pelayo, Marcelino 64, 257
Menéndez Pidal, Ramón 64
Meyer, Thomas 302
Meynem, Richard 231
Miranda, Francisco de 98
Mires, Fernando 42, 65, 86

Mitre, Bartolomé 146, 155, 224, 258
Moctezuma 44, 45, 51, 52
Monroe, James 137, 186, 273
Montaigne, Michel de 70, 115, 120
Montesinos, Antonio de 65
Montesquieu, Charles-Louis de Secondat 97, 98
Morelos, José María 102, 103, 162, 264
Morner, Magnus 87
Morus, Thomas 70
Motolina de Paredes, Toribio 49
Müller, Klaus 205
Mussolini, Benito 234–237, 240

Napoleon I. 94, 97, 107, 129, 169
Napoleon III. 168, 169
Neruda, Pablo 298
Niess, Frank 190, 207
Nietzsche, Friedrich 197, 293, 294, 302
Nóbrega, Manuel da 55

Obregón, Alvaro 265, 266, 268, 269
O'Higgins, Bernardo 105
Olid, Cristóbal de 45
Onganía, Juan Carlos 244–246
Orozco, José Clemente 271
Oviedo, Gonzalo Fernández de 62, 63

Pagden, Anthony 112, 113
Paine, Thomas 95
Pasteur, Louis 139
Pauw, Corneille de 115–118
Paz, Octavio 98, 110, 111, 113, 133, 151, 173, 174,

179, 181, 272, 278, 279, 282, 284, 286–288
Paz Estenssoro, Victor 187
Pedro I. 108, 109, 129
Pedro II. 129, 131, 139
Pendle, George 43, 147, 227
Peralta Ramos, Mónica 248
Pérez Galdós, Benito 155
Perón, Eva («Evita») 239, 240, 241, 242, 246
Perón, Juan Domingo 198, 202, 235–248, 252, 259, 299
Philipp II. 185
Picasso, Pablo 218
Pinochet, Augusto 189, 198, 207, 249, 298
Pizarro, Francisco 30, 46, 47, 50, 52, 53, 72, 84, 105, 111, 150, 193
Poma de Ayala, Felipe Huamán 67, 68
Pombal, Marquis de 84
Posada, José Guadalupe 181
Posse, Abel 261

Reinaga, Fausto 217
Renan, Joseph Ernest 179
Renn, Ludwig 12, 271
Ribeiro, Darcy 220
Rivera, Diego 44, 180, 271, 279, 284, 285
Robespierre, Maximilien de 96
Roca, Julio 223, 224, 232
Rock, David 240
Rodó, José Enrique 208–211, 220, 260, 289
Rojas, Ricardo 158, 224
Rojas Mix, Miguel 136, 157, 211, 213, 214, 219
Roosevelt, Franklin Delano 234
Roosevelt, Theodore 183–185, 210

Rosas, Juan Manuel 143, 144, 146, 154, 155, 163, 258
Rousseau, Jean-Jacques 11, 70, 97, 110, 116
Rulfo, Juan 276

Sábato, Ernesto 249, 250
Sahagún, Bernardino de 16, 61, 62
Saint-Pierre, Jacques Henri Bernardin de 135
Samuel, Sir Arthur 259
San Martín, José de 105, 106, 122, 142, 150
Sánchez Ferlosio, Rafael 87
Sánchez, Miguel 175, 176
Sandino, Augusto César 186
Santa Anna, Antonio López de 163–165, 167, 168, 170, 171, 179
Sarmiento, Domingo Faustino 95, 143–146, 148–156, 158, 160, 171, 208, 210, 211, 223, 226, 252, 254–258
Scheffel, Joseph Victor von 119
Schiller, Friedrich von 37
Schlegel, Friedrich von 118
Schrader, Achim 198
Scliar, Moacyr 57
Scott, Walter 135
Seghers, Anna 12, 97, 271
Senkman, Leonardo 259
Sierra, Justo 181
Silva Xavier, José da 107
Siqueiros, David Alfaro 271
Somoza, Anastasio 186, 190

Sousa, Tomé de 54
Souza, Márcio 132
Spencer, Herbert 179
Staden, Hans 70
Stroessner, Alfredo 197, 198
Subcomandante Marcos 280
Sucre y de Alcalá, Antonio José de 106

Taft, William H. 185
Teresa de Mier, Fray Servando 99, 176–178, 180
Teyssier, Paul 132
Thatcher, Margaret 128, 250
Thevet, André 69
Thompson, J. Eric 28
Titu Kusi Yupanqui 68
Tobler, Hans Werner 205, 206
Tocqueville, Alexis de 137, 138
Todorov, Tzvetan 20, 24, 33, 42, 48, 50, 52, 62, 64, 114
Toledo, Alejandro 195
Torquemada, Tomás de 77, 85
Torres, Camilo 196
Torres Caicedo, José María de 135
Traven, B. 263
Trujillo Molina, Rafael Leónidas 185, 189
Tucholsky, Kurt 15, 16
Tupac Amarú 47, 68
Tupac Amarú [José Gabriel Condorcanqui] 96

Unamuno, Miguel de 178, 217, 257

Uribe, Alvaro 299
Uriburu, José Félix 230
Urquiza, Justo José de 144

Valdivia, Pedro de 47
Valera, Juan 212
Valle, Juan I. 242
Vargas, Getúlio 198
Vargas Llosa, Mario 185, 195, 300
Vasconcelos, José 229, 270, 275, 283–286
Vázquez, Tabaré 297
Velasco, José María 180
Vergil [Publius Vergilius Maro] 107
Vesix, Claudio 139
Vespucci, Amerigo 53, 70
Videla, Jorge Rafael 198, 247, 249–251
Villa, Francisco «Pancho» 264–267, 276, 289
Villegas, Osiris G. 244
Viscardo, Juan Pablo 96

Weber, Hartwig 9
Westheim, Paul 34–39, 271, 272
Whitelock, John 101
Wolf, Erich 18

Yáñez, Vicente 53
Yrigoyen, Hipólito 225–230

Zapata, Emiliano 264–266, 280
Zapata, Nicolás 276
Zea, Leopoldo 59, 263, 284, 287, 288, 290
Zweig, Stefan 54–56, 58, 69, 85, 199, 200, 301

Sachregister

Agrarsektor [Mexiko] 172
Alcalde 76
Alguacil Mayor 76
Alianza Popular Revolu-
  cionaria Americana
  (APRA) 193, 194, 215
*Allgemeine und natürliche
  Geschichte Indiens*
  (Historia general y natu-
  ral de las Indias) 62, 63
Allianz für den Fort-
  schritt 208
América 122, 135, 210
América del Sur 135
América Latina 212
América Meridional 135
Amerikanische Rassen-
  vermischung 87, 90, 219
Amerikanisches Jahr-
  hundert 183, 189, 190,
  207, 208
AMIA (Asociación Mutual
  Israelita Argentina) 253,
  259
Andinismo 216
Anthropophagie-These 70
Antisemitismus 158, 228,
  231, 232, 253, 256
Antispanischer Kultur-
  kampf 133
Araukaner 47, 51
Argentinidad 155, 157, 255,
  259, 260
Argentinien 74, 85, 128,
  139, 141–146, 148, 149,
  152, 154–156, 160–163,
  171, 174, 179, 191, 198,

223, 225, 226, 228–236,
  238–241, 243, 248,
  254–260, 275, 295, 297,
  301
Argentinischer Tod 237,
  247
Ariel 208, 211, 220, 260
Asiatische Produktionsweise
  19
Atlantis 15, 116
Audiencia 75, 76, 90
Auslandsschulden 167, 172,
  250, 263, 269, 279, 280
Autodafé 29, 77, 152
Ayacucho 106, 107, 109,
  121, 137, 143
Ayllu 21, 31, 49, 86
Azteken 16, 18–20, 22–25,
  27–33, 35, 37, 39, 40,
  43–47, 51, 54, 60, 61,
  67, 72, 86, 87, 102, 157,
  162, 174–176, 277, 284,
  290, 291
Aztekische Kriege 19, 32,
  33, 51
Aztekischer Zeitbegriff 23,
  33
Aztekisches Sonnenjahr 23
Azul y Blanco 246

Bandeirantes 58, 83
Belle Epoque 156, 181, 191,
  224–226, 253, 262
*Bericht einer Entfüh-
  rung* 196
Beringstraßen-Theorie 16
Big Stick 128, 183, 185,

186, 190, 191, 200, 207,
  243
Bogotazo 196
Bolivarische Republik
  Venezuela 299, 300
Bolivien 74, 79, 106, 133,
  187, 188, 197, 198, 218,
  244, 245, 295, 300, 302
Border Economy 276
Bourbonische Modernisie-
  rung 92
Bragança-Dynastie 107
Brasilien 52–58, 69–72, 74,
  77, 82–85, 88, 90,
  107–110, 112, 113, 117,
  122, 129–133, 139, 144,
  148, 154, 191, 198, 199,
  201, 206, 212, 215,
  219–223, 294, 296, 297,
  301
British Empire 101, 128,
  146, 167, 226, 259
Buenos Aires 10, 81, 82, 93,
  124, 128, 136, 141–147,
  149, 150, 152, 153, 156,
  158, 159, 223, 224, 226,
  229, 231, 232, 234, 246,
  253, 260

Cabildo 76, 77, 99, 153, 258
Calpulli 21, 22, 27, 31,
  49, 86
Capitanía General 75
Carta de Jamaica 98
Casa de Contratación 73,
  78, 81, 93
Caudillo 106, 121–123,

143–145, 161, 163–165,
170–173, 182, 191, 202,
230, 258, 263, 273
Chaco-Krieg 197
Chilam Balam 40
Chile 47, 51, 75, 105, 127,
133, 153, 160, 189, 198,
202, 204, 207, 249, 295,
297–299, 301
Chinampa 20
Chingada 286
Cholula 44
Clemencia 180
Comentarios Reales 68,
69, 88
CONADEP 251
Consejo de Indias 73, 74
Consejo Regional Indígena
del Cauca (CRIC) 218
Conselho da India 83
Consenso colonial 89, 93
Cordobazo 245
Cortes de Cádiz 99
Cristero-Rebellion 269

Dependenz-Theore-
tiker 253

Ejido 266, 269, 272
Ekuador 30, 46, 105, 106,
122, 125, 133, 196, 201,
218, 301
*El coronel no tiene quien le
escriba* 195
*El laberinto de la sole-
dad* 181, 278, 286, 287
El llano en llamas 276
Encomendero 61, 65, 66,
68, 81, 87, 104
Encomienda 65, 66
England 83, 94, 96, 123,
127, 130, 148, 158, 167,
168, 171, 209, 227,
232–234, 259, 284
Entdeckung Amerikas 41,
42, 49, 52

Entrada 55, 82
Estado Novo 198
Estancia 147, 229
Ethnozentrismus 16, 114,
116, 117, 213, 271, 288
Europa 10, 35, 37, 51, 59,
67, 73, 74, 78, 79, 95,
96, 99, 108, 113, 114,
116, 118, 119, 130–132,
136, 139, 151, 153, 155,
167, 202, 203, 206, 209,
213, 216, 217, 221, 223,
227–230, 233, 234, 236,
255, 256, 258, 259, 272,
276, 287, 288, 297
Europabegeisterung 139,
155
Europäer Südamerikas 146,
302
Europäische Romantik
135, 214
Europamanie 209
Exilspanier 271, 285

Facundo 145, 152–154
Falklandinseln 128
Federales 143, 145, 154
France Antarctique 55, 69
Frankomanie 178, 180
Französisierung 138, 139,
180
Fundação Nacional do
Indio (FUNAI) 220

Gaucho 153–158, 223, 228,
244, 256
Gaucho-Literatur 157
Gauchos Judíos 158, 256
Gegenreformation 57, 78,
82, 84, 110, 286–288
Gesetze von Burgos 65
Globalisierung 9, 41, 205,
207, 294, 296
Gobernador 75
Gold- und Silberströme 78,
80

Grenada 190
Gringo viejo 267, 289
Groß-Kolumbien 105,
106, 122
Guaraní-Indianer 86, 197
Guatemala 25, 45, 75, 187,
188, 201, 204
Guayana 184
Guter Wilder 54, 64, 66, 69,
97, 114, 116, 214

Haiti 97, 104, 186
Handelsmonopol 78, 93,
94, 101, 141, 143, 238
Herrenhaus und Sklaven-
hütte 82, 84
Hispanoamérica 135, 136,
208, 212
Hispanoamerikanis-
mus 211
Hispanophilie 256, 289
*Histoire d'un voyage fait en
la terre du Brésil* 69
*Historia general de las cosas
de la Nueva España* 16,
17, 61, 62
Hochkulturen 16, 19, 27,
30, 33, 39, 47, 51, 54, 111,
290, 301
Holland 56, 72
Honduras 25, 45, 187, 298
*Hundert Jahre Einsam-
keit* 9, 190, 196

Identität (Argentinien)
152, 155, 157, 254, 255,
258, 261
Imperador do Brasil 108,
139
Imperialismus (Frankreich)
139, 163, 165, 168, 169
Importsubstitution 181,
206, 232
Indianidad 217–219
Indianismus 213, 214,
215, 217

317

Indigenismo de encomen-
dero 214, 217
Indigenismus 136, 210,
214, 215, 217, 219
*Indiodorf unter dem David-
stern* 271
Indoamericanismo 215,
216
Industrialisierung 130,
172, 203, 205, 206, 232,
241, 262
Infame Dekade 233
Inferiorer Kontinent 114
Informal imperialism 123,
129, 130, 183, 184, 191,
200
Inkas 16, 19, 20, 30, 31,
39, 40, 43, 45–47, 51, 54,
61, 67, 68, 72, 88, 142,
157, 194
Inquisition 25, 77, 91,
152, 158, 166, 211, 228,
253, 257
Instituto Manuel de
Rosas 258

Jesuiten 54, 55, 58, 85,
86, 96
Jesuitenrepublik von
Paraguay 85
Juárez-Gesetz von
1855 166
Jüdische Einwanderer 77,
149, 158, 255
Jungfrau von Guada-
lupe 125, 174–177
Junta de Guerra de
Indias 73
Justicialismo 239, 240

Kaiserreich (Brasilien) 109,
131, 198
Kalender [Mayas] 28, 29
Klassische Epoche
[Mayas] 25, 26, 30
Kolonialismus (Spanien)

64, 113, 184, 205, 286,
302
Kolonialismusformen 109
Kolumbien 105, 122, 184,
195, 201, 298, 299
Kontroverse von Valla-
dolid 66, 67
Konvertiten (Brasilien) 57
Kreolen 58, 76, 78, 80–82,
84, 88, 89, 92–105, 114,
123–125, 127, 129, 133,
136–139, 150, 152, 162,
205, 210, 255
Kreolische Spanien-
kritik 133
Krieg der Tausend Tage 196
Kuba 10, 43, 50, 64, 75, 99,
106, 126, 134, 184, 188,
189, 194, 204, 209, 215,
219, 245, 280, 299
Kulturberührung/-kon-
takt 41, 42, 44, 111, 112
Kulturverflechtung 111,
112
Kulturzusammenstoß 41,
42, 44, 111
*Kurzgefaßter Bericht von der
Verwüstung der Westindi-
schen Länder* 48, 63

La matrix del infierno 231
*La muerte de Artemio
Cruz* 278
La raza cósmica 270, 271,
283, 284, 286
Landreformgesetz 166
Lateinamerika 9–12, 33,
43, 64, 76, 77, 79, 88,
97, 102, 104, 108, 110,
120–123, 126, 128–130,
133, 135–141, 146, 149,
150, 152, 156, 161, 173,
174, 183–187, 190–193,
196, 199, 201–215, 217,
219, 222, 225, 228, 229,
232, 234, 235, 240, 243,

244, 249, 251, 254, 257,
260, 261, 265, 272, 274,
275, 280, 283–285, 287,
288, 293–302
Lateinamerikanische Öko-
nomie 200, 205–207,
297
*Les singularités de la France
antarctique* 69
Liga von Mayapán 26
Lituma en los Andes 195
Los de abajo 271
Los olvidados 204, 277
Los ríos profundos 216
Lunfardo 159
Luso-tropische Kultur 90,
91

Madres de la Plaza de
Mayo 237, 249
Mãe Pátria 132
Mapuche-Indianer 301
Marines 185, 186, 189,
190, 267
Martín Fierro 156, 157, 256
Maya-Götter 28, 29, 40
Maya-Ökonomie 27
Mayas 16, 19, 23, 25–30,
33, 35, 37, 39, 40, 43, 45,
47, 51, 67
Menschenopfer (Azteken)
17, 18–20, 24–26, 30, 32,
51, 60, 62
Mestiçagem 219, 221
Mestizaje americano 69,
87, 88, 111, 216
Mestizen 68, 89, 100, 102,
103, 125, 135, 137, 162,
169, 170, 172, 193, 207,
216, 217, 219, 290, 301
Mexicanidad 161, 174,
178, 180, 270, 283, 287,
289, 290
México profundo 291
Mexikanischer Krieg 164,
183

Mexiko 11, 19, 22, 24, 36, 45, 48, 61, 81, 85, 100, 117, 125, 127, 135, 137–139, 161–165, 168–171, 173, 174, 176–181, 183, 201, 218, 220, 229, 262, 263, 266, 267, 269–276, 278, 279, 282–292, 295, 301
Milpa-System 27
Misiones Culturales 270
Mita 30, 31, 49, 79, 80, 111
Monroe-Doktrin 94, 106, 137, 138, 168, 183, 184
Montoneros 246
Mulatten 89, 125, 135, 137, 210, 219, 221, 222
Muralisten 44, 271
Museo Nacional de Antropología 290
Mutter Courage 295
Mythos Niederlande 56, 57

Nachholende Industrialisierung 203, 205
NAFTA 280, 295
Nationale Sicherheit 243–245
Nationbuilding 144, 161, 185, 270
Negation Spaniens 92, 98, 133, 151, 155, 174
Neue Gesetze 66, 74, 117
Neue-Welt-Visionen 11, 114
Neuer Kolonialpakt 201
Neu-Granada 72, 74, 89, 103, 105
Neu-Spanien 45, 72, 74, 100, 102, 127, 161 167, 174, 176, 177, 286,
New-Deal-Politik 203
Nicaragua 186, 190, 201, 280, 295
Nice little war 184, 189
Noche Triste 45

Nordamerika-Bild (Mexiko) 288, 289
Novo Friburgo 131
Nunca Más 251

Orale Kultur 33
Os Sertões 132

Panama 45, 74, 81, 122, 184, 185, 190, 301
Panamerikanismus 186, 188
Panindianismus 217
Paraguay 74, 85, 160, 197, 198
Partei der Institutionalisierten Revolution (PRI) 266, 273, 274, 275, 278, 279, 281, 282
Partido dos Trabalhadores 199
Pazifikkrieg 197
Peronismus 224, 235–242, 246, 252, 260
Peru 11, 46, 56, 61, 68, 74, 80, 85, 93, 96, 104–106, 117, 122, 133, 194, 201, 202, 218, 246, 258, 295, 297, 298, 300
Peru-Chronik (Crónica del Perú) 61
Pigmentokratie 89, 103, 125, 216, 300, 302
Platz der drei Kulturen 278, 279
Plaza Mayor 21, 77, 98, 152, 175
Plaza Mayor de la Hispanidad 98, 133
Pochtomecas 22
Portugal 41, 54–57, 77, 83, 84, 90, 107–109, 129, 130, 132, 200
Portugiesen in Brasilien 52
Positivismus 125, 131, 171, 172, 179, 262, 270

Potosí 31, 79, 80, 296
Primer Nueva Crónica y Buen Gobierno 67
Proceso de Reorganización Nacional 247, 248, 258
Protonationalismus (Mexiko) 175, 176
Província Cisplatina 108
Puerto Rico 43, 99, 106, 126, 138, 184, 209

Quetzalcóatl 18, 26, 28, 32–34, 176, 290
Quilombos 58

Recopilación de leyes de los reynos de las Indias 73
Reducciónes 85, 86
Reform-Ära 165, 166, 173, 266
Regidor 76
Regimento 83
Reise nach Europa 259
República de Palmare 58
Revolución de la Pampa 226
Revolution (Mexiko) 174, 262–266, 268, 269, 273, 274, 276, 279, 281, 283, 284, 301
Revolution von 1910 173, 174, 282, 289, 291
Revolution von 1930 230, 231

Santo Domingo 43, 97, 186, 189, 242
Schlusspunktgesetz 251
Schwarze Legende 48, 63, 72
Schweinebucht 189
Schweiz Lateinamerikas 191, 192, 297
Semana Trágica 227–229
Sendero Luminoso (Leuchtender Pfad) 195

Sephardische Juden 57
Serviço de Protecção aos
  Indios (SPI) 220
Sistema tributario 20
Sklavenquote (Brasi-
  lien) 58
Sklavenrebellion in
  Haiti 97, 104
Sklaverei 49, 55, 58, 65, 79,
  97, 103, 104, 107, 126,
  130, 131
Slumbewohner 204
Spanien 41, 42, 52, 53, 55,
  57, 63, 65, 66, 68, 72, 73,
  76–78, 80, 81, 83, 89,
  92–96, 98, 99, 103, 105,
  109–113, 119, 123, 124,
  127, 133, 134, 136, 137,
  141, 142, 151, 152, 154,
  162, 168, 169, 178, 188,
  209–212, 230, 232, 233,
  236, 237, 242, 256–258,
  265, 271, 282, 284–287
Spanienbild (Mexiko)
  285
Spanische Annexion Portu-
  gals 56
Spanisch-Amerika 69, 73,
  85, 87, 89, 91, 96, 105,
  127, 132, 176, 258
Synkretismus 125, 174

Tacuara-Gruppe der Natio-
  nalen Jugend 244
Tango 159
Tawantinsuyo 30, 47, 61,
  216

Tenochtitlán 19, 21, 23, 41,
  43–45, 51, 60, 177, 220,
  271, 290
Teoria do Brasil 220
Teotihuacán 17, 18, 38
Tercera Posición 239, 241
Terrateniente 104, 124, 126,
  149, 173, 224
Tordesillas, Vertrag von 52,
  56, 77, 82, 83
Tortenkrieg 161, 163, 168,
  279
Triple A 247
Tupinambá-Indianer 70

Unabhängigkeitsschrei von
  Ipiranga 107, 109
Unión Cívica Radical
  (UCR) 224–226, 228,
  230, 243, 250, 259
Unitarios 143
United Fruit Company 187
Unterentwicklung Latein-
  amerikas 79
Uruguay 74, 85, 108, 144,
  191, 192, 297
USA 10, 12, 43, 79, 122,
  164, 165, 168, 171, 172,
  179, 180, 184–191, 197,
  198, 200–203, 205, 206,
  208–210, 221, 223, 234,
  237, 239, 240, 243, 245,
  252, 260, 272, 273, 276,
  277, 280, 288, 289, 295

V. Centenario der Entde-
  ckung Amerikas 49, 87

Venedig der Neuen Welt
  (Tenochtitlán) 19, 23
Venezuela 74, 75, 89, 97,
  103, 105, 106, 122, 126,
  201, 202, 204, 242, 299,
  300
Verfassung von 1917
  (Mexiko) 266, 268,
  269, 270
*Versuch einer Ästhetik der
  Pyramide* 38, 272
Virreinato del Río de la
  Plata 74, 93
Vizekönigreich Peru 74,
  93, 96, 258

*Wahre Geschichte der
  Eroberung Neuspaniens*
  (Historia verdadera de
  la conquista de la Nueva
  España) 60
*Warhaftige Historia und
  Beschreibung einer
  Landschaft der wilden,
  nackten, grimmi-
  gen …* 70
Weltwirtschaftskrise 202,
  203, 229, 232, 269
Wüstenkampagne 149,
  154, 157

Zapatistische Armee zur
  nationalen Befreiung
  (EZLN) 280
Zivilisation und Barba-
  rei 121, 143, 146, 153,
  155, 157